U0666102

海外中国
研究丛书

刘 东 主编

［澳］李木兰 著

方小平 译

性别、政治与民主

近代中国的妇女参政

GENDER, POLITICS, AND DEMOCRACY

Women's Suffrage in China

江苏人民出版社

图书在版编目(CIP)数据

性别、政治与民主:近代中国的妇女参政/(澳)李木兰著.
--南京:江苏人民出版社,2013.12(2021.9 重印)
(海外中国研究丛书/ 刘东主编)
书名原文:Gender, Politics, and Democracy:
Women's Suffrage in China
ISBN 978-7-214-10549-3

Ⅰ.①性⋯ Ⅱ.①李⋯ ②方⋯ Ⅲ.①妇女-参政议政-研究
-中国-近代 Ⅳ.①G442.9

中国版本图书馆 CIP 数据核字(2013)第 222030 号

Gender, Politics, and Democracy: Women's Suffrage in China by Louise Edwards,
published in English by Stanford University Press.
Copyright © 2008 by the Board of Trustees of the Legend Stanford Junior. University.
This translation is published by arrangement with Stanford University Press,
www. sup. org.
Simplified Chinese edition copyright © 2021 by Jiangsu People's Publishing House.
All rights reserved.

江苏省版权局著作权合同登记号:图字 10-2010-139 号

书 名 性别、政治与民主:近代中国的妇女参政
著 者 [澳]李木兰
译 者 方小平
责 任 编 辑 莫莹萍
特 约 编 辑 戴宁宁
装 帧 设 计 陈 婕
责 任 监 制 王 娟
出 版 发 行 江苏人民出版社
地 址 南京市湖南路 1 号 A 楼,邮编:210009
照 排 江苏凤凰制版有限公司
印 刷 南京新洲印刷有限公司
开 本 652 毫米×960 毫米 1/16
印 张 20.75 插页 4
字 数 270 千字
版 次 2013 年 12 月第 1 版
印 次 2021 年 9 月第 2 次印刷
标 准 书 号 ISBN 978-7-214-10549-3
定 价 78.00 元

(江苏人民出版社图书凡印装错误可向承印厂调换)

序"海外中国研究丛书"

    中国曾经遗忘过世界，但世界却并未因此而遗忘中国。令人嗟讶的是，20世纪60年代以后，就在中国越来越闭锁的同时，世界各国的中国研究却得到了越来越富于成果的发展。而到了中国门户重开的今天，这种发展就把国内学界逼到了如此的窘境：我们不仅必须放眼海外去认识世界，还必须放眼海外来重新认识中国；不仅必须向国内读者迻译海外的西学，还必须向他们系统地介绍海外的中学。

    这个系列不可避免地会加深我们150年以来一直怀有的危机感和失落感，因为单是它的学术水准也足以提醒我们，中国文明在现时代所面对的绝不再是某个粗蛮不文的、很快就将被自己同化的、马背上的战胜者，而是一个高度发展了的、必将对自己的根本价值取向大大触动的文明。可正因为这样，借别人的眼光去获得自知之明，又正是摆在我们面前的紧迫历史使命，因为只要不跳出自家的文化圈子去透过强烈的反差反观自身，中华文明就找不到进

1

入其现代形态的入口。

当然，既是本着这样的目的，我们就不能只从各家学说中筛选那些我们可以或者乐于接受的东西，否则我们的"筛子"本身就可能使读者失去选择、挑剔和批判的广阔天地。我们的译介毕竟还只是初步的尝试，而我们所努力去做的，毕竟也只是和读者一起去反复思索这些奉献给大家的东西。

刘　东

目　录

致　谢

新西兰的孩子在他们早期的教育中就知道他们的国家在 1893 年成为世界上第一个给予妇女投票权的国家,而且选举权是同时给予毛利人和欧洲白人妇女的。在一个世纪之后,妇女们已经担任了两个最高的政府职位:海伦·克拉克(Helen Clark)和詹妮·希普利(Jenny Shipley)成为总理,凯瑟琳·蒂泽德(Catherine Tizard)和西尔维亚·卡特赖特(Silvia Cartwright)出任总督。在这个遥远的有着"白云之乡"之称的新西兰,妇女们在政治领导阶层很早取得的不断的胜利使人们感到自豪。

当我还在新西兰的奥塔(Otara)、奥塔胡胡(Otahuhu)以及奥波蒂基(Opotiki)上小学的时候,妇女参政活动家们一直吸引着我的注意力。我非常钦佩妇女们从"古老的时代"站出来表达自己的声音,我为她们的力量、勇气和组织能力所折服。我也很惊讶她们能够协调自己的运动和世界各国"参政姐妹们"的运动,这其中也包括发生在中国的运动。成年以后,我对她们仍然有着浓厚的兴趣。当我得知还没有人进行过关于中国妇女在这方面活动的研究时,我决定开始从事这项工作。

本书花了很长时间才写完，因此需要感谢的人很多。我在昆士兰大学、澳大利亚天主教大学、澳大利亚国立大学以及悉尼科技大学任教时从事了这项研究工作。在这些大学里，我的同事和学生们一直让我体会到写作和研究的快乐。在北京、上海、香港、台北、堪培拉、布里斯班、墨尔本以及悉尼的图书馆和档案馆的工作人员热情地帮助我寻找各种资料。澳大利亚研究委员会为这项研究提供了资助，使得我能够到各个图书馆寻找资料并有时间进行写作。本书经过多次修改，斯坦福大学的穆里尔·贝尔（Muriel Bell）、柯尔斯顿·奥斯特（Kirsten Oster）、卓雅·苏亚雷斯（Joa Suorez）、玛丽·巴尔博萨（Mary Barbosa）以及玛丽安·娜雷科夫（Mariana Raykov）、白凯（Kathryn Bernhardt）以及出版社的另一位匿名评审人为书稿的修改提供了宝贵的建议和帮助。对于所有这些人和机构，我表示衷心的感谢。

在我个人方面，我在新西兰和澳大利亚的家人和朋友们"分散我的注意力"，让我感到开心，并给予我许多的帮助。人数众多，我无法逐一列出他（她）们的名字。在这里，我想特别提到我的大家庭。我那些坚强、勇敢而且极具组织性的新西兰姐妹——德比（Debbie）、Kate（凯特）以及尼古拉（Nicola），向我展示了1890年代妇女参政活动家们的那种一直延续到今天的新西兰精神。在澳大利亚出生的儿子克里斯（Chris）和女儿亚历克丝（Alex）是欢声、笑语以及知识的不断来源。我的丈夫雷金庆以难以名状的耐心管理了一个异想天开的妇女参政论者20多年的生活。最后我衷心感谢我的父母——泰德（Ted）和索尼亚（Sonia），我把这本书献给他们。是你们给了我生命，并让它充满了爱和笑声，并向我展示了勇气和坚韧的价值。谢谢你们！

我由衷地感谢方小平使我能够和中国读者一起分享我的书。如此宝贵的机会需要他花费大量的时间辛勤地进行翻译和修改。我也感谢我的博士生张赟帮助校对书稿、编排注释与参考书目，并寻找那些偏僻的引文出处。我同时也感谢香港中文大学的贺江枫帮助我确认一些《申报》的报道。

李木兰
2012 年于香港

第一章 序言

1912年3月,60多名妇女参政活动家们闯入新近成立的南京中华民国临时参议院,要求享有选举权和被选举权。在这个亚洲第一个实行共和制的国家,男议员们按照历史传统,依然拒绝妇女们提出的全面、平等和自由的公民权要求。妇女们砸毁玻璃,高呼口号,并和警察扭打在一块。九年以后,也即1921年3月,另一个妇女参政团体走进中国南方的广东省议会,要求省宪法规定女性与男性在政治上平等。保守的男议员们朝这些妇女们扔墨水瓶和椅子,使得其中一位请愿者不省人事,而其他几位则被打得鼻青脸肿。很显然,中国女性和男性平等地行使选举和被选举权的前景引起了民国初年政治精英们的紧张和不安。

不过,妇女参政团体坚持不懈的努力最终如愿以偿地赢得了胜利。在广东事件发生几年之后,几个重要省份的省立宪法给予女性享有与男性同等的政治权利,女性被选入省议会。1936年,国民政府起草了确保男女平等的民国宪法,并等待国民大会选举后给予通过。十年以后,也即1946年,妇女参政活动家们赢得了确保至少百分之十的国民大会代表席位给予妇女的胜利。尽管这是中国女权主义者取得的令人印象深刻的胜利,但是我们对于中国妇女参政运动仍然知之甚少。从20世纪初到 40 年代领导这场运动的女性很显然滑入历史的深渊，她们的勇气、视野和进取心被人们所遗忘。

女性参政运动只是 20 世纪上半叶积极的中国妇女运动的一个组成部分。对于那些参与运动的妇女们来说，赢得参政权被认为是解决历史上男女不平等的关键，同时也是确保妇女在当前政治领域中的合法地位，防止以后发生政治不平等的关键。一些妇女团体关注改善女工的工资和工作条件，另一些妇女团体则仍旧将她们的积极活动和慈善、福利以及家庭改革联系在一起。各种妇女团体之间的互相合作为她们各自的运动作出了贡献。中国的妇女运动活动家们很快意识到，妇女是一个具有共同利益和政治诉求的群体。然而，那些将赢得参政权作为首要目标的妇女运动活动家们将妇女的正式政治权力作为所有其他权利的基本前提。在这些参政活动家们看来，为女工改善工作条件、提高工资，以及影响家庭和婚姻改革将依赖于妇女在正式的立法进程中获得代表资格。她们认为女政治家将能够最好地捍卫妇女们的利益。

通过阐述妇女参政运动的故事，本书表明，中国女权主义者们在 20 世纪上半叶务实地运用两种观点：即女性与男性生来平等以及女性与男性具有差异性。在中国，有的根据"无论性别，男女本质上完全平等"的逻辑要求参政权，有的则根据"男女有本质差异"的逻辑要求参政权，这两者都同样经常出现。这两种对应的逻辑并不像 1980 年代后期和 1990 年代西方女权主义研究所认为的那样是完全对立的。从总体上来说，这两种逻辑也并没有造成妇女运动的裂痕。这取决于特定历史条件，在中国女权主义者手中，它们成为在特定历史条件下获得胜利的战略性工具。中国参政女权主义者在运动中的不同时刻运用"平等观点"和"差异观点"。"男女差异"的观点在起初建构妇女集体政治利益观念的论据中尤为重要，后来它成为妇女在立法机构获得特别配额的强有力工具。"男女平等"的观点最初在摧毁长期以来存在的女性缺乏独立人格的社会观念方面至关重要。这种社会观念认为妇女作为个体没有参与政治的必要性。后来,平等观点推动了女性在教育、财产和离婚方面享有平等权利的法律改革。务实的目标导向而不是理论的抽象性成为 20 世纪上半叶中国妇女参政运动的主要特征。

通过探讨女权主义活动家这种务实主义的演化,本书表明如果当代女权主义理论家从历史的角度来分析,那么关于两种观点孰优孰劣的焦虑感就变得不那么迫切。① 在一定历史和文化环境中,依赖于特定的政治目标,平等和差异这两种观点都是非常有用的。

有重要意义的是,中国女权主义者在作为一个群体处于不利的情况下运用了这两种观点。一直到 19 世纪末期,尽管女权主义者认识到妇女作为一个群体的地位比男性低下,但是并没有认识到将这种意识作为潜在的政治工具加以利用。从 20 世纪的第一个十年开始,妇女运动的扩大带来了一个集体性的观念,那就是女性作为人在宗族和家庭关系之外应该有另外一种身份。② 女权主义者对女性所处的一致性的弱势地位的深刻理解创造了一种政治类别,这种类别在随后的几十年中越来越被普遍接受。作为一个政治类别,女性与男性平等或有差异变得不重要。重要的是一个根本性的前提,即女性被认为是一个没有联系的,而且是处于劣势的政治团体。同时,作为一个被认可的政治团体,她们提出具有充分说服力的论点以争取参加代议制政治。

确立女性作为弱势政治群体的集体身份不仅仅不同于那些被认为享有政治优势的男性群体,而且与在这个时代作为关键政治标识的国家是相关联的。女性政治化的集体意识对于自 1898 年戊戌变法以来的强国话语来说极为重要。实际上,民族主义和女权主义在中国几乎是同时

---

① 参考吉塞拉·博克(Gisela Bock)、苏珊·詹姆斯(Susan James)编:《超越平等与差异:公民权、女权主义政治以及女性的主体性》(*Beyond Equality and Difference：Citizenship, Feminist Politics and Female Subjectivity*),伦敦:Routledge 出版社,1992 年。

② 关于"妇女"作为超越亲情关系的类别的出现的讨论,参考白露(Tani Barlow):《中国女权主义中的妇女问题》(*The Question of Women in Chinese Feminism*),达拉姆:杜克大学出版社,2004 年,第 44—54 页。

出现的。因而,很多学术讨论集中在分解两者之间的关系上。① 对于这项"分解工作",有时受到了追求纯粹的女权主义传统的推动,有时则是试图否认这种女权主义。而妇女参政活动家们的务实主义为我们理解中国民族主义和女权主义之间的紧密联系提供了一种崭新的视角。

为了试图寻找出追求纯粹女权主义传统以及否认这种女权主义之间的逻辑,当前的学术探讨展现了民主主义和女权主义之间的密切联系。例如,沙培德(Peter Zarrow)指出,"女权主义者通常为中国妇女平等而辩争,同时也接受民族主义者所主导的话语。"②王政认为,"妇女们将国家富强和权利平等这两种思路糅合成一种单一的思路,即国家富强需要女性在各个领域的全面参与。"③尽管强调女权主义和民主主义两者之间的紧密关系,但是这些观点仍将女权主义和民主主义的静态观点加以具体化。本书随后按时间顺序展开讨论的各个章节清楚表明,无论是女权主义还是民族主义,都不能说明同样一个理论视角和参政活动家们的立场将会跨越 50 年之久。

现有文献对"民族主义"这个术语的普遍性运用使得不同的立场、信念、期望和行动趋向同一化。④ 正如中国的女权主义综合了男女平等和

---

① 参考季家珍(Joan Judge)对"民族主义"和"女权主义"同时出现的讨论,见季家珍《才能、品德与国家:二十世纪初期中国民族主义和女性主体性》(Talent, Virtue, and the Nation: Chinese Nationalism and Female Subjectivities in the Early Twentieth Century),《美国历史评论》(American Historical Review),第 106 卷第 3 期(2001 年),第 765—803 页。

② 沙培德(Peter Zarrow):《中国和西方的公民权》(Citizenship in China and the West),载傅佛果(Joshua A. Fogel)、沙培德(Peter G. Zarrow)主编:《想象人民:中国知识分子与公民权概念,1890—1920 年》(Imagining the People: Chinese Intellectuals and the Concept of Citizenship,1890—1920),纽约:M. E. 夏普出版社,1997 年,第 12 页。关于第三世界的女权主义和民族主义,见古默里·贾亚沃德纳(Kumari Jayawardena):《第三世界的女权主义和民族主义》(Feminism and Nationalism in the Third World),伦敦:Zed 出版社,1985 年,第 2 页。

③ 王政:《中国启蒙时期的女性:口述与文本的历史》(Women in the Chinese Enlightenment: Oral and Textual Histories),伯克利:加州伯克利大学出版社,1999 年,第 125 页。

④ 关于"国家利益"和参政权问题,参考李木兰(Louise Edwards):《从投票到公民权:构建中国妇女的政治公民权》(Moving from the Vote into Citizenship: Crafting Chinese Women's Political Citizenship),《柏林中国社会与历史学刊》(Berliner China-Hefte),第 29 期(2005 年),第 5—17 页。

差异的观点,很显然中国的民族主义也面临着本土主义和国际主义之间的矛盾。取决于各个特定历史时期占主流的政治声音,中国民族主义表现出了不同的形式,其中包括反满的汉族沙文主义、反帝的马克思主义、反共的激进主义、民族救亡、国家建设以及保卫国家。中国的女权主义者发现这种民族主义所表述出的灵活的内涵极为有用,因为她们能够在民族主义的广泛框架中援引不同的含义以适应她们的需要。然而,自1920 年代中期以后,当中国政局被操控在共产党和国民党这两大主要政党的时候,两党全面主导了对民族主义含义的阐释权。因而,女权主义者运用民族主义这个术语的灵活性大为降低。尽管如此,对民族主义的解释在随后的年代中不断地处于竞争之中,女权主义与它的联系在这种竞争的不同时段也务实地发生变化。

鉴于本书所讨论的随后 50 年中民族主义内涵的不断变化,那种认为中国女权主义者通常是民族主义者的观点并没有解释她们的政治立场、行为和观点。中国妇女参政运动探讨了政治公民权的性别概念,她们援引民族主义和国家利益不断变化的内涵,因为这样能够符合她们特定目标。在中国妇女参政运动几十年的斗争中,爱国主义和民族主义的不同版本在任何时候都是安全的保护伞、有效的工具以及坚定的信念。正如我们在本书将要看到,理解中国女权主义特征的关键是要抛弃那种认为在整个阶段只有一种单一的具有明确政治特征和功能的民族主义的观点。

第一节　谁是妇女参政活动家

本书将给读者介绍一系列妇女参政活动家,让读者理解她们在本书所讨论时期的演化过程。从刚开始的范围有限的精英运动,到1920 年代妇女参政运动已经扩展到包括中产阶级和工人阶级妇女参加的运动。妇女参政运动的多样性也同样反映了中国政治活动家们作为一个整体所呈现出来的多样性。当其成员不断扩大到更广泛的社会阶层的时候，妇女参政运动领导人也出现在不断扩大的中国职业阶层中。妇女参政运动领导人包括中国的第一个女子学校校长、大学校长、医生、记者和律师。她们寻求政治权利以扩大妇女在中国公共领域中的范围，也自然而然地形成中国第一代女政治家和政党领导人的核心。

正如第二章所指出，在辛亥革命前后积极地追求享有与男性平等政治权利的女性生活相对富裕，绝大多数在教育方面享有优势。通常先是在家中学习，然后留学日本。对于这些女性中的大部分人来说，无论是未婚、离婚，还是分居，她们都没有婚姻的束缚。① 因为没有家庭或宗族的约束，第一代妇女参政活动家们作为公众的和叛逆的妇女为她们自己塑造了一个政治身份。作为参与创建一个中国的民主共和国运动的一部分，她们走向阵地参加军事战斗，从事间谍和暗杀活动。没有这些她们将无法享有参政权。同时，她们也撰写文章，在群众大会上发表演说，期望听众能认识到提高妇女权利和地位的重要性。早期妇女参政活动家们没有经济和婚姻的束缚，加上她们能够接受教育，这对唤起妇女政治觉醒和团体行动主义意识非常重要。她们的成功在随后几十年中的妇女运动发展过程中非常明显。

自 1920 年代以后领导妇女运动的女性通常是在中国或者美国接受教育，而不是在日本。她们越来越关注她们作为女性选民代表的可能性。在这里我们看到了女性作为弱势群体的集体意识发挥作用所体现出来的力量。在 1920 年代、1930 年代和 1940 年代，在妇女政治领导人所创造的公共领域中，更多的各个阶层的妇女开始活跃于更广阔的政治领域中，即各行各业中具有各种政治立场的妇女开始出现在公众领域中。共产党和国民党都致力于扩大妇女们的政治空间，他们现在完全认识到的妇女集体身份以及为这种身份进行政治游说所具有的力量，并加

---

① 那些寡居的妇女活动家包括唐群英、徐宗汉、宋铭黄、庄汉翘。

以利用。自 1920 年代以来,因为妇女参政活动家们坚持不懈的努力,妇女在乡村、城市和省城的各种组织以及议会中投票选举以及被选举担任正式的政治职务。

正如本书随后的讨论表明中国的妇女参政激进主义是一场持久的运动,它并不是"资产阶级女权主义"的短暂火花。在这场运动中,上一代的妇女活动家将信息、策略和活力传递给下一代活动家,而且通常是跨越党派之间的界限。担任高层政治职位的女性在公众场合不断地出现也标志着妇女参政对提高中国妇女总体地位的重要性。在明确支持增加妇女相对于男性的权力和影响的议程中,这些妇女们提倡改变社会和经济的根本结构。不管妇女自己作为个体对所倾向的政治体制的立场如何,妇女领导人代表妇女的主张和努力从整体上确保了没有一个政党可以忽视妇女在社会地位和角色问题。

正如随后几节的讨论表明,我们有强烈和迫切的理由去加深对妇女参政运动的理解。除了它对妇女运动整体的意义之外,妇女参政运动对更广泛的中国政治有着重要影响。

第二节　为什么要探讨中国妇女参政运动

中国妇女参政运动在几个方面有理由获得更广泛的关注——尤其是因为那些参与这项运动的妇女们所从事的斗争以及在重塑中国的政治版图中取得的成功值得认可。深入地理解运动的历史将有助于我们加深理解性别化的中国政治版图以及世界范围内的妇女参政运动历史。这种参政运动也揭示了发生在从帝制向民主制转型(尽管是脆弱的)年代中,合法性政治概念在中国再形成的复杂过程。它展示了在伴随着政府结构从君主任命的儒家官僚体制向民选立法者转变的过程中对广泛认可的政治合法性的艰难追求。数个世纪以来所认为的正式政治权力体现在男性身上,妇女参政主义者挑战了这种论点,男性议员为了将女性排斥在后君主制政治秩序之外寻求合法性的努力被削弱了。妇女参政活动家声称，排斥妇女议会的是不合法、不具代表性的机构。

妇女参政运动表明，对于中国在国际舞台上弱小地位的担忧使得这些新的、只有男性主宰的政治结构很容易受到抨击。这些女性指出，中国所渴望成为的"现代"国家通常将女性作为全面而平等的政治公民。她们列举出世界上"先进"国家的例子，中国的议会相比于它们仍处在很不理想的状态。这些活动家们利用中国新的领导人渴望得到国际尊重的心理，将女性参政作为现代性的象征。在这方面，妇女参政论者指出，中国的领导人经常发表一些捍卫性的声明，指出中国的完整以及与世界各国的平等，这表明了这些领导人是如何努力应对全球化对中国国内政治产生的影响。①

女性参政运动的故事也表明，女性是如何使传统的关于教育才是获得政治权力的儒家观点变得复杂化。这种传统的教育和官僚体制只是对男性开放。数个世纪以来，中国政府只是通过哲学和文学的正式考试将受过教育的男性纳入到它们的官僚体系中。掌握知识只被认为是表现一种美德，这种美德反过来使得男性具有行使官僚权力的合法性。在20世纪的上半叶，女性参政主义者通过展现女性的教育、博学、口才以及参与正式的应试教育，将男性与政治权力之间这种天然联系分解开来。这些女性活动家没有去挑战教育与获得权力之间的联系，而是提倡妇女参与到教育体系中去。她们同意在教育方面的成就是行使政治权力的重要标志，一旦她们和男性一样有机会获得教育，她们将会表明女性和男性一样也可以在学业上表现优异。

同时，她们为女性在公共事务中留出位置，从而转变了政治的性别

---

① 参考石静远（Tsu Jing）关于以民族认同建构失败为中心展开的精彩讨论，石静远（Tsu Jing）：《失败、民族主义与文学：现代中国的认同，1895—1937 年》（*Failure, Nationalism and Literature: The Making of Modern Chinese Identity, 1895—1937*），斯坦福：斯坦福大学出版社，2005 年。

传统。她们的这些坚持不懈,通常也是极具争议性的公共政治行为,逐渐地打破了限制"良家"妇女抛头露脸的传统。以前,女性被孤立在家庭内部会被认为是表现女性良好道德素养的表现。然而,到了 20 世纪上半叶,所谓的"良家"妇女越来越被认为是有政治觉醒意识,并积极参与政治的女性。这种转变对家庭和国家政治产生了直接影响,也因此形成了一套新的个人品德准则。

中国妇女参政运动的历史也帮助进一步理解中国长期的、持久的不断演化的民主制度和民主原则。20 世纪上半叶通常被认为是政治和军事混乱的历史时期。然而,正如本书指出,民主激进主义的活力起源于当时广泛存在的,尽管存在着许多弊漏的政治结构。冯客提出了一个具有说服力的例子。他指出这些年代的治理"在政治观念、行政实践以及政府人事方面都表现出了显著的连续性",参与政治的民众接触到了新的思想观念和世界,"因为全球性流动培育了史无前例的多样性"①。女性参政运动活动家们与政府和官僚机构的互动,并从全世界范围内妇女参政活动家们那里获得支持和策略。这也证实了冯客所提出的观点,中国民主激进主义的历史一直受制于支持和反对马克思主义立场之间的分歧。这些立场以不同的形式反对国民党政府的腐败或者是共产党政府的压制。

中国民主激进主义的历史是一个被热烈争议的、不断演化的过程——这种对妇女参政运动历史的接受的不断变化,为这种现象提供了新的见解。直到上一个十年,中华人民共和国的历史学家们仍旧将女性参政运动的作用归结为微不足道。然而,中国对妇女参政运动历史的兴趣也在不断增加。毫无疑问,这也是受到中国自身民主化的影响。② 按照这种观点,妇女参政运动走向实现她们民主目标过程中共产党起到了利用

---

① 冯客(Frank Dikötter),《开放时代:毛以前的中国》(*The Age of Openness：China Before Mao*),香港:香港大学出版社,2008 年。
② 见吴淑珍《中国妇女参政运动的历史考察》,《中山大学学报(社科版)》,1990 年第 2 期,第 77—84 页。

和引导的作用。

长达几十年的争取参政权的女权主义运动也为共产党和国民党之外的政治声音提供了强有力的证据。这两个主要政党主宰着这一历史时期，它们掩盖了发生在它们内部、周围及两者之间的斗争，包括有时是对抗性的女权主义运动。而且，它也显示了，作为女性，她们提出她们的集体身份，形成了一套明确的，跨越党派、国家或者阶级的女权主义章程，这在随后几十年中一直持续着。

中国妇女运动的研究对于国际妇女参政运动研究的意义同样重要，尽管这项研究在很大程度上处于未知状态。中国女权主义活动家在50年的发展历程中对国际发展完全了解。而国际妇女参政运动也同样广为宣传中国妇女参政运动的进程。然而，今天的英文学术界有关中国妇女参政运动的研究使人怀疑，在西方世界及其殖民地国家之外没有发生过任何的妇女参政运动。许多全面而细致的有关妇女参政运动的研究在英国、美国、澳大利亚和新西兰这些英语国家中发表，但是没有类似的对非西方国家妇女参政运动的综合性研究出现。正如卡萝尔·佩特曼（Carole Pateman）在1994年指出，"我们对世界范围内的女性如何获得参政权知之甚少……文化差异或者是政治体制上的差异有着怎样的重要意义？"①

1994年，戴利（Daley）和诺兰（Nolan）的开创性研究开始试图打破对妇女参政运动研究以英语国家为中心的状况，其中包括了佩特曼（Pateman）所提出的疑问。最近，弗莱彻（Fletcher）、梅霍（Mayhall）和莱文（Levine）在2000年主编的题为《英帝国的妇女参政》一书中探讨了妇女参政历史的国际化，探讨了有着共同殖民历史联系的国家中的妇女参

---

① 卡萝尔·佩特曼（Carole Pateman）：《关于成年女性参政的三个问题》（Three Questions about Womanhood Suffrage），载卡罗琳·戴利（Caroline Daley）、梅拉尼·诺兰（Melanie Nolan）编：《参政与超越：国际女权主义视角》（*Suffrage and Beyond：International Feminist Perspectives*），奥克兰：奥克兰大学出版社，1994年，第346页。

政斗争。① 同年,杜波依斯(DuBois)和彻尼(Cherny)在《太平洋历史评论》编辑了一期特刊探讨了太平洋地区九个不同国家妇女参政的历史。② 接着这个问题,麦娜·罗斯(Mina Roces)和我在 2004 年发表了《亚洲的妇女参政》一书,试图展现亚洲几个主要国家妇女参与正式政治的多样性。③ 本书通过提供在中国这个文化和政治体制最为悠久的国家中妇女参政的历史概览,来填补佩特曼(Pateman)所提出的漫长妇女参政进程中的研究空白。

从几个方面来看,中国的个案研究将扩大我们对国际范围内妇女参与民主政治发展进程的理解宽度。对中国的研究为西方研究者提供了一个理解另一种文化体系中妇女参政运动的窗口。而这个文化体系处在犹太教和基督教之外,在不同于那个产生启蒙运动和演化论的哲学传统中发展、繁荣和衰落。它帮助理解了在那些充满了不确定性、不连续的、政治上统一的国家中的妇女参政运动与民族主义或反殖民斗争之间的相互交叉和互动。对于世界上大部分表面上自治,实际上其经济和政治仍受欧洲控制的国家来说,国家认同和公民权仍旧是争论激烈的概念。在中国的个案研究中,我们可以看出女性是如何利用和发挥这种模糊性来实现她们明确的目标。

---

① 伊恩·弗莱彻(Ian Fletcher)、奈姆·梅霍 (Nym Mayhall)和菲莉帕·莱文 (Philippa Levine)编:《英帝国的妇女参政》(*Women's Suffrage in the British Empire*),伦敦:Routledge 出版社,2000 年。

② 埃伦·卡罗儿·杜波依斯(Ellen Carol DuBois)和罗伯特·彻尼(Robert Cherny)编:《妇女参政:来自太平洋地区的观点》(Woman Suffrage: The View from the Pacific),特刊,《太平洋历史评论》(*Pacific Historical Review*),第 69 卷第 4 期 (2000 年 11 月)。也参考 J. E. 哈纳(J. E. Hahner):《解放女性的性:争取妇女权利的运动在巴西》(*Emancipating the Female Sex: The Struggle for Women's Rights in Brazil*),达拉姆:杜克大学出版社,1990 年;埃伦·卡罗儿·杜波依斯(Ellen Carol DuBois):《女权主义与参政权:美国独立妇女运动的出现,1848—1869 年》(*Feminism and Suffrage: The Emergence of an Independend Womens Movement in American 1848—1869*),1978 年版重印,康奈尔大学出版社,1980 年。

③ 李木兰(Louise Edwards)、麦娜·罗斯(Mina Roces)编:《亚洲妇女的参政:性别、民族主义和民主》(*Women's Suffrage in Asia:Gender, Nationalism and Democracy*),RoutledgeCurzon 出版社,2004 年。

最后，中国的个案研究表明西方和非西方女性参政运动之间有许多的交汇点。不应该低估中国妇女参政活动家从全世界范围内姐妹们的参政经验中获得的启发。相反，在数十年中，在不同社会文化中的反对女性参政的观点也惊人的类似。这些反对者利用生理决定论和性别本质主义来支持他们反对世界范围内的妇女参政运动。

第三节　"中国妇女参政运动"研究的匮乏

一系列复杂的国内和国际因素抑制了对中国妇女作为政治活动家争取公民权利的研究。其中一些原因和西方早期对妇女参政斗争兴趣的缺乏类似，而其他的原因则是中国所特有的。埃伦·卡罗儿·杜波依斯（Ellen Carol DuBois）指出，一种观点认为一小部分政治倾向保守的政治精英主宰了妇女参政运动，正是这种观点阻碍了西方学术界对世界范围内女性参政运动的研究。[1] 1960 年代和 1970 年代的学术趋势鼓励对非精英历史和普通民众生活的研究。在这种氛围下，妇女参政活动家显然是一个不合潮流的话题。类似的，桑德拉·斯坦利·霍尔顿（Sandra Stanley Holton）在分析妇女参政研究的历史趋势时印证了杜波依斯（DuBois）的观点。她指出，这个问题的探讨存在着 19 世纪末期之前的"立宪主义"学派和 20 世纪大部分时间内存在的"激进主义"学派之间的争论。霍尔顿（Holton）认为，前者的历史在很大程度上被忽视了。在某种程度上，这是因为他们所采取的相对于后者更具革命色彩的"慎重的论调"。[2]

这种偏爱革命历史的趋势对中国研究所造成的影响的最好例子是，

---

[1] 埃伦·卡罗儿·杜波依斯（Ellen Carol DuBois）：《世界各国的妇女参政：妇女参政国际主义的三个阶段》（Woman Suffrage Around the World：Three Phases of Suffrage Internationalism），载卡罗琳·戴利（Caroline Daley）、梅拉尼·诺兰（Melanie Nolan）编：《参政与超越：国际女权主义视角》（*Suffrage and Beyond：International Feminist Perspectives*），奥克兰大学出版社，1994年，第252页。

[2] 桑德拉·斯坦利·霍尔顿（SandraStanley Holton）：《参政历史》（The Making of Suffrage History），载琼·珀维斯（June Purvis）、桑德拉·斯坦利·霍尔顿（Sandra Stanley Holton）编：《为妇女投票》（*Votes for Women*），伦敦：Routledge 出版社，2000 年，第 14 页。

1973 年罗克珊·威特克（Roxanne Witke）提出的"女性参政活动家属于城市知识分子中表达能力最强的群体。她们的公共诉求的渠道如果不是分裂的话，那么就是狭窄的。"她进一步描述说，号召劳动妇女参加妇女参政运动是"愚蠢的……鉴于她们所关注的狭隘的精英范围"①。中国的历史学家们也倾向于将妇女参政运动称之为"资产阶级"保守精英妇女的运动。妇女参政被忽视是因为它被错误地认为是一种制度改革而不是一种社会运动。在这种社会运动中，妇女参政活动家们"通过政治手段重新定义以及创造她们国家的性别文化"②。中国的马克思主义史学方法论自 1949 年以来压倒其他方法论成为主流，重点研究工人和农民斗争，将广泛的妇女运动作为争取性别平等的斗争而不是妇女的全面解放。例如，中国最重要的妇女研究学者李小江指出："正如源于资产阶级的'平等'的政治口号也包括男女之间的平等，反对妇女权利的女权主义（资产阶级女权主义）的社会主义革命实现了妇女的政治解放。这不仅仅是一种观点，而是一种历史事实。"③在中国出版的中国妇女历史标准教科书中参政运动通常被一笔带过。④

然而，下面将要讨论到的中国妇女活动家的经历印证了杜波依斯

---

① 罗克珊·威特克（Roxanne Witke）：《1920 年代作为政治家的中国妇女》（Woman as Politician in China of the 1920s），载玛丽琳·扬（Marilyn Young）编：《中国妇女：社会变迁与女权主义研究》（*Women in China：Studies in Social Change and Feminism*），安娜堡：密西根大学中国研究中心，1973 年，第 40 页。

② 苏珊·金斯利·肯特（Susan Kingsley Kent）：《大不列颠的性与参政，1860—1911 年》（*Sex and Suffrage in Britain，1860—1914*），普林斯顿：普林斯顿大学出版社，1987 年，第 3 页。

③ 李小江（Li Xiaojiang）：《经济改革与妇女意识的觉醒》（Economic Reform and the Awakening of Women's Consciousness），S. 凯瑟琳·坎贝尔（S. Katherine Campbell）译，载柯临清（Christina K. Gilmartin）、贺萧（Gail Hershatter）、罗丽莎（Lisa Rofel）、特蕾妮·怀特（Tyrene White）编：《性别化中国：妇女、文化和国家》（*Engendering China：Women，Culture and the State*），剑桥，麻省：哈佛大学出版社，1994 年，第 367 页。

④ 关于这方面最好的综述，参考中华全国妇女联合会编：《中国妇女运动史：新民主主义时期》，北京：春秋出版社，1989 年；刘巨才：《中国近代妇女运动史》，北京：中国妇女出版社，1989 年；吕美颐、郑永福：《中国妇女运动 1840—1921 年》，郑州：河南人民出版社，1991 年；计荣编：《中国妇女运动史》，长沙：湖南出版社，1992 年；马更存：《中国近代妇女史》，青岛：青岛出版社，1995 年。

(Dubois)的观点,那就是将妇女参政运动描述为"保守和偏中右"的事业是不正确的。[1] 正如本书将要清楚地表明,中国妇女参政运动家与左派和右派保持了微妙而复杂的关系,这被证明在动荡的社会环境中是十分有效的。忽视这种运动在其精英起源基础上的相关性掩盖了更深层次的政治动机,这包括就国际范围内社会主义和共产主义运动而言,更广泛的对"资产阶级议会主义"和女权主义历史性的强烈反对。

阻碍西方学者分析中国妇女参政运动的力量也包括中国的独特因素以及它在世界中的地位。对于大部分西方学者来说,他们以前在很大程度上依赖一种东方主义的传统,将中国看成是一个由专制君主统治沉默而顺服臣民的国家。这样一群政治上活跃女性的存在是与这种版本的观点不相吻合的。实际上,西方早期的妇女参政运动在 19 世纪 60 年代和 70 年代辩论中形成一种东方主义的认识论。伦德尔(Rendall)指出,从演化论的角度来看妇女参政是社会和文化发展阶梯的更高点,这是世界上所有文明国家所要达到的。[2] 为了提供一个演化论话语所必要的明确的比较,"被动的、被压迫的、无知的"非西方世界妇女的状态被用作证据来说明国家的发展和进步是朝着实现妇女全面民主的线性方向发展的。生活在"野蛮东方"的妇女被构建为作为标准性的、静止的,以及同一的。据此,西方妇女的进步得以衡量。然而,发生在作为标尺性国家的运动使得这种计划陷入混乱。著名的美国妇女参政活动家卡丽·查普曼·卡特(Carrie Chapman Catt)在 1912 年访问中国。她在访问报告中运用了很大的篇幅来证明中国的议会中存在着女性。她访问了广州的议会以她亲眼所见来反驳当时美国人普遍存在的对中国妇女

---

① 杜波依斯(DuBois):《世界各国的妇女参政》(Woman Suffrage Around the World),第 253 页。

② 简·伦德尔(Jane Rendall):《公民权、文化和文明:英国妇女参政论者的语言,1866—1874 年》(Citizenship, Culture and Civilisation: The Language of British Suffragists, 1866—1874),载卡罗琳·戴利(Caroline Daley)、梅拉尼·诺兰(Melanie Nolan)编:《参政与超越:国际女权主义视角》(Suffrage and Beyond: International Feminist Perspectives),奥克兰:奥克兰大学出版社,1994 年,第 141 页。

权利所取得的进步的不信任。①

她的报告的突兀之处是,在这样一个"落后"国家的妇女政治权利进步使得国际间的比较感到汗颜。这也被用来羞辱立法者以促使他们进行政治改革。一家在华盛顿的名为《参政论者》(*Suffragist*)的参政期刊在 1918 年一篇题为《异教徒的土地》的文章中提出了政治改革的要求,指出(不一定完全准确):"平等参政几乎在所有欧洲的国家都已实现。然而,在非洲、中国、美国和斐济群岛,人们仍旧认为妇女活动空间应该在家庭中。"②同样的期刊在 1919 年揭示了在"落后国家"的妇女参政运动对"文明国家"所产生的冲击,声称中国和日本的妇女们努力去改变妇女地位。在这些国家,女性的地位被认为和地里的牲口无异。她们最大限度地发挥她们日益增加的权利所带来的影响,并最终打破了束缚全世界女性手腕的枷锁。③

正如我们在随后的章节将要看到,中国妇女抛弃她们在演化进程中被指定的角色。她们将自己看作是世界上最伟大文明之一的母亲和女儿,尽管它暂时贫弱。因而,她们从那些她们认为和中国地位相似的国家中吸取教训。效仿新西兰和澳大利亚的妇女在 1893 年和 1902 年分别获得参政权的做法(在中国妇女参政活动家组织起来之前),在中国为妇女参政运动辩护所付出的努力远远少于更有名的殖民大国,例如英国、美国和德国。这些国家的妇女在 1918 年、1920 年以及 1918 年分别获得了参政权,极大地促使了中国妇女参政运动通过国际所承认的声誉

---

① 参考卡丽·查普曼·卡特(Carrie Chapman Catt):《新的中国:我坐在议会楼上俯视这些曾被视为不可能存在的十位女议员》(The New China: She Sits in the Gallery and Looks Down on China's Ten Women Legislators, Who Had Been Called a Myth),《妇女杂志》(*Woman's Journal*),1912 年 10 月 5 日,第 314—315 页。我非常感谢玛丽·查普曼(Mary Chapman)向我提供这篇文章以及卡特的日记摘要。

②《在异教徒的土地上》(In Heathen Lands),《参政论者》(*Suffragist*),第 6 卷第 47 期(1918 年 12 月 14 日),第 10 页。

③《光荣的女性气质》(Womanhood Glorified),《参政论者》(*Suffragist*),第 7 卷第 30 期(1919 年 8 月 2 日),第 2 页。

和权力获得发展。[①]

　　另一个用来解释西方妇女在参政问题上的激进主义历史占主流的原因是因为学术研究都倾向于那些有统一的叙述以及最后取得结论的故事。[②] 妇女参政运动的相关研究一致地重点探讨妇女获得普选权的那一年。这种视角在"无女性选举权"和"女性选举权"两者之间采取一种统一的和线性的路径。但是在那些从殖民统治、内战或外部侵略中建立的国家中，在追求妇女参政的时期，经济混乱使得整个社会结构支离破碎。因而这种清晰的界限是不存在的。[③] 在类似中国这样的国家中，它的政治和军事形势使得治理结构处于频繁的变化之中。妇女参政运动有不同的路径，她们需要作出复杂而精明的考量，才能在这种急剧的变化中存活下来。我们通常可以看到在美国或者澳大利亚各个州的妇女们获得参政胜利的日期在历史年表和概览中是不同的。如果我们想要打破对非西方经验的同一化和概论化的东方主义的做法，我们就急切需要认可非西方国家的多样性和偏好。需要避免的是仅仅因为妇女参政活动家的胜利在叙述上比我们所习惯的，或者阅读舒适性上少了点统一性，就对此置之不理。这对于我们来说至关重要的。

　　在那些从殖民和经济帝国主义中独立出来的国家中，缺乏明确而固定的国家政治界限和地理疆界也使得妇女参政运动显得少许"真实性"，因为这些运动通常是以各种各样的方式和更广阔的民主、马克思主义和民族独立斗争混合在一起的。在中国，通常认为女权主义纯粹是妇女所

[①] 关于妇女参政的具体情况，参考戴利（Daley）、诺兰（Nolan）编：《参政与超越》（*Suffrage and Beyond*），第349—352页。需要注意的是关于中国的日期是不正确的，将1949年作为妇女获得参政胜利的年份仅仅是因为中华人民共和国在这一年成立。

[②] 李木兰（Louise Edwards）：《中国妇女的参政：挑战传统的学术观点》（Women's Suffrage in China: Challenging Scholarly Conventions），《太平洋历史评论》（*Pacific Historical Review*），第69卷第4期（2000年11月），第617—639页。

[③] 参考苏·布莱克本（Sue Blackburn）：《为印度尼西亚妇女赢得投票权》（Winning the Vote for Women in Indonesia），《澳大利亚女权主义研究》（*Australian Feminist Studies*），第14期（1999年），第2071—2218页。

特别运用的，以进一步实现民族主义和民主目标的工具。这种观点导致了对 20 世纪初期妇女运动历史研究的滞后。宋庆龄（1893—1981 年）是中华民国创立者孙中山的夫人。她在 1942 年时声称："从一开始，我们的妇女就不是在空洞的女权主义旗帜下进行斗争的，它是作为民主运动整体的一个重要部分在斗争。"①类似的，罗克珊・威特克（Roxanne Witke）在 1973 年写道："受政治驱动的中国妇女的显著特征是最前卫的中国妇女在为参政和妇女权利斗争的女权主义阶段没有被逮捕"。② 为妇女争取与男性平等政治权利的运动通常被扼要地驳斥为仅仅是女权主义，因此对真正的斗争无足轻重。

　　包括中国在内的国际学术界对妇女参政运动研究的匮乏也是因为人们普遍认为随着 20 世纪的发展，女性"理所当然"获得平等政治地位和参政权。不同的政治利益集团一旦获得胜利就试图声称他们实现了妇女参政的胜利。帕特里夏・格里姆肖（Patricia Grimshaw）于 1972 年在其关于妇女参政运动的开创性研究中指出，一个普遍的观点认为女性在没有进行持续运动的情况下被给予了参政权。这种观点起初阻碍了对西方经验的研究。换言之，你不能研究一个并不存在的运动。③ 全世界范围内的各国政府都热衷于推动自己国家的妇女参政运动，并有远见地给予"妇女"投票权。格里姆肖（Grimshaw）关于新西兰的研究最先揭示了这种趋势。随后的学者在对其他地方的研究中也得出类似的观点。④ 参政运动者们向他们的政府说服这项事业的必要性和合理性的漫长斗争

① 宋庆龄：《中国妇女追求自由的斗争》(Chinese Women's Fight for Freedom)，载李又宁（Li Yu-ning）编：《中国人眼中的中国妇女》(*Chinese Women through Chinese Eyes*)，纽约：M. E. Sharpe 出版社，1992 年，第 91 页。
② 威特克（Witke）：《作为政治家的妇女》(Woman as Politician)，第 33 页。
③ 帕特里夏・格里姆肖（Patricia Grimshaw）：《新西兰的妇女参政》(*Women's Suffrage in New Zealand*)，1972 年版重印，奥克兰：奥克兰大学出版社，1987 年。
④ 格里姆肖（Grimshaw）：《新西兰的妇女参政》(*Women's Suffrage in New Zealand*)；奥德丽・奥德菲尔德（Audrey Oldfield）：《澳大利亚的妇女参政：一份礼物还是一场斗争?》(*Woman Suffrage in Australia：A Gift or a Struggle？*)，剑桥：剑桥大学出版社，1992 年。

在不同的国家叙述中并不突出或者被否认。只是在 1970 年代以后才有学者在格里姆肖（Grimshaw）的研究的引领下矫正这种错误观点。

中国大陆及台湾的历史学研究方法以及广泛流传的国民性故事支持了这种妇女获得投票权的简略历史叙述。大众认为中国妇女并没有为赢得投票权而去斗争，相反的是开明的家长式的政府给予她们这项权利。正如格里姆肖（Grimshaw）所概括的新西兰早期胜利历史那样：妇女组织在中国被禁止成立。李子云是研究当代中国女性写作方面的专家。她回顾了关于中国妇女是如何赢得参政权的一般看法。在 1994年，她写道："新中国（1949 年以后）给予妇女政治、经济和法律上的权利。一蹴而就，中国妇女获得了投票权。这是她们在西方的姐妹们经过几十年甚至几个世纪的斗争才争取到的权利。"[①]李反思了中国的政治意识，承认了西方妇女的斗争，同时否认了中国本土妇女在这个问题上的积极性。钱端升有关中国政治史的开创性的研究描述了 1946 年至 1947 年之间的国民党制定的"宪法"。这部"宪法"在随后的几年中在中国台湾地区实施，从而鼓励了妇女对政治的勉强兴趣。在对妇女设置最低代表名额方面，钱端升这样写道："在文件中提到，妇女是为了鼓励妇女们参加选举。"[②]实际上，正如本书随后的章节所清楚地指出，为了赢得妇女代表的特别名额，许多妇女进行了漫长而艰苦的游说。在她们之前，有更多的妇女为争取投票以及在议会中的席位而进行严肃的斗争。

[①] 李子云：《妇女的意识与妇女的写作》（Women's Consciousness and Women's Writing），载柯临清（Christina K. Gilmartin）、贺萧（Gail Hershatter）、罗丽莎（Lisa Rofel）、特蕾妮·怀特（Tyrene White）编：《性别化中国：妇女、文化和国家》（Engendering China：Women，Culture and the State），剑桥，麻省：哈佛大学出版社，1994 年，第 304—305 页。关于这种历史编撰学，参考李木兰（Louise Edwards）《撰写中国妇女参政运动史："中国共产党作为民主事业的推动者"》（Co-opting the Chinese Women's Suffrage Movement for the Fifth Modernisation-Democracy），《亚洲研究评论》（Asian Studies Review），第 26 卷第 1 期（2002 年 9 月），第285—307 页。

[②] 钱端升（Ch'ien Tuan-sheng）：《中国的政府与政治，1912—1949 年》（The Government and Politics of China，1912—1949），1950 年版重印，斯坦福大学出版社，1970 年，第 325 页。

中国大陆和台湾撰写的历史一直都忽略了妇女活动家的组织以及男性所主宰政府对此的反应性默认。共产党或国民党都尽力地消除这些错误而不真实的观点，因为两者一直到最近都没有热切地去鼓励发掘这场民主运动的历史。两个政府都根据那种源于慈善式家长制而不是民主选举进程所取得的统一的民众授权来为它们的统治取得合法性。宣传对两种体制起源提出不同版本的历史解释将会削弱民众的统一性，两个政党也只是声称这个国家真正的妇女运动归属于各自的妇女委员会或者妇女联合会领导。这些机构通常在一个广泛的党的框架中约束妇女运动激进主义，但是它们也给予妇女很强的协商权力。① 而且，如随后的章节所清楚地表明，有些妇女有意识地独立于两大政党之外。也有些妇女依旧为妇女权益而游说，因为她们没有被严格的党的纪律所约束。

自 1949 年以来，中国妇女地位的改善是中国共产党政府在国际上取得的最重大公共关系方面的胜利。许多极其重要的工作是由中华人民共和国推行和实施提高妇女地位的政策来实现的。这是在没有女权主义游说团体存在的情况下取得的成功。官方的表述是共产党通过它的妇女组织——中华全国妇联，来预先解决她们所关注的问题以消除独立妇女运动的必要性。② "共产党最了解妇女问题"这种表述包括一种目的论的叙述：在 1949 年之前的封建社会，中国妇女是遭受残酷而严厉的儒家家庭和宗族统治下的悲惨奴隶。1949 年以后，共产党通过立法并教

① 李木兰（Louise Edwards）：《以"妇女工作"约束妇女的政治参与：中国共产党与妇女的政治参与》(Constraining Women's Political Work with "Women's Work"：The Chinese Communist Party and Women's Participation in Politics)，载马兰安（Anne E. McLaren）编：《中国妇女：生活与工作》(Chinese Women：Living and Working)，伦敦：RoutledgeCurzon 出版社，2004 年，第 109—130 页。
② 关于中华全国妇联，参考伊丽莎白·克罗尔（Elisabeth Croll）：《转变中的中国妇女身份：语言、经验和自我认识在 20 世纪的中国》(Changing Identities of Chinese Women：Rhetoric，Experience and Self-Perception in Twentieth Century China)，伦敦：Zed 出版社，1995 年。

育群众停止这种压迫行为。① 讨论那些为消除贫困而斗争的独立妇女组织，讨论那些在民国时期可以代表妇女而且已经被游说的政府和法律体制，在某种程度上会削弱的"1949 年以前"的悲惨程度。不过，最近曼素恩和高彦颐在对明清各种妇女生活的研究表明，"封建中国"的悲惨画面完全是脱离实际的。②

出色的但尽管是少量的对 1949 年之前中国妇女运动历史的研究因为这种或那种原因主要集中在共产主义运动中的妇女和女工方面。尤其是在中国大陆，这两个群体被表现为 20 世纪妇女运动的英雄，但是它忽视了那些推动民主宪政政府建立的中产阶级或精英妇女。因而，我们需要从不同的角度对妇女在 20 世纪上半叶对社会和政治发展的各种贡献进行学术探讨。从这方面来说，本书将对这个由柯临清（Christina Gilmartin）、白凯（Kathryn Bernhatter）、贺萧（Gail Hershatter）、王政以及韩起澜（Emily Honig）所创立的充满活力的领域作出贡献。③

① 参考李木兰（Louise Edwards）:《中华人民共和国的妇女：宏大性别叙事的新挑战》（Women in the People's Republic of China：New Challenges to the Grand Gender Narrative），载李木兰（Louise Edwards）、麦娜·罗斯（Mina Roces）编:《亚洲的妇女：传统、现代性和全球化》（Women in Asia：Tradition, Modernity and Globalisation），Allen & Unwin 出版社，密西根大学出版社，2000 年，第 59—82 页。

② 曼素恩（Susan Mann）:《缀珍录：十八世纪及其前后的中国妇女》（Precious Records：Women in China's Long Eighteenth Century），斯坦福：斯坦福大学出版社，1997 年；高彦颐（Dorothy Ko）:《闺塾师：明末清初江南的才女文化》（Teachers of the Inner Chambers：Women and Culture in China，1573—1722），斯坦福：斯坦福大学出版社，1994 年。

③ 柯临清（Christina K. Gilmartin）:《性别化中国革命：1920 年代的激进妇女、共产主义革命与民众运动》（Engendering the Chinese Revolution：Radical Women, Communist Politics and Mass Movement in the 1920s），伯克利：加州伯克利大学出版社，1995 年；白凯（Kathryn Bernhardt）:《中国的妇女和财产，960—1949 年》（Women and Property in China，960—1949），斯坦福：斯坦福大学出版社，1999 年；贺萧（Gail Hershatter）:《天津工人，1900—1949 年》（The Workers of Tianjin，1900—1949），斯坦福：斯坦福大学出版社，1986 年；《危险的愉悦：20 世纪上海的娼妓问题与现代性》（Dangerous Pleasures：Prostitution and Modernity in Twentieth-Century Shanghai），伯克利：加州伯克利大学出版社，1997 年；韩起澜（Emily Honig）:《姐妹与陌生人：上海纺纱厂女工，1919—1949 年》（Sisters and Stranger：Women in the Shanghai Cotton Mills，1919—1949），斯坦福：斯坦福大学出版社，1986 年；王政（Wang Zheng）:《中国启蒙时期的女性》（Women in the Chinese Enlightenment）。

第四节 参政(suffrage)还是参与政治(participation in politics)?

自从 1980 年代末期取消给予妇女保护性名额以后,今天的中国对于妇女参与正式政治的代表比例的不断下降存在着很大的忧虑。在对这种趋势的讨论中,所采用的术语是"妇女参政"(Women's Participation in Politics)。同样的术语,"参政"被用来描述在 1949 年中华人民共和国成立以前妇女追求平等政治选举权的运动。实际上,粗略地翻看本书的参考书目,我们可以发现杂志和报纸文章通常将"参政"附加在一系列妇女名词后面,包括女子、妇女、女和女性。然而,我将这个术语翻译成"suffrage"而不是"participation in politics"或者是"involvement in politics"。对于本书选择这个术语需要作些简单的解释。

白露(Tani Barlow)在 2004 年发表的《中国女权主义中的妇女问题》一文中,详细地探讨了"妇女"这个术语的演变过程,揭示了这些与女权主义相关的术语不断变化的政治含义。尽管复杂程度要小很多,但是"参政"(Participation in Politics)这个术语在其含义演变过程中存在着一些问题。在中国,"参政"这个词并不指投票和参加选举的权利(Suffrage),而是指确实地参与政治。它所特指的是参与中华人民共和国的政府机构以及共产党领导下的各个部门、委员会以及群众组织。在众多的阐述妇女参与中国政治的重要性以及克服困难以改善妇女政治参与的人数和水平的研究专著和论文中,"参政"这个术语不断被引用。①在中国台湾,这个术语已经开始广泛的概念化,其中不仅包括参与正式的政治和选举进程,而且也包括参加群众大会、游说集团以及公共演讲之类的非正式活动。② 试图以任何方式影响政府的行动也被包括

---

① 见王行娟、许秀玉编:《中国妇女参政的行动》,北京:海豚出版社,1995 年。
② 纪欣:《女人与政治:90 年代妇女参政运动》,台北:女书文化事业有限公司,2000 年,第 1—2 页。关于当前中国政治中的妇女研究,参考郝秋笛(Jude Howell):《中国妇女的政治参与》(Women's Political Participation in China),《议会事务》(*Parliamentary Affairs*),(转下页)

在对参政的宽泛理解之中。

然而，在本书所讨论在 20 世纪的上半叶中，"参政"意味着"选举权利"（Suffrage），它主要集中在选举和被选举的双重权利上，这与公民的全面政治权利相关联。在这个时期非常活跃的妇女们将她们的运动与国际妇女参政权运动联系起来，明确地采用"参政"这个术语，将其与"选举权利"等同起来。例如，在本书所讨论的数十年中，国际妇女选举权委员会通常被翻译为"万国女子参政会"。研究中华民国早期历史的中华人民共和国历史学家们理解其中存在的误解的可能性，经常提出他们自己的定义。例如，吴淑珍在她关于中国妇女参政运动论文的第一页中这样写道："妇女参政运动是妇女为赢得参加政府权利的斗争。"①这种对定义的关注在 1949 年之前所写的评论中不是必要的。相应的，在本书中我采用参政权（Suffrage）用来指代 1949 年之前的参政。

而且，在 20 世纪的上半叶，非正式政治与正式政治之间的区别很小。这两个进程是不可分割地交织在一起的。在这个时期，妇女活动家和激进分子坚持她们实践非正式政治、游说、游行、散发传单、举行群众大会的权利，简单的只是去做而已。② 争取获得与她们的父亲、兄弟和儿子同等的正式政治权利的运动显示了现在我们将那些与非正式政治联系在一起的特征。实际上，很多精力被投入到动员越来越多的妇女参与到社会、经济、军事和家庭政治中，以展现女性有能力在公共领域中获得正式政治权利。

（接上页）第 55 卷（2002 年），第 43—56 页；朱爱岚（Ellen R. Judd）：《国家与市场之间的中国妇女运动》（*The Chinese Women's Movement：Between State and Market*），斯坦福：斯坦福大学出版社，2002 年；骆思典（Stanley Rosen）：《中国的妇女和政治参与》（Women and Political Participation in China），《太平洋事务》（*Pacific Affairs*），第 68 卷第 3 期（1995 年），第 315—341 页；詹姆斯·童（James W. Tong）：《中国政治文化与参与中的性别差距》（The Gender Gap in Political Culture and Participation in China），《共产主义与后共产主义研究》（*Communist and Post-Communist Studies*），第 36 卷（2003 年），第 131—150 页。
① 吴淑珍：《中国妇女参政运动的历史考察》，第 77 页。
② 这方面最好的例子请参考周桓：《女子参政谈》，《女子参政协进会会刊》，第 1 期（1922 年 12 月 10 日），第 6—14 页。

第五节 将平等写入宪法

本书的随后几章表明妇女参政活动家们试图影响宪法。她们相信如果女性与男性的平等权利能写入宪法中，那么她们的权利将会得到保障。在当时，她们对宪法能提供保障的信任不是独一无二的。在激进派和保守派，男性和女性中间，他们都相信立宪政府和实行组织法会使中国变得强大，从而建立一个良好的政府。在 20 世纪上半叶，作为一种能够由人民自己可以科学地规划以及享有道德权利选择领导人所建立的政府形式，立宪政府具有政治哲学意义上的声誉。黎安友（Andrew Nathan）指出，中国的技术官僚和积极的现代化设计者们在 20 世纪初期将确立立宪主义作为压倒一切的目标，"他们效仿的模式是西方国家和日本，在那里宪法和国家权力很明显的是联系在一起的"[1]。相信立宪政府是解决 1920 年代中国政治分裂问题的万能药的观点在中国依旧盛行，尽管在宪政讨论中越来越脆弱的形式和计划被构想出来。黎安友明确地指出，当时确实相信宪政可以拯救，复兴中国以及实现中国的现代化。冯兆基（Edmund Fung）指出，即使是在进入宪政被中断的 1930 年代和 40 年代，"对于国民政府时期的自由知识分子来说，民主和宪法的变迁为实现和平与现代的中国提供了一个最好的希望。他们在这一时期倡导民主和宪政，但是却发现通向民主的道路被堵塞"[2]。

宪政成为政治讨论的试金石，尽管它未能有效地解决中国的诸多问题。钱端升统计指出，从 1908 年到 1946 年中国至少有不下 12 部宪法、临

---

[1] 黎安友（Andrew J. Nathan）:《北京政治，1918—1923 年》（*Peking Politics，1918—1923*），伯克利:加州伯克利大学出版社，1976 年，第 9 页。关于民国时期立宪的讨论，参考赵穗生:《设计的权利:民国时期的立宪》（*Power by Design : Constitution-making in Nationalist China*），夏威夷:夏威夷大学出版社，1996 年。

[2] 冯兆基（Edmund Fung）:《追寻民主:民族主义下中国的民众反抗，1929—1949 年》（*In Search of Chinese Democracy : Civil Opposition in Nationalist China，1929—1949*），剑桥:剑桥大学出版社，第 1 页。

时宪法以及宪法草案。① 那种警告相信宪政道路将无济于事的话语也不绝于耳。例如，1923 年的国民党宣言指出，宪法本身并不能使得中国避免衰落。宣言解释说："宪法的前提条件是人民是否有能力去捍卫它。本末倒置没有任何用处。而且，如果人民不组织起来，那么宪法的存在将不能够使他们运用宪法。即使没有军阀滥用宪法，它们也只不过是形同虚设而已。"②

尽管大多数中国人对宪法没有任何了解和兴趣，但是改革派知识分子和政治精英们却把它当作一件严肃的事情。无论怎样脆弱和短暂，如果不去口头承诺修改这些年在中国出现的众多的宪法，那么没有一个声称将会实行民主的政府会拥有它的合法性。培育公民的概念，从而使得人民和国家在一个宪法的框架中互动，这是改革倡导者们所关注的一个要点。③

像大多数热切的中国改革者那样，中国妇女参政活动家们确信这种进程的合理性。他们坚信立宪政府能够通过立法的力量保证女性与男性之间的平等，从而改善女性地位。相应的，正如我们在随后几章将看到，她们在数十年中致力于制定或者修改修宪，从而确保在这数十年的中国政治动荡中所出现的任何法律文件都确保妇女权益。

中国妇女参政活动家们首先是宪政主义者，致力于反对那些掩盖专制统治的，自私自利的，看上去只是无休止的文件重复。然而，选举活动家们不断参与到省以及国家立宪斗争中，表明了女性作为一个政治、经济和社会意义上独立个体的自主权。在已经含有"无论种族、阶级和宗教"确保平等的文本中，简单地加入"或者性别"，这使得数个世纪以来为妇女代言的父系宗族和家庭权力面临着挑战。妇女参政活动家们宣布，

---

① 钱端升：《中国的政府与政治》(*The Government and Politics of China*)，第 435 页。
②《国民党第一次全国代表大会宣言：1924 年 1 月 30 日》(Manifesto of the First National Congress of the Kuomintang: January 30,1924)，重印，载米尔顿·谢(Milton J. T. Shieh)编：《国民党：历史文献选编，1894—1969 年》(*The Kuomintang: Historical Selected Documents,1894—1969*)，圣约翰大学出版社，1977 年，第 77 页。
③ 见沙培德 (Peter Zarrow)：《中国和西方的公民权》(Citizenship in China and the West)，第 3—38 页。

"妇女们拥有和她们的丈夫们不同的和独立的权益",妇女将被认为是"具有明确个体权益的公民个体"①。

第六节 国际妇女参政运动:对起因的思考

中国妇女参政运动从一开始就具有国际范围内的联系。通过万国女子参政会的联系,中国的妇女活动家们与世界范围内许多国家的妇女参政运动齐头并进。②万国女子参政会根据各国在这一问题上的进展,制表说明"参政的胜利",并定期在中国的妇女刊物上发表。中国的妇女参政活动家们也直接受到来自国际间代表的压力试图摆脱政府控制。1912年9月,中国妇女参政活动家们接待了由卡丽·查普曼·卡特(Carrie Chapman Catt)率领的万国女子参政会代表团。卡特(Catt)在南京、上海及北京的会议和群众大会上发表演讲,吸引了媒体对国际妇女参政运动的关注。③众多的出席者表明了中国妇女获得的支持。例如,在南京,有1000多人参加了群众大会。④

国际妇女参政运动的特征是运动的多样性以及合作的姐妹精神。正如他们在日本、德国、印度和美国的姐妹们一样,中国妇女参政活动家独一无二地创造了中国版的妇女参政国际主义。不同的宗教、政治和文化现实使得各国的妇女参政群体的重点和路径各不相同。作为一项国际运动,各种妇女参政运动的类型和重点具有各自国家和文化的影响。例如,中国妇女参政活动家和英语世界中的大多数妇女参政活动家不一

① 弗吉尼亚·萨皮罗(Virginia Sapiro):《利益什么时候才有意思? 妇女政治代表的问题》(When Are Interests Interesting? The Problem of Political Representation of Women),《美国政治学评论》(American Political Science Review),第 75 卷第 3 期(1981 年),第 701—716 页。

② 这些国际性的联系一直持续到1930年代中国参加泛太平洋会议。菲奥娜·佩斯利(Fiona Paisley):《培育现代性:澳大利亚女权主义太平洋时代的文化与国际主义》(Cultivating Modernity: Culture and Internationalism in Australian Feminism's Pacific Age),《妇女史杂志》(Journal of Women's History),第14卷第3期(2002年秋),第105—132页。

③《万国女子参政同盟会会长到沪》,《民立报》1912年9月2日;《女权大活动》,《民立报》1912年9月5日;《女子参政会》,《民立报》1912年9月27日。

④《欢迎女参政会长》,《民立报》1912年9月10日。

样，她们不是新教的"基督教妇女禁酒联合会"的产物。尽管基督教妇女禁酒联合会给予中国参政活动家以制度性的基础，但从总体上来说，中国妇女参政运动和西方的参政活动之间有明显的区别。[①] 本书将表明中国妇女参政运动所呈现出的独特性。

不像大多数西方妇女参政活动家们那样，中国的"妇女参政者"并没有被认为是不苟言笑的滴酒不沾的道德家。酗酒引起的家庭暴力和贫困在中国并不像在欧洲、美国、或澳大利亚那样普遍。在中国，妇女参政活动家们更多的是对吸食鸦片的声讨，而对限制饮酒则没有太多的注意力。在整个英语世界中，西方妇女参政活动家们面临许多男性的反对，仅仅是因为这些男性认为，如果妇女被给予投票权，那么男性的饮酒乐趣将被受到制约。墨尔本的妇女参政活动家们送给市政厅一个公共饮水喷泉向市民不间断地提供饮水，以此作为她们禁酒运动的实际的象征性符号。[②] 相反，中国妇女参政活动家们被认为是打破约束和社会规则的危险而又大胆的妇女。这种约束和社会规则被认为是维护了数个世纪以来中国社会的稳定。因为她们不合传统的服饰、直率的风格以及鲁莽的行为，妇女参政活动家们被指责她们的举止不像女性。而且，中国的妇女选举活动家们受到指责，不是因为她们令人窒息的宗教道德受到指责，而是因为她们受到质疑的道德品质。[③]

---

① 关于基督教妇女戒酒联盟，参考伊恩·蒂雷尔(Ian Tyrell)：《妇女的世界妇女帝国：国际视野中的基督教妇女戒酒联盟，1880—1930 年》(*Woman's World Woman's Empire：The Women's Christian Temperance Union in International Perspective，1880—1930*)，教堂山：北卡罗来纳大学出版社，1991 年。

② 在今天墨尔本多维利亚市场的对面仍可以看到这个喷泉。

③ 安东篱(Antonia Finnane)表明了服饰的选择在 20 世纪上半叶的重要性。参考她的论文《中国妇女应该穿什么？一个国家性的问题》(What Should Chinese Women Wear? A National Problem)，《近代中国》(*Modern China*)，第 22 卷第 2 期(1996 年 4 月)，第 99—131 页。也参考李木兰(Louise Edwards)：《为权力而着装：中国学者的袍、学校的制服和军装》(Dressing for Power：Scholars' Robes, School Uniforms and Military Attire in China)，载麦娜·罗斯(Mina Roces)、李木兰(Louise Edwards)编：《亚洲和美国的衣着政治》(*The Politics of Dress in Asia and the Americas*)，Sussex Academic 出版社，2007 年。

与欧洲和美国的运动相比,中国妇女参政运动激进性的表现有着根本性的差异。不像中国早期的妇女参政活动家们那样,英国妇女参政运动中的激进的、军事性的组织并没有参与到正式的军事或反政府活动中去。但是中国的妇女参政活动家早在1911年就建立妇女武装,加入到用炸弹袭击清政府官员的队伍中。1912年,英国最激进的参政活动组织公开宣称,为了她们的事业,她们将发起"对财产的一系列恐怖袭击,例如大规模地打碎玻璃,放火烧毁空置的大楼和邮局,在高尔夫球场泼硫酸、割断电话和电报线"[1]。作为受社会尊敬的妇女,她们利用她们的中产阶级的地位,运用这些"反社会"行为引起整个社会的觉醒,从而获得公众对她们的支持。类似的,激进的美国和英国参政活动家所运用的绝食手段也没有在中国得到实施。在中国这样的国家,妇女因为她们丈夫的去世而绝食自杀通常被受到尊敬,这是一个悠久的历史传统。因而,在这样的国家中,绝食通常会引起误解。实际上,对于那些出身良好的早期的中国妇女参政活动家们来说,她们在公众场合的出现,以及在公共场合要求权利,打破了长期以来认为女性的美德只存在于隔绝在家中这个传统。从全球的视角来看,对"激进主义"的理解很明显是由文化准则所决定的。

中国参政活动家们挑战了最根本的美德的性别戒律。在广义上,对妇女而言,这被认为是贞操;而对男性而言,这是功名。[2] 离开家庭的禁锢,接受教育,赢得公共权力,参政活动家们激烈地挑战了这些美德的性别准则。妇女活动家们声称因为她们服务国家和社会,因而她们的品行是端正

---

[1] 琼·珀维斯(June Purvis)、桑德拉·斯坦利·霍尔顿(Sandra Stanley Holton):《Introduction：The Campaigns for Votes for Women》,载琼·珀维斯(June Purvis)、桑德拉·斯坦利·霍尔顿(Sandra Stanley Holton)编:《妇女的投票》(Votes for Women),伦敦:Routledge出版社,2000年,第3页。

[2] 关于表现男性气质——文和武的两种机制的讨论以及文人的主宰,参考雷金庆(Kam Louie):《男性气质论:中国的社会与性别》(Theorising Chinese Masculinity：Society and Gender in China),剑桥:剑桥大学出版社,2002年。

的。这种新的妇女贞节观使得原先那种贞节观不再具有意义。[1]然而，这些行为的意义在国际范围内对激进女权主义的讨论中，有可能得不到关注。

不像那些妇女参政运动先驱国家，如澳大利亚、新西兰和美国的妇女参政活动家所经历的那样，中国妇女参政活动家们无法扮演她们在新土地上开创新生活的艰苦努力中作为男性同伴的角色。殖民开拓的历程使得女性获得了和男性合作的机会。在殖民地，白人女性远少于男性，因而她们的投票权对政治现状造成的威胁极小。而且，白人妇女活动家们也通常强调她们与被殖民的"当地人"的不同，以此来更积极有效地将她们自己归属于这个精英统治群体的一部分。[2] 在中国从君主专

---

[1] 关于中国妇女的性贞操方面研究的主要著作包括戴真兰(Janet M. Theiss)：《丑事：盛清的贞洁政治》(Disgraceful Matters：The Politics of Chastity in Eighteenth-Century China)，伯克利：加州大学伯克利出版社，2004年；田汝康(Tien Ju-k'ang)：《男性焦虑和女性贞洁：明清时期中国道德观的比较研究》(Male Anxiety and Female Chastity：A Comparative Study of Chinese Ethical Values in Ming-Ch'ing Times)，莱顿，纽约：Brill出版社，1988年；曼素恩(Susan Mann)：《清代中国亲属、阶层和社区结构中的寡妇》(Widows in the Kinship，Class and Community Structures of Qing Dynasty China)，《亚洲研究学报》(Journal of Asian Studies)，第46卷第1期刊(1987年)，第37—55页；安·沃特纳(Anne Waltner)：《明代和清代初期中国的寡妇和再嫁》(Widows and Remarriage in Ming and Early Qing China)，《历史反思》(Historical Reflections)，第8卷第3期(1981年)，第129—146页；伊懋可(Mark Elvin)：《女性的贞洁与国家》(Female Virtue and the State)，《过去与现在》(Past and Present)，第104卷(1984年8月)，第110—152页；关于清代精英们的生活，参考李木兰(Louise Edwards)：《清代中国的男人与女人们：红楼梦中的性别》(Men and Women in Qing China：Gender in the Red Chamber Dream)，莱顿，纽约：Brill出版社，1994年；夏威夷大学出版社，2011年再版。

[2] 参考李木兰(Louise Edwards)：《中国的种族和国家叙事：20世纪初期妇女的参政》(Narratives of Race and Nation in China：Women's Suffrage in the Early Twentieth Century)，《妇女研究国际论坛》(Women's Studies International Forum)，第25卷第6期(2002年11月至12月)，第619—630页；帕特里夏·格里姆肖(Patricia Grimshaw)：《白人妇女参政》，载海伦·欧文(Helen Irving)编：《一份妇女的宪章？澳大利亚联邦的性别与历史》(A Woman's Constitution？Gender and History in the Australian Commonwealth)，悉尼：Hale & Iremonger出版社，1998年，第77—97页；《澳大利亚妇女基督教戒酒联合会中的性别、公民权与种族，1890年—1930年代》(Gender，Citizenship and Race in the Women's Christian Temperance Union of Australia，1890 to the 1930s)，《澳大利亚女权主义研究》(Australian Feminist Studies)，第13卷第28期(1998年)，第199—214页；《澳大利亚、新西兰和夏威夷殖民地殖民者的焦虑、土著以及妇女参政，1888—1902年》(Settler Anxieties，Indigenous Peoples and Women's Suffrage in the Colonies of Australia，New Zealand and Hawai'i，1888—1902)，《太平洋历史评论》(Pacific Historical Review)，第69卷第4期(2000年11月)，第553—572页。

制向民主制转型的过程中,种族政治是复杂的。这些参政活动家们基本上属于汉人。她们和主张共和制的革命党人一起反对少数民族作为君主的清王朝统治。妇女参政活动家们和革命党人有着反对满族统治和恢复汉族统治的政治联盟。然而,中国的妇女参政活动家们只能短暂利用这种反满情绪。一旦满族统治被推翻,中国妇女参政活动家们发现,她们已经不能简单地通过利用汉族的名义来令人信服地将她们自己置身于合法的"统治群体"中。这个汉人共和国与刚刚被推翻的清王朝一样都根植于父权制结构中。在这方面,中国妇女参政活动家们面临的挑战是要在这个世界上最稳定的文化体系中急剧地实现性别关系的变革。

中国妇女参政运动并没有深深地卷入到其他的解放运动中去,例如美国和欧洲的废奴运动和争取劳工权利的运动。中国妇女参政活动家们一直到 1920 年代都缺乏清醒的意识。她们早期的活动严格地限定在争取男性与女性的平等上面。中国在 20 世纪的头 20 年中,由于缺乏能够发出声音的工人和农民政治运动,这使得中国妇女参政运动避免了在美国和欧洲出现的那种能够锻炼参政活动家思维的运动所产生的阶级权利和其他受压迫群体权利之间的争执。在欧洲,男性工人阶级强烈地反对作出给予女性与男性同等参政权利的任何妥协,因为他们害怕这会进一步阻碍男性普选权事业。[1] 在中国,直到 1930 年代和 1940 年代,中国农民无论男性还是女性,基本上都是无声的群体。[2] 正如冯兆基所描

---

[1] 关于德国的阶级和美国的种族问题的讨论,参考南希·F.科特(Nancy F. Cott):《20 世纪初期政治环境中的女权主义:对德国和美国的比较研究》(Early Twentieth-Century Feminism in Political Context：A Comparative Look at Germany and the United States),载卡罗琳·戴利(Caroline Daley)、梅拉尼·诺兰(Melanie Nolan)编:《参政与超越:国际女权主义的视角》(*Suffrage and Beyond：International Feminist Perspectives*),奥克兰:奥克兰大学出版社,1994 年,第 234—251 页。

[2] 参考费约翰(John Fitzgerald):《唤醒中国—国民革命中的政治、文化与阶级》(*Awakening China：Politics，Culture，and Class in the Nationalist Revolution*),斯坦福:斯坦福大学出版社,1996 年。

述,男性和女性政治活动家们都是"远离农民和劳工阶层的。"①

　　直到 1920 年代中后期,中国妇女参政运动只是为了争取与男性同等的参政权利而斗争,而不是为了普选权。这个时期,有关代议制政治和民主越来越复杂的观念开始削弱教育成政治参与之间的密切联系。数个世纪以来,帝国时期的儒生们通过学习和应试以获得政府中的职位。这种传统并没有一夜之间消失。主张强国和复兴的男性和女性参政活动家们拥有共同的阶级利益。随着政治利益扩展到普通民众中,男性和女性政治领导人走到了一起。中国的改革者,无论是男性还是女性,无论是左翼还是右翼,都是家长制的中产阶级。她们继承了长达数个世纪的儒家思想传统,即受教育者拥有统治的权力。② 正如随后的几个章节所表明,众多的宪法声称"所有"的人民都有平等的公民权利,但是同时又禁止那些不具备读写能力的人参加投票。这种教育和政治参与之间的紧密联系突出了他们统治的矛盾。

　　长期存在的教育价值观作为官僚阶层的一个合法化特征,使得中国的妇女参政活动家们比西方的妇女参政活动家们更严肃地强调推动中国妇女教育的重要性。在清代,因为官员是通过一系列考试选拔出来的,所以教育成为参与政治的前提条件。在这种模式下,正如曼素恩(Susan Mann)的讨论敏锐地展示出来的那样,受过教育的女性通常被要求能起到给她们的丈夫在政治或商业中提供咨询和安慰的角色。③ 但是她们自己并不担任公共政治角色。妇女参政活动家们通过公开要求妇

---

① 冯兆基(Edmund Fung):《追寻中国的民主》(*In Search of Chinese Democracy*),第 12 页。
② 冯兆基指出,1930 年代的自由知识分子"对精英统治形式感兴趣,对他们来说,民主的最好形式是建立在公共哲学基础形成的精英们的共识之上的。"同上书,第 18 页。关于教育与参政,参考李木兰(Louise Edwards):《中国妇女追求参政权的运动:民族主义、儒家思想和政治机制》(Chinese Women's Campaigns for Suffrage: Nationalism, Confucianism and Political Agency),载李木兰(Louise Edwards)、麦娜(Mina Roces)编:《亚洲妇女的参政:性别、民族主义和民主》(*Women's Suffrage in Asia: Gender, Nationalism, Democracy*),伦敦:RoutledgeCurzon 出版社,2004 年,第 59—78 页。
③ 曼素恩(Mann):《缀珍录》(*Precious Records*),第 76—120 页。

女们的教育权,消除教育与男性政治权力之间的天然联系。她们没有挑战教育是政治权力的重要前提条件这一根本原则,而是认为女性可以通过接受教育达到男性同等的水平,从而合法地获得政治权力。

她们的观点得到了包括梁启超在内的晚清改革家们的支持。梁启超强调了在现代化进程中的教育与公民权之间的联系。沙培德指出,梁的观点是"教育能够使得人民成为公民,以及全面行使宪法赋予他们的权力"①。因为这种对教育和获得政治权利之间联系的文化期待,妇女活动家在新成立的民国中接受正式的教育作为能够有效确保女性政治观点的关键所在。然而,这种途径对欧洲的妇女来说并不存在。在欧洲,教育和统治权之间的关系并不明显。而许多中国妇女参政活动家们创办学校,有的出版妇女杂志和副刊,以及为妇女理解新的社会和政治秩序提供另类视角,从而展示作者和读者的学识。

重要的是,在儒家世界观中,教育也隐喻着美德。因而,妇女参政活动家们希望通过教育来为她们分享政治权力做出辩护,同时缓解因为她们进入迄今为止被禁止的政治领域给她们所带来的中伤。这种机制帮助保护城市精英阶层妇女的声誉,但是对乡村妇女来说并没有什么意义,因为她们还无法接受正在扩大的学校教育。在 1940 年代结束之际,那些在政治上活跃的农民妇女仍旧被嘲弄和妓女没有什么两样。然而,儒家对教育的推崇是中国妇女参政运动的道德支撑点,正如基督教妇女禁酒联盟的清教主义对西方妇女参政运动的意义一样。

西方和中国妇女参政运动的另一个明显的差异在于她们在运用公民权方法上的不同。在中国妇女参政论者看来,公民权是嵌入在参与政治的权利之中。在许多西方国家,公民权是和特定性别的权利和义务联

---

① 沙培德(Peter Zarrow):《中国和西方的公民权》(Citizenship in China and the West),第 23 页;夏洛特·比恩(Charlotte L. Beahan):《晚清中国的妇女运动和民族主义》(The Women's Movement and Nationalism in Late Ch'ing China),哥伦比亚大学博士论文,1976 年,第 106—116 页。一位活动家在 1904 年解释道,男性与女性之间的平等至关重要,因为它在母亲中培育公民权观念。亚特:《论铸造国民之母》,《女子世界》,1904 年第 7 期,第 1—7 页。

系在一起的。沙培德对此做出了他的解释。在法国，自大革命以后的公民权概念涵盖妇女，但是作为公民，她们却被有意地排除在政治之外。英国、意大利和美国对公民权概念的界定同样是以性别为基础的。他认为，"在西方，在整个 19 世纪将妇女排斥在外一直是为人数不断增长的男性提供全面公民权的一个重要组成部分"①。然而，沙培德指出，在中国公民权和女权主义在很大程度上是作为紧密相关的两个问题来对待的："民族主义、共和主义或公民权的倡导者们也关注女性的权利。"② 因而，中国妇女比她们在欧洲或者美国的姐妹们更有说服力地为政治权利进行游说。作为公民，和她们的父亲、兄弟和儿子一样，她们履行义务和享有权利。

正如她们的西方同行所做的那样，中国妇女参政运动论者承认性自主权和政治权利之间的紧密联系。例如，英国在 1870 年代和 1880 年代之间发生反对妓女和废除传染病法案的运动使得妇女有义务随时接受性病体检，这明确地将女性政治声音的缺乏和性奴役联系在一起。③ 在中国，妇女参政活动家是属于反对纳妾、贞洁双重标准和妓院泛滥的最有组织、也是最能发出声音的妇女运动家。然而，因为妇女参政论者同时反对纳妾、买卖女婢以及卖淫，这排斥了许多潜在的支持妇女参政运动的男性。

与欧洲和美国相对稳定的社会态度相比，在 1915 年之后的十年中，中国新文化运动创造了一个对于急剧挑战传统的行为，能够持同情态度的文化氛围。在城市中受过教育的青年，无论是男性还是女性至少都赞成和谐的品德，即建立在互敬互爱一夫一妻制基础上的婚姻，批判传统的父母包办式婚姻。在城市中，越来越多的人开始挑战这种传统，这为妇女参政活动家们提供了一个不是十分敌对的环境。在这种环境中，她

---

①② 沙培德(Peter Zarrow)：《中国和西方的公民权》(Citizenship in China and the West)，第12 页。

③ 肯特(Kent)：《大不列颠的性与参政》(Sex and Suffrage in Britain)，第 7—11 页。

们可以挑战根深蒂固的性别和政治传统。中国 20 世纪初期的"性革命"是和妇女追求法律和政治平等运动紧密联系在一起的。人们相信，民主将会捍卫妇女们在社会、性、道德以及经济方面的权利。取得参政权是追求民主权利广泛运动的第一个关键步骤。

中国妇女参政运动在某些方面也和其他非西方国家不同。在一个仍旧具有主权的国家中，尽管强势的欧美经济势力引发了数十年之久的政治动荡，但是中国妇女参政活动家们并不需要和其他直接受殖民统治的地区所呈现的复杂情况做斗争。例如，在印度尼西亚，苏珊·布莱克本（Susan Blackburn）指出，国家妇女参政运动论者需要面对的一个问题是如何或者是否和荷兰妇女参政运动结合在一起。正如盖尔·皮尔迅（Gail Pearson）发现，在印度白人殖民者妇女在当地参政运动中的角色同样也是充满着不愉快的经历。麦娜·罗斯（Mina Roces）的研究指出，菲律宾的妇女参政活动家们发现她们被期待着去支持将会剥夺妇女参政权的民族主义运动。①

中国的参政论者与他们的日本同志相反不必去证明种族文化的纯洁性。松川由纪子（Yukikom Matsukawa）和 Kaoru Tachi 写道，在 1930 年代的日本，那些认为"日本妇女学习西方妇女是不合时宜，也是不道德的"那些人指责日本妇女参政论者，参政激进主义不像是日本的。一些人甚至斥责妇女参政是"反对日本传统"②。巴巴拉·莫洛尼（Barbara

① 参考李木兰（Louise Edwards）、麦娜·罗斯（Mina Roces）编：《亚洲妇女参政》（*Women's Suffrage in Asia*）中的一下章节，苏珊·布莱克本（Susan Blackburn）：《印度尼西亚的妇女参政与民主》（Women's Suffrage and Democracy in Indonesia），第 79—105 页；盖尔·皮尔森（Gail Pearson）：《印度传统、法律和妇女参政运动》（Tradition, Law and the Female Suffrage Movement in India），第 195—219 页；麦娜·罗斯（Mina Roces）：《妇女参政论者是美国殖民产物吗？定义菲律宾殖民地的"菲律宾妇女"》（Is the Suffragist an American Colonial Construct? Defining 'the Filipino Woman' in Colonial Philippines），第 24—59 页。
② 松川由纪子、Kaoru Tachi：《日本的妇女参政与性别政治》（Women's Suffrage and Gender Politics in Japan），载卡罗琳·戴利（Caroline Daley）、梅拉尼·诺兰（Melanie Nolan）编：《参政与超越：国际女权主义的视角》（*Suffrage and Beyond: International Feminist Perspectives*），奥克兰：奥克兰大学出版社，1994 年，第 180 页。

Molony)指出,在 1930 年代后期,日本的"国际主义和参政主义陷入困境"①。(在中国,直至 1930 年代,自 20 世纪初期以来整个国家的危机状态迫切需要实现急剧的社会和政治变革,而"传统中国"的特征和文化特性对此所产生的影响较小。)中国通过现代化和"西化"来实现民族复兴,这有助于将妇女参政权作为国家进步的象征,是一种爱国的而不是背叛的行为。而且,中国的妇女参政活动家们一直都被认为是"现代女性"或者"新女性"。这些现代女性以后成为国家强大和民族复兴的最好象征。② 尽管在 20 世纪上半叶现代女性并不一帆风顺,但是她们所被认为具有的转型力量使得中国的妇女参政活动家们免受日本女性所受到的那样的攻击。

　　本书将在中国自己的历史和政治环境中探讨中国妇女参政运动。然而,正如我们将要看到,参与这些运动的妇女们知道她们的运动在全世界范围内的影响。她们将自己构想为国际妇女运动的一部分以及"所有国家妇女"的发言人。

　　随后几章将按时间顺序从帝国晚期开始,那个时候妇女只是男性的妻子和女儿,一直到 1940 年代末期当妇女已经不受挑战地享有参与政治的权利。正如本书所表明,中国妇女在 20 世纪上半叶所带来的急剧社会和政治变迁对 21 世纪整个中国的女性都产生了深远的影响。她们

---

① 巴巴拉·莫洛尼(Barbara Molony):《两次大战之间日本的公民权和参政》(Citizenship and Suffrage in Interwar Japan),载李木兰(Louise Edwards)、麦娜(Mina Roces)编:《亚洲妇女的参政:性别、民族主义和民主》(Women's Suffrage in Asia: Gender, Nationalism and Democracy),伦敦:RoutledgeCurzon 出版社,2004 年,第 130 页。

② 关于近代中国妇女的讨论,参考文棣(Wendy Larson):《近代中国的妇女与写作》(Women and Writing in Modern China),斯坦福大学出版社,1998 年,第 26 页;白露(Tani Barlow):《妇女、国家、家庭》(Theorizing Woman: Funü, Guojia, Jiating),载琼·瓦拉赫·斯科特(Joan Wallach Scott)编:《女权主义与历史》(Feminism and History),牛津:牛津大学出版社,1996 年,第 58 页;李木兰(Louise Edwards):《民国时期对现代女性的规训》(Policing the Modern Woman in Republican China),《近代中国》(Modern China),第 26 卷第 2 期(2000 年 4 月),第 115—147 页。

的努力在当代值得广泛关注。

第二章将涵盖从 1898 年至 1911 年之间的历史，这是飘摇的清王朝的最后 12 年，本章提出，这个时期的妇女运动是与男人和男性所主宰的公民权概念做斗争。在这方面，公民权被认为是男性的，而女性想获得承认作为独立公民，而不只是公民的妻子和女儿。妇女参政论者试图产生一种新的身份，即女公民，以试图在急剧变化的中国政治舞台上为妇女们划出合法的空间。为了实现这个目标，她们提出的论点是不管何种性别，所有人在任何方面都是平等的。在这个平等原则的基础上，妇女寻求和男性同样的全面而平等的政治权利，通过和男性一道展示民主和共和制形式的民族主义。这个时期的妇女活动家们传播了一个观念，即受过教育的女性和男性一样也能够在政治领域为国家效力，从而削弱了教育和男性获得政治权力之间的紧密联系，而这种联系支撑了数个世纪以来中国的政治统治结构。

第三章叙述了妇女参政活动家们从 1911 年到 1913 年这一短暂时期所遭受的痛苦，这也是自清王朝瓦解以后脆弱的共和民主制出现的时期。它表明了因为新成立的民国未能给予女性参政权，妇女参政活动家被迫将她们自己构想为具有性别身份和政治议程的政治活动者，不同于她们原先所认为的会是她们亲密战友的男性不同。她们继续传播一个观念，即女性与生俱来与男性平等，在所有法律条款方面应该获得平等对待。而且她们也开始更明确地阐述她们的立场，即女性的政治利益不同于男性，并且在全球妇女参政运动的复杂的权力运动中付诸行动。面对着反对妇女进入正式的政治公共领域的严峻形势，民国初期的妇女参政者们仍坚持不懈地追求实现由女政治家代表中国妇女参政权利的合法性。

第四章的讨论重点是从 1919 至 1923 年在省立宪法中成功获得两性平等参政权。到这个时期为止，妇女运动表明它是一场有着"性别议题"的成功的社会和政治运动，它是建立在清楚的表达和更广泛的宣传的女性集体劣势基础上的。也就是说，在新文化运动期间，女性的集体政治身份在妇女活动家中以及更广泛的改革政治精英中都得到了巩固。重要的是，妇女参政活动家们开始将阶级差异考虑到她们的政治斗争中去。直到这个时期，中国妇女参政活动家们很大程度上忽略了她们的工人阶级或者农民阶级姐妹们面临的问题，也忽视了平等的参政实际上指的是受过教育、享有特权的阶层的男性和女性之间的平等。不断觉醒的阶级意识强化了一个概念的演化：因为她们相对男性而言的集体劣势，所以妇女作为一个群体是统一的。

第五章讨论了从 1924 年到 1927 年共产党和国民党这两大政治派系权力和影响不断扩大的时期。在这一时期，两大政党都公开地阐述了男女平等原则。本章表明，两大政党所关注的是要确保女权主义不能危及到他们的政治目标。因而，妇女活动家们面临的挑战是要确保日益复杂的党派政治机器不会将女性权益作为讨价还价的筹码或者是可有可无的多余之物。这项任务必须在两党紧密合作的时期进行，也即所谓的第一次国共合作时期。致力于立宪进程，中国参政活动家们从综合力量的立场出发，为国民大会以及妇女在国民大会中的代表权问题而斗争，共产党和国民党妇女加入到中立的派系中从而推动妇女权益事业发展。本章表明，妇女作为一个集体享有政治代议权这项合法权利受到广泛认可，它给予了妇女活动家们独特的机会去影响这个脆弱国家的政治机制和结构。

1927 年国共合作的破裂开始了国民政府领导的南京时期。共产党被迫撤退到农村地区，与共产党有联系的妇女活动家们也进入内陆地区。第六章表明尽管这个国家的两大主要政治派别的女性政治活动家们在组织上分裂了，但是投入女权主义运动的努力并没有减少，实际上她们获得了更重大的胜利。女性推动了确保女性与男性平等方面的法律和宪法修改，国家制度层面的政府结构的扩张与大众不断参与政治更进一步推动这方面产生变化。参与政治的人口的增加是因为取消文化作为投票的前提条件。本章挑战了传统上的认为女权激进主义在这个时期衰落的观点。相反,本章指出《训政约法》和《二五宪法》在这一时期的颁布在国家层面上承认了女性与男性的平等,表明了宪法的胜利。实际上,国民党和共产党必须与能够发出声音的妇女们所领导的运动进行竞争。

第七章考察了从 1936 年至 1948 年之间的历史,这包括中国在日本入侵之后的艰难岁月以及短暂但是血腥的内战时期。本章表明在这最动荡的时期,各个不同政治派别的妇女活动家们团结起来成功地获得了在政治上为女性提供保护性的最低代表名额。她们认为这些运动是她们从 1920 年代至 1930 年代为确立女性具有合法的政治集体身份、与男性平等却具有独特性的观点所付出努力而取得的结果。性别差异的前提是承认女性是一个弱势群体,因而需要适当的保护性代表名额。这个观点确立的基础是广泛地认为两性平等对现代中国是极为关键的。选举也同时在共产党和国民党统治区举行,在那里女性在成为公共政治家方面取得了显著的进展。

第八章作为本书的结尾探讨了中国妇女参政运动对于中国政治史以及国家政治性别特征的意义。中国妇女参政运动不仅从根本上改变了性别与政治之间在中国的关系,而且也改变了性别与政治道德之间的关系。而且,妇女参政活动家们在她们持续而灵活的运动中,通过效仿国际舞台上复杂而有效的游说政治,从整体上改变了中国的政治版图。

第二章 反清叛乱者：构想妇女的国民权
（1898—1911 年）

中国女权活动家们在 20 世纪初期清楚地认识到，她们是同时与清廷君主专制统治（1644—1912 年）以及汉族父权制作抗争。女性与男性平等在中国要获得承认，必须得推翻帝国政治体制以及以男性为中心的文化秩序。而且，女性政治权利在当时被认为是参政权，因而要求建立一个宪政民主体制，尤其是一个能确保男女平等的民主制度。在这种建立了新的民主秩序的中国，有的是国民而不是臣民。然而，在那个时代对国民权的叙述中，对妇女的表述方面存在着问题，因为"国民"这个术语完全是以男性为中心的。针对这种观念，妇女活动家们将"女国民"这个概念提升到政治层面上，号召妇女们为实现这一地位而努力。[①] 她们希望向男性证明女性也可以是国民，她们的国民权在各个方面和男性都相同。为了实现这个目标，女性政治活动家们提

---

① 关于性别化国民权的精彩讨论，季家珍（Joan Judge）：《国民还是国民母亲？ 性别与近代中国国民权的意义》（Citizens or Mothers of Citizens? Gender and the Meaning of Modern Chinese Citizenship），载默尔·高曼（Merle Goldman）和裴宜理（Elizabeth J. Perry）编：《近代中国国民权意义变迁》（Changing Meanings of Citizenship in Modern China），剑桥，麻省：哈佛大学出版社，2002 年，第 23—43 页。

出并实施性别平等原则，以对抗长期以来的性别差异的观点——按照这种观点，男女的社会角色被认为是分立的，并且是具有等级性的。

这样，这些充满激情的女国民将注意力投入到实现国家政治结构转型的斗争中。在她们认为，国民属于民主共和国，她们希望在这样一个民主共和国中她们与男性平等的国民权源于她们参与了进一步推翻清王朝君主专制统治的政治斗争。正如本章将要表明，女性期望通过与男性一起为复兴这个脆弱的国家而共同奋斗，以此来表现她们具有和男性国民同样的知识和生理特征。她们的任务是消除人们所认为的两性之间的不同行为和角色，从而最终获得在宪政民主制中与男性同等的参政权。

第一节　国家复兴

关于中国妇女作为国民来参与国家复兴的问题急需探讨。在 17 世纪给予中国人无与伦比的财富和辉煌的清王朝到了 20 世纪初期已经飘摇欲坠。清政府面临经济崩溃的挑战，君主专制无法应对急剧变化的政治和军事局势。1840 年代以及 1895 年与英国和日本战争的惨败掏空了国库，摧毁了民众对国家上层领导人的信心。巨大的灾难，例如义和拳运动导致了西方列强联军对首都的劫掠，迫使无能的清政府对变革作出更多的反应。这种看得见的国际性羞辱剥脱了清统治者所剩无几的合法性。清政府宣布它将建立君主立宪制度。

清廷于 1908 年 8 月颁布《钦定宪法大纲》，宣布将在 1917 年召开中国第一次选举产生的国民议会。但是这个日程对于许多有远大抱负的汉族政治家们来说显然是太迟了。经过激烈的游说之后，立宪的准备期被减少到四年。这个新的时间表包括在 1912 年颁布宪法以及在 1913 年召开议会。尽管清廷和改革派之间关于立宪时间达成大体协议，但是自 1908 年以后充满活力的、越来越自信的省立议会（谘议局）开始发展起来。① 最终，这种新的民主精神推动了中国进入革命的轨道。正如周锡瑞(Joseph Esherick)指出，"省立议会很快成为各省政治的主要机构。这里成为城市精英的强大平台。他们在这里表达对政府的不满。"②因而，清廷的改革原先是为了确保满族在中国的继续统治，然而最终它还是孕育了自己的敌对力量。政治激进主义在富裕而又受过教育的汉人中发展，这个群体越来越觉得他们有能力在没有清廷的监督下治理自己的国家。

清廷所规定的选举权完全给予男性，而且也是极其有限的。在1908年制定的省立议会选举规则中，投票权只是给予一小部分男性，即年龄在25岁以上，并有职业、教育或财产方面的规定。这种有限的选举权意味着"大约有170万年龄在25岁以上的男性登记为投票人，这个数字占四亿总人口的0.4％，代表这个国家基本家庭总数的2％"③。同时规定，年龄30岁以上的男性有资格参加竞选。周锡瑞这样描述这项"复杂而又限制性的"选举法律条文：

> 选民为男性年龄25岁、至少是生员、或者受过中学教育、文职七品或以上的官员、武职五品以上官员；拥有价值5000银元以上的房产或商业资本；或在当地开办学校三年以上。对竞选人的要求是除了年龄要求提高到30岁以外，其他相同。然而，任何有道德缺陷者没有资格参选：如果他不守商业诚信、顽固不化；如果他坑蒙拐骗、自私自利、刚愎自用；如果他吸鸦片、精神错乱、或出身低贱(例

① 汤姆生(Roger Thompson)指出，这种活力一直延伸到省以下。见汤姆生《宪政改革时期的中国地方议会，1898—1911年》(*China's Local Councils in the Age of Constitutional Reform*, *1898—1911*)，剑桥，麻省：哈佛大学出版社，1995年。

② 周锡瑞(Joseph W. Esherick)：《改良与革命：辛亥革命在两湖》(*Reform and Revolution in China: The 1911 Revolution in Hunan and Hubei*)，加州大学伯克利出版社，1976年)，第95页。

③ 约翰·芬彻(John Fincher)：《中国民主：国家、省和地方的自治，1905—1914年》(*Chinese Democracy: The Self-Government Movement in Local*, *Provincial and National Politics*, *1905—1914*)，Croom Helm出版社和澳大利亚国立大学出版社，1981年，第111页。芬彻也提供了各省有资格投票的人数，见第112页。

如娼妓、优伶或者或奴户)。①

正如周锡瑞指出,西方的立宪制度被强加在儒家道德基础之上。在这种结合中,对于妇女参政活动家们来说,她们面临的困难是女性与男性的同等政治权利在这两种体系中都不是被普遍接受的。正如我们将在下一章中看到,在清末改革中形成的类似于议会之类的机构中单一男性代表和权威共和制确立以后,对妇女选举权运动产生破坏性的影响。

省谘议局的第一次选举在 1909 年举行。获胜者有资格竞选加入国会(资政院)。后者有意成为有权起草和颁布法律的国家议会的先驱。到 1909 年末,间接普选的第一阶段结束。1910 年 10 月在北京召开资政院第一次会议。② 这届资政院中的许多议员在 1911 年清王朝结束以后建立的民国政府中担任重要职位。约翰·芬彻(John Fincher)非常具有说服力地指出,绝不应该低估 1909 年的选举对 1911 年以后政治发展所产生的影响。③ 这段初期的议会历史通常被称为"自治运动",它确立了清王朝瓦解以后在民国政府中扮演重要角色的地方领导人。

改革所面临的主要问题是清廷一再无视这些新选出的人民代表的意见。清廷既不愿意交出任何权力,也不愿采纳资政院提出的建议。这使得一些议员开始支持那些旨在推翻清王朝的叛乱活动。如果那些参与立宪运动的改革派精英没有被疏远,如果他们在 1911—1912 年没有放弃清政府,那么清政府将有喘息的可能性。地方精英在 1909 年以后成为省谘议局的主要成员,他们的背叛对于清王朝在 1911 年的瓦解发挥了至关重要的作用。

---

① 周锡瑞(Joseph W. Esherick):《改良与革命》(*Reform and Revolution in China*),第 94 页。

② 关于更详细的细节,参考市古宙三(Chuzo Ichiko):《政治与制度改革,1901—1911 年》(Political and Institutional Reform,1901—1911),载崔瑞德(Denis Twitchett)、费正清(John K. Fairbank)编:《剑桥中国史》(*The Cambridge History of China*),第 11 卷,剑桥:剑桥大学出版社,1980 年,第 398—399 页。参考《大公报》自 1910 年 9 月 5 日以后关于选举进程的一系列报道。

③ 芬彻:《中国民主》,第 16—17 页。

但是，清政府的立宪改革并没有关于女性参与的条款，也没有承认女性具有"作为个体的权利"。[1] 它认为，男性亲属是女性的代表。对于许多投身于立宪运动的男性来说，妇女参政权对他们来说是毫不相关的。在这种背景下，妇女权益活动家们没有任何理由支持清政府的省谘议局，因而她们当中的那些激进者转而投向反清运动，以此作为表现她们合法国民地位以及与男性平等地位的平台。

随着女性越来越多地了解西方和日本女性接受教育和参与政治所带来的权益，女性被动员参与到女权主义运动中去。她们中的一些激进分子甚至到日本东京众多的女子学院学习，在那里她们加入了那些反对专制以及主张共和的团体中。在这些反清团体中，最重要的是孙中山所领导的成立于1905年的同盟会。对这些女性最有吸引力的是这些反清团体的章程中明确提出的男女平等原则以及欢迎女性加入。同盟会认为，在他们的运动以及他们所要建立的民主共和制中，男性和女性是平等的。正如我们随后将会看到，几乎所有的早期妇女参政运动领导人都是同盟会会员，是这个反清组织所有活动的热情参与者。这些妇女参政活动家们全力支持同盟会，她们希望日后能够实现自己的目标。

中国精英阶层对妇女的态度也发生了巨大变化，一些妇女们开始认为应该享有和她们的丈夫和兄弟那样的独立和平等。那么这些妇女活动家们是如何以女权主义者，而不是单纯的反清分子的面貌出现的呢？

第二节　妇女也是人：平等与天赋人权

在19世纪末和20世纪初，欧洲的"天赋人权"概念在中国改革派精英中已经被广为接受。[2] 这种天赋人权的观点认为，自由和平等是所有人与生俱来的权利。这种崭新的哲学视角为号召进行政治改革提供了

---

① 萨皮罗（Sapiro）：《利益什么时候才有意思？》，第701页。
② 关于这一时期改革精英的概述，参考周锡瑞：《改良与革命》，第105页。

新的力量,宪政民主也被欢呼为实现这些权利的最有效机制。[1] 为了防止中国陷入亡国灭种的境地,许多改革者相信中国需要信奉人人平等的原则。在中国,性别平等成为天赋人权观念的关键,因为它削弱了现有的固有的、无法动摇的性别差异观念。天赋人权观念的传播以及那种认为宪法作为根本法能捍卫这种权利的观点为中国女权主义运动的出现开辟了空间,因为男性和女性是在建立在代议制政府基础之上的政治改革中行使平等权利。因而,从天赋人权哲学观念中演绎出来的性别平等话语,给予中国妇女参政活动家们在 1910 年代、1920 年代和 1930 年代的斗争运动提供了根本性的支持。

所谓的"戊戌变法"改革派,例如康有为、梁启超和谭嗣同在他们改革清朝政治结构的运动中失败了,但是他们作出了令人瞩目的努力,他们在这个过程中传播了人人平等这个观念,并起了重要的作用。他们将改善妇女地位作为复兴中国的关键。在 1890 年代,康有为在阐述公共权利概念时指出,"人人平等就像一个几何原理",以及"所有男性和女性都有他们自己独立的权利"[2]。王政认为,"康有为不仅赞成性别平等,而且将性别问题置于社会转型的中心位置"[3]。《女学报》是一份由一些戊戌改革派和他们的妻子女儿所创办的妇女杂志,这份杂志为传播这些观点提供了平台。[4] 诸如"男人是人,而且女人也是人"以及"男女生而平

---

[1] 周亚平:《中国妇女参政的历史轨迹》,《吉首大学学报(社科版)》,第 2 期(1992 年),第 74 页。

[2] 《康有为》,转引自闵家胤编:《阳刚与阴柔的变奏:中国历史上的圣杯与剑》(*The Chalice and the Blade in Chinese Culture: Gender Relations and Social Models*),中国社会科学出版社,1995 年,第 484—485 页。这种平等的思想后来被普遍接受。参考杜清持:《男女都是一样》,《女子世界》,第 6 期(1904 年),第 13 页。

[3] 王政:《中国启蒙时期的女性》(*Women in the Chinese Enlightenment*),第 36 页。关于这些男性对中国女性权益所作出的贡献的简单讨论,见王政的讨论,第 36—38 页。另见王树槐:《康有为对女性及婚姻的态度》,《近代中国妇女史研究》,第 2 期(1994 年 6 月),第 27—49 页;张朋园:《梁启超的两性观》,《近代中国妇女史研究》,第 2 期(1994 年 6 月),第 51—64 页。

[4] 《女学报》自 1898 年 7 月开始出版,可能是中国最早的妇女出版物。这份报纸是 1898 年改革者建立的中国女学会创办的刊物。这些改革者的太太和女儿包括康同薇(1879—1974 年)、康同璧(1881—1969 年)、李惠仙(1868—1929 年)、黄谨娱(1869—1936 年)和李闰 (1866—1925 年)是这个短暂组织的幕后主要人物。

等"是这些文章的普遍观点。①

西方有关女性著作的翻译出版更加强了康有为的观点。在 20 世纪最初的几年中，赫伯特·斯宾塞(Herbert Spencer)和约翰·斯图亚特·穆勒(John Stuart Mill)的作品被翻译成中文。斯宾塞的《社会统计学》以及穆勒的《论女性的屈从地位》明确地将人类平等和两性平等联系在一起。② 自 1880 年代以后，英国女权主义思想也被越来越多地运用，从而唤起需要恢复那种黄金时代的男女平等的形象。英国的激进主义者认为，在古代大不列颠时代，至少在精英阶层中，男性和女性在财产、政治和军事参与方面享有平等权利。③ 类似的，中国的妇女活动家从"恢复"和"重新行使"女性原有的天赋人权，而不是去"赢得"或"获得"新的权利。

然而，晚清时期那种认为个人权利应该从属于个人对国家的职责的观点也制约了对天赋人权和性别平等的理解。实际上，几乎在整个中国妇女参政运动时期，对恢复妇女平等权利的呼吁总是强调运动对中国作为一个国家所带来的利益。卡尔·格特(Karl Gerth)指出，这其中有一个男性倡导改善妇女地位的特点："自晚清以后，男性对女性解放的话语所作的贡献在于他们强调给予女性和男性同样的权利，这样女性才能更

---

① 《女学报》，引自中华全国妇女联合会编：《中国妇女运动史：新民主主义时期》，北京：春秋出版社，1989 年，第 26 页。《女学报》第 4、7 期，转引自闵家胤编：《阳刚与阴柔的变奏：中国历史上的圣杯与剑》(*The Chalice and the Blade in Chinese Culture*)，第 488—489 页。钱南秀对这份期刊做了精彩的讨论，在她的文章中重印了一些插图和封面。钱南秀：《复兴贤媛美德：1898 年改革中的妇女》(Revitalizing the *Xianyuan* [Worthy Ladies] Tradition：Women in the1989 Reforms)，《近代中国》(*Modern China*)，第 29 卷第 4 期（2003 年 10 月），第 418—419 页。关于这个学会和这个期刊的进一步讨论，见吕美颐、郑永福：《中国妇女运动 1840—1921》，第 92—100 页。

② 关于穆勒和斯宾塞对中国的影响，参考比恩 (Beahan)：《晚清中国的妇女运动和民族主义》(The Women's Movement and Nationalism)，第 4 章。

③ 桑德拉·斯坦利·霍尔顿(SandraStanley Holton)：《参政历史》(The Making of Suffrage History)，载琼·珀维斯(June Purvis)、桑德拉·斯坦利·霍尔顿(Sandra Stanley Holton)编：《妇女的投票》(*Votes for Women*)，Routledge 出版社，2000 年，第 14 页。

好地为国家服务；他们很少讨论给予内在的、不可分割的权力。"①另一方面，妇女活动家们通常讲到她们天赋权利，但是同时也指出，通过获得这些权利，她们可以对国家作出更大的贡献。

例如，戊戌改革派认为，改变中国妇女地位对中国进步的作用是重大的。在他们看来，如果中国女性相对于男性的悲惨地位不是导致中国积贫积弱的原因的话，那么至少也象征着中国的衰弱。这种逻辑是中国女性拖累国家，而妇女们自己因为缠足、没有知识、不从事生产、依赖男性、固守家庭，所以她们很柔弱而无能，这个国家也因此没有希望。凯瑟琳·基佩龙(Catherine Gipoulon)指出，在这种思维逻辑中"因为中国的落后是由女性的落后造成的，所以如果女性的状况不得到改善，那么整个国家就无法实现转型"②。

另一方面，中国的女权主义者提出，出于道德和国家目的，中国应该重新给予女性、与男性平等的天赋的权利，从而重新定义了女性的柔弱。一个在 1903 年成立的女权主义团体声称，它的目标是要"拯救千百万中国妇女、重新恢复她们的决心和特定权利、使她们具有民族意识"③。这个团体给予这三项使命同等地位，这表明了恢复女性权利绝不是建设国家的唯一手段。然而，在这个时候，中国女权主义运动的目标和实现国家富强运动之间的联系是促进了而不是削弱了女权主义运动的发展。因而，妇女必须获得能履行其国民职责的必备技能。④ 同年，也即 1903

---

① 葛凯(Karl Gerth)：《中国制造：消费文化与国家的建立》(*China Made：Consuming Culture and the Creation of a Nation*)，剑桥，麻省：哈佛大学出版社，2003 年，第 209 页。

② 凯瑟琳·基佩龙(Catherine Gipoulon)：《妇女在中国政治中的出现，1898—1927 年》(The Emergence of Women in Politics in China，1898—1927)，《中国历史研究》(*Chinese Studies in History*)，1989—1990 年冬季，第 47—48 页。见赵宗颇：《论辛亥革命期间的妇女爱国活动》，《上海师范大学学报(哲社版)》，第 4 期(1990 年)，第 60—65 页。

③《日本留学女学生共爱会章程》，《江苏》，第 2 期(1903 年)，第 155 页。

④ 1907 年发表的一篇文章提出了对妇女参与国家事务不同的逻辑。文章指出，男性主宰着治理国家的政治、军事、金融和教育的各个方面。女性在这些事务中没有起到作用，因而中国处于危险的境地。如果不能动员妇女参与到国家事务中，这将浪费国家的人才。见《男女并尊论》，《中国新女界杂志》，第 4 期，第 3 页。

年，一位名叫胡彬夏的女权主义者写道："中国当前的弱小不能归咎于妇女。"①另一位著名的女权主义者陈撷芬则解释了妇女的权利和职责之间的关系：

> 当男性独自享受权利的时候，我们无法享有。我们把这种权利割让给他们。这是为什么呢？在过去，妇女完全丧失了她们的权利，她们也没有履行职责的责任感。因为她们不履行职责，如果她们有权利的话，这也是由其他人给予她们的，这些权利不是我们妇女通过斗争获得的。同样，如果我们获得这种不完整的权利，将这种权利返还给给予者也是容许的。但是在今天，我们妇女能履行我们自己的职责，因而我们能获得完整的权利。如果我们忘记勇敢往前，那么男人们真的会轻蔑地说："女人天生具有奴性。"因而，如果我们妇女想和男性并肩战斗，那么我们必须首先为履行我们自己的职责奋斗，那么妇女的权利自然就与男性平等了。②

如果女性想改变她们的地位，那么她们需要奋起应对这些挑战。一位名叫金松岑的男性革命家为实现这些目标提供这样一个计划。

第三节　推翻清王朝：金松岑论女国民的素质

第一本探讨女性与男性平等政治国民权的专著是金松岑发表于1903年的《女界钟》。③ 张玉法将这本书描述成是一部包含这个时代女性问题所有重要观点的著作。④ 作者在这本思想激进的著作中将实现妇

---

① 胡彬（夏）：《论中国之衰弱女子不得辞其罪》，《江苏》第三期（1903 年），第 156—157 页。

② 陈撷芬：《女界之可危》，《中国日报》，第 26 期，1904 年 4 月 27 日。

③ 金松岑：《女界钟》，上海：大同书局，1903 年。关于金的生平和工作，见李又宁：《女界钟与中华女性的现代化》，载"中央研究院"近代史研究所编：《近世家族与政治比较历史论文集》，台北：近代历史研究所，1992 年，第 1055—1082 页。复旦大学的陈雁编辑了另外一个版本，见陈雁编：《女界钟》，上海：上海古籍出版社，2003 年。

④ 张玉法：《妇女：一种新的社会力量》（Women—A New Social Force），《中国历史研究》（*Chinese Studies in History*），1977—1978 年冬季，第 33 页。

女的政治权利和推翻清王朝直接联系起来。他先知性地断言，20世纪是一个进行妇女权利革命的时代。① 《女界钟》也是中国第一部支持妇女全面参与民选政府的宣言。

金松岑的书为妇女通过民族激进主义重新获得平等的国民权提供了指导。实际上，《女界钟》可以被妇女当作如何直接参加革命运动以及国家事务的指导性手册。他主要关注的是动员妇女支持推翻清王朝的革命，从而对实现国家富强作出贡献。在这样的一个中国，它承认女性与男性的同等权利，这完全是因为女性已经对国家建设已经作出了贡献。② 此书将上面所讨论的男性和女性具有不可剥夺的对自由和平等的天赋权利作为认识论基础。金松岑明确地承认这些概念起源于欧洲，并不断地对比中国的动荡和欧洲"文明"国家所释放出来的力量。他认为，中国需要变得更像西方那样。在他看来，传播天赋人权的原则，特别是男女平等原则是影响这种转型的关键所在。

对于金松岑来说，汉族共和主义是和女性享有平等政治国民权密不可分的。在探讨女性参与政府的章节中，他指出，女性的权利是和民主政府联系在一起的。③ 他的中心论点是妇女通过在新的共和政体中担任各个政府部门职位来参与政治的各个方面。④ 在他看来，议会民主将确保女性的权益，因为女性作为立法议员和主席以及投票者和游说者有权

---

① 金松岑：《女界钟》，第46页。

② 金松岑用笔名金一为另一份重要的女子刊物《女子世界》撰写了创刊词："女性是国民之母。如果我们渴望建立一个新的中国，那么我们必须要有新的女性；如果我们想要建立一个强大的国家，那么我们必须要有强大的女性；如果我们想要建立一个文明的中国，那么我们首先要文明我们的女性；如果我们想要拯救中国，我们必要先拯救我们的妇女，这是毫无疑问的。"他建议中国的男性"不要歧视妇女，因为妇女是文明之母"。金一(金松岑)：《女子世界发刊词》，收于夏晓虹编：《〈女子世界〉文选》，贵阳：贵州教育出版社，2003年，第55—56页。

③ 金松岑：《女界钟》，第56页。

④ 同上书，第66—67页。见李木兰(Louise Edwards)：《金松岑的〈女界钟〉：20世纪初期女权主义中的激进主义和保守主义的灵活结合》(Chin Sung-tsen's *A Tocsin for Women*：The Dexterous Merger of Radicalism and Conservatism in Feminism of the Early Twentieth Century)，《近代中国妇女史研究》，1994年6月，第117—140页；熊月之：《中国近代民主思想史》，上海：上海社会科学出版社，2002年，第419—433页。

全面参与政治。在为女童扩大教育体系、增加就业机会、给予女性拥有财产的合法权利以及重新获得参加社会运动的自由权利的过程中，女性的政治能力得到了发展。[1] 女性参与民主政府自然会实现女性和男性之间的平等。

金松岑很清楚地知道反对他这种女性观点的势力的存在。他列出了四个反对妇女参与政治的主要原因：(1)男性需要对家庭以外的事务负责，而女性则只需要对家内的事务负责。如果这种模式被打破，这将会给国家带来灾难。(2)国民所需要的素质通常是"男性"的特征，例如独立作出决策的能力。如果某位女性拥有这种素质，这仅仅是个例外，而且是不正常的。(3)女性天生是感性的、不稳定的。(4)欧美国家也没有给予女性平等的政治权利。[2]

在反对这些观点的同时，金松岑指出，那种将女性当作小孩，认为她们的政治观点需要由她们的丈夫和父亲才能表达出来的看法是愚蠢的。而且，那种认为妇女情感不稳定的特点是与政治权利不相关的，因为政府治理是一个政治过程而不是心理过程。他指出，女性的政治技能是和所提供给她们的教育机会一致的。而且，金认为，民主并不需要女性在能力和性格上与男性一致，所以女性在能力和性格上的差异是允许存在的。金指出，那种因为历史上女性从来就没有过政治权利，所以女性获得政治权利就应该受到限制的观点是荒谬的。他说，在世界上一直有女性出现在政府最高领导层，他列举了历史上有权进行独立统治的各个女王和皇后作为证据。[3]

金松岑号召女性自己从对政治的冷漠中觉醒过来，期望通过参与激进政治活动获得权利。在书的结尾，他慷慨激昂地号召妇女们采取实际行动："奴隶有奴隶的荣耀，仆人有仆人的幸福，但是这种荣耀和这种幸

---

[1] 金松岑：《女界钟》，第51—52页。
[2] 同上书，第58—59页。
[3] 同上书，第60—63页。

福并不来自她们对自己地位的认识，而是来自痛苦。但是如果她们被鼓励去热爱自由和尊重平等，那么男性和女性可以联合起来创造一个崭新的中国。"①

在《女界钟》三个前言中，金松岑在其中一个前言已经预见到了他的观点所面临的挑战。林宗素(1878—1944年)，一位后来成立中华民国时期第一个妇女参政权游说团体的年轻学生这样写道："权利是需要通过斗争获得的，它从来不会被人施舍。如果我们让金先生单独为女性呼吁，为恢复我们的权利而计划，这就像期望通过不流血和不推翻政府来要求政府和平地颁布宪法一样。"②女性越来越认识自己，也同样被别人认为是决定她们自己生活和命运的积极而平等的政治参与者。但是林宗素的观点也表明，女权主义活动家到了她们的斗争是独立于反清斗争的，尽管它是与反清斗争一致的。

实际上，女性已经参与到各种反清运动中。她们决心通过平等地参与建立民主政治的运动来表现男性和女性之间的平等。这些早期的女权主义者都是非同寻常的女性，她们受过教育、家庭富裕，以及具有行动上的自由，这些都是那个时代绝大多数的中国女性所无法享有的。然而，这些优势使她成为参与政治的工具，而不是为她们提供舒适的生活。女性抛弃了根深蒂固的女性贞洁观念，不去顾虑和家族以外男性相处在一起所带来的流言蜚语，从而打破了女性参与公共事务的禁忌。推翻清王朝所承诺给中国女权主义者的不仅仅是政府方面的变化，它从总体上也为彻底挑战父权体制提供了一个平台。

---

① 金松岑：《女界钟》，第83页。

② 林宗素：《林女士序》，收于金松岑：《女界钟》，上海：大同书局，1903年，第2页。译文引自小野和子(Ono Kazuko)：《一个世纪革命中的中国妇女，1850—1950年》(*Chinese Women in a Century of Revolution, 1850—1950*)，傅佛果 (Joshua A. Fogel)编，斯坦福：斯坦福大学出版社，1989年，第59页。

第四节　反清女权主义政治活动:赢得国民权

正如金松岑所希望的那样,一系列学会和组织的成立推动了 20 世纪第一个十年中的女性权利的发展。政治上活跃的女性也加入这些学会和组织中来,更重要的是,她们与男性一起加入主流的反清团体中。那些在 20 世纪第一个十年建立政治团体的妇女们非常严肃地认为,女性参与非正式政治将会展现她们的政治技能,以及表明她们能够和男性一样为国家作出贡献。她们的爱国行为也给她们提供了一个合法舞台,使她们能够和她们的兄弟一样作为国民,来表现出她们自己的政治抱负。然而,她们也同样知道需要动员其他女性一起解决民族危机之外的性压迫。她们探讨了妇女在中国社会中存在的各种问题,例如,经济上依赖于父母或者丈夫、缠足、无继承权、夫妻婚姻制度以及缺乏教育和就业机会。

学社和爱国组织通常为那些参与组织女权主义活动的妇女们推翻清政府的活动提供掩护。在中国,主要城市都是这类活动的据点。但是更激进的反清团体却是在远离清政府影响之外地方进行的,尤其是在日本东京不断扩大的中国留学生中间。① 几乎所有的在民国成立之初几年中活跃的妇女参政运动家们都曾经是日本东京的留学生和反清活跃分子。

对于那些在中国的团体来说,爱国主义是避免清政府监控的最有利保护。例如,1910 年成立的贵州妇女爱国会指出,它的使命是激发妇女对国家的热爱。它并没有明确提出它支持推翻清王朝的事业。但是这一时期大多数的爱国组织的核心任务是反对清政府。尽管这些组织的

---

① 关于这些组织的最广泛的名单可参考吕美颐、郑永福:《中国妇女运动 1840—1921 年》,第 170—173 页。关于这些团体获得的反应,见《东京留学生界的侦探》,《中国日报》1907 年 3 月 13 日。

创始人激励妇女们参与公共政治活动,但是他们所关注的仍旧是如何将他们的组织表现为品行端正的组织,这在他们的会员章程中明显地表现出来。贵州妇女爱国会解释说,无论经济情况如何,任何妇女都可以加入,但是妓女被明确地排除在外。① 有一点需要指出,为了维护组织的道德形象,它也指出并不是所有的"在公共场合的妇女"都是妓女。然而,在反清运动中,有贞洁和没有贞洁妇女之间的界限是模糊不清的。妓女和精英阶层妇女都是包括中华女子侦探团在内的那些组织的活跃成员。②

与那些在国内成立的地下的或"爱国"的团体相反,在日本的中国妇女组织明确地提出了反清目标,而且她们的女权主义政治还包括无政府主义。然而,最普遍的是这些妇女为女学生提供实际的支持。在日本成立的第一个针对留日中国女学生的女权主义团体是共爱会,它成立于1903 年 4 月 8 日。在成立仪式上,大约只有 10 位妇女参加。一位来自苏州富裕学者家庭的名叫胡彬夏(1887—1920 年)的女学生领导这个小群体。③ 她后来回到中国,成为民国时期最重要的妇女期刊《妇女杂志》在 1916 年至 1919 年之间的编辑,她后来还领导了 20 年代上海的妇女参政运动。④

在一篇宣传共爱会成立的文章中,胡彬夏提出了女性与男性权利平等的重要性,以及消除"男尊女卑"思想的迫切性。她解释说,共爱会期

---

① 《贵州妇女爱国会之代表函》,《大公报》,1912 年 9 月 2 日。
② 见谈社英编:《中国妇女运动通史》,南京:妇女共鸣社,1936,第 37—38 页。
③ 胡彬夏是 1902 年 6 月去日本留学的八个中国女留学生之一。见谢长法:《清末的留日女学生及活动与影响》,《近代中国妇女史研究》,1996 年 8 月第 4 期,第 66 页。
④ 这个团体的领导人胡彬夏成为随后几十年中妇女运动的重要人物。她出色的学业成绩使她在 1907 年获得了去卫尔斯利女子学院求学的奖学金,1913 年毕业以后她代表新成立的中华民国政府考察美国妇女教育体制。关于胡的更多的生平信息,参考叶维丽:《"女留学生":留美中国妇女的故事,1880 年代—1920 年代》("Nü Liuxuesheng": The Story of American-Educated Chinese Women, 1880s—1920s),《近代中国》(*Modern China*),第 20 卷第 3 期(1994 年 7 月),第 315—346 页。

望在此基础上为妇女们赢得权利和自由。她们相信教育的转型力量，因而该组织向在日本留学的中国女性提供实际的支持和建议，从而使得那些中国女学生在海外的留学生活变得尽可能顺利。① 对女性的性道德的讨论也贯穿共爱会的章程。共爱会声称："希望利用那些已经自杀的女国民的意志力量。"②这里所说的这些妇女指的是那些在 1900 年义和拳运动中被外国士兵强奸后自杀的妇女。正如我们在下面看到的，对妇女性道德的关注在随后的 20 多年中逐渐减退，因为妇女通过教育不断地获得了社会公德。

在 1904 年 11 月，共爱会在两个著名的女权主义活动家——秋瑾（1875 或 1877—1907 年，本章随后将详细探讨）以及陈撷芬（1883—1923 年）的影响下，将学会改名为"实行共爱会"。来自湖南的陈撷芬，因为她比较开明的父亲极力说服她给一个商人做妾，而在旅日中国女性中引起巨大轰动。在一位女权主义活动家朋友的支持下，她最终抵制住来自父亲的压力，后来嫁给了一个她自己选择的丈夫。③ 陈撷芬在中国女权主义运动中的影响在她来到日本之前就已确立。1899 年，也就是她 16 岁那年，她创办了《女报》。她的父亲陈范是一家思想激进的报纸《苏报》的编辑，她在从事争取妇女权益的激进活动中得到了她父亲的帮助。陈范自己的报纸则在相对安全的上海外国租借内发表非常具有煽动性的反清文章。④ 不到一年的时间，清政府就以煽动谋反的罪名下令关闭《女

---

① 胡彬夏：《祝共爱会之前途》，《江苏》，第 6 期（1903 年），第 162—163 页。

② 《日本留学女学生共爱会章程》，《江苏》，第 2 期（1903 年），第 155 页。通常人们将共爱会描述成是高度爱国的组织。还有一些评论则关注这个组织的反帝思潮。见中华全国妇女联合会编：《中国妇女运动史：新民主主义时期》，北京：春秋出版社，1989 年，第 47 页。但是从它自己的文件提出的主要纲领中，我找不到这方面的证据。

③ 周家荣（Chow kaiWing）：《陈撷芬》，载刘咏聪：《中国妇女传记辞典：清代，1644—1911 年》（Biographical Dictionary of Chinese Women：The Qing Period，1644—1911），Armonk，纽约：M. E. Sharpe 出版社，1998 年，第 21—23 页。

④ 《苏报》从 1896 年开始在上海发行，到 1902 年它已经成为蔡元培创办的爱国学社——爱国女校的主要报纸，见《蔡元培》，尚海等编：《民国史大辞典》，北京：中国广播电视出版社，1991 年，第 44 页。

报》。1902 年,陈撷芬对报纸名称稍加改动,然后以《女学报》名义重新发行。[1] 成为月刊以后,它通过《苏报》的网络进行发行,但很快就夭折了。1903 年,在清政府的强大压力之下,陈撷芬和她的父亲离开上海到日本,在那里她开始参加共爱会的活动。[2]

共爱会是一个小型的、存在时间较短暂的组织,它只是在其主要成员仍在日本的时候存在。然而,它聚集了几位领导妇女平等权利斗争的关键人物,例如胡彬夏、陈撷芬和秋瑾。共爱会以提高妇女教育水平作为她们组织的主要目标,建立了一套组织妇女活动的模式,这种模式为随后的女学生组织所运用。为了吸引来自全国的妇女,不管属于哪个宗族、同乡和会团,这些群体标志着一个新的政治选民群体的到来,即公共领域中的妇女,尽管她们在以后的很多年内都没有能够实现她们的集体权利。

其他的学生组织也追随共爱会。中国留日女学生会作为最大的妇女组织于 1906 年在日本东京成立。该组织曾经短暂地发行过季刊《留日女学生杂志》。[3] 在成立之初,总共将近有 70 名会员。会员的人数众多是因为中国政府为妇女提供奖学金,所以在日本留学的中国妇女在 1903 年至 1906 年之间有很大的增加。到 1905 年清政府提供奖学金为止,所有在日本留学的中国女性都是自费生。[4] 具有讽刺意义的是,清政府提供奖学金给女学生,却进一步推动了中国主要女性群体的反清激进主义。留日女学生会也促进妇女权益的发展,为在日本的中国女学生提供实际的经济资助。这个新群体的领导人包括来自四川的学习英语的李元(大约 1886—?)、令人生畏的湖南妇女参政活动家唐群英(1871—

---

① 这个和 1898 年改革者创办的报纸的名称相同。
② 关于陈撷芬的更多信息,见夏洛特·比恩(Charlotte L. Beahan):《中国妇女出版物中的女权主义和民族主义,1902—1911 年》(Feminism and Nationalism in the Chinese Women's Press, 1902—1911),《近代中国》(Modern China),第 1 卷第 4 期(1975 年 10 月),第 379—416 页。
③《中国留日女学生会章程》,《中国新女界杂志》,第 2 期(1907 年),第 76—81 页。
④ 谢长法:《清末的留日女学生及活动与影响》,第 67 页。

1937 年，将在后面一章中详细探讨）以及湖南的学习医科和新闻的罗燕斌（1869—？）。后者以燕斌的名字著称。本章后面将会讨论到她所发表的关于妇女政治参与的大量论述。[①]

在日本的一个中国女权主义团体则信奉无政府主义的激进政治。何震的"女子复权会"指出，要重新获得妇女权利需要两种解决方法：一种是要男性放弃使用暴力，另一种是要代表那些受男性压迫的女性直接进行干预。这个团体在无政府主义双月刊《天义》上发表有关女权主义的文章。[②] 它的无政府主义原则认为是女权主义，而不是国家建设，这才是重中之重。正如沙培德（Peter Zarrow）指出，何震"以民族主义服务女权主义，提出妇女解放不是为了着眼于国家，而是出于道德需要"[③]。

这个组织的无政府主义原则也反对妇女参政运动事业。它将议会主义看作是一股坏的力量，因为它只反映社会中上层阶层的关注点，但这是以牺牲贫困阶层的利益作为代价的。按照这种观点，给予妇女选举权会使得处于压迫阶级的男性和女性能够联合起来反对更贫困的阶层。何震将议会描述为"无数邪恶的渊源"[④]。对于无政府主义者来说，仅仅靠改革政府体制是不够的，需要做的是彻底摧毁政府。她进而明确地批判妇女选举权运动毫无作用。在描述芬兰妇女运动赢得参政权以后，她解释说："世界上无数邪恶的来源正是这些政府政策。如果妇女想获得真正的幸福和成功，她们需要进行根本性的改革。然而，在争取选举权

---

① 燕斌的广泛著述的前提是他相信男性与女性在古代是平等的，但是渐渐地男性凭借着优势控制女性。对于女性来说，她们的目标是要恢复古代的这种秩序，见区志坚（Au Chi Kin）：《燕斌》，载刘咏聪：《中国妇女传记辞典：清代，1644—1911 年》（*Biographical Dictionary of Chinese Women：The Qing Period，1644—1911*），Armonk，纽约：M. E. Sharpe 出版社，1998 年，第 258—261 页。

② 杂志从 1907 年 6 月开始发行，一直到 1910 年停刊。

③ 沙培德（Peter Zarrow）：《何震与中国无政府女权主义》（He Zhen and Anarcho-Feminism in China），《亚洲研究学报》（*Journal of Asian Studies*），第 47 卷第 4 期（1988 年 11 月），第 796 页。

④ 震述（何震）：《妇人解放问题》，《天义》，1907 年第 8、9、10 合刊，第 1 页。

的斗争中却没有这些根本性的改革。"①

在她看来,因为政府体制是男性设计的,所以他们肯定会维护男性的利益,那些参与到这个体制中的妇女将必定会成为这个腐败制度的支持者。她说:"即使是个别妇女获得权利,这也不足以代表大部分女性……个别上层妇女参与政治并不会给普通女性带来任何益处……实际上,这些妇女仅仅是帮助那些上层男性维护他们的邪恶统治。"②何震所构想的妇女政治权利最好应该体现在议会体制之外。她指出,妇女权益需要在三个方面得到恢复:参与军事、非议会政治以及教育的权利。③

在那些试图寻求实现中国变革的人们中,无政府主义者所提倡的彻底摧毁政府以此作为恢复妇女权益的路径并不普遍。这一时期,在日本的大多政治上活跃的中国妇女都支持民主共和制,只要女性在这个制度中能和男性一样成为正式参与者。尽管关于无政府主义者的论著对其他妇女活动家的影响不是很清楚,但是可以预料到的是她们相互读过对方的著作。因此,主流的改革者们在某些方面有可能会参考无政府主义者对议会民主制的疑虑。

除了何震,几乎所有的妇女活动家们都是主要反清政治团体——孙中山领导的同盟会会员,她们同时也是各自妇女组织的成员。例如,陈撷芬、秋瑾、李元和唐群英既是同盟会成员,也是她们各自学会的领导人。何震似乎是激进的局外人中的领导者。

第五节　同盟会中的女权主义:履行女性的国民权

同盟会是在 1905 年 8 月 20 日合并兴中会和华兴会的基础上成立。于子桥认为,"同盟会代表着中国知识分子开始普遍参与革命运动"。同

---

① 震述(何震):《妇人解放问题》,《天义》,1907 年第 8、9、10 期合刊,第 1 页。
② 同上,第 2 页。
③ 震述(何震):《女子复仇论》,《天义》,第 4 期(1907 年),第 1 页。

盟会将反清运动的成员从会党和海外华人扩大到学生群体中。① 在同盟会成立之前，推动中国改革的运动主要是以阶层划分的。受教育者不屑与未受教育者为伍。这个组织的宣言包含四点：驱除鞑虏、恢复中华、建立民国、平均地权。最后一点具有很大的争议性，因为许多来自富裕家庭的学生对威胁到他们土地占有的社会改革不感兴趣，因而把精力完全集中到推翻清统治上来。虽然，同盟会后来因为派系斗争而分裂，但是在早期岁月里，它对满族的族群仇恨是同盟会统一各个派系的主要特征。

根据沈智的统计，在同盟会成立几年后加入同盟会的女性人数达到了一二百左右，尽管更多的女性是通过广泛而又松散的网络来参加这个团体的活动。② 李又宁指出，同盟会对女性是有吸引力的，因为"它是中国第一个承认男女平等的政党"③。实际上，尽管同盟会欢迎妇女入会，但是它在 1905 年颁布的宣言并没有明确提出两性平等。它只是声明："为建立一个共和政府，现在我们的革命是建立在平等的基础上的。我们所有的人是平等的，所有人享有政治权利。"④

来自广东的何香凝（1879—1972 年）是同盟会中最著名的妇女活动家。何香凝嫁给了同盟会领导人廖仲恺。这个秘密组织的绝大多数在东京举行会议都是在他们家召开的。何和廖的家成为同盟会在日本时

① 于子桥（George T. Yu）：《民国政党政治：国民党 1912—1924 年》（*Party Politics in Republican China: The Kuomintang, 1912—1924*），伯克利：加州大学伯克利出版社，1966 年，第 33 页。

② 沈智：《辛亥革命时期的女知识分子》，上海：社会科学院学术季刊，第 4 期（1991 年），第 58 页。马更存提供了同盟会女会员的详细名单《中国近代妇女史》，第 219—225 页。另见林维红：《同盟会时代女革命志士的活动》，收于李又宁、张玉法编：《中国妇女史论文集》，台北：商务印书馆，1981 年，第 129—178 页。

③ 李又宁：《孙中山和妇女转型》（Sun Yat-sen and Women's Transformation），《中国历史研究》（*Chinese Studies in History*），1988 年秋季，第 62 页。

④ 关于翻译全文，见邓嗣禹（Teng Ssu-yu）、费正清（J. K. Fairbank）：《中国对西方之回应：文本的考察，1839—1923 年》（*China's Response to the West: A Documentary Survey, 1839—1923*），剑桥，麻省：哈佛大学出版社，1961 年，第 227—229 页，引文在第 228 页。

期最重要的交通据点。1903—1910 年,何香凝在东京的许多大学和学院学习,在同盟会 1905 年成立时,她加入了该组织。她的儿子和女儿在这里出生。随着清王朝的瓦解,她回到广州,她继续为同盟会以及在 1911 年之后的几个月里成立的妇女参政团体服务。她在国民党以及 1949 年以后的共产党政府中担任妇女工作顾问之类的重要职位。①

何香凝的第一篇有关妇女参加革命的题为《敬告我同胞姐妹》的文章发表在 1903 年的《江苏》杂志上。在文章中,她号召妇女们意识到中国所面临的危险。她按照当时的妇女活动家们所常用的平等话语写道:"每个人对国家的兴亡都有职责。很显然这是男人们的责任,但是难道妇女不是人吗? 她们也能够和男人们一样耳闻目睹,也是血肉之躯,和男性一样能够体会那些感受。"②

但是她也赞同戊戌改革者们的"平等而有差异"的视角。何香凝的《敬告我同胞姐妹》一文将妇女的角色解释为"文明的制造者"和"社会的母亲",以及强调妇女履行国家职责。③她认为妇女在社会中有独特的作用,但仍旧是非常有价值的。在这些方面,她们和男性所发挥的作用是不相同的。女性同时应该和男性一起担负起拯救国家的重任。按照何香凝的政治观,女性与男性的平等是和主张两者之间根本的性别差异融合在一起的。在这方面,何香凝在那些旅日中国妇女活动家之中显得与众不同,因为她们当中大多数人都以男性和女性一致的社会角色来解释性别平等,并在她们为争取建立民主共和制的斗争的各个方面都表现出这一点。

大部分来参加同盟会的女会员们和男性担负起同样的重任,承担起和男性一样的角色。这些妇女们在同盟会创办的杂志和报纸上发表文章,她们也积极地参与传递信息和地下联络活动。许多在香港的妇女也

---

① 尚明轩:《何香凝传》,北京:北京出版社,1994 年;栾雪飞:《何香凝与中国共产党》,《东北师大学报哲社版》,第 4 期(1992 年),第 6—21 页。
②③ 何香凝:《敬告我同胞姐妹》,《江苏》,第 4 期(1903 年),第 144 页。

为那些注定会失败的起义和暴动制造炸弹。妇女组织暗杀队刺杀朝廷大员。例如，福建反清分子方君瑛（1884—1923年）组织了许多次这样的袭击，其中包括对清末重臣袁世凯的未遂暗杀。① 方君瑛的家庭支持她从事这些激进的政治活动。她的父亲和叔叔一直对中国的政治和经济改革事业持同情态度，在1901年安排还未结婚的方君瑛和她寡居的嫂子去日本留学。她一到日本就积极地加入革命政治活动中，到1907年她已经开始负责同盟会暗杀部门的工作。② 其他一些妇女也参加了在清末最后几年中出现的妇女军，投身到建立共和制的妇女开始参与到更正式的暴力活动中去。

第六节　参加军事活动的妇女：国民是士兵

这些妇女活动家们非常清楚地知道国民权来自责任，因而她们履行国民的职责来捍卫她们的国家。如果妇女想要投票，她们需要表现出她们愿意为此而斗争。这些妇女活动家们参与各种军事斗争，这些和早期中国女权主义运动紧密联系在一起。她们同时提出两种诉求，即平等参与政治以及平等参与军事活动。因而，中国早期女权主义者在清末成立女军，和男性一起并肩参加正式战斗。③ 这些女性努力去争取"公民"或"国民"的称呼，避免被称为"家人"，而"家人"这个称呼正如《湖北学生界》杂志所描述的那样，通常是指那些缺乏最基本的爱国主义精神的女性。④

各个女子军援引中国历史上著名的女将花木兰和梁红玉的例子，号

---

① 吕美颐、郑永福：《中国妇女运动 1840—1921》，第 231—232 页。
② 李金强（Lee Kam Keung）：《方君瑛》，载刘咏聪：《中国妇女传记辞典：清代，1644—1911 年》（*Biographical Dictionary of Chinese Women：The Qing Period，1644—1911*），Armonk，纽约：M. E. Sharpe 出版社，1998 年，第 34—37 页。
③ 见谈社英编：《中国妇女运动通史》，第 30—31 页关于各个军事团体的名称。
④ 《支那女子之爱国心》，《湖北学生界》，第 3 期（1903 年 3 月），第 65—67 页。

召中国女性不爱红装爱武装，要像她们那样有骨气和勇气。① 一位 19 岁名叫吴淑琴(1892—?)的女青年领导了第一支女军——"女子革命军"，这支部队后来也参加了光复南京和汉口的战斗。它招募了一百名左右的妇女，经过十大时间的简短训练，她们投入了战斗。吴淑琴认为，男女之间没有什么差别。她这样写道，所有这个国家的人民都有责任参加军事战斗来保卫自己的国家。她认为，男性和女性都是平等的国家公民，女性应该加入摆脱清统治的战斗中去，并强调大汉族国家属于所有的人们。②

另外一个在清王朝瓦解前最后几个月参与军事战斗的女青年是 17 岁的尹维俊，她率领着 30 人的敢死队。在尹维峻 9 岁(1894—1919 年或 1920 年)和她的姐姐尹锐志(1890—1948 年)14 岁那年，她们来到革命党人秋瑾创办的绍兴大通学堂。在那里她们姐妹俩受到了激进革命思想的影响，并很快成为秋瑾的忠实追随者。在 1909 年，也即她们是 13 和 18 岁的时候，她们加入暗杀队，并在北京成功地炸死了两位清廷官员。她们在炸药和炸弹制作方面的专长使得她们在 1911 年秋天推翻清王朝的战斗中赢得广泛的尊敬。为了给反清军事活动提供阵地，她们姐妹在 1911 年成立了光复会和女子国民会(参考图 2.1 尹氏姐妹穿军装的照片)。她们的第一支女子军被命名为女子光复军，在浙江它以炸弹敢死队而闻名。革命军攻占杭州后，尹锐志在上海制作炸弹时严重受伤，直到一年之后身体才恢复。然而，她的妹妹重组军队，创建了一支新的名叫"浙江妇女军"的队伍，并参加了著名的南京雨花台战斗。③ 和她一起组建这支军队的是林宗雪(参看图 2.2)。她是《女界钟》一个前言作者林

---

① 花木兰是中国最著名的女将。她替代病弱的父亲参军，多年征战以后她回到家乡。梁红玉(约 1130 年)以勇敢地面对敌人的入侵而文明。她是宋代将军韩世忠的妻子。在一场艰难的战役中，她受命制订关键的作战计划，最后取得胜利。袁韶莹、杨瑰珍编：《中国妇女名人辞典》，长春：北方妇女儿童出版社，1989 年，第 530 页。

② 吴淑琴，引自谈社英编：《中国妇女运动通史》，第 34—35 页。

③ 两姐妹都嫁给了革命党。尹维峻有一个儿子和三个女儿，尹锐志没有孩子。见浙江省辛亥革命史研究会编：《辛亥革命浙江史料选集》，杭州：浙江人民出版社，1981 年，第 483—491 页。另见马更存：《中国近代妇女史》，第 216—218 页。

宗素的姐姐以及 1912 年妇女参政运动的主要领导人。林宗雪在军事方面展示与男性同样的能力，正如她的妹妹林宗素在政治领域中一样。

图 2.1　尹氏姐妹穿军装照(大约 1911 年)

图 2.2　《林宗雪：女子军领导》，《民立报》1912 年 1 月 11 日。

随着起义不断取得胜利,更多的女子军成立以准备进一步向中国北方进军。妇女们在中国南方的主要城市成立女子北伐队。① 例如,张默君(又名张昭汉,1883—1965 年)成立了名为"上海妇女北伐敢死队"的妇女军事组织。② 林宗雪在上海组织了"女子国民军"。民国成立以后,林宗雪的组织游说刚刚成立的民国政府给予女性参军的权利。1912 年 1月,《民立报》发表了一张林宗雪和她的士兵的集体照(参看图 2.2 和2.3)。③报纸对她们活动的赞扬性的报道也体现在报道的标题——《总统向女战士致敬》④。

1911 年以后民国政府领导人有理由向那些上过战场的妇女们表达敬意。著名的医学家、女权主义活动家张竹君(1879—?)在赤十字会中担任

图 2.3　《中华女子国民军全队》,《民立报》1912 年 1 月 10 日。

①《女子后援会北伐军救济队简章》,《民立报》,1912 年 2 月 4 日。

②《天铎报》报道说,在香港的敢死队由 100 多人组成,她们的特征是剪短发。《女敢死队》,《天铎报》,1911 年 12 月 14 日。另见《女敢死队入京》,《民立报》,1912 年 1 月 15 日。

③《中华女子国民军全队》,《民立报》,1912 年 1 月 10 日;《中华女子国民军发起人》,《民立报》,1912 年 1 月 11 日。

④《大总统敬礼女侠》,《民立报》,1912 年 1 月 19 日。大总统热情洋溢的称赞和临时议会的反应形成了对比。冯兆基这样描述政府的反应:"一群女兵的出现让军事当局感到尴尬。到了2 月底,政府命令女子军解散。"见冯兆基:《中国革命中的军事:新军及其在辛亥革命中的角色》(*The Military Dimensions of the Chinese Revolution : The New Army and Its Role in the 1911 Revolution*),堪培拉:澳大利亚国立大学出版社,1980 年,第 233 页。

要职。她利用这个职位的便利帮助了起义军。她在一次战斗中从清军手中救出黄兴和宋教仁。① 张率领的医疗队甚至进入到接近战场的危险地区。在汉口附近的战斗中，这支医疗队在两个月内救治了1300多人。在赤十字会的120个成员中，有54人是妇女（其中包括14个医生和40个护士）。②

这些妇女的独特之处在于，与中国历史上的花木兰和梁红玉相比，她们的活动是为了打破而不是巩固现有的性别秩序。在众多的历史和文学作品中，在此之前的中国巾帼英雄们是为了捍卫理想的社会和政治结构，抵抗外来入侵，避免内部的动荡。但是每一次她们所恢复的社会秩序仍旧是父权制秩序。在20世纪的第一个十年中的女战士们更有可能被认为是这种维护父权制传统的延续，因此对她们行动的报道充满赞誉。在这方面，女子军象征着中国所陷入的苦难。人们认为，一旦这种秩序得到恢复，这些妇女将回归到她们的性别角色中去。③ 然而，20世纪的女子军却不属于这种类型。这些妇女们期望通过参加军事战斗，从而在她们所追求建立的民国中实现性别平等，因此女性的军事活动是和她们的政治抱负紧密联系在一起的。正如我们将要在第三章中看到，张默君不再领导妇女北伐敢死队，她在1912年成立了一个自民国成立以

---

① 张竹君的照片印在《女子世界》的内封面上，第9号（1904年）。张竹君生于广东省，在美国人约翰·格拉斯哥·克尔的指导下接受西医训练。她后来建立贫病医院和女子学校。见区志坚：《张竹君》，载刘咏聪：《中国妇女传记辞典：清代，1644—1911年》（*Biographical Dictionary of Chinese Women：The Qing Period，1644—1911*），Armonk，纽约：M. E. Sharpe出版社，1998年，第310—313页。

② 吕美颐、郑永福：《中国妇女运动1840—1921年》，第236—237页。另见中华全国妇女联合会编：《中国妇女运动史：新民主主义时期》，北京：春秋出版社，1989年，第51页。谈社英重印这个组织的讲话，见谈社英：《中国妇女运动通史》，第38—41页。

③ 我将这种现象描述为"危机女性"，在危机中，女性担负其军事责任，强化这种父权制。见李木兰（Louise Edwards）：《战争对现代中国妇女参政运动的影响："危机女性"的问题》，收于王政、陈雁编：《百年中国女权思潮研究》，第220—226页，上海：复旦大学，2005年。关于传统社会中女将如何加强了现存的社会秩序的讨论，见李木兰（Louise Edwards）：《清代中期小说〈镜花缘〉和〈红楼梦〉中的女将和女兵》（Women Warriors and Amazons of the mid Qing Texts *Jinghua yuan* and *Honglou meng*），《近代亚洲研究》（*Modern Asian Studies*），第29卷第2期（1995年），第225—255页。

后最重要的妇女参政团体。

女子学校和女子军之间也存在着众多的联系。无论是学界还是军队都是由男性主导，女性表现出要进入这些领域的强烈兴趣。这样她们可以全面合法地行使国民权。女学生是女子军的重要组成部分，也是参政运动积极分子的主要来源。吸引学界对于维护妇女的品德以及她们与男性的平等方面极为重要。例如，广东女子北伐队从同盟会的主要教育机构——香港实践学校中招募学生和工人。[1] 队长徐宗汉（1876—1944 年）在民国成立以后成为重要的妇女参政活动家，一直到 1920 年代。[2] 徐宗汉在这一时期也以徐木兰的名字进行活动，这让人想起花木兰。[3] 但是和花木兰相反，徐宗汉和 20 世纪第一个十年中的许多参加军事战斗的女战士一样都是为了实现女权，正如她们利用她们所获得的教育权为同样的目的服务一样。[4]

在清朝末年，妇女活动家们对于平等国民权利的诉求表现在她们参与斗争的各个方面从而建立一个能实现她们国民权的民国。军事斗争

---

[1] 这支军队人数达到 100 人左右。1912 年 2 月，她们加入广东北伐部队攻打徐州的战役。关于这支队伍的简单历史以及人员名单，见赵连城：《同盟会在港粤的活动和广东妇女参加革命的会议》，收于中国人民政治协商会议广东委员会文史资料研究问题会编：《广东辛亥革命史料》。广州：广东人民出版社，1981 年，第 101—106 页。

[2] 徐宗汉在 1920 年代领导了上海最重要的妇女参政运动组织——上海中华女界联合会。李又宁：《徐宗汉：传统与革命》（Hsu Tsung-han：Tradition and Revolution），《民国》（Republican China），第 10 卷第 1 期（1984 年 11 月），第 20 页。

[3] 1908 年徐宗汉开了一家装裱店以掩护同盟会运送弹药武器。宋铭黄是另外一个同盟会员，帮助徐宗汉建立敢死队。宋在同盟会香港暗杀队中非常活跃。关于这方面的个人回忆，见赵连城：《同盟会在港粤的活动和广东妇女参加革命的会议》，第 96 页。

[4] 徐宗汉的传记表明了这个时候的活动家们表现出的矛盾。在寡居期间，徐宗汉成为同盟会领导人黄兴的第二任妻子。她在 1911 底将自己的姓改为黄。妇女运动中她的很多朋友在各种杂志上批评了这种一夫多妻制的婚姻。徐宗汉的第一次婚姻是传统式的——她 18 岁的时候由父母安排嫁给了一个高官的儿子。她的丈夫在婚后几年就去世了。留下宗汉和两个年幼的孩子。黄兴的第一次婚姻也是传统婚姻，他的妻子缠足，也没有文化。1912 年以后，黄兴建立的家庭包括他的妻子和徐宗汉。后者接受"黄的助手"的名分，而不是黄的小妾的身份。在这几年中，黄兴和两个妻子都有孩子。在五年内，他的第一个妻子为黄兴生了五个孩子。徐宗汉也为黄兴生了两个儿子。见赵连城：《同盟会在港粤的活动和广东妇女参加革命的会议》，第 96 页。

被认为是履行国民权职责的一个组成部分，因此妇女激进分子热切地参加这些活动。一些妇女期望在军队发展个人的事业，但是临时政府在1912年2月26日解散了所有的女子军，在民国保持一支女子军的愿望从而被打破。[1] 不过，也不是所有的人都认可女性参军这种激进行为。同时，女性也占有其他重要的平台以表明与男性平等的国民权。作战勇猛是重要，但并不是行使国民权的唯一理由。掌握国家和国际政治知识非常重要，教育对发展她们的技能也是关键。

第七节　消除愚昧：教育未来的女国民

在中国，享有全面而平等的政治国民权要求男性和女性能够全面而平等地参加应试教育。数个世纪以来，获得政治权利和正式的以考试为基础的教育之间的联系支撑着中国的政治治理结构，因为官员是通过一系列科举考试选拔出来的。女性的教育不像她们的兄弟们那样，她们是在家里接受教育，而且并不参加正式考试。因而女性被制度性地排斥在政治权力之外。20世纪初的几十年中，妇女们被排斥在能给予她们正式教育资历的学校教育之外，激进的妇女活动家们认为这种明显的做法是她们实现政治理想的主要障碍。为了解决这个问题，她们应该具有同等机会获得教育，那么两性之间获得政治权利的差异才会被消除。女权主义者方君笋在1903年指出了教育与权利之间的联系：

> 几千年来，中国妇女丧失了权利，她们沦为只会穿耳孔和裹小脚。不迈家门，不读诗书。她们的经验是肤浅而狭隘的……她们完全依赖于其他人……中国的妇女无法获得权利，因为她们无法获得教育；因为她们无法获得教育，所以她们没有权利。所以，如果我们想要维护妇女的权利，那么我们必须首先推动妇女的教育。[2]

---

[1] 马更存：《中国近代妇女史》，第213页。
[2] 方君笋：《兴女学以复女权说》，《江苏》，第3期(1903年)，第157页。这有可能是方君瑛的假名。

这个时期妇女参政运动的先锋们开始致力于将妇女的教育扩展到家庭以外的运动。她们曾经在她们的家庭中接受过教育,是一批受过良好教育的女性。因为在 20 世纪最初 20 年中,无论是私立还是公立的学校教育都在不断扩大,妇女们能越来越多地在家庭以外接受教育。① 1907 年,清政府颁布《女子小学堂章程》以及《女子师范学堂章程》,宣布在中国创办女子教育和女子师范学校,以发展女子教育。② 同年,沈智统计发现,在全国有 22 个省份,总共已有 428 个女校、15496 名学生和 1501 位教师。③

具有重要意义的是,这种正式的学校教育允许女性离开与外界隔绝的家庭生活,进入公共领域,而她们的品德能够部分地被以求学的名义所保护。精英女性的品德是通过让她们免受公众评论而建立的,而到学校求学显然威胁到了这种控制机制。郑惟君指出,针对女子开设的学校教育成为沟通内外和公私之间的桥梁,并"把妇女带到公共世界"④。实现在大众场合的露面是提高妇女地位的关键,但是维持妇女的品德对于确立妇女参政运动的社会"公共"声誉同样也是重要的。儒家哲学长期以来赞同通过教育来提高品德的做法,但是这种品德基本上是一种男性道德。因而,妇女活动家们强调这种关系同样可以运用于女性。1907 年,女权主义者赵之为此挑战所谓"女子无才便是德"的说法。她说:"才包括德,两者是联系在一起的。如果你有才,那么也就会有德。如果没

---

① 关于这一时期日本对清政府学校教育体系的影响,见贾奇(Judge):《才华、道德与国家》(Talent,Virtue,and the Nation),第 765—803 页。季家珍(Paul J. Bailey):《性别与教育在中国:20 世纪初期的性别话语和妇女教育》(*Gender and Education in China:Gender discourses and women's schooling in the early twentieth century*),伦敦:Routledge 出版社,2007 年。

② 见郑惟君:《通过教育走向社会:清末女改革家和女子教育》(Going Public Through Education:Female Reformers and Girls' Schools in Late Qing Beijing),《清史研究》(*Late Imperial China*),第 21 卷第 1 期(2000 年 6 月),第 117—118 页中关于清政府对妇女教育政策的更深入的探讨。

③ 沈智:《辛亥革命时期的女知识分子》,《上海社会科学院学术季刊》,第 4 期(1991 年),第 60 页。

④ 郑惟君:《通过教育走向社会》,第 109 页。

有才,何来的德呢?"①按照这种逻辑,通过教育促使女性具有"才",她们的"德"才能提高。

然而,那些支持女性接受教育的人将它视为对根本性的性别准则的激烈转变,而另外一些女性只是将它看作是现代的贤妻良母教育。对于这样一种对立观点,王政这样写道:"对于许多女性来说,教育是进入男性世界,拥有国民权资格的一个步骤,而不仅仅是成为好国民们的那些有品德的母亲。"②戊戌变法改革家康有为和梁启超建议扩大女子教育,期望她们称为伟大的母亲。叶维丽指出,梁启超"觉得没有必要让女性为自己的利益而接受教育"即使"他是世纪之交倡导女子教育的最坚定的支持者"③。类似的,经元善(1841—1903 年)是中国第一家由中国人自己开办的女子学校的创始人,他在给清廷的奏折中,以"教育母亲作为推行女子教育的主要理由"。④ 在北京,清末改革者和地方商人在 20 世纪的头一个十年创办了一系列私立女子学校。她们的观点是受过教育的女性将会成为孩子们最好的老师,从而使得国家富强。⑤ 类似的,北洋女子师范学校希望能加强传统中国道德价值观。在 1908 年 2 月举行的学校会议上,女童教育被提高到保护传统中国女性所具有的包括美德、女子言论和女子仪态在内的各种素质的层面上来,从而不受社会上有关女性的奇谈怪论的影响。⑥

萨莉·博思威克(Sally Borthwick)这样描述了当时许多学校的情形:"女子学校试图在社会准则方面强调一种保守的价值观:规定禁止非家庭成员的访问以及禁止接受来自没有经过同意的来信。学生们被告

① 赵之:《女子无才便是德驳》,《中国新女界杂志》,第 3 期(1907 年),第 27—29 页。
② 王政:《中国启蒙时期的女性》(*Women in the Chinese Enlightenment*),第 125 页。
③ 叶维丽:《"女留学生"》,第 328 页。
④ 钱南秀:《复兴贤媛美德》[*Revitalizing the Xianyuan (Worthy Ladies) Tradition*],第 406 页。学校在 1898 年在上海创办。
⑤ 郑惟君:《通过教育走向社会》,第 107—144 页。
⑥ 《北洋女师范学堂学业纪程》,《大公报》,1908 年 2 月 10 日。

诚'权利平等'仅仅是指'受过教育的妇女能够管理自己的家务以及完成任务,因而和男性一样',同时自由是确保各种行为能正确地进行自我规范。"①

然而,尽管做出了最大的限制,许多学校还是划出空间,让女性认识到自己是有责任为自己的命运负责的独立个体。② 钱南秀极具说服力地表明,学校里的女性很快就形成了自己的"新的中国女性气质和国家富强的议题、机构、组织以及特别的策略",而不是被动地接受中国男性改革家提出的要求和方案。③ 这种典型的女权主义政治使得接受女子教育的妇女们相信,如果没有女校,那么"女性的权利就无法恢复,成千上万的中国妇女只会过涂脂抹粉的生活,悲惨地沦为男人的玩物"④。

一些被认为是比政府管理下的学校还要求激进的私立学校在这项政治议程中支持这些女性。例如,大通学堂聘请像秋瑾这样的激进分子,并且将教授学生军事知识纳入到他们的课程大纲中。在这些私立学校中,最著名的学校是蔡元培于 1902 年在上海创办的爱国女校。它的政治思想是激烈地反清,而且它们能把这种思想付诸实际行动。这在很大程度上是因为他们所处的外国租界对他们起到的保护作用。女子学校随后在其他城市也创办起来,这些学校不仅宣传了广泛女子教育的重要性,而且传播了建立由汉人控制的民主政府的重要意义。

女性越来越多地出国留学也促进了激进主义的发展。留学的最佳

---

① 萨莉·博思威克(Sally Borthwick):《从晚清到五四运动关于妇女角色概念的变化》(Changing Concepts of the Role of Women from the Late Qing to the May Fourth Period),载庞百腾(David Pong)、冯兆基 (Edmund S. K. Fung)编:《理想与现实:近代中国的社会和政治变迁,1860—1949 年》(Ideal and Reality: Social and Political Change in Modern China, 1860—1949),美利坚大学出版社,1985 年,第 78 页。

② 其他人将教育看作是现代化的一支力量,通过它来消除迷信给中国带来的祸害。1904 年一篇发表在《中国日报》上的文章解释说,迷信将阻碍思想进步,而且"北方人比南方人更容易相信迷信,女性比男性更容易相信迷信","因为迷信,所以中国女性的权利无法实现,女性知识程度低,女子教育也不发达",《女鬼》,《中国日报》,1904 年 4 月,第 19—20 页。

③ 钱南秀:《复兴贤媛美德》[Revitalizing the Xianyuan (Worthy Ladies) Tradition],第 399 页。

④ 《学界宜速设法以保全女学之命运》,《中国日报》,1907 年 10 月 10 日。

目的地是日本，根据行龙的统计，1907 年总共有 100 多位中国女性在日本求学。[①] 她们中的大多数人在师范学校接受教育，有可能回到中国日益发展的女子学校中任职。日本成为留学首选地有几个现实的原因。1903 年一篇宣传女子海外留学重要性的文章指出，中国的女性应该到这个和中国在文化背景和文字上极其相近的国家留学。文章的作者陈彦安指出，当前的中国教育体系是歧视女性的，因为它认为女性是没有用处的，并把她们置于贫困和依附男性的地位之中。两者的结合又剥脱了女性应该被给予的基本人道。她总结说只有通过教育，女性才能行使她们作为国民的职责。[②] 类似的，她在另一篇文章中鼓励中国女性到东京来，重申了教育对国家富强的重要性，并将男性和女性角色互相平等的概念融入到讨论中："国家的精髓在于它受过教育的民众。因而，要想实现国家的复兴，无论男性还是女性都要接受教育……如能做到这样，那么女性将不会依赖于男性，而男性也不会依赖于女性。国家自然会变得强大。除非我们这样做，否则国家将仍然脆弱。"[③]有关日本学校教育的讨论通常很明显地支持这种激进的权利平等议题。

但是各地的女子留学教育进度不一。第一个为女子教育开辟激进道路的省份是湖南。因为数位开明的巡抚，湖南省自从"戊戌变法"之前就一直表现得非常进步。在这种传统下，湖南省于 1905 年提供奖学金给 20 名妇女，送她们去日本的一个女子学院学习。这些妇女回到中国以后成为日后参政运动的中坚力量，其中包括著名的王昌国（1880—1949 年）以及张汉英（1872—1915 年）。王在 1921 年成为湖南省第一个

---

① 行龙：《辛亥革命前夕的妇女运动》，《山西大学学报（哲社版）》，第 3 期（1988 年），第 68 页。关于在日本留学中国女性的综合性回顾，见谢长法：《清末的留日女学生及活动与影响》，第 63—86 页。中国女学生在日本青山女子学院的照片印在《女子世界》，第 11 期（1904 年）的内封面。
② 陈彦安：《劝女子留学说》，《江苏》，第 3 期（1903 年），第 155—156 页。
③《共爱同仁劝留学启》，《江苏》，第 6 期（1903 年），第 159 页。另外一份在日本出版的妇女权益杂志在 1907 年写道："如果你教导妇女，那么国家将会产生女国民"。炼石：《中国新女界杂志发刊词》，《中国新女界杂志》，第 1 期（1907 年），第 2 页。

选举产生的女议员,张则参加了 1912 年捣毁南京参议院,要求宪法保证女性参加政治权利的事件。[①] 另一个受益于清政府女子教育政策的著名的湖南籍妇女参政活动家是唐群英。唐最初以自费生的身份在日本学习,后来获得湖南省政府的资助。[②] 正如我们将在下一章中看到,唐最后成为中国最著名的妇女参政活动家。这一时期,很多进入学校接受教育的妇女没有更好地成为一个母亲,以培育出更好的孩子,而是成了热情的妇女权益活动家。

尽管教育快速发展,但是正如这一时期的社会改革一样,女子学校教育仍旧是精英阶层的事。萨莉·博思威克(Sally Borthwick)指出,到 1909 年只有不到 0.1％的学龄女童入学。[③] 尽管在日本留学的中国妇女后来成为重要人物,但是实际上从正规学院毕业的,而不是从非正规学校毕业的妇女人数依旧很少。在 1911 年之前的十年中,在日本学习的妇女总人数仅仅为 35 人。[④] 许多妇女只专注从事革命活动而不是追求学业。这一个很小的数目反映了中国妇女运动在当时的基本情况。在 20 世纪的最初 20 年中,中国的妇女运动主要由特权阶层妇女构成。这些"好"妇女通过接受家庭之外的学校教育进入了公共领域,这预示着精英态度的一次重要转变。它挑战了一个观点,即妇女应该远离公众领域而保护自己的贞洁和品德。教育提供了一个机制进入一种新的道德框架,这至少能取代原先那种性别隔离的道德。这种道德框架必须要从男性扩大到女性。一旦妇女被纳入到"公共教育＝公德"的范畴中,那么对于她们来说更有可能获得"统治的权利"。通过在教育方面和男性一样享有权利,女性合法地获得了平等的政治权利,因为她们"同样具有品德"。

[①] 林学忠(Lam Hok-chung):《张汉英》,载刘咏聪编:《中国妇女传记辞典:清代,1644—1911年》(*Biographical Dictionary of Chinese Women：The Qing Period，1644—1911*),Armonk,纽约:M. E. Sharpe 出版社,1998 年,第 289—293 页。

[②] 周亚平:《论辛亥革命时期的妇女参政运动》,《历史档案》,第 2 期(1993 年),第 119 页。

[③] 博思威克(Borthwick):《从晚清到五四运动关于妇女角色概念的变化》,第 79 页。

[④] 周亚平:《论辛亥革命时期的妇女参政运动》,《历史档案》,第 2 期(1993 年),第 121 页。

第八节　女性刊物：宣传女国民

20 世纪初期蓬勃发展的女性报纸和刊物使得女性拥有众多机会公开展示她们拥有足够的教育水平来参与国家治理。[1] 她们通过著述展现了自己博学。而且，通过发表她们的观点，这些妇女打破了数个世纪以来对女性著述公开传播的抵制，这种行为在以前通常被认为对于知识家庭女性来说是不合适的。[2] 但是现在，新的女国民已经是具有独立和公共声音的个体。

给这些刊物撰稿的女性通常运用这一新的渠道来批评全国的姐妹们。她们不断地叹息普遍存在的对国民权利和责任知识的匮乏。正如 1907 年一份那几年中最成功的刊物之一的《中国新女界杂志》发刊词指出，"尽管中国有许许多多的国民，但是在她们当中很少有什么女国民精神"[3]。中国妇女权益活动家们为她们自己确立的任务是通过发表文章塑造国民精神。

这种观点的主要论调之一是批评人身依附所带来的祸害，这在她们

---

[1] 王政指出，妇女出版了 1897 年—1912 年之间的大多数期刊。见王政：《中国启蒙时期的妇女》，第 40 页；关于这些妇女杂志，见马更存：《中国近代妇女史》，青岛：青岛出版社，1995 年，第 160—163 页。

[2] 关于这种隔离，妇女著述及她们与品德之间的联系，见曼素恩：《缀珍录》，第 49—50 页。关于早期妇女出版物的讨论，梅嘉乐（Barbara Mittler）：《中国的新视角？上海新闻媒体的权力、认同和变迁，1872—1912 年》(*A Newspaper for China？Power, Identity, and Change in Shanghai's News Media，1872—1912*)，哈佛大学亚洲研究中心，第 245—311 页。

[3] 《中国新女界杂志发刊词》，《中国新女界杂志》，第 1 期（1907 年），第 2 页。夏洛特·比恩（Charlotte L. Beahan）将罗燕斌描述为"熟练的企业家"，因为她能"迅速地出卖掉她持有的报纸的股份"，这个月刊发行 7 000 份。很少有报纸的发行量能超过它，而且更少有妇女杂志能取得像她这样的成功。比恩（Beahan）：《中国妇女出版物中的女权主义和民族主义》(*Feminism and Nationalism in the Chinese Women's Press*)，第 405 页。关于这份杂志的讨论，见李又宁：《中国新女界杂志的创刊及内涵》，收于李又宁、张玉法编：《中国妇女史论文集》，第 179—241 页，台北：商务印书馆，1981 年。一位作者提出这份期刊的主要目标是对"女子国民"表示敬意。炼石：《本报对于女子国民捐之演说》，《中国新女界杂志》，第一期（1907 年），第 42 页。

认为是阻碍了女性政治意识的觉醒——她们认为只有女性实现独立,才会有真正意义上的女国民出现。[1] 她们认为,依赖和奴役阻碍了女性履行自己和国家命运的职责。[2] 在关于激烈地探讨以后所面临的任务的文章中,《中国女界杂志》的一篇文章描述了一个传奇故事,它讲述了主人公踏上旅程去古代词典中去寻找"女国民"的意义。这个寻找"女子"这个词的含义演变旅程是通向黑暗和遭受威胁地方的艰苦跋涉:"有一个深渊通向地下。往下看,你会发现有小楼梯连接的许多层……在第一层上写着'奴隶',在'奴隶'下面写着'女子'两个字。"[3]

在"女子"这一层是永恒的血泪,是数个世纪以来妇女们的苦难。例如,《女子世界》是 1911 年之前一份发行时间最长也是最有影响的刊物。当时女权主义者的文章中充满了奴役和禁锢的话语。丁初我写道:"如果我们没有权利,那么我们就是奴隶。如果我们没有自由,那么我们就被囚禁。"[4]被囚禁的、地位低于奴隶,承受着无限痛苦的中国妇女的阴郁图像同时放大了中国妇女所遭受的不公正待遇和处境,也承认了在塑造所渴望的国民精神方面一直存在着的困难。

无论是经济上的还是情感上的独立都被认为是摆脱奴役和实现自由的关键。1907 年的《女国民之歌》充满激情地指出了这种联系:"独立

---

[1] 在政治游说中,绝大多数的妇女杂志是倾向革命的。唯一例外是张展云在 1905 年发行的《北京女报》。这份报纸获得慈禧太后的资助,主要为宫廷女性提供新闻报道。它的主要观点是女子教育是拯救国家的关键。比恩(Beahan):《中国妇女出版物中的女权主义和民族主义》(*Feminism and Nationalism in the Chinese Women's Press*),第 408—410 页。

[2] 发展独立精神有时是和妇女的责任直接联系在一起的。例如,炼石写道:"妇女的责任和权利来源于一个事实,而我们是人,我们有自己的技能,才能和能力使我们实现独立。"炼石:《本报五大主义演说》,《中国新女界杂志》,第 3 期(1907 年),第 15 页。

[3] 炼石:《本报对于女子国民捐之演说》《中国新女界杂志》,第 2 期(1907 年),第 23—24 页。文章全文连载于杂志的第一和第二期。

[4] 初我(丁初我):《女子家庭革命说》,《女子世界》,第 4 期(1904 年),第 2 页。《女子世界》以上海为基地,从 1904 年创刊到 1906 年停刊总共发行了 17 期。见比恩(Beahan):《中国妇女出版物中的女权主义和民族主义》(*Feminism and Nationalism in the Chinese Women's Press*),第 395—398 页。关于这份刊物更深入的讨论,见"序言",载夏晓虹编:《〈女子世界〉文选》,贵阳:贵州教育出版社,2003 年,第 1—52 页。

的精神就像早晨的红太阳一样升起，自由的浪潮在喷涌。女权和平等的世界在变得更强大。"①罗燕斌在《中国女界杂志》上撰文指出了促进女子独立的重要性，概括了女性依赖的两个主要原因："第一个是缺乏教育，第二个是没有组织支持。如果你没有教育，那么你就缺乏知识。如果你们没有组织，那么你就缺乏公共精神。不奇怪，数千年来，妇女一直就像奴隶一样活着。"②

在《女学报》中，陈撷芬写了一篇题为《论独立》的短文，她在文中说："那些独立的已经逃脱压迫，排除障碍…她们不再由男性供养，她们也不再受男性的欺凌。"③九思撰写的题为《自尊》的文章提出了对女性依赖心理的解决方法。她说依赖和自我贬抑在中国妇女中非常普遍地存在，因而要在这个群体中推动自尊对于她们获得自由来说是非常关键的。④

教育被认为是消除女性依赖男性的主要方法。例如，忆琴于1903年在一份激进的杂志《江苏》上连载了一篇文章，解释了女性依赖男性与教育之间的复杂关系。她说因为长达数个世纪以来对男性的依赖，女性需要男性的帮助才能来打破这个历史循环。教育被认为是实现这种独立的关键。然而，具有讽刺意味的是女性需要依赖男性帮助她们接受教育。⑤ 这些在当时是一个普遍的观点。在1902年，陈撷芬的《女学报》早先已经有篇文章将独立性与教育、国家富强和女性权利联系起来。文章指出，"如果我们想让国家变得强大，我们必须恢复妇女权利；如果我们想恢复妇女权利，那么我们必须普及妇女教育。只有妇女教育被普及了，妇女才能独立，才不会是男性世界的附属品。"⑥

---

① 雌剑：《女国民》，《中国新女界杂志》，第5期（1907年），第121页。
② 燕斌（罗燕斌）：《中国留日女学生会成立通告书》，《中国新女界杂志》，第2期（1907年），第75页。
③ 陈撷芬：《独立篇》，《女学报》，第1期（1903年），第43页。
④ 九思：《论自重》，《女子世界》，第6期（1904年），第9—11页。
⑤ 忆琴：《论中国女子之前途》，《江苏》，第4期（1903年），第141—143页，及第5期（1903年），第129—131页。
⑥《女报》，第2期（1902年），引自周亚平：《论辛亥革命时期的妇女参政运动》，第119页。

　　这些女权主义评论家们也认为，如果妇女想铸造她们所缺乏的女国民精神，家庭改革同样也被视为社会变迁的关键。《中国留日女学生会杂志》第一期指出了妇女在家庭中的商品化和非人化的处境："在目前的婚姻传统中，女方父母要求从新郎父母那里获得聘钱。父母将女儿当作像家里养的猪、羊和家畜那样可以买卖。"①如果妇女们能够完全理解她们和男性平等的国民地位，那么这种情形就会得到改变。1907年，一位名叫佩公的评论家激励中国妇女向欧美国家的姐妹们学习，指出这些国家的妇女们为了她们的自由和独立而努力奋斗，这样她们可以选择自己的丈夫、发展自己的事业、拥有自己的财产和获得自己的收入。她们的胜利不是凭空得来，所以中国妇女也需要有勇气为自己的利益去奋斗。②《中国留日女学生会杂志》也作了类似的比较。它声称，女性独立于男性是项迫切任务，但是要实现这个目标需要坚持和决心。编辑写道，尽管英格兰的妇女在争取选举权的斗争中不断失败，但是她们没有被失败所吓倒。在每次失败之后总是重新开始她们的斗争。③中国早期的女权主义分子也清楚地意识到，她们的使命需要巨大的努力、持续的斗争、毫不畏缩的勇气。欧洲和美国妇女的进步成为中国妇女的希望，因为在这个时代国际间的交流已经开始了。④

　　国家存亡的斗争也使得妇女们有机会去抛弃她们过去对男性的依赖。丁初我将其描述为"女权和民权之间的直接联系"。她说："如果你想创立一个国家，那么你首先必须建立一个家庭；如果你想建设国民，那

①《留日女学生杂志》，1911年第1期。引自唐汝瑾：《试述辛亥革命时期的妇女运动》，《上海师范大学学报(哲社版)》，第3期(1988年)，第39页。

②佩公：《男女平等的必要》，《中国新女界杂志》，第2期(1907年)，第35—36页。通常也采取国际对比使得女性感到耻辱，因而采取行动。炼石将中国描述成在促进女子权利方面是世界上最落后的国家，而欧美国家则是最先进的国家。炼石：《女权评议》，《中国新女界杂志》，第1期(1907年)，第1—2页。

③《留日女学会杂志发刊词》，收于谈社英编：《中国妇女运动通史》，第21期(1936年)，南京：妇女共鸣社，第21页。

④燕斌(罗燕斌)：《中国留日女学生会成立通告书》，第75—76页。

么你必须首先建设妇女；政治革命出现在为全体国民的自由而斗争的活动中。"①类似的，旅日中国妇女活动家们通过诉诸爱国主义来表现妇女政治的活动。在致国内妇女的一封公开信中，在日本的学生写道，因为国家处于绝境，她们作为妇女爱国者，广泛宣传她们拯救国家的责任是合适的。② 通过履行这些作为中国国民的职责，妇女们认为她们将会被给予国民的权利。

《女界》发表的一首诗歌体现了这一时期妇女激进主义的力量。题为《女国民》的头两节这样唱到：

> 恨恨恨，中国民族含垢永沉沦。世上无知男子好，背面事虏廷。
> （一）胡乱讲维新，看他毙髮。（二）也骄人。惟吾女子，正大光明，不
> 生依赖性。
> 风风风，大地闻名气运渡亚东。独立精神旭日红，自由潮流涌。
> 女权世界重，公理平等天下雄。那堪回首，金粉胭脂，一般可怜虫。
> 流流流，少年志气蓬勃吞五洲（三）涤汉唐兮蹈商周。③

因为这些杂志思想激进，所以它们发行的时间都很短，但是这些杂志的女权主义倾向不容置疑。她们对于"女国民"的观点和男国民的特征完全相同。她们提供了来自于日本、美国和欧洲等国家的有关天赋人权和妇女运动的翻译著作，传播了这些编辑所渴望实现的社会和政治变迁背后的原则。这些杂志的读者群很小，仅仅局限于城市中受过教育的社会中上阶层。她们将出版这些杂志当作她们作为运动先锋的任务，提出女性与男性的平等，引领大众走向通往国家富强和文化复兴的正确道路

---

① 初我（丁初我）：《女子家庭革命说》，第2页。
② 唐群英、燕斌等：《请公捐女界》，《中国新女界杂志》，第3期（1907年），第101—106页。1907年在华北成立的中国妇人会也表达了同样的思想。见《中国妇人会章程》，《中国新女界杂志》，第3期（1907年），第107—114页。
③ 佛哉：《女国民》，《女子世界》，第6期（1907年7月），收于夏晓虹编：《〈女子世界〉文选》，第334—335页，贵阳：贵阳教育出版社，2003年，第334—335页。

上。然而在随后的几年中,正如我们将在后面一章中看到,很明显的是即使是被男性精英们认为是与男性平等的运动,后来也失败了。

第九节 秋瑾:战士、教师、记者以及妇女权益活动家

在中国参加证明男女两性平等斗争的杰出女性中最为著名的是秋瑾(1875/1877—1907 年)。[①] 秋瑾因为从事反清活动而被处死,她所从事的工作包括了当时所有女性为证明这种平等而从事的各种各样的活动。这些活动同时包含了政治、军事、教育和出版,因为她们认为这些活动将进一步促进实现她们所提出的在未来政治秩序中与男性平等的诉求。秋瑾出生于浙江,她的父母将她许配给一位湖南商人。她后来描述她丈夫的行为时说"比畜生还差,没有品德"[②]。这种婚姻生活很快就变得难以忍受。但是这段婚姻生活的作用是使她更敏锐地意识到在中国实现男女关系平等的迫切性,提高了她对妇女参与政治活动重要性的认识。当 1900 年义和拳占领北京时,秋瑾也在那里。这种惨败的耻辱唤起了她的爱国热情。在这个时期,她定期和另两位志同道合的女性通信——包括寡居的唐群英以及对婚姻生活不满的葛健豪(1865—1943年)。[③] 为了实现她们的政治目标,秋瑾和唐群英决定到日本留学。秋瑾离开她的丈夫和两个孩子,因此无论她的身体(放足)还是思想都得到了

---

① 郭延礼指出,她出生于 1877 年,见秋瑾著,郭延礼选注:《秋瑾诗文选》,第 3—5 页,北京:人民文学出版社,1982 年 1 页。鲍家麟(Pao Tao, Chia Lin)也认为 1877 年是秋瑾的出生年。**鲍家麟**:《秋瑾的革命事业》(Ch'iu Chin's Revolutionary Career),《中国历史研究》(*Chinese Studies in History*),1992 年夏季,第 10—24 页。

② 秋瑾于 1905 年 6 月 19 日写给兄长秋誉章的信。见秋瑾:《秋瑾集》,上海:上海古籍出版社,1960、1979 年(再版),第 35 页。最初以《勉女权歌》为题发表,《中国女报》,第 2 期(1907 年),第 48 页。

③ 关于葛健豪,见高魁祥、申建国编:《中华古今女杰谱》,北京:中华社会出版社,1991 年,第 139—140 页。葛健豪对婚后的家庭生活感到绝望,最终离开丈夫。她虽然已经是成年人,但是她仍旧和她女儿蔡畅一起上学,蔡后来成为著名的共产党人。

解放。她期望恢复中国昔日的强大，摆脱奴役妇女的枷锁。[1] 她在日本的两年中，生活相对贫苦，因为她的积蓄都掌握在她的丈夫手中。芮玛丽(Mary Backus Rankin)在对秋瑾生平的清晰描述中指出，在这个时期秋瑾的母亲和兄弟们也支持她。[2] 从她做留学生初期开始，她在反清组织中就非常活跃。正如上面提到，她也参加了中国留日女学生创建的互爱会。[3] 1905 年 8 月孙中山的同盟会成立时，秋瑾加入并被任命为浙江代表。她积极地在当时的各种反清刊物上发表文章。这些诗歌和散文以及她在剩余岁月的活动充分证明了她卓越的文字才能。

处于对当时中国缓慢进程改革的绝望、远离中国的孤独以及日本当局的干扰，秋瑾在 1906 年初回到中国。[4] 回国以后，她期望把她的女权主义和民族主义的理想付诸实际行动。同年，她在绍兴一所中学任教。1907 年 1 月她到上海创办报纸，准备在中国的知识女性中宣传将性别平等的观念作为天赋人权。报纸名称为《中国女报》，但是发行两期以后就停刊了。在报纸的短暂发行时期，秋瑾号召女同胞们自己觉醒起来，准

---

[1] 其他女性例如吴芝瑛 (1862—1933 年)帮助秋瑾。吴为秋瑾提供资金上的帮助，在秋瑾去日本之后帮助照看她的女儿。吴芝瑛在同盟会中非常活跃，她后来参加上海女子北伐队。见高魁祥，申建国编：《中华古今女杰谱》，北京：中华社会出版社，1991 年，第 139 页。她在《民立报》发表的一篇关于女子北伐队的文章中，描述这些妇女的勇敢行为和爱国精神。吴芝瑛：《吴芝瑛赴女子北伐队军书》，《民立报》，1912 年 1 月 17 日。关于秋瑾和吴芝瑛之间关系的讨论，见胡瑛：《书写秋瑾生平：吴芝瑛和她的家学》(Writing Qiu Jin's Life: Wu Zhiying and Her Family Learning)，《清史研究》(Late Imperial China)，第 25 卷第 4 期 (2004 年 12 月)，第 119—160 页。

[2] 芮玛丽(Mary Backus Rankin)：《清末女性的出现：以秋瑾为个案》(The Emergence of Women at the End of the Ch'ing: The Case of Chiu Chin)，载卢惠馨(Margery Wolf)、罗克珊·威特克(Roxanne Witke)编：《中国社会中的妇女》(Women in Chinese Society)，斯坦福：斯坦福大学出版社，1975 年，第 39—66 页。

[3] 这是一个与 1903 年在上海成立的机构同名的组织设在日本的分会，其宗旨是要重新实现妇女权益。见韩小萍、祝伟坡：《辛亥革命与妇女运动》，《河北师范大学学报(哲学社会科学版)》，第 4 期(1992 年)，第 59 页。

[4] 清政府对日本政府施加压力，颁布《规制清国留学生条例》，意在制止学生参加政治运动。1905 年 12 月，8000 多名留日中国学生走出学校进行抗议。小野和子(Ono Kazuko)：《一个世纪革命中的中国妇女》(Chinese Women in a Century of Revolution)，第 61 页。

备迎接艰难时刻的到来。她指出,女性需要在行动中团结起来以反抗这个国家已经陷入的黑暗。① 在诗歌和文章中,她号召妇女担负起她们作为女国民的职责。在一首她最著名的《勉女权歌》中,她强有力而雄辩地写道:"吾辈爱自由,勉励自由一杯酒。男女平权天赋就,岂甘居牛后? ……责任上肩头,国民女杰期无负。"②在《敬告姊妹们》中,她哀叹中国妇女的现状,她说:

> 唉,二万万的男子,是入了文明新世界了。我的二万万女同胞,怎么还依然黑暗沉沦在十八层地狱,一层也不想爬上来。足儿缠得小小的,头儿梳得光光的,花儿朵儿扎的镶的戴着,绸儿缎儿滚的盘的穿着,粉儿白白脂儿红红的搽抹着,一生只晓得依傍男子,穿的吃的全靠着男子。

秋瑾强调,女性生活的痛苦不一定是看得见的,但是附属于丈夫的痛苦一直存着。"丈夫们以老爷的姿态,而女人处于奴隶的地位。因为依赖他人,你失去了丁点独立的个性。"从这里,她敦促她年轻的姐妹们上女校,发展自己的事业。通过这些途径,妇女可以赢得自由和幸福,"扫除'无用'女人的名声,赢得男人的尊重。"③通过这些文章,她宣传了女性在经济和政治上独立的重要性,她也把她的论点建立在一个观点上,即男女生来具有不可剥夺的自由和平等权利。

从这些简单的摘要中,很明显的是秋瑾的读者是和她处在同一个特权阶层的妇女,她们有知识并且有足够的财富去独立地生活。而当时绝大多数的中国妇女只能够梦想着过上穿绫罗绸缎、涂抹脂粉的生活。这

---

① 秋瑾:《中国女报发刊词》,收于郭延礼编:《秋瑾诗文选》,第 3—5 页,北京:人民文学出版社,1982 年。关于秋瑾创办刊物的更多资料,见比恩(Beahan):《中国妇女出版物中的女权主义和民族主义》(*Feminism and Nationalism in the Chinese Women's Press*),第 399—403 页。

② 秋瑾:《勉女权歌》,《中国女报》,第 2 期(1907 年),第 48 页。

③ 秋瑾:《敬告姊妹们》(节选),收于郭延礼编:《秋瑾文选》,北京:人民文学出版社,1982 年,第 10—13 页。

一时期的女权主义著述中没有任何证据表明她们有意推动女性大众和她们一样投入到政治运动中。相反，和她们的兄弟们一样，她们认为她们自己是受启蒙的精英，能够说服受过教育的政治阶层的其他成员引领中国民众前行。

随着报纸的停办，秋瑾在 1907 年末回到绍兴，被大通女子学堂聘为教习。这所学校是从事反清活动的秘密据点。学生们接受军事训练，也学习其他文化科目，但是学校的革命活动很快成为清政府警察的目标。在一次失败的浙皖起义中，秋瑾的活动和女子学堂中的学生被暴露参与到这起反叛活动。尽管事先得到警告她很快会被捕，秋瑾和她的另外 30 个学生仍然和前来抓捕的清军做了短暂而英勇的反抗。被捕后，秋瑾这个谋反的女国民被清廷斩首。[1]

第十节　走向共和

秋瑾的一生以及她对妇女权利、教育和出版的革命兴趣是与无畏的军事活动联系在一起的，表明了中国早期妇女运动参加者的精神。这些女性是高尚的，但同时她们也是精英，她们将自己当作领导中国进入新的文化和政治领域的先锋。20 世纪的第一个十年目睹了中国女性对于她们参加政治和公共生活态度的急剧变化。女国民第一次被构想出来

---

[1] 关于秋瑾对中国革命的贡献更详细的探讨，见史景迁(Jonathan Spence)：《天安门》(*The Gate of Heavenly Peace*)，伦敦：Faber & Faber 出版社，1982 年，第 50—60 页。另见艾米·D. 杜林(Amy D. Dooling)、克里斯蒂娜 M. 陶杰逊(Kristina M. Torgeson)编：《书写近代中国妇女》(*Writing Women in Modern China*)，哥伦比亚：哥伦比亚大学出版社，1998 年，第 39—78 页，多萝西娅·马丁(Dorothea A. L. Martin)编：《"秋瑾"：女骑士，一个真正的女战士》(Qiu Jin: A Female Knight-Errant, a True Woman Warrior)，特刊，《中国历史研究》(*Chinese Studies in History*)，第 34 卷第 2 期 (2000—2001 年冬季)。程爱玲(Eileen J. Cheng，音译) 对于秋瑾的文化和精神遗产做了深入的探讨，见她的《性别的景象：鲁迅论对妇女的凝视以及其他愉悦》(Gendered Spectacles: Lu Xun on Gazing at Women and Other Pleasures)，《现代中国文学和文化》(*Modern Chinese Literature and Culture*)，第 16 卷第 1 期 (2004 年春季)，第 1—36 页。

以及推广为与男性在权利和职责上的平等。天赋人权伦理原则的采纳为争取与男性平等提供了话语基础,补充了但同时也独立于民族救亡运动的话语。

女权活动家们将她们在民国政府各个方面的参与当作是确保女性与男性平等的关键。女性也展现了她们担负国民责任的决心,她们期望能够在新的汉人统治的国家中实现与男性的全面而平等的权利。这个时期的女活动家们也见证了女性需要表现自己的能力以及自己为平等而奋斗的决心,而不是等待男人来赋予她们平等权利。正如秋瑾所说:"女性必须接受教育,为自己的独立而奋斗。她们不能只是向男性索取。年轻知识分子一直在呐喊:'革命! 革命!'但是我想说,革命必须在我们自己家中,通过为女性获得平等权利开始。"①然而和秋瑾并肩参加辛亥革命的女性建立和男国民全面而平等权利的希望和理想被随后民国政府的建立所击碎。尽管如此,这种坚持不懈成为妇女参政斗争的最显著特点。

---

① 关于秋瑾的讨论,见史景迁(Jonathan Spence):《天安门》(*The Gate of Heavenly Peace*),第57 页。

第三章　民国初年妇女对政治平等的追求

(1912—1914 年)

　　1911 年 10 月,一度辉煌的统治中国长达两个半世纪之久的清王朝瓦解了,从而失去了对这个国家的统治,1912 年 2 月清帝退位。中华民国临时政府主要由总督、议员、反清分子以及知识分子组成,孙中山出任大总统。妇女活动家们很快发现刚刚取得统治权的汉族父权制和清廷父权制一样,没有给予妇女们政治权利的意愿。她们必须和那些曾经参加过清末自治运动的具有影响力的男性进行斗争,而不仅仅是那些男性同盟会员。她们无法说服旧谘议局中的那些保守男性议员们给予女性参政权。正如秋瑾所预料到的那样,主要的政治团体将要背叛妇女参政活动家,尽管这些妇女曾经参加了推翻清王朝的革命。①妇女活动家们开始意识到,她们不能依赖民族主义和汉族爱国主义来实现女权主义目标。尽管她们在建立民国的斗争中努力证明女性的独立以及与男性的平等,但是她们发现性别差异的传统观念在新成立的民国

---

① 女子军在 1912 年还存在,炸弹队仍旧参加消灭清军残部的战斗。见《北京官场闻有女子军》,《申报》,1912 年 1 月 25 日;《闽省学生北伐军出发》,《申报》,1912 年 1 月 29 日。这篇文章也谈到了妇女爆炸队:《扬州通信》,《申报》,1912 年 1 月 31 日。另见《中华女子国民军全队》,《民立报》,1912 年 1 月 10 日。

政府中仍然根深蒂固,即女性和男性的差异意味着女性对男性的从属地位。①

在试图抵抗这种新的反对势力的过程中,妇女活动家们在 1911—1913 年之间的两年中从女权主义的角度形成了自己的政治意识和公众形象,即她们的激进主义是完全建立在女权主义政治的前提条件之上的,而不是与民族主义和反清斗争相呼应的。中国妇女运动开始明确地提出自己的宣言,将男性尤其是受过教育的男性精英们作为阻碍运动的对立面。为了削弱坚持性别差异的父权制观点带来的影响,她们继续宣传,如果给予女性平等权利,那么她们将表现得和男性一样出色,而且声称女性从根本上以及与生俱来就应该与男性平等。这些妇女政治家们在参政问题上高调而积极,充满激情地向中国大众展示了她们在民主政治环境中而不是战争环境中的观点和主张。妇女们在战争环境中的政治参与被简单地驳斥为短暂地背离了中国历史上长期以来对女英雄的主流观念。按照这种观点,杰出的女性在国家危难之际实现了伟大目标,当秩序恢复以后,她们就应该回到自己的家庭。然而,现在妇女参政活动家们在公共领域出现,她们要求享有长期的政治权利,这展现了一个和过去完全不同的女性形象。因此,尽管这一时期女权活动家们并不能成功地改变宪法文本,但是这个运动却提高了妇女们对参与公共政治的意识,也确立了新的关于治理和代议制度的思考模式。这些早期妇女活动家们通过开辟一个能够形成一个合法妇女政治集体身份的空间,从而为 20 世纪二三十年代的妇女参政运动取得更大的成功奠定了基础。

此外,妇女参政活动家们在这两年中开始确立了一个将她们与世界

---

① 小野和子(Ono Kazuko)描述了这种被背叛以后的感觉:"对于那些参加过军事战斗的妇女们来说,给予她们选举权的要求是不言而喻的。正是这个原因,妇女运动在民国建立以后发展成为参政运动。参加辛亥革命的妇女们寻求在军事和选举方面的平等对待。她们认为这是性别平等的重要组成部分。"小野和子(Ono Kazuko):《一个世纪革命中的中国妇女》(*Chinese Women in a Century of Revolution*),第 80 页。

妇女参政运动联系在一起的模式。她们广泛宣传并积极参与和响应国际妇女选举协会活动家的来访，例如卡丽·查普曼（Carrie Chapman）女士访华，从而向人们展示她们的活动是具有世界意义的事业。她们强调这是具有深远意义的，具有国际性的现代化动力。同时，这两年的报纸也报道英国和美国的妇女们所采取的激烈行为，包括破坏行为、政治滋事以及半合法抗议。这些报道成为中国妇女活动家们在这两年中进行"极端主义"活动的大背景。妇女参政活动是作为民主制度所带来的一个整体中的一部分被呈献给中国读者，而不是一小部分激进的离经叛道的中国妇女所带来的。

第一节　亚洲第一个共和制国家创立之初

乐观的政治精英们对民国的建立充满着期待。然而事实证明，期望建立一个治理得更好的国家在很大程度上是错误的。1912 年 1 月 1 日，孙中山在南京宣布成立中华民国临时政府，但是他只能通过和袁世凯这个军事和政治强人达成妥协才能成立民国政府。袁世凯在清末军事现代化过程中有着很大的影响，他在 20 世纪最初十年在其军队中发挥了重大的作用。通过灵活地操纵各个竞争派系，他稳坐北京清政府中枢重臣的位置。建立民国政府的革命党人认为袁世凯这个位置对于确保民国的稳定是举足轻重的。因而，孙中山临时政府的成立是建立在他们认为袁世凯最终会成为总统的基础上的。袁世凯最终在 1912 年 3 月 10 日成为中华民国总统。但是袁世凯无视原先达成的民国政府建都南京的协议，将首都搬到北京，因为他不愿意离开他在中国北方的权力基础。正如他背叛清王朝一样，他很快背叛了民国。袁世凯开始无情地压制各种不同的声音，许多政治活跃人士生活在袁世凯无耻追随者们所制造的恐怖氛围之中。袁在 1915 年登基建立自己的王朝。妇女参政活动家所追求建立的民主制处在极度危险的境地。

那么,妇女参政运动是如何经历这些激烈政治变迁? 在1912年民国建立之初,妇女们对实现与男性的完全平等充满期望。但是在民国建立半年之后,她们的期望却被无情地粉碎。更糟糕的是,在1912年3月通过的临时宪法中,女性很明显地被排斥在外。同年8月颁布的选举法也没有给予中国女性参政权。然而,1912年和1913年妇女参政活动家们仍然积极地进行这些活动并广泛宣传,期望实现男性和女性在政治权利上的平等。然而,袁世凯在1913年11月至1914年3月之间颁布的一系列条例中禁止妇女参加政治活动,妇女们的这些活动也因此戛然而止。

第二节　妇女参政和民国初期宪法

从一开始,妇女们在民国第一部宪法中的地位就存在着问题。在1911年10月推翻清王朝统治的武昌起义成功数天之后,宋教仁便抓住这个机会草拟了第一部民国宪法以取代清王朝宪法。这就是为人所熟知的《鄂州宪法》,宋所草拟的宪法条文成为1912年3月颁布的更正式的、并为国家承认的临时宪法的基础。[1] 人人平等的说法也被包括在《鄂州宪法》的60个条款中,但是"国民"这个概念是否包含妇女在内依旧不明确。这个时期的妇女活动家们敏锐地意识到,尽管孙中山的同盟会赞同女性的平等权利(尽管不是全面的成年人参政权),但是这种模糊性既可以支持,也可以阻碍她们的事业。[2] 而民国政治领导人对女性参政在总体上是持反对意见的。因而,她们发起运动要求将确保男性和女性平等的条款明确写在宪法中以运用于全国性的多党派选举中。在1911年10月之后的6个月中,这个问题经过激烈讨论。然而,建立统治中国的

---

① 尚海等编:《民国史大辞典》,北京:中国广播电视出版社,1991年,第52页。
② 见杨格(Ernest P. Young):《袁世凯与民初之自由与独裁问题》(*The Presidency of Yuan Shi-k'ai:Liberalism and Dictatorship in Early Republic China*),安娜堡:密歇根大学出版社,1977年,第79—80页。

新政治机制中的派系斗争做出了关于拒绝给予女性投票权的重大决定。

南京临时参议院由来自全国 17 个省份的 43 名选举和委任代表组成。他们当中，有 23 人是孙中山同盟会成员，还有 18 人是立宪派成员。[①] 但是没有女性议员。这些议员最首要的任务是制定宪法草案统治这个国家，进行全国性议会选举。相应的，在 1912 年 2 月，临时参议院深入地探讨了中国第一个共和制宪法。这部修改后的宪法在 1912 年 3 月 12 日推翻了主张所有人平等的《鄂州宪法》。这部修改后的宪法更清楚和明确地规定，所有人无论种族、宗教和阶级一律平等，但是性别被省略掉。"国民"被理解为指代男性。[②] 这样，同盟会所承诺的性别平等原则在宪法起草协商过程中被出卖掉。不过这部宪法仍具有显著意义，因为它强调了一个概念，即民国政府所授权的政治领导人和参与者是那些受过教育的、有经济条件的男性。不过，这种参政权不是针对所有男性的。

民国第一次选举在 1912—1913 年的冬天举行，费正清描述这些选举是"非常严格和间接的选举……投票仍然是精英们的活动"[③]。然而，这个选举人的名单比 1909 年相比长得多。约翰·芬彻（John Fincher）指出，在 1912 年选举人名单上总共有 4000 万人，而 1909 年只有 800 万。他说"这大致相当于成年男性总数的 20% 至 25% 以及总人口的百分之十。"这种选民人数的增加是因为对教育程度的要求从中学降低到小学或者同等程度。对财产的要求也从"拥有价值 5000 银元的小生意或者地产（对非国民要求达到 10000 银元）放宽到拥有价值 500 银元的不动产或者至少每年付 2 元的间接税"。任何年龄在 21 岁以上拥有上述条

---

① 徐矛：《中华民国政治制度史》，上海：上海人民出版社，1992 年，第 39 页。

② 王家俭：《民初的女子参政运动》，收于李又宁、张玉法编：《中国妇女史论文集》，台北：商务印书馆，1981 年，第 587 页。

③ 费正清（John King Fairbank）：《伟大的中国革命》（*The Great Chinese Revolution*，1800—1985），纽约：Harper & Row 出版社，1986 年，第 172 页。刘王立明在她的专著中列出了这部选举法的全文，见刘王立明：《中国妇女运动》，第一册，上海：商务印书馆，1934 年，第 25 页。

件之一的男性,在所在地居住至少两年,没有任何罪行纪录者都可以参加投票。① 那些被禁止投票的是"不识字、抽鸦片、破产、心智不全者"②。重要的是,妇女参政活动家们并没有为普选权而斗争,而仅仅是在参政权上与男性的平等。很多妇女活动家也认为,不识字以及没有财产的女性应该被排除在外。③

女性对新宪法和选举法的颁布极为愤怒。实际上,从 1911 年 10 月至 1913 年 11 月这段时间是妇女参政运动家们最活跃的时期。在那几个组织起来为妇女选举权而奋斗的几个不同团体中,有两个是最重要的,即女子参政同志会和神州女界共和协济社。前者在 1912 年 3 月与其他几个妇女团体合并形成女子参政同盟会。这个合并后的团体和神州女界共和协济社在 1913 年底共同发起妇女参政斗争运动。神州女界共和协济社采取比女子参政同盟会更温和的方法。重要的是,领导这些团体的女性都曾经是同盟会成员。随着 1912 年孙中山同盟会的衰落,这些妇女团体从同盟会那里获得的支持也显著地减少了。

第三节　第一次尝试:林宗素和女子参政同志会

当清王朝即将崩溃之际,第一个建立起来倡导女性为政治权利而奋斗的主要组织是林宗素的女子参政同盟会。这个组织于 1911 年 11 月 12 日在上海成立,是新成立的中国社会党的一个下属组织,林宗素是其

---

① 芬彻(Fincher):《中国民主》(*Chinese Democracy*),第 223 页。见董霖(W. L. Tung):《现代中国的政治机构》(*The Political Institutions of Modern China*),海牙:Matinus Nijhoff 出版社,1964 年,第 45 页。

② 史景迁(Jonathan Spence):《追寻现代中国》(*The Search for Modern China*),Norton 出版社,1999 年,第 280 页。

③ 在这种有限的选举权中,新成立的国民党赢得了议会上下两院的绝大多数席位。政党的主要组织者宋教仁期望这次胜利使议会能够运用议会手段约束袁世凯作为大总统的权力。赵穗生认为这一时期宪法辩论表明了倡导内阁政治制度和那些包括袁世凯在内倡导总统制两派之间的对立关系。见赵穗生:《设计的权力》(*Power by Design*),第 21—22 页。

党员。[1] 林宗素和她的团体的目的是增加女性对政治的了解，加强妇女的政治力量，为妇女赢得参与政治的权利。[2] 女子参政同盟会通过开办学习班、举行公开演讲以及在杂志和报纸上发表文章来提高妇女对政治的理解，这个组织在这些方面的活动是非常有影响的。她们期望当中国妇女在能够行使政治权利的时候，她们能够信息灵通。同时也是为了反驳一直认为女性无知，以至于不能对国家政治辩论负责的指责。这反映了它重视妇女的政治参与。这个组织由两部分成员组成，正式成员由年龄 16 岁以上的女性成立，另外还有一些荣誉会员，包括支持她们的男性，例如中国社会党党魁江亢虎。因为这种结构，女子参政同志会能够获得对她们事业持同情态度男性的支持，同时它的女成员能够牢固地控制运动。

女子参政同盟会的创办人林宗素是民国妇女参政运动第一阶段中活跃女性的代表人物。[3] 她出生于福建，于 1902 年到上海爱国女校求学，随后到日本留学。这是 20 世纪最初几年中具有革命思想的中国男女通常所走的道路。她在 1903 年就读于东京女子师范学院，在日本参加了各种各样的反清团体组织的活动。她与当时几个革命女性建立了重要的联系，包括秋瑾以及一些后来成为她参政运动网络中重要成员的女性。她也是其中三个为中国最早的女权主义宣言作序的女性之一，也即前面一章所探讨的金松岑于 1903 年发表的《女界钟》。在这篇简短的文章中，林宗素不断强调她和秋瑾鼓励女性参与建立民国，并在民国推

---

① 中国社会党由江亢虎于 1911 年 11 月 5 日在上海成立，1913 年 8 月迫于袁世凯压力解散。关于妇女参政同盟和中国社会党同时成立的详细记载，见《社会党之进行》，《天铎报》，1911 年 12 月 1 日。

② 林宗素：《女子参政同志会会员林宗素宣言》，《天铎报》1912 年 1 月 23—24 日。另见《女子参政同盟会简章》，《天铎报》1911 年 12 月 3 日。关于相关讨论，见王家俭：《民初的女子参政运动》，第 582—583 页。妇女参政同志会同时使用两个名称："同志会"和"同盟会"。这里我采用那个"同志会"来代表林宗素的组织，以区别后面将要谈到的唐群英领导的同盟会。

③ 李木兰（Louise Edwards）：《林宗素》，载萧虹（Lee Lily）编：《中国妇女传记辞典：20 世纪，1912—2000 年》，Armonk，纽约：M. E. Sharpe 出版社，2003 年，第 347—350 页。

动国民权利和妇女权利之间的平等。① 她于 1904 年回到上海,在那里她作为记者和编辑投身于出版业。尽管她已经回到中国,但是她仍旧与在日本的革命团体保持着联系,并在同盟会 1905 年成立时加入。

林宗素作为中国的第一个女记者,她拥有几个受人尊敬的职位。② 她的兄弟林白水在报界非常有影响,所以起初两人在《中国白话报》一起工作。林宗素后来成为支持革命的《警钟日报》的副主编,她自己于 1911 年创办《妇女时报》。③ 《妇女时报》发表了各种重要的和女子参政同志会相关的,反映林自己政治立场的文章,但是经常也有一些关于讨论妇女教育的文章。她所撰写的有关中国妇女参政问题的长篇文章标志着漫长的妇女觉醒意识运动的开始。当整个国家的政治形势变得更为保守以后,林宗素的政治活动使得政府感到不快。她在 1913 年被迫躲藏起来,流落在江苏以躲避追捕,逃脱袁世凯势力的迫害。当整个政治氛围缓和以后,她才得以在南京安顿下来,在那里她从事教学,参与她兄弟所经营报纸的各种活动。④

林宗素所创办的杂志的重要特点是她比较当时国际妇女参政运动。该杂志的许多期翻译来自海外的关于妇女参政运动的宣传或者关于国际妇女参政运动的报道。⑤ 将中国妇女运动放在世界妇女运动的大环境中成为中国妇女参政活动家们在随后 20 年中越来越重要的策略。这种与国际运动的遥相呼应推动了她们的斗争作为一个女权主义运动的发展,而不是作为反清运动或者是精英政治改革的一部分。她们的盟友是遍布全世界的妇女参政活动家。在新的共和制所给予她们的新的政治

---

① 林宗素:《林女士序》,收于金松岑编:《女界钟》,上海:大同书局,1903 年,第 1—3 页。

② 高魁祥、申建国编:《中华古今女杰谱》,北京:中华社会出版社,1991 年,第 174 页。

③ 这份刊物发行六年,总共 21 期。

④《妇女辞典》编写组:《妇女辞典》,北京:求实出版社,1990 年,第 95 页;高魁祥,申建国编:《中华古今女杰谱》,北京:中华社会出版社,1991 年,第 174 页。

⑤ 见陆守贞:《论女子应有选举权》,《妇女时报》,第 5 期(1911 年),第 13—14 页;哈斯京:《美国妇女之选举权》,《妇女时报》,第 7 期(1912 年),第 1—8 页。其中一些报道还有一些妇女被逮捕或者参加游行的照片。

空间中,妇女参政活动家们带着民主的理想以及对于获得国际认可和尊重的渴望,充满热情地宣传她们在世界范围内新的联盟。在民国建立之前,宣扬这种关系并不是十分有帮助,相反甚至具有反作用。而在国家危难之际,反清话语和当时一些激进男性对于妇女在家庭以外角色的接受已经使林宗素更容易进行她的活动。一旦民国建立,像林宗素这样的女性马上开始用更直接的方式推动这个运动的发展。

她的行为代表了妇女参政运动开始了一个趋势,这就是在民国建立之初的几个月中被其他活动家们所采用的游说方式。她们的立场是"追求合法获得的平等权利",她们期望她们的男性战友们会尊重她们的权益。但是与政治上志同道合的男性形成统一的目标这种想法很快就消失了,因为两者之间很快就出现了隔阂。

林宗素从上海来到南京,因为她在这里可以游说参议院。作为女子参政同志会的代表,林在1912年1月5日拜会临时大总统孙中山。上海的《民立报》①这样报道:"社会党党员林宗素代表女子参政同志会拜会大总统,要求全国性立法机构建立之后,应该给予妇女参与政治的全面权利。"②林宗素告诉孙大总统,她的组织代表中华民国所有妇女要求获得参政权。这些活动家们将她们作为所有妇女政治选民的先锋,公开地、不断地提出这方面的要求。③

对于妇女参政活动家们来说,快速采取行动被认为是关键,即临时参议院的当务之急是草拟一份民国宪法。她们相信,这份文件将会决定未来中国妇女的地位。男女平等原则是被确立还是忽略依赖于参议院的反应。在和孙中山的交流中,林宗素希望借助民国最受尊敬领导人的威望来推动她所致力追求的事业。在他们的会谈中,她向孙提出了妇女

---

① 《民立报》于1910年10月创刊,同盟会支持者宋教仁是杂志编辑,1913年9月被禁止发行。见尚海等编:《民国史大辞典》,北京:中国广播电视出版社,1991年,第47—48页。
② 《社会党女党员林宗素》,《民立报》,1912年1月8日。
③ 《南京社会党电》,《申报》,1912年3月8日。

们的要求。据报道,孙中山做出了肯定性的答复:"在将来,妇女将一定会享有彻底的政治权利。但是妇女们需要学习法律和政治知识来理解自由和平等的真谛。"

林宗素回答说,她的团体举办各种学习班学习法律和政治为女性以后参政做准备。孙中山对此回答说,尽管这些活动是值得赞扬的,但是"也将会有很多对妇女参政运动的反对。我一定会履行调停和捍卫的职责。"林然后问道:"如果来自我们党内部的妇女呈交请愿书提出妇女参政,这将会有多大效果?"针对这个问题,孙回答说,"我承认贵党是整个国家妇女同胞的代表,对此我表示尊重。"林宗素然后告诉孙中山,她准备将她们之间的谈话公开以作为以后的证据。据说孙中山同意她采取的策略。① 林宗素随后立即在全国性各大报刊上刊登出她和孙中山的谈话以宣传她所进行的活动,强调高层支持妇女参政运动。②

林强调说,孙中山将男女平等作为民国胜利的关键。然而,孙中山也表示了妇女的政治知识特别匮乏,仍然坚持妇女在学习政治知识方面的迫切性。③或许是为了回应对妇女教育成就的怀疑,林宗素投给《妇女时报》的文章是以非常学术的风格撰写的,而且没有标点。她的文体的复杂性成为她自己和妇女们展现学识天分的广泛证据。不幸的是,对于妇女参政活动家们来说,事实证明那些负责制定宪法的男性比孙中山更难以说服。

林宗素公开与孙中山的会谈内容使得孙受到了来自党内保守派的指责。其中一位,是保守的同盟会成员章炳麟,给孙写下了这样一封批评信:

> 我不明白妇女参政是否会成为一个好的社会习俗,我自己也不敢贸然作这样的判断。我认为允许妇女参政的合理性还有待于公开讨论。然而,我却听说阁下以片言只语允诺几个妇女的口头请

①③ 见《女子将有完全参政权》中的孙中山和林宗素谈话内容,《申报》,1912 年 1 月 8 日。
② 见林宗素:《女子参政同志会宣言书》,《妇女时报》,第 5 期(1912 年),第 17—19 页。

求,而宪法还没有确切地规定。当未经考虑的谈话说出口,一旦这样的声明获得支持,那么以后就难以控制。①

孙中山的答复表明了他作为临时大总统所处的窘境以及他在同盟会中的声望。但他并不具备林宗素和她同事们所期望的那种具备使得妇女参政合法化的能力,正如他回复章炳麟的信中指出：

> 当然,妇女参政的问题应该交由公众讨论来决定。前些天某个妇女来见面,我只是和她做了私下交谈。然而,她立即在报纸上发表了我们的谈话内容,声称我已经批准了她的请求。这种事件很难在每次发生以后加以一一纠正。如你所建议,我应该谨慎我所说的话,我当然诚恳地表示接受。②

林宗素为妇女参政运动做的媒体宣传在一月份仍在继续。在《天铎报》上发表的一篇声明中,她提出："我们已经进入了一个新的世纪,女性即将走出数千年的黑暗。"她解释说,所有妇女的幸福和成功来自妇女参政,并强调了即使女性和男性具有同样的教育资格,但女性仍被排除在选举体制外,这是不公平的。③ 很快一个新的妇女参政组织体系的成立加强了林宗素所做推动的运动。

第四节　扩大影响：唐群英和妇女参政同盟

在林宗素的协会和其他几个妇女军事和政治协会合并起来之后,她对参政的热情依旧高涨。她们于2月20日在南京成立妇女参政同盟,以应对临时参议院在国家层面对这个问题缺乏考虑的现状。该组织统

---

① 《章炳麟在上海》,社会科学院编：《辛亥革命在上海史料选集》,上海：人民出版社,1981年,第777页。
② 《孙中山在上海》,社会科学院编：《辛亥革命在上海史料选集》,第777页。
③ 林宗素：《女子参政同志会会员林宗素宣言》。

一了各种妇女团体,其成员人数一度达到 200 多名。[①] 这些团体的领导人同时也曾经是孙中山同盟会成员,她们都同意将这些组织统一起来,在特定的性别平台上更有力地为参政事业进行游说,同时依靠现在备受尊敬的同盟会这个平台。妇女参政会的章程指出,其目的是"实现男女平等和政治参与"[②]。这个组织建立南洋女子法政大学作为实现她们长期目标的基础。[③] 这个新的妇女联盟标志着妇女们越来越多地意识到,尽管她们热切和积极地支持男性推翻清王朝统治,但是她们在新成立的民国中获得的利益将有可能不同于这些男性。

中国最著名的妇女参政活动家唐群英是这个新的妇女参政同盟的领导人。她的经历在妇女参政运动创建的军事组织中颇具典型。[④] 唐群英(1871—1937 年)作为女权主义激进分子在参与政治和军事活动方面有着漫长而辉煌的历史。她出生在湖南,和林宗素一样,她后来到日本留学。1905 年,在那里她成为签名加入同盟会的第一位女性。她积极地在同盟会机关报《民报》上发表文章,她于 1906 年在日本成立了上面已经提到过的在日中国留日女学生会。她于 1911 年夏天回到中国,帮助成立军事组织女子北方攻击队,这个组织后来以女子后援队为名。正如下面将要谈到,她的军事背景使得妇女参政同盟在 1912 年的活动中采取激烈而强势的方法。但是从长远来看,她把精力放在了为女性提供教育和出版的机会上了,使得她们在时机到来以后能行使政治权力。例如,她开始在北京和她的家乡湖南创办《女权日报》和《女子白话报》。唐群英在袁世凯镇压民主势力的时候受到迫害。1913 年 3 月她曾被短暂

---

① 另见《女子同盟会之组织》,《申报》1912 年 2 月 22 日。

②《女子参政同盟会简章草案》,《女子白话报》,第 3 期(1912 年),第 37 页。

③ 杜有秋在女子政法大学发表演讲,强调妇女参政运动的爱国主义精神以期望引更多人参与。杜指出,没有男性和女性之间的平等,就无法实现国家的繁荣富强。杜有秋:《男女平权足以救国》,《民立报》,1912 年 6 月 10 日。

④ 见李木兰(Louise Edwards),《唐群英》,载萧虹(Lee Lily)编:《中国妇女传记辞典:20 世纪,1912—2000 年》,Armonk,纽约:M. E. Sharpe 出版社,2003 年,第 504—509 页;《中国女权运动的先驱:唐群英》,《人物》,第 4 期(1992 年),第 82—90 页。

逮捕,她创办的两份报纸也被迫关闭。然而,唐依然积极地为妇女权利进行抗争,在她的一生中继续参加政治活动。①

唐群英的妇女参政同盟合并了林宗素原先的组织以及她自己的团体和其他三个团体,包括女国民会、女子尚武会以及女子同盟会。唐的团体——妇女促进会成立于1911年12月,她把这个组织的角色定位为帮助加快推翻清政府的军事镇压。她的团体提供经济、医务以及其他方面的后勤服务支持革命军。② 广东人沈佩贞领导了女子尚武会,她赞成推翻清王朝,号召妇女们担负起复兴中国的责任。沈指出,妇女们已经沦为男人们的只会涂脂抹粉的玩物,她们必须和男性一起为她们的自由而战,因而她们必须要在各个方面有能力和男性共同工作。③ 女国民会由王昌国(1880—1949年)在湖南长沙成立。④ 正如我们将在本章随后看到,王昌国在妇女参政运动中并不反对暴力行为。妇女联合会是另一个设在上海的团体,由吴木兰创建。它的宣言倡导促进妇女权利以及妇女参与政治事务。她们为此在1912年2月成立了女子精武练习队,这样她们可以为参加军事战斗作准备,并在妇女中推动"(汉)民族主义"。⑤ 吴木兰曾经留学日本,作为同盟会成员曾经有过制造炸弹的经历。⑥ 她

---

① 唐群英在1935年被邀请出任民国政府顾问。她65岁时在湖南去世。

② 见《女子后援会简章》,《时报》,1911年12月7日。关于《时报》及其政治重要性的讨论,见季家珍(Joan Judge):《出版的派系功能:梁启超、〈时报〉与晚清改革运动的分裂》(The Factional Function of Print: Liang Qichao, *Shibao* and the Fissures in the Late Qing Reform Movement),《清史研究》(*Late Imperial China*),第16期第1卷(1995年6月),第120—140页。

③ 沈佩贞:《创办女子尚武会序言》,《天铎报》,1911年12月2日。女子尚武会规则见《天铎报》,1912年2月3—4日。

④《妇女辞典》编写组:《妇女辞典》,北京:求实出版社,1990年,第96页。

⑤ 见《女子精武练习队成立》,《天铎报》,1912年1月14日;《女子精武练习队》,《天铎报》,1912年1月27日。另见《同盟女子精武练习队简章》,《民立报》,1912年2月13日。

⑥ 马更存:《中国近代妇女史》,青岛:青岛出版社,1995年,第221页。除了上述妇女以外,唐群英的妇女参政同盟的领导人还包括许多著名的反清运动的著名女性,例如,张汉英、蔡惠和何香凝。很快这个组织发展到其他地区,包括丁兰在长沙建立的湖南分会、国香和吴淑卿(约1892—?)在武昌建立的湖北分会、金明卿在苏州建立的江苏分会、武梅问在杭州建立的浙江分会。见沈智:《辛亥革命时期的女知识分子》,第66页。

对比男性与女性,说不像"恶心的男人"那样,女性是高贵和纯洁的、灵活和活泼的,内心坚韧不拔。[1]

　　妇女参政同盟于 1912 年 4 月 8 日在南京召开大会,并向媒体发布宣言。[2] 主要的内容包括实现与男性的平等以及妇女参政权利。除了妇女参政这个基本原则外,妇女参政同盟提出了下述政策:(1) 实现男性与女性之间的平等;(2) 普及妇女教育;(3) 改革家庭习俗;(4) 禁止奴婢买卖;(5) 实行一夫一妻制;(6) 禁止没有理由的离婚(但是前提条件是以后实现婚姻自由选择);(7) 鼓励妇女参加工作;(8) 建立慈善业;(9) 强迫实施放足;(10) 改革妇女着装相关的风俗;(11) 禁止强迫卖淫。[3]

　　这些政策对妇女活动家们的政治主张作了广泛而简单的概括。除了她们提出的关注妇女机会平等以及妇女与男性与生俱来的平等以外,参政活动家们讨论现代服装、消除缠足以及卖淫以提升妇女道德水平。尽管她们要求妇女在公共领域里的全面参与,但是这些活动家们也竭力与"另类的"公共妇女——妓女保持距离。[4] 参政活动家们在随后的几十年中一直进行着反对卖淫的漫长运动。这部分是为了展示她们站在这个文化传统的道德制高点,因为这个文化长期以来认为妇女出现在公共场合是一种不令人尊敬的行为。通过不断地与妓女区分开来,妇女参政活动家们重新确认了长期以来存在的父权制规范。按照这种规范,女性需要对性道德负责。同时,她们在运动的这个阶段也没有为公开地参与军事战斗或者是公共破坏行为而感到惭愧,例如,砸毁玻

---

① 吴木兰:《同盟女子精武练习队宣言书》,《天铎报》,1912 年 1 月 2 日。

②《女参政团演说》,《民立报》,1912 年 4 月 12 日。

③《女子参政同盟会简章草案》,第 37—38 页。

④ 见董玥(Madeleine Yue Dong)对妇女选举权活动家沈佩贞和妓女小凤仙作为"公共妇女"讥讽的探讨,《民国初年野史与性别界限的跨越:沈佩贞与小凤仙》(Unofficial History and Gender Boundary Crossing in the Early Republic: Shen Peizhen and Xiaofengxian),载顾德曼(Bryna Goodman)、文棣(Wendy Larson)编:《变动中的性别:晚清与近代中国的分工和文化变迁》(Gender in Motion: Divisions of Labor and Cultural Change in Late Imperial and Modern China),兰纳姆:Rowman & Littlefield 出版社,2005 年,第 169—189 页。

璃。然而，她们一再强调她们的道德价值观是和原先的女性贞洁观是一致的。

第五节　让我们先学习政治：张默君的神州妇女互济会

并不是这个时代所有的妇女活动家们都像唐群英领导的团体那样热心于采用暴力手段。在新成立的民国中，致力于为妇女赢得平等权利的第三个团体是温和的神州妇女互济会。① 这个团体由另一位积极的同盟会成员张默君（又名张昭汉，1883—1965 年）所建立。② 神州会公开声称，她们的目标是促进妇女在教育、工业以及政治知识方面的发展，并采取渐进的改良和方法。她们政纲的关键是要在新成立的民国中实现男性与女性在法律、社会以及政治方面的平等，但是也接受一个观点，即她们在这方面取得的成就应该是逐渐增加的。她们提出，如果妇女不能拥有全面的参政权，那么至少应该给予她们在参议院的观察员地位。这样，妇女们的政治知识和技能就会增加。学会的主要刊物是《神州女报》。它在 1912 年 11 月至 1913 年 2 月之间每十天发行一期。③ 它的目的是要"推动妇女参政事业。"她们指出，妇女参政对于 20 世纪来说是不可避免的趋势。中国妇女通过提高她们对政治的理解为未来的选举活动作必要的准备。④

---

① 神州是中国的乌托邦式代名词，其他妇女出版物体也经常使用这个名字。见徐天啸：《神州女子新史》，1913 年，台北：稻香出版社。

② 张默君的父亲张通典激励了她参加反清运动。她们一起帮助出版革命报纸《大汉报》以及在江浙一带从事革命地下工作，在光复苏州的过程中起到了重要作用。张于 1912 年初期在上海建立神州妇女互济会（Shenzhou Women's United Assistance Society），但是很快在 1912 年 3 月 16 日的大会上改名"互济"两字。她们的宣传广告在 3 月 16 日大会之前一周刊发在《民立报》（见 3 月 10、12、13 日）。会议纲要以《神州女界共和协济社开会纪实》为题发表，《时报》，1912 年 3 月 22 日。

③ 在杨季威和谈社英主编刊物时，报纸改为月刊，到 1913 年中，《神州女报》只发行了四期，最后停刊。

④ 蒋作宾：《谨祝神州女报》，第 2 期（1912 年），第 1 页。

张默君的神州会批评唐群英的团体是"激进的",认为她们的行为"不可能产生任何效果"①。两个团体领导人的不同组成解释了两者在实现妇女参政的最佳方法上存在着的差异。唐群英的团体由几个主要妇女军事团体的领导人组成,而张默君的团体则是由几个显赫的政府官员和党国要员的太太们组成,例如何妙龄和伍廷芳太太。② 神州会采取的这种明确的温和而渐进的方法比唐群英的方法更与孙中山的立场相吻合。③

神州会的特点是它对性别平等的使命承诺以及它对光复会男性,也就是后来的国民党的承诺。为了实现这个目标,神州会参与了许多意在加强男性所建立的民主机制的活动。然而,她们同样致力于实现男性与女性之间的最终平等。在3月份最初两天,举行议会主要辩论之前,张默君要求与孙中山总统举行会晤。在与孙的会谈中,她表达了神州会所关注的问题,也即女性与男性的平等将是新成立的民国的核心原则。④

在写给孙中山的信中,张默君和她的支持者们指出了男性与女性的平等对于国家强大的重要性。她们强调,女性在建立民国的革命中一直非常活跃。通过这些行动,她们展示了妇女们对于祖国的爱国热情。这封信向孙中山介绍了神州学会的目标,强调了她们对于"传播

---

① 蒋作宾:《谨祝神州女报》,第2期(1912年),第2页。

② 伍廷芳在司法部和外务部任职。尚海等编:《民国史大辞典》,北京:中国广播电视出版社,1991年,第783页。何妙龄是"一位信仰基督教富商的女儿",见 琳达·P. 辛(Linda P. Shin):《伍廷芳:作为沿海改革者的殖民地精英》(Wu T'ing-fang：A Member of a Colonial Elite as Coastal Reformer),载柯文(Paul A. Cohen)、石约翰(John E. Schrecker)编:《十九世纪中国的改革》(Reform in Nineteenth Century China),剑桥,麻省:哈佛大学出版社,1976年,第266页。宋庆龄也是其中一员。

③ 关于孙中山对实现妇女参政的模糊态度的讨论,见李又宁:《孙中山与妇女转型》(Sun Yat-sen and Women's Transformation),第58—78页。

④ 《女界参政之要求》,《民立报》,1912年3月3日。孙中山和张默君在1912年2月6日举行第一次会议,结果完全相同。孙中山鼓励张默君的妇女选举权运动,但是同时指出教育是妇女获得政治权利的关键。见《临时政府公报》,第9期(1912年2月6日),第6—8页。

教育、研究法律和政治、发展工业、培养忠诚而坚定的女国民"的兴趣。张默君请求提供经济援助以建立妇女法政学校。她强调妇女们已经做好为了"在未来"积极参与政治的准备，在这方面张的神州会和唐群英的团体是相互一致的。①

正如他给林宗素的回复一样，孙中山在回信中表达了他的支持。然而，他给了张默君的神州互济会 5000 银元捐款。孙的来信重新强调了他对平等主义的支持，但是他反对在参政方面仓促地提出性别平等。

> 人类的天赋权利对于男女都是一样的。每个人都是平等的……随着民国的创立，期望国家作为一个整体能够一起向前进步。女性有智慧和能力。她们中的一些加入同盟会，参与国事，没有被不断的失败而吓倒。她们和各个省的男性一样值得尊敬……在未来，妇女们必须具有至高的权利进行投票。贵组织成员聪明而知识渊博。你们不用急切地获得参政权利，但是需要致力于团结妇女、普及教育、研究法律和政治、促进商业和工业发展，在这些方面帮助国家进步。②

然后，张默君以神州会的名义以及孙中山的捐款创办了她自己的学校——神州女校，并担任校长。改善中国的教育体制，特别是扩大女子教育机会，成为她毕生的关注点。她在民国政府教育部门中出任过多个

---

① 见谈社英编：《中国妇女运动通史》，第 61—63 页。神州妇女互济会不定期地与唐群英的组织合作。例如，她们为消灭清军残部的战争筹款。这些妇女总共募集到 15000 元（两笔 5000 到 10000 元左右），并在 2 月 1 日和 10 日分别转交给孙中山。《大总统对于新女界之期望》，《申报》，1912 年 2 月 10 日。

② 孙中山的信见孙中山：《孙中山先生覆本会书》，《神州女报》，第 2 期（1912 年），第 1—2 页。他指出了通过增加教育机会使妇女做好恰当准备的重要性。在 1912 年 5 月 6 日的一次演讲中，他进一步阐述了他的观点。他强调了性别平等对新成立的民国的重要性，但是指出"教育工作已经开始，之后将会实现男女权利平等。"《孙先生在广东女子师范第二小演说》，《民立报》，1912 年 5 月 13 日。

重要职位,被认为是中国妇女教育的先驱之一。[1]

接受正式的教育是参政的前提条件仍旧是毫无疑问的。正如中国历史上各个王朝承认儒生享有获得政治权力的合法权利一样,这种思维同样适用于民国初期。对于妇女来说,这是个严肃的问题,因为女子或妇女接受正式的学校教育在当时仍旧是新鲜事物。相应的,诸如张默君之类的温和的妇女活动家们致力于向女子提供一直以来被剥夺的教育机会,她们将扩大正式教育看作是朝着证明妇女合法行使权力迈出的重要一步。然而,她们的更激进的姐妹们并不认为有必要采取这种分阶段的步骤。尽管支持扩大妇女受教育的机会,但是她们仍旧寻求能够立即实现女性平等参政。这样一来,那些有优势接受正式学校教育的少数女性就能够进入参议院,然后和她们那些有同样优势的男性共同主持参议院。正如她在 1912 年 3 月的活动中所表现出来的那样,唐群英显然是持后面一种意见的。

第六节 大闹南京参议院

临时参议院在 1912 年 3 月讨论制定宪法,这对唐群英和她的激进的支持者们来说是一个采取行动的最好时机。这次大闹参议院事件也将唐群英置身于著名妇女参政活动家之列。她成为整个影响宪法起草进程的有效领导人——无论是温和派,还是激进派。在 1912 年 2 月,唐群英及约 20 多位妇女向参议院提交请愿书:

---

[1] 张默君于 1924 年她 41 岁的时候嫁给了孙中山的第二任秘书邵元冲。她对于国民党的忠诚使她获得了回报,她是 1935 年国民党中央委员会唯一被选举产生的女委员。见李木兰(Louise Edwards):《张默君》,载刘咏聪:《中国妇女传记辞典:清代,1644—1911 年》(Biographical Dictionary of Chinese Women：The Qing Period,1644—1911),Armonk,纽约:M. E. Sharpe 出版社,1998 年,第 685—688 页。吴芝瑛(1867—1934 年)是秋瑾长期的好朋友,她支持张默君通过神州妇女互济会促进妇女参政事业和妇女教育。见区志坚:《吴芝瑛》,载刘咏聪:《中国妇女传记辞典:清代,1644—1911 年》,第 236—238 页。

政治革命已经完成，社会革命不久也将随之发生。为了确保社会革命不会惨败，我们必须首先为实现社会平等而战。为了实现社会平等，我们必须首先谋求男女平等。为了实现男女平等，我们必须让妇女有权利参与政治……我们要求宪法明确规定两性平等，也明确地宣布男女有同等的权利参加投票和选举……而且，关于"国民"的声明应该明确规定它包括男性与女性。[1]

但是她们的建议没被采纳，尽管报道说她们威胁如果她们的请愿书不被批准，她们将炸毁参议院。[2] 在 1912 年 3 月 11 日新的《宪法》公开颁布实施以后，很明显她们感受到了这种失败所带来的耻辱。正如上面指出，省立议会的议员们努力澄清此宪法第五款中的关于"所有人平等"的条款，加上条款"无论宗族、阶级或者宗教。""性别"被有意识地排除在这个条款之外。这些妇女对这个结果感到恼火，更激进的妇女活动积极分子们认为，如果妇女们想从新成立的民国政府中获得权利，那么有必要采取措施。

为了保持妇女运动积极分子的热情，《妇女时报》发表了林宗素撰写的一篇充满激情的文章。林在文章中提醒读者注意一个事实——尽管欧洲和美国的妇女参政活动家们在几十年里不断失败，但是她们坚持斗争。她提醒读者最后的决定还没有作出。尽管她对现在的情形感到痛心，但是"总统已经承诺，议会已经承诺，人民已经承诺"，而且"全国的姐妹们也支持她"坚持斗争直到实现妇女参政为止。[3]

在随后的一封信中，她们对孙中山以及参议院做了进一步的回复，

---

[1] 完整的请愿书见《女界代表张（按：唐）群英》，《申报》，1912 年 2 月 29 日，重新于刊印于林宗素：《妇女时报》，第 5 期（1912 年），第 17—19 页以及《申报》，1912 年 2 月 26 日。请愿书的另一个版本题为《中华民国女界代表要求参政权讲演书》，《盛京时报》，1912 年 3 月 12 日。

[2] 《女界代表张（按：唐）群英》，《申报》，1912 年 2 月 29 日。神州女界参政同盟会在南京召开会议，200 多位妇女参加。《神州女界参政同盟会纪实》，《申报》，1912 年 3 月 2 日。

[3] 林宗素：《女子参政同志会宣言书》，第 19 页。在 1912 年底，这些妇女活动家们都提到了国际妇女参政运动、她们提供的支持，以及外国妇女参政活动家访问中国的重要性。见《女子参政同盟会成立之声》，《女子白话报》，第 2 期（1912 年），第 38 页；《南京电》，《申报》，1912 年 9 月 10 日；《女子参政会长》，《申报》，1912 年 9 月 10 日；《欢迎女政治家》，《申报》，1912 年 9 月 5 日。

提出将"无论性别"几个字包括在《宪法》第五款中。① 后来参议院安排在
3 月 19 日在议事厅中辩论请愿书提出的要求。唐群英以及大约十几名
妇女要求允许进入参议院宣读她们的声明,但是遭到断然拒绝。但是她
们没有这么容易被阻止,唐群英的代表团通过公共走廊进入议事厅,然
后坐在议员们当中。② 当她们宣读妇女们宣言的时候,保守的男议员们
大声嘲笑她们,打断并阻止她们发言。在这种情形之下,无法进行理智
地辩论,因此参议院休会开始午餐。当妇女们下午回到议事厅的时候,
议长林森通知她们,《宪法》的任何修改需待第一届国民大会选举以后才
能进行讨论。妇女们没有被搪塞掉,她们与林森展开了长时间的激烈争
论。正如记者报道称,这些妇女"情绪激动"和"措辞激烈"。③ 但最终没
有取得任何进展,妇女代表们只得离开议事厅。

　　3 月 20 日,也即第二天,唐群英和她的支持者们回到参议院,要求面
见林森,但是遭到拒绝,她们被军警阻挡在参议院之外。作为报复,妇女
们砸碎玻璃,在参议院外面大声抗议达 5 小时之久。妇女们将一位试图
阻止她们的警察踢倒在地(参看图 3.1 的漫画)。④《时报》报道说,因为
砸破玻璃,妇女们的手鲜血直流。⑤ 一位来自天津的评论员梦幻(妇女参
政运动支持者)写道,妇女们在南京所采取的暴力行为并不令人感到惊
讶,因为她们在革命战斗中曾经为赢得男女平等而抛洒热血。然而,梦
幻继续指出,她们的暴力行为不表明她们的文化水平和层次,人们期望
她们能利用自己的"才"来继续推动她们事业的发展。⑥ 发生在南京的暴
力行为也是直接效仿了英国妇女参政活动家们最近的行为,在那里两百
多名妇女捣毁了伦敦市商业和政治中心的窗户,导致了成千上万英镑的

①⑤《女子参政会上孙中山书》,《时报》,1912 年 3 月 23 日。
②《女子大闹参议院记》,《盛京时报》,1912 年 3 月 31 日。
③《女子要求参政权》,《民立报》,1912 年 3 月 23 日。妇女们呈交总统的请愿书也刊登在这期
　报纸上。
④ 见《女子要求参政权之暴动》,《大公报》,1912 年 3 月 30 日;《女子大闹参议院记》。
⑥ 梦幻:《论女子要求参政权之怪象》,《大公报》,1912 年 3 月 30 日。

经济损失。[①] 因而，中国妇女参政活动家们进入了一个新的阶段，在这个阶段她们与世界上其他反抗男性特权的妇女们之间的联系对她们的斗争是有作用的，也是有意义的。她们与革命党人反清斗争事业的实际联系则没有达到预期效果，因而中国的女权主义者通过将她们的运动构想为世界妇女运动的一部分，从而寻求激励。

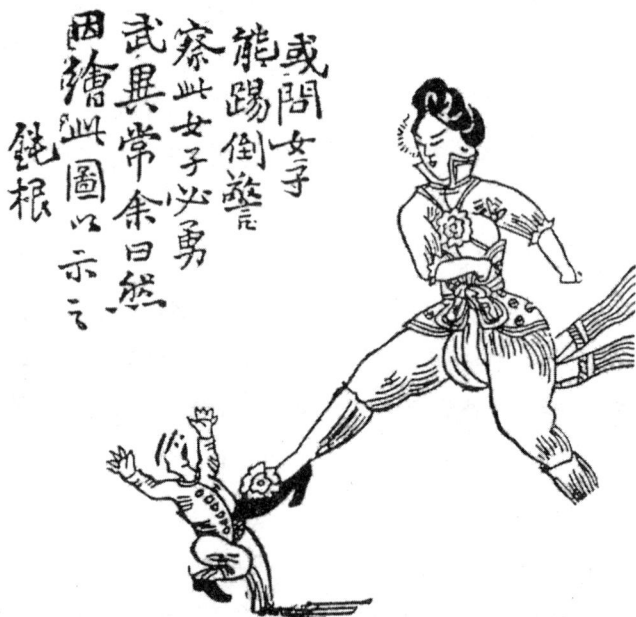

图 3.1　妇女参政活动分子在南京用天足踢倒警察，见钝根，
　　　　《申报》1912 年 3 月 30 日。

第二天，唐群英及另外 60 多名妇女在南京继续她们的活动，向参议院进军。《申报》报道说，这些妇女们携带着武器，但是有 200 多名军警在参议院外面阻止她们进入议事厅。[②] 她们前进的道路再一次被

---

① 关于英国妇女参政活动家们的行动，见肯特（Kent）：《大不列颠的性与选举权，1860—1911年》（*Sex and Suffrage in Britain，1860—1914*），第 200—201 页。
② 《女子以武力要求参政权》，《申报》1912 年 3 月 24 日。关于《申报》，见梅嘉乐（Mittler）：《一份中国的新报纸？》（*A Newspaper for China？*）。

军警阻挡。在争取林森和议员们改变主意的同时,妇女们要求和"国父"孙中山会谈。孙答应了她们的请求,并在交谈过程中答应充当调停人。孙中山和另两位名叫金琰和金婉的妇女代表在《北京日报》记者的陪同下一起进入参议院。面对来自妇女代表团以及孙中山的压力,参议院同意将妇女参政议案添加到议程中,但是没有给出具体讨论日期。[1]

为了保持因孙中山支持所带来的势头,唐群英的妇女参政同盟给孙写了一封长信。这封信于 3 月 23 日发表在《民立报》上,与这封信一起发表的是对过去几天内所发生的妇女们的行动的谴责。

> 男女不平等阻碍着人类进步。人民一直以来都批判这一点。现在民国的建立是为了人民的福祉……尽管中华民国临时宪法只是一份临时性的文件,但是它具有宪法的同等效力,将成为未来宪法的基础。它规定了政府和国民的权利和责任……在第二章第五款提到国民,并指出民国的所有国民都是平等的,并特别提出无论性别、阶层或宗教信仰……这些差别被清楚地阐明……我们女性要求有参与政治的权利……男女权利平等原则应该明确地在临时宪法中表达出来……这可以在"阶层"以及"宗教信仰"两个词中间加上两个词"男性或女性"即可。[2]

妇女们在运动中坚持不懈,她们决定通过和内政部长唐绍仪对话来扩大她们的支持基础。但是她们在 3 月 25 日和 26 日提出的要求被拒绝。一些妇女给报纸发电报试图敦促孙中山、唐绍义和袁世凯一起来讨论妇女参政问题。[3] 她们逐渐失去耐心,唐群英和她的妇女参政同盟在 3 月 30 日晚再次进军参议院,高呼要求男女平等。很自然的,双方又互相殴打

---

[1] 王家俭:《民初的女子参政运动》,第 589 页。
[2]《女子要求参政权》,《民立报》,1912 年 3 月 23 日。
[3] 见《沈佩贞女士电》,《申报》,1912 年 3 月 25 日。

起来,这些妇女们威胁说要用武力来对付议员们,保安被叫来强行赶走这些妇女。媒体在描述这些妇女时说她们"带有武器"。军队被调集过来,唐群英的队伍被迫撤退。当她们撤退的时候,一人高喊"如果你们不允许妇女参政,那就准备战斗吧。"①从这个时候开始,议员们对妇女参政积极分子的态度变得强硬,双方开始水火不相容。

第七节 文明的语言和野蛮的行径:游说北京政府

当妇女参政运动在南京即将结束之际,孙中山正式放弃临时大总统职位,让位给袁世凯。4 月 5 日,参议院投票决定定都北京。妇女参政活动家们重新组织起来,开赴北京继续她们的活动。北京的媒体报道说,妇女参政活动家们从南京来到北京,并称来自南京的妇女希望能够鼓励北京的妇女加入她们的事业。② 妇女们继续游说孙中山以赢得他的支持,《盛京时报》发表了妇女参政联盟写给"前"总统的一封信,信中重申她们将"不分性别"加入到相关的宪法条款中的要求。③ 随着权力中心的北移,袁世凯背后更保守的势力的影响在不断增强。《大公报》在 4 月 6 日报道说,袁世凯给南京参议院发密电,要求绝不允许他们给予妇女参政权利。④ 在这种情形下,妇女参政运动以及中国的其他民主势力的处境变得日益危险。

尽管《临时约法》没有明确地规定所有国民无论性别都是平等的,但是它也没有明确地将妇女排斥在外。参议院试图表明妇女不是"国民",但是这种意思没有明确地写入文本之中。这种文本的模糊性使得妇女

---

① 《有女子唐群英》,《民立报》,1912 年 3 月 31 日。另见《女子参政同盟会》,《时报》,1912 年 3 月 31 日;《参议院议决女子参政权》,《盛京时报》,1912 年 4 月 2 日。这一期也报道了英国妇女参政运动的失败。

② 《女子参政会来北京》,《正宗爱国报》,1912 年 4 月 14 日。

③ 《女子参政会上孙前总统书》,《盛京时报》,1912 年 4 月 3 日。

④ 《大总统慎重女子参政问题》,《大公报》,1912 年 4 月 6 日。

参政活动分子有机会采取进一步的行动。按照选举法,"国民"无论是谁都将选举还未确定的议员。这样,唐群英一到北京就发起妇女参政活动,以确保妇女作为合法的投票者被写入选举法中。

在7月,她们得知立法草案清楚地规定"男性"有选举权和被选举权。各种报纸号召妇女们向北京发电报提出抗议。[1] 在8月10号颁布的《选举法》,将女性作为投票人和候选人排除在外,妇女们的担忧得以印证。按照选举法规定,给予蒙古和青海最低的保证名额,但是妇女们提出的代表名额要求被拒绝。[2] 唐群英和她的同伴进入参议院,要求立即通过"关于妇女参政的法律"。她们所得到的答复是"参议院正在辩论此事,重复这个过程没有任何意义"。《申报》报道说,袁世凯拒绝了妇女们提出的要求,相反,他要求教育部检查妇女的教育水平。[3] 他以此来表明他不反对妇女参政运动的现状,但是他觉得妇女在这个时候还不具备足够的水平。这促使唐群英的妇女参政同盟向参议院提交了一份请愿书,请愿书写道:"公私权利建立在天赋人权基础之上。无论男性还是女性,这些权利对每个人来说都是与生俱来的,不能由他人简单地给予或者剥夺。"它继续指责说,颁布实行这些选举法律表明现在的立法机构并不把妇女"当作是人"[4]。

妇女们不断的斗争最终迫使参议院重新考虑有关妇女参政方面的法律,并在11月讨论这个议题。然而,参议员们只是重复了他们的反对意见:"只有民国总统有权推翻这项决议。如果我们推翻这些决议,那么我们就是将总统权威屈服于女性。"另一位参议员指出:"请愿书不断地

---

① 《北京电:有南生来京》,《申报》,1912年7月12日。

② 关于选举法见《民立报》,1912年8月9—10日,《申报》,1912年8月12—13日。

③ 《北京电:袁总统》,《申报》,1912年8月10日。

④ 《女子参政同盟会参政请愿书》转引自徐辉琪:《唐群英与"女子参政同盟会"—兼论民初妇女参政活动》,《贵州社会科学》,第4期(1981年),第31页。《正宗爱国报》报道了200多名妇女和孙中山之间的会谈,在那里妇女们坚称她们具有足够的政治知识。《女界欢迎孙》,《正宗爱国报》,1912年9月18日。另见《武汉女界趣谈录》,《申报》,1912年10月14日。

羞辱议员。就凭这一点，就绝对不予考虑。"①最后，这份请愿书在参议院草率过目之后被拒绝。②

妇女评论员们对这种不公正表示愤怒。一些人甚至引用反清革命时期的天赋人权哲学，回忆在清统治下的凄惨情景。江纫兰写道："天赋人权并不歧视谁生来是男人还是女人"，而现在参议院决定把女人当作"非洲的黑奴隶"③。她在文章结尾指出："男女之间的平等政治权利是性别平等的证明。男人是国民，女人也是国民，为何她们不能拥有同样的政治权利？"④另外一些人则试图反驳女人不具备统治能力的观点，指出女人相对薄弱的教育水平是因为传统的教育更倾向于男性，这和智商没有关系。这位评论员指出，中国因为它在性别角色和地位方面的落后传统成为世界强国的嘲讽对象。⑤

选举法在12月的第一个星期颁布，它对妇女作为投票人或者候选人没有作出规定。⑥ 在1912年12月9日，唐群英、沈佩贞以及其他几位支持者感到极其愤怒，一起来到参议院，向主席吴景濂提出她们的强烈要求。⑦唐群英指出："在革命起义的时候，我们女性从事特务工作、组织炸弹敢死队，和男性一样冒着生命和财产危险从事一些艰巨而危险的任

---

① 《参议院议事旨要》，《正宗爱国报》，1912年11月8日。在《女子白话报》上，一个笔名为开云的妇女参政运动支持者描述了议会中的男性是如何表现出他们治理国家的无能。他们浪费国家经费、骄奢淫逸，无视他们作为政策制定者应该担负起来的责任。开云：《参议院之黑暗》，《女子白话报》，第3期（1912年），第25页。在北京的时候，唐群英积极参加一系列政治活动。《正宗爱国报》报道说她参加了爱国党的一次会议。见《爱国党开会纪实》，《正宗爱国报》，1912年10月1日。

② 开云：《参议院之黑暗》。另见《女子选举权》，《申报》，1912年11月8日；《女子参政权又历一劫》，《申报》，1912年11月13日。

③ 江纫兰：《说女子参政之理由》，《妇女时报》，第8期（1912年），第1—2页。

④ 同上，第6页。

⑤ 同上，第1—5页。

⑥ 关于选举法的概要，见春秀：《选举浅说》，《正宗爱国报》，1912年12月6—7日。

⑦ 关于吴景濂的信息，见尚海等编：《民国史大辞典》，北京：中国广播电视出版社，1991年，第852页。

务。为什么现在革命成功了,而女性权益却没有被考虑进去!"①她们继续指出:"如果袁大总统不承认妇女参与政治的权利,那么我们也不会承认他是大总统……如果在将来,中华民国民法不能给予女性平等地位,那么女性将没有别的选择,而只能使用武力来解决这个问题。"②

在1912年的最后两个月里,唐群英和她的支持者们继续愤怒地控诉这种不公正对遇。据报道,沈佩贞袭击东亚新闻办事处,痛骂选举制度的不公正。《申报》的报道描述她是"言辞文明、行为粗鲁"③。沈佩贞作为煽动者的名声也被进一步传播开来。据报道,她向妇女参政活动家们建议除非给予妇女们参政权利,否则,未婚妇女应该拒绝结婚十年,已婚妇女应该拒绝和男人说话十年。④ 唐群英在她的杂志《妇女白话新闻》上发表了一篇感人的文章以纪念妇女参政同盟成立一周年。一位匿名的作者报道了唐群英的会议报告,非常乐观地声称:"在未来,妇女参政成功以后,妇女们将会永远纪念妇女参政同盟成立的日期。"⑤在一份措辞激烈的声明中,作者强调妇女参政成功与否取决于参议院所作出的决定,她继续写道:"男性在参议院讨论所发起的战争使得女性惨遭杀戮,难道女性不应该参加这样的讨论吗? ……妇女拥有事业和财产,对国家的税收作出直接贡献,因而妇女应该拥有国民的公共权利。"⑥

这个刊物随后一期发表了一篇文章挑战参议院:

　　他们反对妇女参政,明确地声称我们不够坚强。现在我们想问这些参议员们,在他们当中,是否有人符合这个标准。民国成立之

①《女士打骂参议院》,《正宗爱国报》,1912年12月11日。
② 同上。关于这次活动的报道见《唐群英等五人》,《申报》,1912年12月11日。
③《沈佩贞大闹亚东新闻社》,《申报》,1912年12月19日。
④ 立三:《心直口快》,《申报》,1912年10月18日。对这次演讲的一次回应,见息影卢:《闻沈女士演说感言》,《申报》,1912年10月23日。
⑤ 这个日期指的是1911年10月20日;然而,我找不到史料证明参政同盟会是在这天成立的。似乎南京分会是在这天成立的,但是林宗素的上海分会社会关注度更高。见《女子参政同盟会成立之声》,第35页。
⑥ 同上书,第37页。

后的第二年，他们的讨论或者他们的政治观点对我们国民未来有什么价值？他们每个月浪费两百银元，他们骄奢淫逸的生活导致了社会的混乱。他们彻底忘记妇女参政这件事对国家的意义。每个议员难道不是很可恶吗？①

男性参议员们一直指责这些妇女们。后来开云说，议员们自己都有母亲、妻子和姐妹，然而他们却像罪犯一样对待同样一群妇女。他们的行为引起妇女参政活动家们的强烈反对。正如开云提醒读者，在民国成立的第一个月中，妇女活动家们已经用枪和火药武装自己表示反抗，这就和英国妇女活动家们在她们的斗争中使用暴力一样。开云继续描述说，这些议员们是恐惧死亡的老鼠。"他们就像对待敌人一样对待我们，派警察来镇压我们。"②这些妇女们越来越犀利的言辞表明，妇女们越来越认识到男性议员是反对她们运动的势力。

这些妇女们所做的活动是这几年中妇女参政活动家们最后一次共同努力，去影响国家有关政治权利平等方面的法律制定。从1913年开始，唐群英和追随她的湖南同乡张汉英回到湖南，在自己的家乡为争取妇女权利获得支持而努力。唐开始创办自己的报纸《女权报》，开办女子工艺学校，并在2月2日成立妇女参政同盟湖南分会。据报道，该会在创立之初拥有800名会员。③ 不过，唐群英的暴力行为带来的威胁一直没有消停过。回到湖南后，她的支持者引发了一场骚乱，因为她们洗劫了《长沙日报》报馆，原因是这家报纸发表了一篇中伤唐群英的文章。这份报纸发表了关于一个叫郑师道的人一直爱慕唐群英的报道。唐斥责这个男子是个疯子，是在刻意中伤她的名声，仅仅是因为她拒绝了他的非分之想。为了报复这次中伤，唐群英和她的支持者们强行闯入这家报

---

① 开云：《参议院之黑暗》，第25—29页。

② 同上书，第28—29页。

③ 中华全国妇女联合会编：《中国妇女运动史：新民主主义时期》，北京：春秋出版社，1989年，第57页。

馆,砸毁了关键的印刷设备,导致这家报馆陷入瘫痪。破坏给报馆也带来了损失,因为无法印刷报纸,它失去了收入。[①]

　　这次事件再次表现了妇女参政活动家们严肃地捍卫她们性道德的态度,但是她们完全没有意识到她们的暴力行为以及对财产的毁坏损害了她们的声誉。在这个时代,女性的名声几乎完全围绕着女性的贞洁问题而展开。女性的贞洁被性别化,而女性的品德一直以来被认为是参与政治的前提条件。妇女参政活动家们公开捍卫对她们不道德的指责,期望以此实现平等,从而获得政治权利。[②]

第八节　广东省议会的女议员初涉权利

　　在各省的妇女参政活动家们也面临着同样的困难。1912 年,正当妇女参政活动家们关注到在国家层面上获得与男性平等政治权利的可能性在降低时,广东的妇女们发现她们曾经拥有的平等权利被剥夺了。随着清王朝的瓦解,广东省于 1911 年 11 月建立了同盟会会员胡汉民控制的军政府。他一直以来享有支持妇女权益的名声,这可以从他为这个省所建立的政治体系中表现出来。[③] 省政府为省立议会制定指导性文件,规定不应对候选人做性别限制,或者在财产和教育方面作出规定。议会席位在不同的利益集团中分配以确保广泛的代表性。寡居的庄汉翘原先负责同盟会的炸弹制作,后在香港实践学校中任教,领导这些妇女们

[①] 这一事件连续三天以《唐群英大闹长沙报》为标题被报道,《民立报》,1913 年 2 月 28 日至 3 月 2 日。

[②] 董玥进一步证明了性道德被用来羞辱妇女参政活动家们。沈佩贞被指控在餐馆喧嚣,扰乱社会秩序,从而遭到了性羞辱。为了侮辱她的名声,媒体报道用极其下流的语言描绘了关于她的真实和想象的性行为。最后她被监禁 50 天,实际上罪不至此。见董玥:《民国初年野史》(Unofficial History),第 176—177 页。

[③] 关于胡汉民对平等的态度,见蒋永敬(Chiang Yung-ching):《胡汉民关于妇女权益的思想和成就》(Hu Han-min's Ideas on Women's Rights and His Achievements),《中国历史研究》(Chinese Studies in History),1997 年夏,第 34—72 页。

的活动。她指出，应该确保给予女性半数的席位，因为女性占一半人口，但是她的建议被彻底否决。①

然而，同盟会被分给了总共 120 个席位中的 20 席。因为胡汉民对男女权利平等的支持，女同盟会员被分给了这 20 个席位中的一半。在前些年不断扩大的女子教育中出现的各色各样的妇女团体开始竞选这些席位。这十个女同盟会员是民国第一批参与政治的女性代表，也是卡丽·查普曼·卡特（Carrie Chapman Catt）在她访问中国时所努力寻求会晤的几位中国女性。② 这些成功的妇女包括庄汉翘、李佩兰（海外华侨）、张沅（一所女子师范学校校长）、廖冰筠（桂山）、邓蕙芳（也名邓爱明，1891—1976 年）。③ 和庄一样，邓蕙芳也为同盟会制造炸弹，并参加了 1908 年的起义。她在整个民国时期一直都致力于妇女参政运动。正如我们将在随后一章中看到的，邓在 1921 年冲击广东议会。④

从 1912 年开始，广东省立宪法确认女性与男性权利平等原则。其第 2 条第 3 款规定人人平等。第 8 条第 47 款中规定"民指男性与女性。"然而，1912 年 9 月 4 日国家宪法统一规范各省立宪法，明确将妇女排除在外，因此妇女们在广东取得的胜利被最后剥夺。⑤ 按照新的宪法，只有21 岁以上并且符合财产、教育或者纳税标准的男性才享有投票权，只有年龄 25 岁以上男性才可以参加选举。⑥ 政治权力中心的保守利益制约

---

① 谈社英：《妇女四十年》，台北，1978 年，第 65 页。

② 小野和子（Ono Kazuko）：《一个世纪革命中的中国妇女》（*Chinese Women in a Century of Revolution*），第 90 页；蒋永敬（Chiang Yung-ching），《胡汉民关于妇女权益的思想和成就》（*Hu Han-min's Ideas on Women's Rights*），第 48 页。

③ 谈社英：《妇女四十年》，第 65—66 页列出了所有参加者的名字。

④ 随着议会的解散，邓蕙芳去日本学习音乐。然而，她后来在广东积极投身抗日运动。1948 年，她加入国民政府监察院，随后离开大陆去台湾。见尚海等编：《民国史大辞典》，北京：中国广播电视出版社，1991 年，第 739 页。

⑤ 中华全国妇女联合会编：《中国妇女运动史：新民主主义时期》，北京：春秋出版社，1989 年，第 58 页。

⑥ 董霖（W. L. Tung）：《现代中国的政治机构》（*The Political Institutions of Modern China*），第 45 页。

了那些能影响广东的进步力量。这时,李佩兰向袁世凯提出的请愿书在全国媒体公开讨论,她公开反对这些宪法条款规定。她指出,广东省议会已经为妇女参政建立了一个成功的范例,这不应该仅仅是停留在省一级,而是应该扩大到全国范围。[①]

妇女代表们开始发起运动阻止这项全国性法律在广东省的实施。这个议案被提交给议会,但最后以 65 票同意,38 票反对而被拒绝。[②] 不过,一旦胡汉民在议会中不占主导地位,那么女性权利将取决于占议会绝大多数的男性议员们的意见,而这些意见基本上是非常保守的。因此,广东省的妇女到 1912 年底已经失去投票权和选举权。

尽管如此,她们在短时期内成功地获得了权利,为世界范围内的妇女参政运动提供了道义上的支持。美国和英国的妇女参政运动者都援引广东的例子以试图影响她们的政府采取类似行动。例如,在 1913 年,潘克赫斯特(Pankhurst)夫人在法庭审判她在伦敦砸毁玻璃的陈述中说:"甚至在中国——我认为这对英国男人来说是个耻辱——因为革命的成功,妇女们都已经赢得了投票权。"[③]类似的,在 1917 年,理查德·温赖特(Richard Wainwright)夫人对美国国会阐述这个国家国际地位的重要性:"我们感到愤怒的是,从政府给予女性权利的角度来说,我们伟大的祖国落后于世界上许多国家,甚至中国。"[④]这个"甚至在中国"的说法有点种族主义者和帝国主义者的论调,但是它显示了中国妇女参政运动的成功以及在国际上的进步程度。事实上,广东省在 1913 年和 1917 年

---

① 《女参政之成立》,《民立报》,1912 年 9 月 23 日。另见《粤省女代议师力争女子参政权》,《申报》,1912 年 9 月 28 日。

② 见《粤女代议士重争参政》,《申报》,1912 年 10 月 10 日;《粤议会否决女子参政权态度》,《申报》,1912 年 11 月 17 日。

③ 潘克赫斯特夫人(Pankhurst)转引自小野和子(Ono Kazuko):《一个世纪革命中的中国妇女》(*Chinese Women in a Century of Revolution*),第 89 页。

④ 理查德·温赖特夫人(Mrs. Richard Wainwright),转引自里塔·蔡尔德·多尔(Rheta Childe Dorr):《4 月 26 日参议院选举权委员会听证会》(April 26th Hearing before the Senate Suffrage Committee),《选举权活动家》(*Suffragist*),1917 年 4 月 28 日,第 9 页。

已经剥夺了妇女曾经短暂拥有的投票权。

因为中国妇女参政活动家们和她们在世界范围内姐妹们的联系在增加，这种关系也存在着一些问题，即她们与男性同盟会员的关系开始破裂。妇女参政活动家们也面对着她们男性党员的直接背叛。

第九节　掌掴、愤怒、斥责：国民党的创立

正如上述讨论所表明，几乎所有的著名妇女权益活动家都是同盟会活跃分子。这些女成员们从一开始就期望获得与男性的平等。不过，当同盟会实现从革命党向执政党的转型之后，这种情况发生了变化。在民国成立之后第一年中，同盟会与其他几个主要政治团体达成协议成立国民党。在合并过程中，同盟会所提倡的性别平等被剔除出来以满足保守派提出的要求。因而，在1912年3月同盟会的会议中有一个包括男女平等的政治议程，但是到了同年8月，新成立的国民党重新确认了父权制的统治，并否定女性与男性的平等。

同盟会本身也被派系纷争所分裂。正当它重塑自己迎接新的"民主"时代的到来之际，妇女参政运动加剧了内部纷争。许多男性同盟会员都乐于甩掉这些麻烦的女人们。党内女性意识到，她们所面临的反对力量在不断增强。同盟会7月份的一次会议上，唐群英质询宋教仁这位同盟会领导人以及湖南同乡根据男女平等原则合并成立国民党的可能后果。当妇女们得知实际上只是所要协商的一个议题而已时，她们顿时感到愤怒。王昌国（1880—1949年）痛哭并斥骂宋教仁："同盟会是建立在无数妇女的血泪之上的。这个决定让我感到失望和愤慨。"宋教仁对于妇女们的强烈反应感到无语。[1] 正如我们在前面一章所看到，不到一年之前，女同盟会会员张竹君冒着失去赤十字会职位

---

[1]《同盟会女会员之愤激》，《大公报》，1912年8月16日。另见《毁党造党之意见》，《民立报》1912年8月7日；《同盟会合并改组记闻》，《申报》，1912年8月16日。

的危险将宋教仁从清军阵地中救出。因为妇女们所做出的这种牺牲，使得宋教仁的背叛对于同盟会的女会员们意味着一种个人的背叛。

当晚，这些妇女们召开同盟会女会员紧急会议。会议决定通电各省分会的姐妹们。她们在电文中写道："同盟会为谋私利修改章程，因而背叛革命先烈。今天他们再次抛弃男女权利平等原则，无视妇女们在经济上作出的贡献，因而再次使妇女们陷入专制统治之下。这些行为极其也是彻底令人感到愤慨。"①

同盟会北京分会于 8 月 13 日召开会议，并有意将女会员排斥在外。会议最终通过合并决议。妇女们两次冲击会场，坚持实行男女平等。第二次进入会场后，王昌国甚至对宋教仁动手，坚持将性别平等原则保留在党纲内。为了缓和紧张气氛，会议主席张继提议大家等到孙中山到达以后再说。② 孙在 8 月底对改组后成立的国民党发表了演讲。

王昌国是来自湖南的激进女权主义者，她的激进主义使她被选入1921 年湖南省立议会。她也是属于第一批获得湖南省政府奖学金去日本留学的女学生之一。她于 1905 年加入同盟会以及其他的激进团体，例如由她的湖南同乡唐群英领导的团体。③ 王昌国能够对如此声名显赫的国民党领导人进行肢体攻击，这说明了她对自己所隶属的这个政党为了政治上的权宜之计而背叛性别平等原则感到绝望。

尽管妇女们表示强烈反对，各党派组织于 8 月 25 日在北京合并成

---

① 转引自徐辉琪：《唐群英与"女子参政同盟会"——兼论民初妇女参政活动》，第 32 页。对妇女们提出的要求的典型回复是她们应该建立学校，培养妇女的品德和增长知识。《女子参政之思潮》，《民立报》，1912 年 8 月 10 日。

② 《女子大闹同盟会》，《民立报》，1912 年 8 月 18 日；《女会员大展威风》，《申报》，1912 年 8 月 20 日；《同盟会》，《申报》，1912 年 8 月 23 日；《同盟会改组》，《申报》，1912 年 8 月 26 日。这些积极分子也知道伦敦事件中有两位妇女选举权活动家被判处 5 年监禁。见《参政之女子》，《民立报》，1912 年 8 月 9 日；《提倡妇女参政权》，《盛京时报》，1912 年 4 月 4 日；《伦敦电》，《申报》，1912 年 7 月 15 日；《要求参政之怪剧》，《申报》，1912 年 12 月 1 日、4 日。

③ 《妇女辞典》编写组：《妇女辞典》，北京：求实出版社，1990 年，第 96 页。1912 年广东省立法会不是经过选举产生的。

立国民党，总共有 4000 人与会。但是其中只有 50 位女性。当就男女平等议题进行投票时，很明显绝大多数与会人员表示反对。只有 40 多位与会人员支持妇女们（这个数字是否包含妇女们自己却不得而知），但同时有数千人持反对意见。[1] 可以这样说，关于这个问题的讨论是非常激烈的。据说，唐群英走过去愤怒地甩了宋教仁和林森一耳光，痛斥他们背叛了和他们长期并肩作战的妇女。[2] 国民党取消男女平等条款的消息通过电报很快传到全国各地，并随即在媒体报道。[3]

孙中山到达北京以后，对国民党的新党员们发表讲话，他最后在结束演讲之际对新党员就男女平等问题作出评论：

> 性别平等原则是同盟会宣言的一部分。目前，在这五大政党的政治纲领基础上为了建立一个强大的政党，这项计划现在推迟了……这是根据大多数人的决定，我们没有别的选择，只能推迟它。然而，如果我们能彻底巩固民国，那么我们一定能看到实现性别平等的那一天。否则的话，即使男人们都是奴隶，那么女人们又会是怎样的情形呢？[4]

在孙中山发表演讲之后，张继马上开始作主席报告。在这个时候，唐群英、王昌国和沈佩贞走到前台，打断他的讲话。沈佩贞继续用妇女参政活动家们常用的肢体语言表达她的愤怒，"用扇子敲打讲台上的人"，另

---

[1] 小野和子(Ono Kazuko)：《一个世纪革命中的中国妇女》(*Chinese Women in a Century of Revolution*)，第 86—88 页。《民立报》指出，澳大利亚和新西兰的妇女已经享有投票权，加拿大正在朝着这个方向努力。《女子团之进行》，《民立报》，1912 年 8 月 30 日。

[2] 《孙中山先生入京后之第一大会》，《民立报》，1912 年 8 月 31 日。

[3] 见《女子参政同盟会电》，《民立报》，1912 年 8 月 31 日；《女子参政同盟会》，《申报》，1912 年 9 月 11 日。

[4] 孙中山：《在国民党成立大会上的演说》，《民族报》，1912 年 8 月 26 日，收于中国社会科学院编：《孙中山全集》。北京：中华书局，1982 年，第 409 页。另见《中国国民党会议》，《申报》，1912 年 9 月 9 日。

一位妇女则"发表了有关新国民党党纲背叛妇女的重要演讲"①。张无法继续主持会议,宣布休会到下午。史大卫(David Strand)注意到,在民国初年的许多政治会议中发言和动武总是交织在一起。妇女们显然不会错过使用这个新式政治武器的机会。②

　　尽管妇女们采取了猛烈的动作以及激烈的言辞,但是会议对于妇女们来说相当不利。当会议探讨男女平等议题时,会议决定因为整个国家处于如此糟糕的境地,所以无法冒险给予妇女们"自由"。③ 当务之急是要确保整个国家的安全。与1911年之前的改革派知识分子的思想相反(那时认为女性解放是实现国家富强的关键前提条件),国民党在1912年认为国家的利益需要推迟实现妇女解放。

　　唐群英和沈佩贞在会后拜访孙山中,要求实现男女权利平等。《申报》描述沈佩贞"嚎啕大哭"。在革命时期,妇女们为了取得革命胜利,为国家从事危险的工作。当她们自己的政党拒绝给予她们权利平等时,这无异于当头一棒。④ 妇女们中止会谈,要求在议会实现平等权利。这就是我们上面看到的注定要失败的行动。国民党内所反映出的思潮很明显是与那个时候的国家立法者的思想是相一致的。

　　孙中山在9月2日与妇女参政活动家们的私下通信中,即回复唐群英领导的南京分会的来信中写道:

① 《孙中山先生入京后之第一大会》,《民立报》,1912年8月31日。另见《中国日报》,北京:1912年8月26日。转引自史大卫(David Strand):《在观众和舞台上的国民》(Citizens in the Audience and at the Podium),载谷梅(Merle Goldman)、裴宜理(Elizabeth J. Perry)编:《近代中国国民意义的变迁》(Changing Meanings of Citizenship in Modern China),剑桥,麻省:哈佛大学出版社,2002年,第60页;《国民党干事选举会之怪局》,《申报》,1912年9月16日。
② 转引自史大卫(David Strand):《在观众中和舞台上的国民》(Citizens in the Audience and at the Podium),那个时候的漫画表明议会中的暴力和混乱是让人难以想象的。在《申报》1912年9月7日的一张漫画中,一群议员在横七竖八的桌椅中间在鲁莽地打群架。其他报道也有类似的男性被女性掌掴受伤而而受到羞辱的讽刺漫画。《小说》,《申报》,1912年9月3日;《自由谈》,《申报》,1912年9月4日。
③ 《二十五之湖广馆》,《申报》,1912年8月31日。
④ 《唐沈两女士之墨眼》,《申报》,1913年9月3日。

我完全支持性别平等，并积极地推动这个事业的发展，并领导
将其付诸实施……从党章中删除男女平等条款是由大多数男性做
出的，无法由少数人推翻。如果继续去干扰一两个领导人，这对你
们毫无益处。我认为，在目前这个阶段，女性应该提高教育水平和
发展女性团体以便在妇女中更广泛地传播知识。当你们的力量壮
大以后，你们可以为争取男女权利平等而斗争，那时你们一定会获
得胜利……不要依赖男性来代表你们，而对他们自己施加压力，因
为这对男性毫无利益可言。①

孙中山认为妇女争取权利的斗争将会威胁到整个民国政府的稳定。对
他以及党内的许多男性党员来说，妇女权利和性别平等对于民主宪政政
府是额外的、可有可无的。对于女性党员来说，妇女权利和性别平等则
是构成她们为之奋斗而建立的民主政府的有机的、不可分割的一部分。
现在她们获得了惨痛的教训，要实现妇女权利，她们必须要从男性的既
得政治利益中摆脱出来。②

第十节　反常的要求、反常的女性：关于妇女参政的公众讨论

在长达两年之久的激烈议会斗争中，关于妇女参政问题的讨论同时
也在报纸上热烈进行。支持妇女参政的文章发表在各个和妇女团体有
联系的刊物上，但是主流媒体上的文章表明，许多受过教育的中国人表
示了对妇女参政的不信任。从 1912 年 2 月底到 3 月初《民立报》上有一
场长时间的论战。辩论是由一个法号为空海的作者在一篇题为《我对妇
女参政的怀疑》的来信所引发的。中国的反对妇女参政论观点和欧洲、

---

① 孙中山：《复南京参政同盟会女同志函》，收于中国社会科学院编：《孙中山全集》，北京：中华
　书局，1982 年，第 438 页。到这时为止，运动基本结束。但是妇女们在 1912 年 11 月呈交了
　另外一份请愿书。
② 见《六党合并开会记》，《申报》，1912 年 9 月 29 日。

美国以及澳大利亚提出的"自然秩序"和"性别本质差异"有着惊人的相似之处。但是在有关家庭和国家稳定之间的关系方面,中国反对妇女参政论者所表达的忧虑有其独特性。在这一时期,反对妇女参政者所提出的论点几乎完全围绕着妇女相对于男性的差异或劣势而展开的。晚清和民国初年妇女活动家们不断地强调女性与男性之间的平等,主要是战略性地针对反对派所提出的"性别差异"这个观点。

空海对于女性和男性在政治权利上的平等主要提出了三项反对意见:"首先,我们必须考察男性和女性的能力。第二,我们必须研究男性和女性的特殊性。第三,我们必须考虑这种特殊性对社会秩序所产生的影响。"关于第一个论点,他(或她)指出,那些有权利参与政治的人必须拥有政治知识以及参与政治的能力。既然并不是所有的中国男性都具有这种能力,那么女性怎么可能具有这种能力呢?女性完全围绕家内事务,因此无法理解家外事务。关于第二点男性和女性的特点这个问题,空海指出,男性的特殊性是超越家庭限制,集中于经济事务以确保能管好家外事务。女性的特征是搞好家务,养育子女,而且她们的所有活动都是在家庭内发生的。"这些差异源自自然本性,我们不能迫使男女两性相似。"他(或她)继续说,如果妇女们从事违背她们特性的事情,那么就不可能会成功,这就像男人不可能生孩子一样。实际上,让"牝鸡司晨"是徒劳的。这个著名谚语的后一句是"家之穷也"。女性与生俱来的与男性的差异可以实现社会中的技能平衡、理性分工以及自然和谐。关于第三点妇女参政对社会稳定产生的后果,他(或她)强调说,家庭是社会的基础,社会和谐来自家庭和谐。如果女性参与政治,她们将会和男性竞争,和男性争权夺利。因为这将给家庭带来动荡,所以它会导致社会动荡。如果女性从事那些不符合她们本性的工作,那么家庭将不会是社会的基础,社会将随之陷入混乱。

由于对于女性与男性活动空间的偏见,"男主外、女主内"这种模式在精英家庭许多个世纪以来一直持续存在着。女性过着被隔离的生活,最理想的是不要在公共场合出现。这是妇女道德的基石，同样被认为是保持贞洁的根本原则。妇女参政活动家们主张通过简单地提出女性与男性的平等，反对女性与男性之间差异，并打破这种结构。空海所引发的媒体讨论显示了对于家内和家外分工、男性和女性分工的界限模糊而产生的焦虑。面对着妇女参政者所提出的性别平等逻辑，空海重申了性别差异。空海认为，中国女性既没有受过多少正规教育，也没有参与政治的天赋。如果中国允许妇女参政，那么中国的文化和社会注定将会衰落。①

空海的这篇文章产生了热烈反响。3月5日，神州学会成员杨季威撰文与空海进行探讨。在杨季威的文章下面同时还刊发了空海的回应文章。关于女性参政的辩论真正开始了。杨声称："我们女性作为人一直以来都遭受着不公平对待。今天我们出乎意料地分享了自由。"她说，女性对赢得这种自由所作出的贡献是显著的，为了确保这个国家未来的和平与稳定，女性有权利参与政治将成为关键。她指出，如果像空海所说的那样，政治知识是参政的前提条件，那么许多男性同样也会被排斥在政治参与之外。没有性别平等，女性将会被明确地剥夺展示她们参与政治能力的机会。在关于两性的特性方面，杨指出，很少有人类是教不会和学不会的，实际上任何东西都可以教会，甚至是对妇女，而且可以学得很好，也可以成为杰出的政治家。有关第三点，妇女参政随之带来的社会动荡，杨强调，女性所行使的角色范围早已远远超出了空海所认识到的范围。她们组织家庭的方式是她们自己关注的，不需要这方面的立法。她最后指出，改善女性地位将会在总体上提高国家的层次。②

空海反驳说，如果女性的特性已经包括了她们在政治上的才能，那

---

① 空海：《对于女子参政权之怀疑》，《民立报》，1912年2月28日。类似的观点，见孤慎：《女子参政问题》，《时报》，1912年3月24日。
② 杨季威：《杨季威女士来函》，《民立报》，1921年3月5日。另见清梦：《对于女子参政之研究》，《妇女时报》，1912年第8期，第7—8页。

么何以在过去的数千年中,她们没有展现这种能力呢? 他(或她)指出,这并不是因为儒家"男尊女卑",倡导"女主内、男主外"。空海指出,西方也同样没有平等的意识形态,他认为维多利亚女王和武则天是极其特殊环境下的产物。[1]

四天之后,刚从美国留学回来的张纫兰女士对此作出回应。她写道,即使是像美国这个世界各国中最致力于自由和平等的国家,妇女们在投票权方面也没有实行性别平等,为什么中国应该实现性别平等呢? 这样,在美国使用的"即使在中国"有了它的对应观点——"即使在美国也没有"。她说,女权活动家们误解"女主内、男主外"体系是不平等,实际上这只是自然差异而已。"男性有男性的天生能力,女性有女性的天生能力。"她指出,"男主外、女主内"模式的存在并不意味着不平等,实际上只是角色互补而已。张纫兰描述道,妇女参政活动家们和她们的支持者们是如此不开化,以至于她们"既不是西方人,也不是东方人;既不是男性,也不是女性;既不是和尚,也不是尼姑"[2]。而且,她说,如果女权主义活动家们的"无丈夫主义"观点传播开来,那么几年之后这将非常悲哀地导致整个民族的衰落。很明显,反对妇女参政的理由是认为妇女活动家们缺乏恰当的男性指导和控制。妇女参政运动的先驱林宗素指出,反对她观点的人有时候将她描述成一个"独守闺房的女人"[3]。

《民立报》的编辑们在 3 月 14 日说,有关参政讨论的信件堆积如山,以至于他们必须在随后几期报纸中划出专门版面来辩论"妇女参政问题"。[4] 朱纶女士的来信发表在 3 月 16 日的报纸上,她解释了为什么说

---

① 空海:《复杨季威女士函》,《民立报》,1912 年 3 月 5 日。

② 张纫兰:《张纫兰女士来函》,《民立报》,1912 年 3 月 9 日。空海所写的两个段落支持张的观点被附在来信后面。

③ 林宗素:《女子参政同志会宣言书》,《妇女时报》,1912 年第 5 期,19 页。

④ 没有被讨论的来信包括姚蕙:《女子参政之讨论——姚蕙女士来函》,《民立报》,1912 年 3 月 20 日;李净业:《女子参政之讨论——致江南张纫兰同志书》,《民立报》,1912 年 3 月 24 日;陈唤兴:《女子参政之讨论——陈唤兴女士来函》,《民立报》,1912 年 3 月 26 日。

中国妇女没有受过教育和没有知识是不正确的。朱指出，在过去的十年中妇女在教育方面取得了急剧的进步，一些妇女甚至开始到国外留学。她反驳空海所谓的男女之间有本质差异的说法。她指出，这种差异在很大程度上是可以在社会中学习和传授的，而不是"天生的"。除非女性有权利投票，参加选举，她们仍将只是男人们的"玩物"。朱最后指出，妇女参政是国家实现进步的最迫切要做的事情之一，因为它反映了平等原则。[①]

两天以后，张晓芬女士的来信指出，妇女参政活动家们反对婚姻和家庭。她的证据是欧洲和美国的妇女参政运动也提倡避孕和"无丈夫主义"。她说，男女各司其职并不意味着不平等，这只是差别而已。更需要迫切的关注问题是要赢得受教育机会的平等。[②] 在针对指责妇女参政活动家反对婚姻和家庭的观点时，著名的湖南活动家，曾是唐群英妇女参政同盟会员的张汉英（1872—1916 年）撰文指出，对妇女参政的呼吁源自于爱国主义。她声称"无丈夫主义"和妇女参政是两个不相关的议题。尽管如此，女权活动家们最致力于废除使女性沦为可以交易的牛马的婚姻制度。[③]

空海的观点得到了广泛的支持。《大公报》在 1912 年 3 月份两期发表了一篇匿名的持有相同观点的文章。作者指出，男性和女性之间存在着分工的不同，这不能说是女性和男性的不平等。实际上，这是上天所赋予男性和女性的特殊性所带来的差异。女性的强项在于从事家务和抚养小孩。如果女性进入她们的弱项——政治，那么这将导致对政治的破坏。女性既没有受过教育，没有社会活动经验，也没有天生从事政治的能力。而且，他们参与政治生活，那么她们将不能发挥在家庭中的重

---

① 朱纶：《女子参政讨论——朱纶女士来函》，《民立报》，1912 年 3 月 16 日。
② 张晓芬：《女子参政之讨论——张晓芬女士来函》，《民立报》，1912 年 3 月 18 日。
③ 张汉英：《女子参政之讨论——覆张纫兰女函》，《民立报》，1912 年 3 月 21 日。关于张汉英的更多讨论，见《妇女辞典》编写组：《妇女辞典》，北京：求实出版社，1990 年，第 95 页；以及林学忠：《张汉英》，第 289—293 页。

要作用,如果家庭处于混乱状态,那么整个国家也将陷入混乱。男性不可能管理家务,因为这与他们的天生能力相违背。作者因此指出,女性不应该仅仅因为她们没有投票权或参政权,就感觉到她们不被视为平等公民。这只是男女分工不同而已。[①] 关于妇女砸毁议会玻璃的报道指出,既然欧美的"文明国家"都没有给予女性参政,那么中国也没有必要赋予女性这项权利。[②]

支持女性参政的文章对此做出回应,梦幻指出,男女平等在中国的缺位是中国社会最不公正的一方面。但是,女性的教育、知识以及思维在最近若干年都有了显著的进步,因而没有必要固守陈旧思维而拖累中国。[③]

空海发起的论战于 4 月初结束,但是在随后几个月中,中国的主要报纸继续发表关于妇女参政运动以及性别平等的公开辩论。[④] 一位评论家诙谐地写道:"很遗憾纯朴而文雅的女性想进入肮脏而污秽的政治世界。妇女参政活动家攻击议会,被军队驱散让人感到惊慌。"[⑤]许多人指出,妇女的公共政治激进主义在某些人看来是政治生活中的笑料。例如,《申报》专栏"趣文"和"心直口快"经常对妇女参政运动及其领导人作些嘲讽和幽默的评论。1912 年 11 月,一位评论家以一个自我嘲讽的笔名——钝根挑战著名的妇女参政活动家沈佩贞去改改她的名字,这样可以更能够与她的政治目标保持一致。在沈的名字中,"佩"意思是"尊敬","贞"表示"贞洁"。钝根认为她目前的行为是与传统思想不相符的,因此建议她改名。[⑥] 早些时候,这位作者曾经写过一篇讽刺文章,描述在

①《女子参政论》,《大公报》1912 年 3 月 27 日、28 日。
②《女子要求参政权之暴动》,《大公报》,1912年3月30日。《盛京时报》也发表了类似的反对妇女参政的文章,指出女性的特性、能力、教育和道德水平和男性不同。这篇文章认为,妇女正式参与政治将不会给国家和妇女带来利益。参见《女子参政论》,《盛京时报》,1912 年 3 月 24、26 日。
③ 梦幻:《论女子要求参政权之怪象》,《大公报》,1912 年 3 月 30 日。
④ 见《自由谈》,《申报》,1912 年 12 月 26 日。
⑤ 讷斋:《十可》,《申报》,1912 年 3 月 26 日。辩论于 9 月在《申报》上重新开始。见《论女子宜注重道德》,《申报》,1912 年 9 月 5 日;《时评三》,《申报》,1912 年 9 月 6 日。
⑥ 钝根:《劝沈佩贞女士改名说》,《申报》,1912 年 11 月 24 日。

妇女参政活动家的世界中"男人将被拘禁在室内，穿着女人的衣服、使用女人的语言、举止行为像女人。"①他或她在10月准备了一些"预先草拟好的电报"，包括欧美国家发来的祝贺妇女当选中国总统以及庆祝中国成为妇女权利运动的先驱的电报。②

在同一个月，钝根讽刺新政府继续强迫男子剪辫子，禁止留辫子男性参与投票，因为辫子被认为是落后甚至是支持清王朝统治的象征。③ 这篇文章最后是以正式法律文本的形式写的，从而增添了这篇文章的戏剧效果。例如，任何留有辫子或者留着辫子状胡子的男性将被禁止参加投票或者选举。任何有梳着辫子或穿着带有辫子式样装饰品的女性也将被禁止享有参政权。唯一有资格投票的是和尚，因为他们已经剃了光头。④

另一位《申报》的作者则想象妇女参政活动家和当地妓女之间的交流。作者没有探讨这些妇女们的民主理想，相反取笑说这些"妇女参政活动家"应该按照她们的平等主义称这些妓女为"姐妹"。⑤ 这则笑话在于将精英女性参政活动家和妓女们置于同一个社会等级。作者将妇女参政活动家和妓女们等同起来，因为她们都敢于公开行动，并和男人混在一起。女性参政活动家的这些行为使得人们直接怀疑她们的品德。董玥(Madeline Yue Dong)探讨了《爱国白话报》上的一篇采取类似讽刺方法的文章，提出了一个《男女平等宪法》，使得读者捧腹大笑，这其中包括妇女应该享用男妓和男妾。⑥

妇女参政活动家们面临对于她们道德的不断攻击以及对她们贞洁的诽谤。董玥(Madeleine Yue Dong)所描述的"野史"讽刺作品创造了

① 钝根：《驳复女子参政权》，《申报》，1912年3月18日。
② 钝根：《理想电报》，《申报》，1912年10月16日。
③《参议院剪发问题之大争论》，《申报》，1912年11月3日；《选举权可与剪发习惯相决战》，《申报》，1912年11月4日。
④ 钝根：《辫子与选举权之关系》，《申报》，1912年10月31日。
⑤ 独鹤：《戏拟某女士致八大胡同妓界书》，《申报》，1912年11月22日。
⑥《男女平权简章》，《爱国白话》，1913年9月17日，转引自董玥：《民国初年野史》(*Unofficial History*)，第173页。

集合三个激进妇女参政活动家沈佩贞、唐群英和王昌国在一起的名叫沈佩贞的漫画。沈佩贞被描述为是个野蛮的(在参议院议事厅大声喧哗,抽着烟和两个男性议员讨论男性平等)以及不像女人的(说话大声、大脚、短发、过于自信)的女人。① 这样的讽刺文章很明显是为了取笑那些妇女们的"无礼"要求。通过夸大妇女参政活动家们奇特的身体特征和不道德行为所带来的性别平等后果,使得读者产生一种满足现状的感觉,即在这个世界中男性和女性是有差异的,各自的道德规范秩序仍旧被维持在那里。

那些反对妇女参政的人担心激进的政治转型也将会改变现有的家庭结构,继而破坏整个国家的稳定。在个人层面上,他们正确地认识到妇女参政将会削弱男性对妻子和女儿的绝对控制权力。几乎所有的参政团体在它们的宣言中都号召废除允许男性可以纳妾的婚姻制度,而且这些宣言还包含着其他大量的降低男性整体法律权力的规定。男性有理由担心如果这些活动家们能够参与到制定国家政策的进程当中来,那么他们在家庭秩序中的个人权力将被显著地削弱。② 正如我们在上文看到,这种焦虑有时是以粗俗下流的想象表现出来的,人们想象妇女参政活动家们将会模仿男性的性要求。男性也诋毁妇女参政活动家们缺乏女性的贞洁,这说明了男性担心他们会附属于女性的独立经济权力。如果他们真的接受这种情况,那么他们将会被用来满足女性的性需求,这样的话会使男人们降低到奴隶的地位。

然而,妇女参政活动家们对男性特权所提出的挑战所达到的层次远远超过家庭权力关系以及在性市场中体现出来的经济权力。妇女参政挑战了根本性的、数个世纪以来中国的政治品德前提条件——那就是由男性主宰。无论这是家庭政治、村庄政治、地方政治还是国家政治,男性

---

① 陶寒翠:《民国艳史演义》,转引自董玥:《民国初年野史》(Unofficial History),第 174 页。
② 见欧佩芬:《敬告争选举权之女同胞》,《民立报》,1912 年 6 月 7—8 日。欧佩芬提出,教育机会上的不平等必须要纠正,同时呼吁禁止一夫多妻、解放女仆以及禁止娼妓。

品德围绕着行使国家权力，正如女性品德是围绕着性道德的一样。[①] 妇女参政运动威胁到了男女两性之间的品德观念界限。正如那个时候中国人所认为的那样，品德的男性特征受到女性要求行使政治权力的威胁。当公众讨论通常集中在担心妇女参政将导致女性丧失品德方面时，其中没有表达出来的恐惧是担心这种平等的政治秩序将会破坏男性品德。如果男性所拥有的正式教育权利和政治权力也给予女性，那么男性如何表现他们自己的品德呢？

第十一节　被粉碎的民主

尽管有上述媒体上的辩论，无论是幽默的还是恶毒的，政治事件将阻碍妇女参政运动事业的发展，并使其沉寂了达五年之久。袁世凯在1913年、1914年至1915年在全国范围内解散议会，从而粉碎了妇女参政运动。直率的国民党党员宋教仁因为他的政治观点，导致了他的最终结局比唐群英和王昌国打他耳光还要糟糕。1913年3月20日，袁世凯的杀手在上海火车站暗杀了宋教仁。宋的遇刺身亡标志着处于起步阶段的中国民主事业面临严重的困难，无论这是一种拒绝男女平等的民主制还是主张男女平等的民主制。袁世凯的目的非常明确，那就是为了使自己成为新的君主。

试图重新实现辛亥革命民主理想的企图被袁世凯击败。参议院在1913年10月仓促通过新的宪法，即《天坛草案》，试图遏制袁世凯的权力膨胀。这部草案忽视了女性对政治权利的诉求，只是根据财产和教育标准给予人数有限的精英以参政权。[②] 然而，这个草案计划增加内阁的权力以抗衡总统的权力。不过，袁世凯并没有被这些宪法规定所遏制，他

---

① 关于明代中期的贞操和女性贞洁，见戴真兰(Theiss)：《丑事》。
② 黎安友(Andrew Nathan)：《中国民主》(*Chinese Democracy*)，纽约：Knopf出版社，1985年，第110页。

继续开始他的立宪运动一直到 1914 年。1 月 4 日,袁世凯解散国会、省议会和地方议会,国民党也被解散,1912 年宪法被废除。

到次年 5 月中旬,袁世凯颁布宪法将总统任期延伸至十年,并且还可以无限制地延续。袁的《中华民国约法》不仅确保了袁世凯终身职位,而且也给予他权力以选择继承人。袁世凯嘲笑被他很快解散的民主制,要求就中国是否应该重新实行君主制进行全民公决。一份由妇女参政议会联盟创办的设在华盛顿的《参政》杂志这样报道了袁世凯的全民公决:"假使通过这次选举真的回到了君主制,那么这个国家中有一半的公民将剥夺另一半人的自由,因为女性在这个问题上没有决策权。"①实际上妇女参政运动无法影响袁世凯宪法的内容,因为作为民主活动家,她们自己正为她们的人身安全感到担忧。

袁世凯反对妇女激进政治活动开始于 1913 年 11 月 13 日,内政部颁布法令取缔唐群英的参政同盟。② 但是直到这个时候,妇女们仍继续举行集会宣传妇女接受教育以准备参与政治,不要成为男性的"玩物"③。尽管警察不断干扰集会,她们仍坚持着。例如,在 5 月,天津妇女参政同盟办公室被袭击,她们的宣传材料被抢走。④ 之后,内政部于 1914 年 3 月 2 日颁布《公共秩序警察条例》禁止妇女参加政治组织和公共集会。这项法规是直接模仿 1900 年日本政府颁布的法令。⑤ 女子政法大学被下令关闭,因为教育妇女在这方面的知识被认为是不可接受的。不仅妇女参政活动家们失去了激进分子所倡导的最佳立场(宪法中的性别平

---

① 《中国就君主制举行投票》(China to Vote on Monarchy),《妇女选举权活动家》(*Suffragist*),第 3 卷第 42 期 (1915 年 10 月 16 日),第 2 页。

② 见徐辉琪:《唐群英与"女子参政同盟会"——兼论民初妇女参政活动》,第 33 页。

③ 《沈女士南征之讨论》,《民国日报》,1913 年 8 月 15 日。

④ 《要求女子参政权之撰文》,《申报》,1913 年 5 月 24 日。

⑤ 《治安警察条例》,《政府公报》,第 653 期(1914 年 3 月 3 日)。关于在日本推翻这项法律的斗争,见薇拉·麦凯(Vera Mackie):《创造日本社会主义妇女:性别、劳工与激进主义》(*Creating Socialist Women in Japan:Gender, Labour and Activism, 1900—1937*),剑桥:剑桥大学出版社,1997 年,第 35 页。

等），而且温和的立场（通过在政治和法律方面训练妇女有权利为妇女参政做准备）也被删除。

袁世凯对宪法规章的彻底玩弄在 1915 年 12 月表现出来，他宣布次年开始实施新的宪法。各地对袁世凯违反《临时约法》很快作出反应。各省相继宣布独立，反对帝制的军队在前军事领导人的领导下迅速壮大起来。要求他辞职的呼声日益高涨，随着他的宏大恢复帝制计划的失败，袁世凯在 1916 年 6 月死去，享年 56 岁。中国国家层面的政治顿时陷入一个混乱时期，因为没有完整代表性的政府不断地在北京成立和改组。在 1917 年下半年和 1918 年，北京举行全国性和地方性立法机构的选举，每一次都伴随着或多或少的混乱和腐败。妇女们不再作为投票人或者候选人参与任何这这类活动。[①] 孙中山在广州正式成立护法政府，反对北京政府。史景迁写道："大约一百多名追随他南下的议员们给予他公开的合法性，他们选举他为大元帅。"[②]整个国家的更多的政治力量聚集在那些经过改革的省立议会中，坚信宪法将会带来稳定的政治，省立议会投入全部的时间和精力实行新的宪法。

正如随后一章所显示的那样，1920 年代将被证明是一个思潮澎湃的新时代，有关建立新的社会和政治秩序重要性的激进观点带来了新一轮的妇女参政浪潮并蓬勃发展。这个运动也将关注宪法改革，但是它是从妇女们在早期的失败中得出的结论进行的。这个结论使得女权主义的议题没有必要为了获得合法的公共声音而去从属于其他政治议题。在这种新的、尽管是复杂的民国政治中，妇女们能够以更多的独立性建立新的选民群体。而且，因为她们能够更有效地运用她们的知识，所以国际妇女运动成为一个影响力在不断增强的同盟军。下一阶段的激进主义运动也强化了妇女们相对于男性的集体弱势地位这个观念。

---

① 黎安友（Andrew J. Nathan）：《北京政治，1918—1923 年》，第 93—113 页。书中按各省列出了注册登记的投票人，第 94 页。

② 史景迁（Spence）：《追寻现代中国》（*The Search for Modern China*），第 297 页。

第四章　妇女参政与省立宪法：建设新文化
(1919—1923 年)

　　具有划时代意义的新文化运动(1915—1925 年)所带来的重要社会变革之一是将妇女参政运动从 1912—1913 年的令人沮丧的失败中恢复过来。这个时期通常被称为"中国的启蒙时代"。实际上,在这个时代,中国知识和政治领导人对于认识个人与国家之间的关系发生了重要的转变,因为中国的社会和政治结构都面临着彻底的、重大的革新。[①] 在这种环境中,妇女参政活动家们以新的乐观主义精神给她们的运动重新注入活力。新文化运动从根本上挑战了民国和清王朝的政治秩序,它最终挑战了那种理所当然地使女性处于附属地位的文化。[②] 省级政府结构的稳定性在新文化运动时期不断增强,加上对中国文化根本前提的重新反思,两者结合在一起为女性要求和男性享有平等政治权利提供了一个法律机制和意识形态空间。

[①] 见王政:《中国启蒙时期的女性》(*Women in the Chinese Enlightenment*);舒衡哲(Vera Schwarcz):《中国启蒙运动:1919 年五四运动的知识分子和遗产》(*The Chinese Enlightenment: Intellectuals and the Legacy of the May Fourth Movement of 1919*)。伯克利:加州伯克利大学出版社,1986 年。

[②] 也有些评论人士赞扬清朝,因为满族妇女比汉族妇女享有更多的自由。明养:《外人眼光之中国妇女革新运动》,《妇女杂志》,第 13 卷,第 12 期(1927 年),第 7 页。

新文化运动参政活动家娴熟地运用女国民的概念，将妇女作为一种应该被代表的政治类别。通过确立对妇女一致性的弱势地位的认识，她们创造出一个复杂的"妇女概念"。那就是妇女们的共同政治利益源于她们相对于男性的集体弱势。在1911年之前，她们的先驱者已经提出妇女是人民和国民。在1911年之后的几年中，她们宣传女性和男性是平等的政治参与者，具有独立的政治诉求。在新文化运动期间，这些妇女活动家们在这个基础上宣传更广泛的妇女团结。这个新的性别化的集体性政治利益的意义在于，它探讨了妇女的集体政治诉求，降低了那种导致妇女参政运动范围狭小的阶级界限。越来越多的女性开始加入到女权主义运动中，因为她们意识到她们的政治利益与其他妇女相似，无论她们在阶级、种族、宗教还是信仰方面的差异如何。

通过广泛宣传弱势妇女团结意识，参政活动家们开始争取由女性自己代表的妇女集体权利。这种对女性与男性的平等政治权利的争取是建立在女性作为一个集体是不同于男性的这样的理解基础之上的。按照这种逻辑，女性与男性之间的差异不是在个体层面上而是在集体层面上被接受的，即女性作为一个群体处于弱势，因而不同于男性。中国妇女参政活动家们运用这种方式展现她们的运动，在男女有别的政治逻辑中争取女性特殊的政治诉求和利益，确保从中获益，而不会退回到旧的男女"不同但平等"的逻辑中，这种逻辑根植于男女分工的传统，即作为个体的女性被认为已经被她们的父亲和丈夫充分地代表了。妇女参政活动家们不放弃她们在平等主义的框架中对妇女天赋人权的诉求，她们熟练地获得了男性对女性集体差异的认可。对阶层差异理解的不断加深也促使了她们对妇女集体政治利益的理解。中国的妇女运动并没有像英国那样按照阶级界限将妇女运动割裂开来。中国妇女活动家们对阶级差异认识的不断加深使人们普遍开始接受一个观念，即弱势群体需要一种政治代表。新文化运动时期中国女权活动家们根据女性相对于男性的集体弱势，提出女性是一个独特群体。

一些在早期女权运动中活跃的女性们开始重新领导这场运动。然而，最重要的是那些没有经历过她们的母亲那代人所曾经遭受过的侮辱和艰难的年轻女性们开始加入到了妇女参政运动的行列之中。到 1920 年代末期，城市知识分子家庭不再给他们的女儿裹脚，也不再让他们的女儿固守在家里。沿海城市的工业化使得越来越多的女工从她们的父母和丈夫的家庭中独立出来。① 在"五四"时期，越来越多的年龄在 20 岁上下的女性对追求权力平等充满自信。这些女性不仅了解世界范围内妇女地位的变化，而且她们当中也有像秋瑾、唐群英和林宗素那样的女性作为激进的中国女权主义楷模。类似的，男性也开始在新文化运动中和新式女性一起成长。他们对女性在社会中的角色有着和他们的父辈不一样的期待。因而，新一代的男性和女性渴望重新确立他们在中国政治生活中的位置。

新文化运动时期的妇女参政活动家们根据女开拓者们的经验，从一开始就意识到如果要取得运动的成功，那么中国文化就必须要实行变革。唐群英在 1912 年 2 月对参议院的声明中指出，中国需要"社会革命"，这成为先知性的预言。在袁世凯复辟失败之后十年中的政治动荡使得对中国文化进行彻底反思的条件成熟了。在这个被非常贴切地命名为"新文化"的运动中，比有史以来任何时候都更为广泛的中国知识和政治精英阶层开始对女性附属地位的合理性表示质疑，他们认识到女性是一个具有类似政治利益的集体。

第一节　动荡的政治和军事局势

新文化运动，也称为"五四运动"。后者这个名字来源于 1919 年 5 月 4 日反对北京政府很明显地有意愿签署凡尔赛条约的政治抗议。这

---

① 关于工厂女工的讨论，见韩起澜（Honig）：《姐妹与陌生人》（*Sisters and Strangers*）和贺萧（Hershatter）：《天津工人》（*The Workers of Tianjin*）。

个条约将德国在中国的势力范围转交给日本，而不是重新归还给中国。对于中国的爱国主义者来说，这样对于外国利益的默许象征着中国文化和政治的溃败。中国的知识分子阶层开始质疑长久以来的关于中国在世界上地位的观点，以及在中国社会中的核心关系背后的意识形态，包括个体与家庭、个体与国家、富人与穷人、受教育的和未受教育的以及非常重要的男性和女性之间的关系。

然而，政府的不断更迭却嘲弄了知识分子复兴国家的理想。其中，第一项任务是要恢复某种形式的合法代议制政府到共和制。相应的，为了证明他们自己有特别的"统治权力"，各个敌对的政治团体都援引宪法声称自己拥有合法权利。但是应该恢复何种宪法则众说纷纭？孙中山领导的南方政府认为，1912年的《临时约法》应该是成立政府的基础。由段祺瑞统治的北方政府刚从袁世凯手中接过权力，他们指出1912年的宪法已经被废除很长时间了。尽管如此，到了1917年，南北两个政府都同意中国暂时应该按照1912年《临时约法》治理国家，同时继续修改1913年的《天坛宪草》。

然而，双方达成共识的时间相当短暂。关于中国在第一次世界大战中的角色问题使得黎元洪总统在1917年6月罢免总理、解散议会。随后北京政治处于动荡之中，7月份，权力在黎元洪总统、军阀张勋、前总理段祺瑞以及另一个军阀冯国璋之间不断游移。北方不稳定的政治局势使得孙中山和他的支持者得以在南方重新建立政府。孙中山在广东建立和领导了军政府，并以"护法运动"的名义声称代表整个国家。然而他对这个城市的控制是脆弱的，因为他必须依赖于南方军阀陈炯明。在随后的几年中，更多版本的"国家"宪法在北方起草。[1] 南北方的分裂一直持续到1928年，改组后的国民党和共产党联合领导下的北伐军统一了中国。国共两党之间的联系以及他们对妇女运动的影响将在后一章中

---

[1] 见董霖(W. L. Tung)：《现代中国的政治机构》(*The Political Institutions*)，第65—79页。

探讨。

在 1928 年国家统一之前的动荡岁月中，各省宣布"独立"，在中国建立自己的共和民主制度。这些政府援引宪法来使得他们自己的统治合法化。妇女参政运动活动家很快提出在省一级层面上实现性别平等。本章将探讨在省立宪法运动期间出现的主要妇女团体。实际上，中国妇女第一次取得参政胜利将要出现在"独立"的中国南方各省宪法中。正如一个女权主义评论家在这个时候指出，在这个动荡的年代关于宪政主义和联省自治的辩论为探讨男女平等以及"妇女作为人的权利"问题打开了缺口。①

第二节　在新文化运动中重新思考"女性"

对中国性别秩序理解的转变发生在动荡的政权更迭和战局不明朗的背景下。来自西方的哲学、政治、文学的影响促使了人们对性别的重新理解。包括《新青年》《新潮》《小说月报》在内的一些杂志宣传民主、实证主义、科学和打到儒家。他们号召这个国家的青年们起来粉碎那个导致中国停滞并遭受外国侵略的传统。中国的青年知识分子被号召发展一种新的能够把大众从睡梦中唤醒的中国现代文化。② 这是真正的新文化运动——打到偶像、民族主义和普世主义。留学生带着改变中国的计划回到中国，这些计划比那些戊戌变法的改革者们提出的方案更具国际视野，也更务实。主流报纸公开讨论妇女在恋爱和婚姻自由、继承权的平等以及参与所有国际国内政治活动方面的地位。妇女们的地位表明

---

① 晏始：《最近的女权运动》，《妇女杂志》，第 8 卷第 10 期(1922 年)，第 61 页。《妇女杂志》是这一时期最重要也是发行时间最长的妇女杂志。它在 1915 年到 1931 年发行，主要探讨社会、政治和教育问题，发表文学和艺术作品。见杰奎琳·内华德(Jacqueline Nivard)：《妇女与妇女出版：〈妇女杂志〉的个案研究，1915—1931 年》[Women and the Women's Press：The Case of *The Ladies' Journal*（*Funü zazhi*）1915—1931]，《民国》（*Republican China*），第 10 卷(1984 年)，第 37—55 页。
② 见费约翰(Fitzgerald)：《唤醒中国》（*Awakening China*）。

了政治权利和所有其他社会教育权利之间的紧密联系。而关于性道德双重标准以及女性贞洁的严格规则的讨论则非常热烈。①

那些采取男女同校制度学校的发展使得许多女性——那些以前只能进入为数不多的女子学校和大学的女性——现在有可能加入他们在大学和学院的兄弟们的行列，更进一步打破了高深学问和男性获得政治权力之间的关键联系。（参考图 4.1 教育的漫画）。周策纵指出，五四运动之前，"高等教育中很少有女子学校。到 1922 年，已经有 28 所大学和学院招收女生"②。正如柯临清（Gilmartin）指出，女校使得女性之间形成一种群体感，这对于她们形成政治身份认同非常关键。③ 男女同校的

图 4.1　《教育平等才能男女平等》，《申报》1921 年 4 月 7 日。

① 见冯飞：《女性论》，上海：中华书局，1923 年，第 140 页；《遗产制度和男女平等》，《申报》，1921 年 3 月 5 日；《请大家快快请女子进学校去》，《申报》，1921 年 5 月 7 日；《多妻制度之国民性》，《申报》，1921 年 5 月 9 日。

② 周策纵（Chow Tse-tsung）：《五四运动史》（*The May Fourth Movement：Intellectual Revolution in Modern China*），斯坦福：斯坦福大学出版社，1960 年，第 258 页。

③ 柯临清（Christina Gilmartin）：《共产党创建时期的性别政治》（The Politics of Gender in the Making of the Party），载托尼·赛奇（Tony Saich）、方德万（Hans van de Ven）编：《中国共产主义革命的新视角》（*New Perspectives on the Chinese Communist Revolution*），纽约：M. E. Sharpe 出版社，1995 年，第 41 页。

大学和学院使得这种政治身份认同得以实现。男性建立在教育基础上的品德和女性以性为标准的道德之间的界限开始消失，因为男女同校教育意味着女性越来越多地和男性一起接受现代政治品德的训练。数个世纪以来，两性隔离一直是性贞洁的女性道德主要标尺。但是男女同校提供了一个机制，女性现在也声称她们接受过教育，她们也具有品德从而可以有权利获得政治权力，这使得女性可以削弱两性隔离和女性贞洁之间的联系。

反对妇女参政的人发现他们对稳定的旧秩序的保守诉求的主要观点，被越来越受欢迎的实现中国文化现代化的热情所削弱。特别是，新文化运动攻击儒家伦理，声称要打击被认为是数个世纪以来中国文化传统的根本，那就是贬低女性和提高男性。对儒家传统的妖魔化，无论是准确的还是夸张的，成为构想新的中国文化的关键。因而，那种强调传统或者是儒家传统重要性来反对妇女参政的观点在 1920 年初期和中期彻底地丧失声誉。对妇女参政的反对显得更加迫切，很明显这是和传统的道德准则联系在一起的，而这些准则被认为是导致中国沦落到目前这个绝境的主要原因。[①]

这种氛围为知识分子广泛接受有必要"恢复"妇女权利的要求打开了话语空间。激进的杂志定期探讨妇女权益问题。这其中包括在本世纪的头一个十年中，女权主义者提出的关于妇女作为人的天赋权利和地位的观点。《复兴》上的一篇文章指出女性解放："因为很遗憾全世界的妇女都遭受着无数的禁锢，无论是历史上还是社会上。这使得妇女成为附属于男性的奴隶。现在我们必须解除这些禁锢，实现妇女从'附属'到人的地位转变；让她们成为人，成为属于自己的人。"[②]戊戌变法的改革家

---

① 更多讨论，见李木兰(Louise Edwards)：《反对中国妇女参政：对抗治理的现代性》(Opposition to Women's Suffrage in China：Confronting Modernity in Governance)，载罗梅君(Mechthild Leutner)、史明(Nicola Spakowski)编：《民国时期的妇女》(*Women in Republican China*)，德国 LIT 出版社，2004 年，第 107—128 页。

② 罗家伦：《妇女解放》，《新潮》，第 2 卷第 1 期(1919 年)，第 1—10 页。

梁启超在 1922 年南京女子师范学院发表演讲时重申了这个观点，指出"妇女是人，当我们在谈人权的时候，很自然的，我们也将妇女权利包括在内。"①

女权主义编辑张佩芬则使用了几个明显不同的术语，例如妇女、国民、人民来揭示现有的对妇女参政规定的模糊不清。她指出：

> 宪法指出国民有权利参加投票和选举。男性和女性构成了国民群体，所以很自然他们应该有平等的投票和选举权利。然而，关于选举程序的条款并不支持这种观点。因而，这说明妇女不是国民，妇女也不等同于国民。有关其他法律方面，如果"人"所指的只是男性，那么女性就不会被包括在内。所以我想问，是否法律应该被阐释为仅仅指男性？如果法律在说"人"时被阐释为"男人"，那么很显然，妇女们将被遗忘，妇女们将不会被承认为人。那么法律是不是不承认妇女的存在呢？……然而，事实上根本不是这么回事——当谈到职责和惩罚的时候，妇女很显然是被认为存在的。似乎妇女只能接受法律的惩罚，而从法律那里则得不到任何权利。在今天的中国没有什么比这个更不公平的了！②

类似的，这些杂志还发表世界各国范围内妇女参政运动胜利的消息。这些消息为中国妇女活动家们带来了希望，也给那些希望不落后于国际政治潮流的男性政治家们带来了压力。③ 尤其是，包括在英国、美国和德国在内的世界主要大国妇女参政运动最近取得的胜利消息给刚刚

---

① 梁启超：《人权与女权》，《晨报副刊》，1922 年 11 月 16 日。
② 张佩芬：《妇女问题》，1922 年，上海：商务印书馆，1927 年重印，第 64—65 页。
③ 李汉军：《妇女之过去与将来》，上海：商务印书馆，1921 年。这一期还包括了关于世界上许多母系社会的分析。一位名叫劳泽人的作者表达了他（或她）对于妇女在中国能够很快获得选举权的可能性表示悲观。劳泽人对比中国和欧美国家，指出了中国在妇女教育以及独立方面的落后性。劳泽人：《中国妇女运动的将来》，《妇女杂志》，第 7 卷第 9 期（1921 年），第 7—10 页。另见平谷：《妇女参政问题》，《妇女杂志》，第 8 卷第 11 期（1922 年），第 6—16 页。这一期是关于妇女选举权的专刊。

复兴的中国妇女参政运动增加了公信力。[1] 1919年《妇女杂志》发表的一篇文章指出,妇女参政运动是当今世界上最重要的潮流之一。[2] 越来越多的人认识到,中国要实现民主和现代化,必须要沿着这条道路前进,这是无法避免的。吴玉秀则指出,妇女参政运动是20世纪不可避免的世界潮流。她说,像英国这样的国家已经承认了妇女投票和选举权。毫无疑问,中国也应该顺应这个潮流。[3]

在这种环境下,带着对激烈变革的热情,妇女参政运动和妇女权利运动在总体上取得了显著的进步。她们游说任何可以游说的各个时期的中国政府,而不愿意等待到国家统一的时刻才采取努力。她们致力于游说北京和广州的"国民"政府以及独立的省政府。在这些年中,妇女参政运动事业获得了新的合法性,那些不同于男性的集体利益以及参与政治的集体权利被广泛地促进。她们为所有成年人争取参政权,而不仅仅是为了精英阶层争取这种权利。在这个方面,她们比1911年前后的妇女活动家们的政治意识更成熟。但是,正如我们在下面将要看到,即使这样,教育仍旧是行使政治权利的主要标志。在各省发起运动修改宪法的主要团体是那些在主要城市成立的女界联合会。

第三节　女界联合会和省立宪法运动

在1919年新文化运动达到高潮时,一些以"女界联合会"为命名的妇女团体成立。这些团体成立的背景很显然是因为在政治分裂的情况下出现的。这些团体关于省立自治的讨论为妇女在省级层面赢得参政权创造了机会。孙中山广州军政府的成立以及军政府声称对国家司法的控制,使得这些准国家立法机构关注广东妇女运动。第一个女界联合

---

[1] 见《英国男女之政权》,《申报》,1912年4月21日;幼彤:《德国之妇女参政权》,《妇女杂志》,第8卷第7期(1922年),第33—40页;《英国国会第一女议员》,《申报》,1920年2月1日。

[2] 泽民:《世界女子参政运动考》,《妇女杂志》,第5卷第12期(1919年),第1页。

[3] 吴玉秀:《女子应有参政权的我见》,《大公报》,1921年5月25—27日。

会于 1919 年夏秋季节在上海和广东分别成立,接着女界联合会在其他地区相继成立,包括浙江(1920 年)、湖南(1921 年)、四川和江西。① 女界联合会试图确保省立宪法包括政治权利和两性平等。同时,它在修改省立宪法过程中的作用是显著的。到 1921 年 12 月,广东省宪法包括了性别平等条款。1922 年 1 月 1 日,湖南宪法也作了同样的规定。在浙江省 1921 年 9 月 9 日颁布的《双九宪法》中,性别平等也得到了保证。同样的条款在 1923 年颁布的四川宪法中也得以确认。②

尽管这些宪法也包含了所有社会阶层平等的条款,但是他们也将识字作为享有投票权的前提条件。③ 它取消了早期宪法中有关财产方面的导致有限参政的条款,但是这些新的宪法通过特别条款规定认字是国民有投票权的前提要求,从而加强了那些社会特权阶层的政治权利。湖南省宪法规定,有投票权的国民为年龄 21 岁以上者,但是规定不识字者、破产者、抽鸦片者、不当职业者、精神病患者无权投票。④ 浙江省宪法允许年过二十以上者有权投票,但不包括不识字者、失业者和精神病人。⑤ 四川的宪法也作出了类似规定,即精神病患者和不识字者不能参加投票。⑥ 在浙江和湖南,没有对不识字的标准作出明确规定,而四川省宪法

---

① 关于浙江妇女的行动,见《浙江女子争参与制宪权》,《申报》,1921 年 8 月 22 日。有关四川的妇女运动,见《川省制宪中之女权运动》,《申报》,1923 年 2 月 4 日。

② 在春季选举中,女界联合会活跃分子王璧华被选为浙江省参议员。江西女界联合会在呈交政府关于修改宪法的请愿书中描述说,国际国内妇女参政运动的潮流不可阻挡。见谈社英编:《中国妇女运动通史》,第 110 页。王璧华、陈愫和侯明领导浙江分会。美颐、郑永福:《中国妇女运动 1840—1921》,第 340 页。关于 1921 年浙江省、湖南省和广东省立宪法以及 1923 年四川宪法的文本,见缪全吉编:《中国制宪史资料汇编》,台北:"国史馆",1989 年。关于性别平等条款可参考第 695 页、816 页、838 页、855 页。

③ 我没有找到广东省宪法关于投票权的限制,有可能在 1921 年以后广东省立宪法中没有识字方面的规定。

④《湖南省宪法——民国十一年一月一日》,收于缪全吉编:《中国制宪史资料汇编》,第 821 页。

⑤《浙江省宪法实行法》,收于缪全吉编:《中国制宪史资料汇编》,第 724 页。这部法律允许除了现役军人、政府官员和学生以外,年龄在 25 岁以上的有资格的投票者参加选举。

⑥《四川省宪法草案》,收入缪全吉编:《中国制宪史资料汇编》,第 856—857 页。

将有能力阅读宪法条文作为识字标准。[①] 这些对投票权的限制表明了从儒家知识分子官僚那里继承下来的教育和统治权力间的密切联系。这项规定剥夺了大多数中国人的投票权。中国妇女的识字率要比男性低得多,因此只有一小部分中国妇女可以参加投票。关于这一方面,中国妇女参政活动家们指出,按性别分类将一部分人排除在外是不恰当的。但是她们并没有批评指出,教育作为中上社会阶层的特权也是具有歧视性的。然而,值得肯定的是,妇女们在这些宪法内取得了接受教育机会上的性别平等。她们没有去挑战受教育者或者至少是识字者有权统治国家这个观念,但是她们期望为更多的中国妇女们争取获得教育机会。

女界联合会的根本纲领是"性别平等"观点,即女性是人,因而女性权利是整个人类权利的一个组成部分。浙江省妇女团体的宣言是这样写的:

> 我们所指的"妇女权利"并不是超越男性之上,它们也并不脱离于人权之外。很清楚的是,人类包括男性和女性。然而,传统上的"人权"一直被男性所垄断。我们必须纠正"人权"这个术语的意义。我们必须承认人权的真正价值,进而要求女性能够和男性平等地享有这些权利。女权运动是一个争取民权平等分配的运动。人权不应该在男性和女性中区分开来。但是,当我们提出男性和女性平等共享权利的诉求时,我们也认为"女权"是我们清楚地表达自己立场的一个有用工具。[②]

她的最后一句话表达出了新文化运动时期妇女参政活动家们新的出发点。尽管她们没有从"平等"的前提退缩,但是坚持将"妇女"作为合法政治类别的重要性,以及将女性与男性区别。女性的集体政治利益是

---

① 见缪全吉编:《中国制宪史资料汇编》,第 724 页、821 页、856 页。
② 《全浙女界联合会宣言》,收于谈社英编:《中国妇女运动通史》,第 105—106 页,南京:妇女共鸣社,1936 年。

按照这些基本原则表达出来的，从而形成了一个在政治上需要代表的选民群体。

女界联合会和国民党有着直接的联系，但是上海的团体却是与新成立的共产党有着密切的关系。那时候共产党的主要妇女活动家都以上海为活动基地，她们从中央委员会那里接受指示在统一战线中为国民党工作。尽管她们厌恶资产阶级妇女运动，但是她们当中的许多人在上海女界联合会中非常活跃。广东女界联合会和国民党联系紧密，她们坚持孙中山关于按照宪法实现中国现代化的原则，声称"鼓励妇女为国民革命发挥自己的作用，实现孙中山三民主义，促进妇女运动，捍卫妇女权利"[1]。与广东妇女团体引用孙中山的意识形态相反，上海女界联合会1921年的宣言劝说其成员关注妇女遭受压迫的"国际"、"帝国主义"以及"阶级"特点。[2] 在这一时期不断快速变化的思想界，妇女活动家们仅仅在两年时间内就对话语和意识产生了重大影响。与此同时，左翼对女界联合会的影响在加强，因为马克思主义在中国的传播增强了左翼在中国知识分子中的影响。

在马克思主义影响扩大之前，中国女权主义在观点上显得更为精英化，对于那些"不幸的"妇女采取的只是一种怜悯的态度，反映了一种"开明精英"式的家长制风格。在新的环境下，一些女界联合会分会提出那些在生育期间需要经济帮助的农民和工人可以有资格申请联合会的资助。女界联合会还实行浮动会费，这也降低了工人和农民的开支。[3] 以积极动员参加劳工和反帝事业为目标，很快女界联合会与劳工妇女联系在一起。

类似的观念上的变化也发生在性道德上。到了 1919 年，很少妇女参

---

[1]《广东女界联合会章程》，收于谈社英编：《中国妇女运动通史》，南京：妇女共鸣社，1936 年，第 97—104 页。共产党关于广东运动的报告，见《中国共产党妇女部关于中国妇女运动的报告（节录）》，载于中华全国妇女联合会编：《中国妇女运动历史资料，1921—1927 年》，北京：春秋出版社，第 173 页。

[2] 谈社英编：《中国妇女运动通史》，第 98 页。

[3]《广东女界联合会章程》，第 97—104 页。

政活动家们会怀疑将工农妇女包括进来的意义,但是她们中有一些人抵制让那些娼妓和小妾等在品德上被认为有问题的妇女参加她们的运动,从而使得运动名声受到损害。但是因为女性相对于男性的一致性的弱势地位,随着对妇女作为一个集体成为政治类别这样一个观念被更广泛的接受,对娼妓和小妾的顾虑越来越少。同时,也因为受教育机会的不断扩大,女性能够通过学习获得男性政治品德,她们发起一场运动批判了女性贞操的落后性,使得后者不再成为衡量女性品德的唯一标准。而且,妇女越来越能够走进社会公共领域,而不会对她们的道德产生恶劣的中伤。

女界联合会的演变显示了妇女政治活动家们对中国的"女性经验"认识范围的不断扩大,并将这种经验建构为一个连贯而统一的集体政治经验。她们也越来越多地将阶层作为一个政治而不是一个道德范畴来讨论。尽管妇女运动的领导们大部分出身于城市,并受过教育的精英,但是她们比以前任何时候都代表了更广泛的妇女阶层。

第四节　广东女界联合会:妾也是人吗?

妇女参政运动将妇女作为一个具有统一政治利益的政治类别,实现这种观念转型的典型例子是女界联合会广东省分会的成立。广东省分会在1919年只不过是"良家妇女"俱乐部,那些道德品德可疑的妇女们是被排除在外的。但是到了1921年,它的成员已经参与到备受社会关注的发生在省立议会的暴力活动中了。

广东女界联合会成立于1919年12月23日,当时一群广东妇女活动家组织了一个会议,并大胆地冠以"妇女参议院"的名称。会议在天马巷女子体育学校举行,大约有一千多名妇女参加了这次会议。伍智梅医生在会议上建议成立广东女界联合会。① 被选为领导这个分会的委员会成

---

① 《记广东女子国民大会》,《民国日报》,1920年1月1日。另见《粤女界二次大会记》,《民立报》,1920年1月15日。

员包括伍智梅、唐允恭、程弈立、李莲和庄汉翘。庄是 1912 年曾经短暂存在的广州省立议会女议员之一。伍智梅是一位医学教育家，她"毕业于美国一所医学院，在美国芝加哥大学医院接受训练"①。国民党在 1923 年改组后，她成为一个非常活跃的国民党员。②

广东女界联合会将促进妇女运动发展作为一项重要任务，认为这将会捍卫妇女在孙中山南方军政府统治下的权利。参政权在女界联合会创立阶段没有被提及，只是到数个月以后才成为女界联合会的关注点。相反，广东女界联合会起初特别提出了以下它所关注的领域：(1) 为建立普及妇女教育的机制；(2) 改善妇女的工作和促进事业发展；(3) 为失业妇女提供救济；(4) 为消除受压迫妇女的苦难而奋斗；(5) 促进妇女体育文化；(6) 提高妇女的道德。在这些关注点中，广东省女界联合会没有明确地提出对妇女参政的要求，因而引起了争议。庄汉翘指出，这项事业是极其迫切的，但是女界联合会的创始成员中没有足够的共识将它包括进去。她们中的大多数人认为，女界联合会需要成为一个更有组织性的团体，然后再去着手处理这些"难题"。③ 这个团体努力强调其成员的良好品德，提出了实现这项使命的机制：

> (1) 唤醒妇女们的意识，培养一种新的思维方式；(2) 确保妇女在商业和工业改革中的经济独立；(3) 建立更多的大学、中学和小学，特别注意对贫困妇女进行工业教育，使她们有知识，促进她们的解放；(4) 关注品德培养，防止误入歧途，任何品格上的堕落将会在以后造成更多的麻烦。④

---

① 《伍智梅小姐》(Miss Wu Chih-mei)：《中国名人录》(Who's Who in China, 1918—1950)，第 3 卷，第 4 版，1950 年重印，香港中文资料中心，1982 年，第 225 页。

② 伍智梅 1938 年出任省党部执行委员，她在抗战期间的国民参政会中非常活跃。她于 1947—1948 年被选入备受争议的国民大会时，她与国民政府的关系仍旧密切。

③ 《记广东女子国民大会》，《申报》，1920 年 1 月 1 日。

④ 同上。这份宣言重印在谈社英编：《中国妇女运动通史》，第 96 页。另见《妇女要求参政权》，《晨报》，1920 年 1 月 6 日。

逐渐的,像庄汉翘这样在政治上活跃的成员试图把要求直接进行政治改革的主张加入到女界联合会中。在 1919 年 12 月 27 日召开闭幕式上,广东省女界联合会草拟题为《呈国会要求妇女参政权》的提案呈交给孙中山的"国会"。她们在提案的开头部分提出,女性生来具有和男性平等的天赋权利。采用 1911 年妇女活动家们所采用的措辞,她们指出拒绝给予妇女参政的权利,剥夺她们的天赋权利。妇女参政被认为是为国家未来进步建立强大基础的关键。[1] 为取得团结一致,这份提案被转发到新成立的上海女界联合会。从这次会议开始,之后所有的广东女界联合会的会议都强调妇女参政。[2] 女界联合会的会堂中也张贴着有关国际妇女参政的胜利消息提醒其成员,在全世界范围内性别平等被越来越快地得到了承认。

然而,当激进主义者试图将妇女参政明确地列入她们团体的章程中,保守派仍旧是挑起辩论的反对势力。实际上,关于性道德的话题给广东妇女参政事业带来了分裂的危险。在 1920 年 1 月底,女界联合会内部就是否允许小妾成为会员展开了激烈的讨论。尽管她们承认失业妇女以及贫困妇女的特别需要,广东女界联合会的许多成员很明确地对小妾不表示同情。一些女界联合会会员认为联合会的使命是"提高妇女道德",而小妾被认为是道德低下的,联合会将会因为小妾的加入而在名声上受到损害。很显然,小妾比贫苦妇女和工厂女工对女界联合会带来更多问题和威胁,而且毕竟只有她们的丈夫这样的社会阶层才有实力纳妾。

1920 年 1 月 20 日,女界联合会在一次正式会议上就"维护会员个人高尚品格"的重要性展开讨论。伍智梅提出,联合会应该把小妾排除在

---

[1]《粤女界二次大会记》。另见《中国女界二次国民会》,《申报》,1920 年 1 月 5 日。

[2]《粤女界联合会之进行》,《民国日报》,1920 年 1 月 27 日;《女子要求参政之声援》,《民国日报》,1920 年 1 月 28 日。关于来自全国范围内的推动,见《女界联合会消息》,《申报》,1920 年 1 月 18 日。

外,理由是这些妇女品德值得怀疑。程立卿对伍的观点表示反对,指出妇女的解放应该是代表所有妇女的,而不应考虑她们所处的社会阶层。她问道,女界联合会是真正的妇女组织还是"太太小姐们"的组织? 程说,是不是伍和她的支持者认为这些小妾不是女人? 而且,她指出应该受到谴责的是这个纳妾制度,而不是那些遭受这个体制压迫的妇女。在最后的投票中,李莲为首的20位会员反对限制小妾入会,而以伍智梅为首的另外10位会员则投票禁止接纳这些小妾成为会员。这次激烈的讨论最后结束,没有改变原先的允许年龄在16岁以上,由两名现任会员提名即可入会的规定。① 这场辩论是妇女活动家们这个时候发生的意识转型的最佳例子。获胜的团体清楚地说明,无论在性道德等级中的社会地位和立场如何,所有妇女共同的弱势地位仍旧是形成妇女政治集体意识的基础。

在女界联合会内部关于小妾入会问题的讨论也吸引了媒体的关注。但同时女界联合会在省立宪法中关于性别平等问题所采取的行动也吸引了广泛的公众注意力。广东女界联合会从1921年开始直接参与省立宪法的改革。女界联合会提出议案,要求在省立宪法中确保妇女参政条款。为了实现这个目的,在1921年2月19日,大约有700名妇女在7位妇女代表的率领下向国会进发,这七人其中包括邓惠芳(1912年省立议会的议员)、伍智梅医生以及学生曾素贤。队伍在下午1点达到议会,她们呈上议案,并在议会审议这项议案时在那里等待。② 她们的请愿书要求省立议会与国家宪法保持一致(南方政府采用的1912年宪法),这个宪法将主权赋予"全体人民"。其中第五款宣称:"人人平等。"③女界联合会提出的理由是,1921年不同于1912年,在"妇女也是人"这个概念上应该没有什么可以争论的。因而,现在排除"非男性"是不恰当的。这份请

①《粤女界之排妾会议》,《民国日报》,1920年1月31日。
②《女子选举运动之胜利》,《广东群报》,1921年2月20日。
③《昨日之省议会事迹》,《广东群报》,1921年2月20日。

愿书挑衅道,如果这项法案不能通过,那么省政府和北方无法无天的军阀有什么不同呢?[①] 具有讽刺意义的是,1920年代的女权活动家们试图将1912年妇女参政活动家们主张的"人人平等"添加到省立宪法中去。新文化运动时期的知识分子转型确保妇女参政活动家们不再特别担心被认为是"非国民"或者"不平等"的人。而且,她们提出妇女是有"特殊"政治利益的人,她们需要"特别"的政治代表,而这些代表需要承认女性与男性之间的差异。

按照议会程序,请愿书需要经过审阅以后才能进入讨论议程。在起初的辩论中,议会的保守派议员冯和清与林超南断然反对这个请愿书,似乎这个请愿书根本就没有资格提请议会全面讨论。这个时候,妇女代表率领等候在窗户外面的支持者们进入大厅。邓惠芳提问,妇女们是否可以站在台上陈述请愿书的主要内容。左翼报纸《劳动与妇女》在报道这个事件时描述说,保守议员冯和清和林超南大声喧闹、傲慢无礼,他们用拳头敲着桌子,指责妇女们是来找麻烦。[②] 但是这些并没有恐吓住妇女们,林和冯两人开始向她们扔墨水瓶,顿时情况大乱。在混乱中,邓惠芳的脸和左手被抓伤,程弈立左脚受伤。受伤最严重的是曾素贤,她被一把椅子砸中而不省人事。看到屋内的混乱场面后,等在门口的妇女们冲进房间。经过一个多小时的吵闹和争辩之后,议员们离开,议会开始休会。[③]

---

① 见《妇女请愿书》,收于广东省妇女运动历史资料编纂委员会编:《广东妇女运动历史资料》(第三卷),广州:广东省档案馆,1991年,第3、129页。

② 《劳动与妇女》是一份左翼周报,从1921年2月13日在广州开始发行,著名共产党员陈独秀也是编委会成员。它在发行11期以后停办。《妇女辞典》编写组:《妇女辞典》,北京:求实出版社,1990年,第84页。

③ 《广州妇女参政大活动》,《劳动与妇女》,第八期(1921年4月3日),收于广东省妇女运动历史资料编选委员会:《广东妇女运动历史资料》,第127—129页。另见《女子选举运动之胜利》,《广东群报》,1921年2月20日;《再询省议员殴伤女代表案》,《劳动与妇女》,第11期(1921年4月24日),第4页;《广州女子证争选权续文》,《民国日报》,1921年4月3日;《女子要求选举权风潮》,《民国日报》,1921年4月4日;《女子参政运动之余波》,《民国日报》,1921年4月11日;《广东女子参政之大运动》,《申报》,1921年4月4日;《续记粤女界之参政运动》,《申报》,1921年4月5日;《女界邓惠芳》,《申报》,1921年4月5日。

这些妇女们没有被反对派的暴力和势头所威慑，她们向南方护法政府所在地进发，因为孙中山在那里有办公室。即使是刚刚恢复知觉的曾素贤也加入到了队伍中。孙中山向这些妇女们发表了讲话，指出妇女参政是他原先创立的《临时约法》的一个有机组成部分，它并没有有意识地将妇女排除在外，而且这部宪法明确规定所有国民平等。陈炯明是省主席和南方军阀，在他的庇护下，孙中山才得以在广州维持他的地位。在妇女参政问题上，陈炯明在讲话中也表示支持将妇女参政条款写入宪法的任何修正案中。陈建议妇女们不要对这个问题过于担心，并且指出他会遇到来自省立议会的阻力。陈指出："自治政府的有关条款并没有规定妇女不能拥有参政权。如果议会决定反对给予妇女参政权，我当然会对他们的决定表示反对。"①有了这样的高层政治人物的支持，妇女们欢呼胜利，并在次日召开会议。然而，在最后实现胜利之前，她们将面临着更严厉的反击。

妇女参政者的暴力行为使得妇女们更谨慎和克制。其中一位被殴打得最严重的一位妇女，黄碧魂于 4 月 7 日在左翼报纸《广东群报》上发表文章阐述她的感受。她写道，尽管她可以根据法律起诉林超南对她的袭击，但是她不想这样做。她说，这是出于两方面的考虑：首先，她指出运动的主要目的是为妇女们赢得参政权，任何起诉林超男的法律官司将分散她们投入这项运动的精力。第二，她指出，这个事件表明尽管行凶者是制定法律的男性，但是他们对权利的滥用表明法律对他们产生不了任何作用。她说，发表一个关于这些男性所作所为的报告将会在某种程度上实现正义，因为这将使他们的名誉受损。借这个机会，黄阐述了男性和女性之间的差异，使公众对妇女参政辩论有了进一步了解。她指出，通常反对妇女参政的理由是妇女们的生育角色，以及她们不能参军保卫国家。她说，反对者们一直认为妇女们没有冒着生命危险在战场上

---

① 黄碧魂：《我对于女子参政的感想》，《劳动与妇女》，第 11 期（1921 年 4 月 24 日），第 2 页。

参加战斗，所以她们不应该享有投票权。她接着问道，有多少位现任议员曾经目睹过战争场面，并指出甚至大多数人并没有参军保家卫国的经历。黄继续批评根据女性和男性在生育和军事中的不同性别角色来规定她们在国家建设过程中的不同作用。她指出军事行动涉及"(1) 杀人；(2) 残暴；(3) 并不是所有男性都参与其中；(4) 这不一定是危险的；(5) 这不一定带来苦难；(6) 它削弱了国家活力"。她把这些与生育做了对比，指出生育"(1) 创造生命；(2) 有爱和激情；(3) 几乎所有妇女都经历过的；(4) 经常伴随着风险；(5) 通常伴随着苦难；(6) 给国家注入活力"。她总结说，在中国还没有哪一个男性不是从娘胎中生出来的，而同时还有许多女性参军保家卫国。[1]

这样的媒体报道支持了更多的妇女们的直接行动。3 月 29 日，广东女界联合会在广西会馆三楼召开全体会议。大约有一千多人出席会议，一些人甚至佩戴一些标语，诸如"孙陈万岁"、"男女平权"、"议员冯和清打伤妇女代表"。会议举手表决一致通过决议，支持妇女应该享有参与政治的权利。下午两点钟，一千多名妇女向议会进发。[2] 她们在出发前拍的集体照后来刊发在一份重要的上海妇女杂志——《妇女杂志》上（参考图4.2）[3]。大会向省立议会主席提出两项请求。第一，将殴打女代表的议员从议会开除；第二，颁布承认妇女参政权的法令。议会主席接受了女界联合会的请愿书，并表达了他就这个问题"达成理解"的诚挚愿望。他进一步向请愿者保证他将尽全力确保妇女参政法案获得议会通过。但是在关于处分"打人者"的问题上，他就没有这样直截了当。他指

---

① 《黄碧魂告全国妇女》，《广东群报》，1921 年 4 月 7 日。

② 《女界运动选举大活动》，《广东群报》，1921 年 3 月 30 日。另见《省会对于女子参政案之形势》，《广东群报》，1921 年 3 月 31 日；《广东之女权潮》，《申报》，1921 年 3 月 31 日；《女子争选举权》，《申报》，1921 年 4 月 1 日；《女界之两事》，《申报》，1921 年 4 月 1 日；《广东女子参政之大运动》，《申报》，1921 年 4 月 4 日；《续记粤界之参政运动》，《申报》，1921 年 4 月 5 日；《女子参政权之我见》，《申报》，1912 年 4 月 6 日。

③ 《广东之女子参政运动四幅》，《妇女杂志》，第 7 卷第 7 期（1921 年）。

图4.2 《广东之女子参政运动》，《妇女杂志》1921年7卷7号。

出，双方都出手打人。因为这个问题很复杂，需要很长时间去考虑，所以这个问题最好要留到稍后考虑比较妥当。妇女们热情地欢呼他这种支持性的表态。围集在他办公室外面的妇女们认为这是一个重大胜利，在高呼"胜利"之后离开。①

面对来自女界联合会的不断施压，议会在4月1日就《临时约法》中与性别平等有关的条款展开激烈辩论。在议会中，保守派占据大多数，他们坚持妇女应该被排除在政治之外。为了达到这个目的，他们删除了关于平等享受投票权的国民性别的模糊规定。新法案规定，"年龄在20岁以上男子"有选举和被选举权，而以前的法案仅仅规定"年龄20岁以上国民"②。这个修正案最后以50票对32票通过。广东的妇女再次无法获得她们在1912年被赋予的参与政治的权利，尽管她们已经得到孙

---

① 《广州妇女参政大活动》，第129页。

② 《邓惠芳女士之谈话》，《广东群报》，1921年3月31日。另见《女子参政案竟遭否决》，《民国日报》，1921年4月8日。

中山和陈炯明的支持。① 反对妇女参政者所提出的理由主要是妇女教育
水平太低，大多数妇女是文盲，而且事实上妇女并没有参军，不能保卫国
家。妇女们驳斥后面一个观点，提醒议员们注意，妇女们在过去建立民
国的辛亥革命中积极参加爆炸以及正式的军事战斗。但是，妇女们在民
国成立以后被明确地禁止参军。

　　然而，这个修正案的通过表明越来越难以证明妇女不是被称为"人
民"的一部分。如果原先指"男子"的"国民"的旧概念仍旧有意义的话，
那么就没有理由在宪法条文中特指男性。保守派有意识地讲"国民"特
指"男子"，这引起了轩然大波。1912 年 3 月的事件重演——唯一的区别
是她们在广东，而不是在南京。孙中山对她们的保证和 1912 年的保证
同样证明是没有实际效果的。

　　在"无论性别"这样的词语被添加进去之前，"男子"这样的词语必须
要删除。随后妇女活动家们开始了长达数个星期的游说。《广东群报》
对这场运动做了定期报道。② 这包括重复女界联合会的请愿内容以及个
别妇女请陈炯明主席干预。刘少璧在给陈的请愿书中写道，权力由国民
体现，不管她们是男性还是女性，省立宪法将会很好地反映这个事实。③
她们持续的施压最终在 5 月底使得她们实现愿望。

　　《大公报》在 1921 年 5 月 20 日报道，"广东妇女参政运动取得胜利。"
文章概述了 3 月和 4 月发生的那些事件，指出到 5 月底省议会主席宣布
妇女可以参加选举，"男子"这个词被去掉。④ 在 1921 年 12 月 2 日通过
的广东省立宪法最终正式承认妇女与男性的平等政治权利。冯和清与
林超南在 3 月份的暴力行为成为广东保守派反对妇女参政的最后一次

① 《否决女子参政案之舌战》，《广东群报》，1921 年 4 月 12 日。
② 《女界联合会之战利品》，《广东群报》，1921 年 4 月 29 日。
③ 《刘少璧女士等致陈省长书》，《广东群报》，1921 年 4 月 8 日；《女界联合会之议案》，《广东群
　　报》，1921 年 4 月 25 日。
④ 《粤女子参政运动成功》，《大公报》，1921 年 5 月 20 日。妇女们一直相当活跃；见《女国民大
　　会》，《广东群报》，1921 年 7 月 2 日。

爆发。广东妇女参政活动家的斗争并不是孤军作战。在中国南方的另一个省——湖南，妇女们同样也取得了胜利。

第五节　湖南女界联合会揭露中国男性的无能

湖南女界联合会在 1921 年 1 月成立，它在成立后的六个月取得了参政运动的胜利，没有发生像广州那样引起轰动的暴力事件。作为湖南分会游说的结果，1921 年 6 月 1 日修订的湖南省立宪法指出，一旦正式颁布，妇女将享有和男性同等的政治权利。宪法到 1922 年 1 月 1 日正式生效，但是它在 6 月的声明使得湖南和广东两省成为正式给予妇女参政的第一批省份。正如它在 1905 年率全国风气之先派遣第一批女学生去日本留学一样，湖南也涌现了一批进步而有魄力的政治家。

湖南女界联合会成立得相对较迟，它是在广东女界联合会成立两年之后才成立的，这是因为湖南政局稳定相对比较迟。在 1920 年底，民主势力最终战胜了控制这个地区的军阀。1921 年 1 月湖南省自治政府宣布成立。因此，湖南女界联合会是在湖南恢复表面的民主形式的几个星期之后成立的。湖南师范学院的两个学生——陈俶和吴剑，在长沙建立了这个团体（也称"长沙女界联合会"）。它吸引了来自长沙周边的几个女校和女子学院的一些学生和老师。这表明了受过教育的女性在妇女参政运动中仍旧占主导地位。

《民国日报》在 1 月底发表了联合会的成立宣言。[1] 这份宣言总结了妇女受压迫的历史特征，以及"恢复妇女作为人"的重要性。它勾画了恢复这些权利的四项基本理论：

---

[1] 关于《民国日报》，见费约翰（John Fitzgerald）：《保守党派报纸的起源：中国国民革命中的出版新闻》（The Origins of the Illiberal Party Newspaper: Print Journalism in China's Nationalist Revolution），《民国》（*Republican China*），第 21 卷第 2 期（1996 年 4 月），第 1—22 页。

第一,我们坚信人民的权利来自于自然秩序,因为妇女是这个自然秩序中的一部分,因此我们也应该行使这种权利。第二,我们坚信拥有权利正是人类之所以称为人类的根本所在。既然妇女有生活,那么她们应该拥有国民的权利。第三,我们坚信"民权是平等的"。因为在中国,男性和女性都没有平等权利和力量,我们必须为妇女恢复这些权利。第四,我们坚信人民的权利是"相互促进"的。我们现在争取社会的援助,所以需要一场恢复妇女作为人所拥有的权利的运动。

序言根据这些基本的原则解释了两个迫切而明确的联合会的目标,这就是要在《临时约法》的框架中取得继承财产和参与政治的权利。[1]

女界联合会运动在 1921 年 3 月开始考虑宪法细则,致力于恢复"妇女作为人的权利"。女界联合会创始人陈俶负责修改这份文件。妇女们遭到了来自立法会保守派议员的坚决反对。正如文件所概述的那样,"男了有三妻四妾是常理,这正如女子们关注饮食一样。目前讨论妇女参与政治是极其荒谬的"[2]。

尽管如此,妇女们仍旧进行她们的游说活动以期望修改宪法。为了实现这个目的,她们向新成立的宪法起草委员会提交了六项请愿要求。其中的要点是:

(1) 妇女应该享有选举和被选举权;(2) 妇女应该和男子享受同等教育;(3) 妇女的就业应和男子同等,不应受到歧视;(4) 妇女应该有权自由选择婚姻;(5) 应该保证妇女有权继承父母财产;(6) 男子应该采取一夫一妻制。[3]

---

[1] 《长沙女界联合成立宣言》,引自《湖南女子之五权运动》,《民国日报》,1921 年 1 月 27 日。

[2] 中华全国妇女联合会编:《中国妇女运动史:新民主主义时期》,北京:春秋出版社,1989 年,第 125 页。

[3] 谈社英编:《中国妇女运动通史》,第 107 页。另见《宪法讨论中之一函》,《大公报》,1921 年 5 月 5 日。

随着对这个问题社会关注的不断增加，女界联合会在1921年5月16日组织群众大会以展示她们所获得的社会支持。两千多名妇女参加了活动，队伍向议会进军，并派出代表向宪法委员会提出她们的要求。[1]在同月，《大公报》就妇女参政的潜在效果发表一系列文章和评论。5月6日和7日的公开信明确地表达了如何在宪法中实现她们的要求："在宪法第一条第三款中添加：'本宪法中的国民包括所有男性和女性'……数千年以来将女性作为财产一直是中国的一个传统，因而普通百姓从没有把妇女当作人……因此我们希望加入这一条款以防止任何混淆。"作者进一步提出，"无论性别、宗教或阶级差异"这一句添加到第二条第五款，此处目前的文本是"法律面前人人平等"[2]。次日，女界联合会建议修改宪法关于继承权和财产权方面的规定，指出应该修改为"所有人，无论性别都有权拥有和继承财产"。同时，对关于"国民"投票和参政的条款也做了修改。这些解释性的说明和这些枯燥的条文强调个体性和国民权利的重要性。[3]

李六如是一位支持妇女参政的男性，他的一篇长篇论述分四天连载。李指出，男性有责任解放妇女，因为妇女在过去机会有限，因此需要男性的帮助和支持。数个世纪以来，男性只是将妇女当作奴隶或者财产来使用，他说，这产生的后果就是使得妇女只能从事繁重的家务或琐碎的事情（参考图4.3和4.4）。这种做法剥脱了妇女的技能，而实际上妇女在能力上和男性没有根本的不同。获得平等的教育将使得女性和男性一样获得同等的独立性。只有女性获得同等的机会，实现经济上的独立，她们才能从过去的奴隶般、依附于男性生存的地位中解放出来。对于那些批评者们所认为的妇女目前还缺乏从事各种工作能力的观点，李六如问道："那么是否男性也具有这样的能力呢？"他指出，这样的技能是

---

[1]《全体女界审查会纪实》，《大公报》，1921年5月17日。1921年5月19日有后续报道。
[2]《湖南女界联合会意见书》，《大公报》，1921年5月6日至7日。
[3] 同上，1921年5月7日。更多的关于妇女权利的探讨见5月14、15和16日的报纸。

建立的个人差异基础上的，而不是由性别决定的。①

图 4.3　一本题为《新文化》的书从一个女学生手中拿走，她的双手被"恶家庭"所束缚，见《申报》1921 年 3 月 21 日。

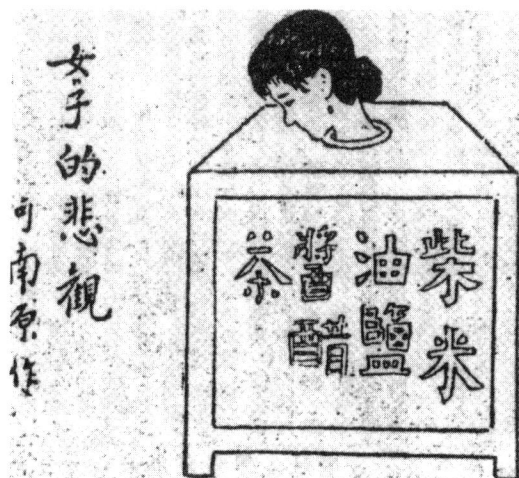

图 4.4　女性陷入日常家务琐事中，见《申报》1921 年 3 月 22 日。

---

① 李六如：《妇女解放三大问题》，《大公报》，1921 年 5 月 14—17 日。

一位宪法起草委员会的男性委员程希洛发表了长篇文章对李六如的文章提出了反驳意见。程极为关注社会变迁，这使得他与新文化运动时期正在形成的知识氛围明显不合拍。参与主流媒体讨论的那些年轻知识分子们都赞同这种变化，他们的理由是再没有什么比当前动荡的局势更糟糕的了。程指出，在欧美那些给予妇女全面参政权的国家中，已经开始出现了社会问题。他没有特别指出这些问题的性质，但是他所指出的"问题"很模糊，因而遭到了《大公报》读者的嘲笑。接下来他又采取了比较危险的步骤，侮辱了省内所有妇女的能力。他声称，尽管欧美国家的妇女确实是在各行各业中履行职责，但是在湖南很少有妇女能和男性一起共同行使职责，在一百人当中只有一到两个人而已。接着，他继续他的挑战性言论，指出不开明的政府将会导致政治动荡。欧美国家的妇女有投票权是因为它们是先进国家，而中国才"刚刚起步"，因此不能冒着风险给予妇女参政权。而且，将妇女卷入政治的漩涡中将会危害妇女的安全。他问道："这种举动到底是尊重妇女还是牺牲她们呢？"最后，他怀疑妇女参与政治的智慧，理由是她们的体力上无法支撑她们参加政治活动，因为她们有体质上的局限性①（参考图 4.5 漫画批评男女不同的领域）。

次日，蒋兆骧对程希洛的

图 4.5 "男女公开社交，此路不通。"黄又农，《申报》1921 年 3 月 19 日。

① 程希洛：《不主张女子参政》，《大公报》，1921 年 5 月 16 日。

文章做了激烈的回应。蒋要求程提供证据表明在西方因为妇女参政而引起的"问题",并指出程所提出的后果完全是捏造。后果的不确定性是政治的一部分,蒋说:"所以请问程先生,你认为大概要花几百年时间,你才会允许妇女根据民主宪法投票?"蒋继续开火,问程是否觉得湖南省的男性也不如外国的男性。毕竟,在过去的十年中,中国的混乱局势没有证明男性统治阶层的能力。蒋反驳程提出的所谓保护妇女免受政治纷争的说法是无稽之谈:

> 难道妇女们在这个动荡的时期还没有受尽苦难吗? 这个时期,政治家们遭受了什么苦难? ······看看这个时期的政治家们,我们认为他们根本不值得同情。值得同情的是那千百万被禁锢家中的妇女们。她们不能行使任何政治权利。每次政治环境发生变化,她们总是遭受苦难。现在我们要缓解或者消除这些苦难。①

湖南女子第一师范学校的学生写来了一份联名反对信。她们在信中也质询程希洛所谓的欧美国家妇女参政带来社会问题的说法。她们写道,有关这个问题的大量研究已经表明,妇女参政表现出了绝对正面的影响。关于湖南省妇女不能治理国家的问题,学生们指出,没文化是整个农村的问题,而且已经有足够多的、受过良好教育的妇女参与政治。对于程提出的对于妇女体质不适合政治的担心,她们指出,欧美国家妇女们的经历证明了不用这样担心。她们对程所声称他是关心妇女福祉的说法感到极其愤怒:

> 你对所谓妇女安全的考虑让人感到恶心,鉴于一个事实,即这么多年来,妇女都是被男性所践踏。遭受这种苦难是不是你所谓的"保护"观点所导致的呢······你所谓的建议是让我们等到全国革命完全胜利以后,这让人感到恶心。这种承诺在过去有过,但是最终

---

① 蒋兆骧:《驳陈希洛君的不主张女子参政》,《大公报》,1921 年 5 月 18—19 日。这里的引用来自 1921 年 5 月 19 日的讨论。

从没有被履行过。我们妇女等待的时间已经够长了，我们不想再等待。我们要参与到建设新的体系中。①

几天之后，湖南女子第一师范学校八班的同学写了另外一封信回应程希洛的文章，声称他反对妇女参政的论调是如此的不切实际，只是在浪费墨水。② 后来，易楚珩在辩论中问程先生是否将妇女当作国民。易指出，如果妇女是国民的话，那么宪法就应该平等地统治所有的国民，而不仅仅是加强了起草文件那些人们的权力。易质询说，是否有任何人有能力决定什么时候中国已经足够发达，从而允许妇女投票。③

　　教育权利是女权主义运动在这个阶段争取男女平等参与政治权利运动的关键。在这方面，湖南省和其他地方也一样。在当时大多数人的观念中，那些想参与治理国家的妇女需要接受教育以证明她们具有治理国家的道德能力。几乎所有给《大公报》的信件中都强调，扩大教育机会应该成为政治和宪法运动的主要目标。在 5 月 5 日发表的一篇文章中，《大公报》报道了一种观点，即尽管把性别平等原则包括在宪法中不会立即解决与妇女有关的所有问题，但是从长远看它将会提供解决这些问题的方法。妇女平等地参与政治和教育将会极大地改善妇女社会地位。④随后的一篇报道则是充满乐观，因为它认为妇女们将被给予和男性同等的参政权利，湖南将为中国开辟新天地。文章希望湖南的妇女将会唤醒中国其他地方的妇女，意识到赢得这些权利的重要性，沿着学习和知识的道路前进，为中国其他地方的人竖立榜样。⑤

　　当 1921 年 6 月 1 日省立宪法颁布的时候，湖南女界联合会运动的胜利为公众所知。宪法包括一些关键性的条款，例如所有公民"无论性

---

① 第一女师第七班：《致程希洛书》(复程希洛)，《大公报》，1921 年 5 月 18 日。
② 第一女子师范第八班全体同学公启：《致省宪审查员程希洛书》，《大公报》，1921 年 5 月 28 日。
③ 易楚珩：《和程希洛先生不主张女子参政的商量》，《大公报》，1921 年 5 月 30—31 日、6 月 1—2 日。
④ 平子：《女子的预备》，《大公报》，1921 年 5 月 5 日。
⑤ 平子：《我对于女子参政的希望》，《大公报》，1921 年 6 月 3 日。

别"。它甚至包括了陈叙提出的关于子女占有和继承财产权利平等的要求。① 很明显,关于性别平等的辩论和 1912 年空海在《民立报》发起辩论时相比已经获得了人们更多的同情。

1921 年三位妇女活动家王昌国(1880—1949 年)、吴家瑛和周天璞被选为湖南省立议会议员。性别平等条款的影响在地方政府中也是非常明显。在几个同时进行的县级选举中,更多的妇女赢得了席位。② 在这些妇女议员中,王昌国和周天璞在当地女子学校是著名的教育家,王从一开始就与妇女参政运动有着紧密的联系。

随着在省立宪法中取得巨大胜利,女界联合会继续为湖南妇女在教育以及更广泛的社会问题上的平等权利而斗争。但是对她们所做贡献的评价并不经常是正面的。晏始在非常有影响的《妇女杂志》上发表文章指出,让妇女进入广东和湖南的议会中不那么"令人兴奋",因为她们参与政治的结果很难衡量。晏始还警告说,对于妇女参政活动家们来说,重要的是唤醒整个国家所有妇女们的政治意识,而不仅仅是赢得在议会中的几个席位而已。③

对于湖南妇女来说,她们需要对她们的胜利继续保持警惕性。1924年 11 月一份议案被提呈给省立议会,要求将妇女参政权从宪法中删除掉。在妇女参政活动家动员她们的支持者在省立议会门外举行抗议集会以后,这份议案最后才没有被通过。④ 媒体报道提到,呈交这个议案的人担心妇女参政活动家们将会"把他打死"。⑤ 尽管这里没有证据证明她

① 《女界欢迎熊朱两先生纪事》,《大公报》,1921 年 6 月 1 日。另见《女子应当承受遗产的理由和对于反对派审查员的忠告》,《大公报》,1921 年 5 月 21 日;刘千俊:《我对于省宪法的意见》,《大公报》,1921 年 5 月 22 日。

② 谈社英编:《中国妇女运动通史》,第 107—108 页;《妇女辞典》编写组:《妇女辞典》,北京:求实出版社,1990 年,第 96—97 页。

③ 晏始:《对于女子参政的希望》,《妇女杂志》,第 8 卷第 7 期(1922 年),第 10—11 页。

④ 《长沙电:女界力争维持女权》,《申报》1924 年 12 月 16 日;《长沙电:女界因宪法会议议员》,《申报》,1924 年 11 月 11 日;《长沙电:宪会删》,《申报》,1924 年 11 月 17 日。

⑤ 《长沙电:宪法会议十日开会》,《申报》,1924 年 11 月 12 日。

们使用暴力，但很明显这使得妇女们情绪非常激动。对于妇女活动家们来说，这个插曲提醒了她们，她们的反对者们会利用修改宪法议程来达到目的，就像她们自己一样。

第六节　上海女界联合会引领对阶级斗争和反帝国主义的思考

上海女界联合会成立于 1919 年的年中，它是最早成立的女界联合会。但是因为上海主要处于外国势力的控制之下，女界联合会总体上主要集中在思想层面上领导争取妇女权利和社会进步。广东和湖南的女界联合会将她们的注意力集中在省级政府，上海分会则将精力投向动员妇女、妇女活动家和非妇女活动家们。上海分会也将成为联系共产党和国民党之间关于妇女问题的关键。在新成立的中国共产党的支持下，上海女界联合会于 1921 年 12 月更名为上海中华女界联合会。[①] 中共需要女界联合会接近那些在这个城市中政治上活跃的妇女。反过来，上海女界联合会也受益于中共知识界的力量，尤其是在出版《妇女声》杂志方面，以及在共产党活跃分子王会悟（1898 年—？）指导下建立平民女子学校。[②] 上海中华女界联合会用很多的时间在中产阶级妇女中宣传那些在政治上非常活跃的妇女们已经具有的那些阶级觉醒意识。《妇女声》发表短文、小说、诗歌，以及关于马克思和列宁著作的政治评论，它成为中共在上海宣传妇女问题的主要喉舌。它还发表了许多妇女运动围绕中

[①]《申报》报道了合并之前的会议。见《记上海妇女会开成立大会》，《申报》，1921 年 1 月 1 日；《上海妇女会今日开特别会》，《申报》，1921 年 3 月 11 日；《女界三团体会议》，《申报》，1921 年 3 月 12 日；《上海妇女会开会记》，《申报》，1921 年 4 月 28 日。

[②] 见柯临清（Gilmartin）：《性别化中国》（*Engendering the Chinese Revolution*），第 62—64 页。王会悟出生于浙江，她在女子学院学习。她从五四运动开始积极投身到政治运动中，致力于宣传妇女权益。到了上海以后，她加入到了刚刚成立的中国共产党，并在 1920 年代领导妇女运动，包括创办平民女子学校和编辑《妇女声》。从 1921 年 12 月中到 1922 年秋，杂志每月发行两期。1949 年以后她仍在中国大陆，并在中央人民政府担任许多职务。见柯临清（Gilmartin）：《性别化中国》（*Engendering the Chinese Revolution*），第 230 页。

产阶级利益以及与工人阶级团结的重要性的尖锐批评文章。

像其他分会一样,上海中华女界联合会还包括一些参加过辛亥革命的年龄较大的妇女以及年轻女性。这些年轻女性曾经参加过最近的反对帝国主义的五四运动示威,现在她们作为中学生和大学生见证或者直接参与到这个运动中来。上海中华女界联合会的主要核心包括 1911 年的参政活动家黄宗汉(即徐宗汉,1876—1944 年)作为主席,以及著名的同盟会员崔振华(1886—1971 年)。① 李果(?—1920 年)、黄绍兰、钟佩瑜和郑璧也是建立这个团体的核心成员。最主要的激进杂志《新青年》在 1921 年 9 月 1 日发表宣言,声称在中国对妇女的压迫类似于世界上其他国家妇女所受到的压迫,这包括贬低妇女的宗教信仰以及将妇女当作奴隶的社会经济结构。这份宣言充满着阶级觉醒意识以及反帝国主义的情绪。②

正如我们将在下一章看到,这个团体对 1924 年以后妇女运动产生了显著的影响。北京政府是领导妇女运动的知识分子的主要对手。然而,妇女参政活动家们取得实质性的胜利却是随后几年在南方各"独立"省份所取得的。

第七节　北京的分化以及激进主义

北京作为国家首都的情形完全不同于地方。正如女界联合会确立

---

① 崔振华在清末创办的女子师范学校中接受教育。她在 1911 年加入同盟会,次年她嫁给了著名的同盟会会员张继。张继在 1912 年将性别平等条款从同盟会章程中删除。崔振华以后是国民参政会参政员,1949 年离开大陆去台湾。《妇女辞典》编写组:《妇女辞典》,北京:求实出版社,1990 年,第 97 页。

② 见李大钊:《李大钊君讲演女权运动》,《汇声日报》1923 年 2 月 5 日,收于中华全国妇女联合会编:《中国妇女运动历史资料 1921—1927》,北京:人民出版社,1986 年。另见陈独秀:《妇女问题与社会主义》,《广东群报》,1921 年 1 月 30 日,收于中华全国妇女联合会妇女运动历史研究室编:《五四时期妇女问题文选》,香港:三联;北京:生活·读书·新知,1981 年,第 99—105 页。

了将妇女参政概念作为可被接受的各省政治生活一部分的政治理念，北京妇女团体目标是要修改"国家"宪法。然而，北京政府的不稳定阻碍了她们追求参政权利的运动。妇女参政运动在广州和湖南的胜利依赖于这些省份政治的相对稳定，尽管直到最近才赢得，但是北京的妇女们则没有这么幸运了。

　　袁世凯之后的北京政府在持续动荡中举步维艰。它在 28 个月中换了三任总统。为了不想被孙中山领导的南方政府所超过，北方政府决定修改宪法。到 1919 年 8 月 12 日，中国又有了另外一部的宪法。令妇女参政运动活动家们感到反感的是，这部宪法的第四款指出："中华民国国民在法律面前人人平等，无论种族、阶级或宗教之差异。"①性别被有意识地省略掉。当北京政府的两大主要派别在 1920 年爆发战争，建立在这部宪法基础之上的关于南北统一的讨论突然中止。由段祺瑞领导的统治集团被推翻，徐世昌在军阀张作霖的支持下控制了北京政府。徐指示各省按照 1912 年的规定重新选举他们的代表。南方政府对此不作理会，只有 11 个省份举行了选举。军事的不稳定使徐世昌卷入到派系斗争中。徐在 1922 年 6 月辞去总统职位，黎元洪再次当选总统，回到 1917 年他与段祺瑞斗争失败以后所失去的位子。另外一个派系领导人曹锟的政治目标是要黎元洪总统和徐世昌一样无能，甚至比徐的任期还要短命。尽管曹锟在 1923 年 10 月 10 日接任黎元洪担任总统受到了普遍的谴责，但是在他为期 12 个月的总统任期内，他颁布了新的宪法。这部宪法也同样拒绝了男女权利平等，在宪法第五条指出："中华民国国民在法律面前平等，无论种族、阶级或宗教之差异。"②在这个短暂实行的宪法

---

① 关于英译本，见潘伟廷（Pan Wei-tung）：《中国宪法：中国立宪四十年研究》（*The Chinese Constitution: A Study of Forty Years of Constitution-making in China*），华盛顿：中国文化研究所，1945 年，第 179—190 页。

②《中华民国宪法，1923 年 10 月 10 日》（The Constitution of the Republic of China, October 10,1923），重印于钱端升（Chien Tuan-Sheng）：《中国的政府与政治》（*Government and Politics of China*），第 436 页。

中,男性参政权也仅仅限于那些达到严格的财产和教育标准的人。① 到
1924年,弊病丛生的曹锟宪法已经被一系列规定所取代,这导致在1926
年有众多掌握真正权力的派系在幕后统治这个国家。

随着政府的更迭以及宪法改革的颁布,妇女参政活动家们试图将性
别平等的条款写入到宪法中。例如,在黎元洪从1922年中期到1923年
中期担任总统的短暂任期内,他成立了宪法起草委员会。在北京的妇女
活动家们就性别平等问题游说这个委员会。在8月27日,起草委员
会答应将"无论性别"添加在宪法相关条款之中。得到这个承诺以后,兴高
采烈的妇女们上街游行,并做了并不成熟的庆祝讲演。②

北京大学前校长蔡元培与黎元洪曾进行一次非常公开的辩论,以支
持妇女们的事业。在1922年10月,蔡元培在一份重要的日报《晨报》上
发表文章,表示反对黎元洪所谓:"在目前,妇女水平还低,还远不能考虑
她们的政治参与权利。"蔡元培对此回应说:

> 关于妇女参政问题,谈论她们是否拥有足够的教育水平是不可
> 取的。我们应该问的是这个问题是否正确。如果妇女应该能够参
> 与政治,那么我们就应该立即给予她们参政权利,即使她们的水平
> 还不够,那也不是教育所能弥补的。你绝对不能以目前妇女的水平
> 不够为理由来如此吝啬地拒绝给予她们权利。③

蔡元培和黎元洪之间的辩论是两个月前刚刚成立的妇女参政会和妇女
权利会的活动引发的。1922年7月15日,几位妇女倡议召开会议以建
立一个独立的北京团体来游说新的宪法委员会加入男女权利平等条款。
在会议上,很明显这里存在着一些参与者个人之间的不可调和的矛盾,
因此会后成立了两个团体。正如柯临清(Christina Gilmartin)指出,尽管

---

① 关于这些宪法的英译本,见潘为东(Pan Wei-tung):《中国宪法》(*The Chinese Constitution*),
第157—169页和第191—209页。
② 晏始:《最近的女权运动》,《妇女杂志》,第10期(1922年),第62页。
③ 蔡元培:《各团体请废止治安警察条例》,《晨报》,1922年10月15日。

这只是观点上的差异，但是这种分歧也有个性冲突的成分在里面。她写道："根据周敏的回忆，妇女权利会的创始成员之间，事实上、但没公开的分裂成两个团体的原因，更多的是个人的，而不是政治上的。最终也就是谁是谁朋友的问题了。"①两个团体在北京为获得支持而互相斗争，她们也试图在全国范围内建立她们各自的姐妹组织。

第八节　温和的激进者：女子参政

女子参政协进会由北京三所大学的学生团体建立。万璞来自北京的中国大学，石淑卿就读于法政专门学校，王孝英（1901 年—?）在北京女师大学习。万璞在会议开幕式上被选为主席，她后来成为福建师范学院的校长。②

女子参政协进会的基本纲领是为妇女参政进行斗争，但是她们的宣言则表明她们是如何从整体上进行法制、经济和教育改革来改善妇女的总体地位。它提出了以下三个目标："推翻专门为男性制定的宪法，确保能保障女性权利的条款；推翻为男性设计的财产和继承法律，要求经济独立；推翻掌权者的教育体系，要求平等获得教育的权利。"③这三点表明了女性与男性之间的差异程度，实际上也是女性相对男性的劣势，这在女子参政运动期间是清楚的。女子参政协进会不再仅仅要求恢复与男性的平等，她们认为男性享有更多的权利。这种话语很含蓄地表明女性是由她们的弱势地位统一起来的政治集体。

女子参政协进会也发行会刊。万璞、石淑卿和王孝英在这份杂志上发表文章和诗歌，讨论参政的重要性。在第一期的发刊词中，编辑们解

---

① 柯临清（Gilmartin）：《性别化中国》（*Engendering the Chinese Revolution*），第 81 页。
② 王孝英和国民党的关系变得非常密切，她继续从事妇女教育，并在国民政府中担任数个职位。1936 年她被选为立法委员，1949 年她离开大陆去台湾，见《妇女辞典》编写组：《妇女辞典》，北京：求实出版社，1990 年，第 105—106 页。
③ 谈社英编：《中国妇女运动通史》，第 114 页。

释说,赢得参政权将使女性们能够完全依靠自己实现经济独立。这种自立来自于女性立法者推动立法促使妇女全面而平等地参与到经济活动中来。① 石淑卿重申:"所有人民都享有参与政治的权利……无论她们的阶级,甚至无论她们的性别。在过去的数百年中,女性要求参政以及工人要求平等的运动高涨……这是不可阻挡的潮流。"②

认识到读者熟悉反对妇女参政的观点,万璞的文章概括了这些主要的反对观点:

> (1) 女性体质柔弱,无法参与政治生活;(2) 政治是肮脏的,它将会玷污女性纯洁;(3) 女性受教育程度不够高,因此不应卷入政治中;(4) 女性应该从改革女性社会开始,而不是现在就要求参政;(5) 一旦女性进入政治,政坛将会变得更加拥挤,甚至更混乱;(6) 要求参政权利的女性只是那些少数想成为官员的人;(7) 一旦女性进入政治,家庭的稳定性将被摧毁。③

万璞对此逐一驳斥。如果说体质是衡量投票权标准的话,那么很多现在的男性政治家们也没有资格。她反驳说,尽管女性从总体上来说比男性要弱,但这只是抚养方面差异所带来的结果。关于政治将会玷污女性纯洁,万指出,女性作为国民有义务参与政治体制的改革,以确保它不再处于糟糕的状态。万璞承认女性受教育程度的不够,但不是所有的女性都被剥夺受教育的权利,因此根据性别来判断知识水平是不恰当。她也质疑,"是不是所有的现在享有投票权的男性都达到这个(知识)方面的标准呢?"针对关于妇女参政运动倡导者仅仅是为了获得权力的质疑,万表

---

① 《本刊宣言》,《女子参政协进会会刊》,1922 年 12 月 10 日,封面内页。这一期还刊登了委员们的照片。

② 石淑卿:《我们运动的理由和出版的目的》,《女子参政协进会会刊》,第 1 期(1922 年 12 月 10 日),第 2 页。

③ 万璞:《反对女子参政论的解释》,《女子参政协进会会刊》,第 1 卷(1922 年 12 月 10 日),第 4—6 页。

达了她的"厌烦"。她说，国民是"政治动物"，女性和男性一样是国民。她认为女性长期以来一直被歧视，完全是因为她们被排斥在政治权力之外。因此，女性当然想赢得权力！关于对家庭稳定产生的破坏作用，万指出，理想的"大家庭"已经是想象中的遥远的历史产物了。传统的家庭已经发生变化，因为它将女性排斥在政治外，已经证明是不适合当代经济和社会变迁，而且也将无法阻挡这个不可避免的历史潮流。[①]

在呈交北京政府的请愿书中，女子参政协进会对宪法修改提出了两项特别要求。请愿书要求将"性别"一词加入第三条第四款"确保无论阶级、种族或者宗教的平等"中。第二，她们要求在第四和第五款的选举法中，"男性"一词由"国民"取代。她们指出，选举法中关于男性参与的规定"违反了宪法的精神，迫切需要加以修改"，因为"中华民国的主权属于全体国民"。她们还谈到了那些反对妇女参政的共同关注的所谓女性没有足够的资格以有意义的方式参与政治的问题。她们指出，"人类的知识和能力是和他们所承担的职责成正比的。职责越大，那么一个人的知识和能力发展得越快。因此女子参政将会给予她们职责，从而培养她们的知识和能力。"[②]

这个团体同样也受到了政治干扰。在 1922 年 8 月于中国大学召开的第一次会议上，警察们根据《治安警察条例》强迫与会妇女们解散会议，这部条例是袁世凯于 1914 年颁布的禁止妇女参加政治活动的法令。以后的各个北京政府都声称从袁世凯那里直接继承了统治国家的合法性，这为他们提供了大量的反民主法律。但是这些女性并没有被恐吓住，她们以女子演说会的名义重新召开会议。

受到北京女子参政会的鼓励，上海女子参政会在 1922 年 10 月 15 日成立。北京女子参政会的万璞去上海帮助进行动员工作。基督教妇女

[①] 万璞：《反对女子参政论的解释》，《女子参政协进会会刊》，第 1 卷（1922 年 12 月 10 日），第 4—6 页。

[②]《北京女子参政协会请愿文》，载谈社英编：《中国妇女运动通史》，南京：妇女共鸣社，第 115—117 页，1936 年。

禁酒联合会成员王利明(即刘王利明,1897—1970 年)、朱剑霞和黄纫艾
是女子参政会上海分会领导人。① 在 1922 年 12 月,她们就宪法问题撰
写请愿书呈交北京政府。正如谈社英所说,于是她们开始创办短命的
《女国民》月刊。②

第九节　无节制的激进者:女权运动同盟会

北京的一个名为女权运动同盟会的女子团体则与女子参政会直接对
立。这些妇女集中在女子师范大学,她们声称比女子参政会具有更多的方
法来解决妇女问题。③ 领导这个团体的是周敏以及张人瑞。她们的宣言
探讨阶级意识,很大程度上引用马克思主义认识论,这是女子参政会所没
有的,而许多女权运动同盟会会员最终和共产党明确地结成联盟。第一个
女共产党员湖南人缪伯英(1899—1929 年)就是这个同盟会的创始人
之一。④

---

① 刘王立明是典型的建立妇女参政同盟的不结盟民主派。刘出生在安徽省,她在中国接受小
学和中学教育,于 1916 年去美国西北大学学习。后来她回到中国,在上海建立起几个女子
学校。她在新教徒中非常活跃,王立明是基督教妇女禁酒联合会主席、节育联盟主席以及上
海乞讨女童以及女仆救济所创办人。关于刘王立明的更多资料,以及她在抗战时期的活动。
见《妇女辞典》编写组:《妇女辞典》,北京:求实出版社,1990 年,第 100 页;刘光华:《我的母亲
刘王立明》,《人物》,第 6 期(1981 年),第 143—149 页;王政:《中国启蒙时代妇女》(*Women in
the Chinese Enlightenment*),第 135—143 页;李木兰(Louise Edwards):《刘王立明》(*Liu
Wang Liming*),载萧虹(Lee Lily)编:《中国妇女传记辞典:20 世纪,1912—2000 年》,
Armonk,纽约:M. E. Sharpe 出版社,2003 年,第 374—377 页。她在海伦·福斯特·斯诺
(Helen Foster Snow)的《近代中国妇女》(*Women in Modern China*)中的名字为"Herman C.
E. Liu",海牙:Mouton 出版社,1967 年,第 79 页。
② 《女子参政协进会大会记》,《申报》,1922 年 12 月 26 日;谈社英编:《中国妇女运动通史》,第
117 页。
③ 关于女权运动同盟会与共产党之间的关系,见柯临清(Gilmartin):《性别化中国》
(*Engendering the Chinese Revolution*),第 81—82 页。
④ 见刘巨才:《中国近代妇女运动史》,北京:中国妇女出版社,1989 年,第 464—465 页。缪伯英
来自湖南,在省女子师范学校和北京女子高等师范学校学习过。她在 1921 年加入共产党,
一年以后参加女权运动同盟会的活动。她的马克思主义思想对宣言的主要纲领产生重要影
响。见北京市妇女联合会主编:《北京女杰》,北京:北京出版社,1985 年。

在 1922 年 8 月，《申报》报道称这个团体召开了三小时的会议讨论妇女参政问题。大会首先听取民国初期中国妇女参政运动历史，这表明五四运动的活跃分子们知道她们现在所进行的斗争是十多年前就已经开始的运动的延续。北京大学教授李大钊在会上发表讲话，他在演讲结束时提出三项要求：一、取消《治安警察条例》，因为这些限制了女性参与政治的能力；二、选举法规定政府接纳妇女；三、将妇女包括在劳工保护法之内。① 从女权运动同盟会的角度来看，妇女的政治权利和工人的权利是交织在一起的，应该被同时提倡。会议之后，她们向议会呈交了请愿书。1922 年 9 月 8 日，议会收到同盟会的信，信中要求宪法明确规定在所有政治权利男女两性平等。② 同盟会的活跃分子们也参与大众媒体的辩论。她们也对费觉天的言论作出反应，明确地捍卫她们团体成员的政治能力，因为费在一篇文章中写道："今天中国妇女参政问题的意义不是我们是否应该给予她们参政权，而是妇女们是否有这种能力。"③

女权运动同盟会的主要机构建立以后，其姐妹机构很快在全国范围内建立起来。10 月 29 日，上海分会在资深的女权主义者胡彬夏和黄宗汉的领导下成立。黄也是上海女界联合会成员，这表明了这一时期左翼妇女团体之间相互结合。④ 12 月 20 日，女权运动同盟会在山东建立分会。它吸引了一百多人参加了在女子师范学院召开的第一次会议。与会者聆听了关于数千年来将女性禁锢在闺房，使女性成为男性的附属品以及奴隶的历史。⑤ 天津分会于 1922 年 10 月 28 日成立，创始人包括邓颖超（1904—1992 年），她日后成为中国最高的妇女领导人之一。天津分会在 1923 年 3 月创办一份名为《女星》的刊物。这份杂志大量发表各种

① 《北京女权运动会招待报学界》，《申报》，1922 年 8 月 16 日。
② 《女权运动会向国会请愿》，《申报》，1922 年 9 月 8 日。
③ 《费觉天》，《晨报》，1922 年 7 月 20 日，引自瑟卢：《对于女子参政运动的舆论和我见》，《妇女杂志》，第 8 卷第 11 期（1922 年），第 3—4 页。
④ 《女权运动同盟会消息》，《申报》，1923 年 2 月 4 日。
⑤ 《山东女权同盟会成立》，《申报》，1922 年 12 月 26 日。

文章,例如妇女权利的重要性,但是可以很明显地看出,它的公开纲领受到社会主义关于压迫、阶级和性别的思想影响。该杂志的编辑指出,妇女和劳工阶层都受到了无数的压迫,但是妇女同时也遭受传统父权制的影响,所以她们受到的压迫更甚于劳工阶层。[1] 围绕《女星》成立的读书会也短暂地发行过一份名为《妇女日报》的报纸。1924 年 10 月,在发行不到一年之后,曹锟政府以其言论激进为由关闭了这家报纸。[2]

　　上海分会的总章程指出,女权运动同盟会的目的是"扩大妇女权利,实现男性和女性在宪法和法律上的平等"[3]。因为妇女集体性的弱势政治身份观点被接受,妇女们特别的要求也被承认。宣言提出了她们的七项要求:(1) 国家的所有教育机构对女性开放;(2) 男女权利平等应该体现在宪法所规定的国民所享有的权利上;(3) 关于私法,在财产继承、品行和权利方面,丈夫和妻子、父母、孩子所有的关系应该建立在性别平等的基础上;(4) 制定以性别平等为基础的婚姻法;(5) 包括"法定年龄(性关系)"的条款,以及规定"纳妾违法";(6) 禁娼,禁止买卖妇女和缠足;(7) 根据"同工同酬"和"保护孕妇"原则,立法保护工厂女工。[4]

　　同盟会的宣言表明了那个时代所理解的阶级和性别差异之间的对立冲突。它表明,性别差异作为阶级差异的一种形式必须加以消除,但是它同时指出,男女之间的不平等是根深蒂固和根本性的,因此更难以被消除。在 1920 年代早期,中国左翼女权主义者基本上根据性别差异,按照对弱势和不平等的理解来进行阶级分析。实际上对于这些女性来说,阶级意识与革命热情是和她们的女权主义事业融为一体的。

---

① 《〈女星〉旬刊发刊词》,《女星》,第十期(1923 年 4 月 25 日),第 1 页。我感谢侯杰教授帮助找到这一期的《女星》杂志。

② 希祖:《社评》,《妇女周报》,1924 年 10 月 29 日。

③ 类似的,山东的团体声称它的目的是"扩大妇女的法律和社会权利以及提高妇女地位"。谈社英编:《中国妇女运动通史》,第 130、132 页。

④ 谈社英编:《中国妇女运动通史》,第 130、132 页。控制卖淫和促进妇女权益相关。力子写道,"实现妇女解放的第一步是废除妇女买卖。这将会减少卖淫。如果能够禁止女子买卖,那么将会表现出对基本人权的更多尊重。"力子:《女子解放》,《民国日报》,1919 年 4 月 9 日。

《女权运动同盟会宣言》

中国的农业经济，确立在几千年前。这几千年间，人民的生活基础，全建设在农业经济上面；所以政治是封建的政治，伦理是封建的伦理。在这种经济政治伦理之下，大多数人民自然在阶级制度下面，受了种种压迫的苦痛：同时半数的女子，于普通的阶级压迫以外，更加上一层半数男子阶级的压迫，呻吟憔悴，以至于今日。

到了19世纪后半期，世界的资本主义势力，压迫到中国头上，累次的反抗，都归于失败了。国人继渐渐起来，作改革政治的运动。辛亥革命，继由封建政治下的改良运动，转入民主主义的革命运动。这在政治史上，固然算是一个新纪元；可是辛亥以来的11年间，仍然是封建军阀与民主革命派奋战苦斗的时期。直到现在，封建军阀尚未推翻，民主主义尚未建立。在这个时期，我们人民的势力，除了联合起来共同立在革命的战线上与军阀相抗战而外，更没有别的可走的路径。

我们妇女界在这人民革命的时代，应该参加这种革命运动。这不但是我们的义务，而且是我们的权利。同时更不要忽略了我们的特殊责任——女权运动。一切反抗强权的运动，都是革命的运动。我们的女权运动，亦是一种革命的运动。在我们切身的利害上，更为重要。

我们不相信不打破男女两性的阶级，真正的民主主义还能够存在，我们不相信社会上一半是压迫人的，一半是被压迫的人，会有真正的自由平等的幸福。一个社会，专许男子有活动的机会。把那一半的妇女排除在一切生活——除了家庭生活——以外，那个社会怎能不是专制的社会？怎能有充满着民主主义精神的社会？政治上"人民"的意义当然包含着两性在内。限于男子民主政治，绝不是纯正的民主政治。"人民"的名辞，不是男子的专称，乃是包括男女的人民全体总称。只有人民全体都有权参与政治的民主主义，才是真正的民主主义。社会上一切阶级的差别,都易泯灭,独有两性的自然差异,是带有永久性的。若不把随着这个永久性的自然差异产生的阶级差别,铲除净尽。这种阶级的压迫,将随永久的差异而存在。所以我们对于两性间的民主主义的要求,比什么都迫切! 我们对于两性间的民主主义的革命运动所负的责任,亦比什么时候都重大。

第十节　新文化、新女性、新政治

新文化运动时期妇女运动的特点是它越来越自信地主张实现女性与男性的平等政治。但是更重要的是,她们同时表示女性的政治利益从根本上来说不同于男性,因而值得代表。根据这个观点,中国的女权主义者提出两性平等。她们越来越多地更广泛地接受跨越阶级的联盟以实现正在形成的左翼力量所追求的政治目标,但是她们调整她们的理念以适应她们的事业。所有阶层的妇女是一个多样的,但仍旧是一个有着集体政治利益可以加以定义的团体,这就是她们相对于男性的共同弱势地位。

相比中国历史上任何时期,1920 年代初期在宪法上取得的胜利使得更多的妇女能承担起她们正式的政治职责。因为来自国共两党内外妇女的游说,她们的公共角色产生的影响在随后的十年中体现出来。实际上,这一时期妇女活动家们政治知识和技能的成熟是与中国更广阔的政治舞台趋于稳定相一致的。1921 年中国共产党的出现以及 1922—1923 年国民党的改组对这一时期妇女运动产生了重大影响。正如我们在下一章将会看到,两大政党对妇女参政运动有着极其复杂的态度。两党组成的统一战线在政治差异不断扩大的妇女运动中表现出难得的统一:原先被认为是适合在议会民主制度中的妇女参政运动正在演化为一场参与政治的运动,无论那是何种形式的政治。

第五章 国民党、共产党及国民会议运动
（1924—1926 年）

新文化运动时期的激进妇女参政活动取得了重要的，但是部分的成功。尽管一些重要的省份已经颁布在政治权利中体现性别平等的宪法，而且一些妇女在湖南和广东省的议会中担任议员，然而取得全国性的胜利依然渺茫。这其中最主要的障碍来自广州孙中山、北京段祺瑞以及长期存在的强大地方军阀对国家领导权的争夺。没有统一的政府，全国性的妇女参政运动将无法进行游说活动。实现宪法的统一仍然是那些声称有权统治这个国家的政治力量所追求的目标，这其中包括妇女活动家们。然而，正如我们在前面一章中看到，这个时期中国知识分子对中国文化思考的急剧转型使得女性开始觉醒，意识到她们作为一个群体与男性不同的政治权利。重要的是，这种差异性是建立在女性相对于男性的共同弱势地位基础之上的。而且，民族主义和爱国主义是这一时期所有政治活动家们的重要诉求。但与 20 世纪最初 15 年的形势相反，在新文化运动时期，民族主义和爱国主义这些术语引用"国家统一和反对帝国主义"，而在早期这些术语标志着反满或者排外情绪。① 中国女权主义运

---

① 谢里丹（James Sheridan）讨论了孙中山从 1920 年代初期开始宣传新的"民族主义概念"。吉姆·谢里丹（James Sheridan）：《解体中的中国：中国历史上的民国时期，1912—1949 年》（*China in Disintegration : The Republican Era in Chinese History , 1912—1949*），纽约：Free 出版社，1975 年，第 144 页。

动与这些民族主义或者爱国主义之间的关系必然演化,因为后者的范围发生了变化。

中国的政党局势也同样正经历着根本性的重新定位。早在 1920 年代初期就开始出现的共产党和国民党之间的各种象征性的激烈竞争关系为随后几十年中最主要的政治紧张和冲突确定了基调。本章将探讨国共两党之间关系的变化以及它们对妇女参政运动的意识形态立场所产生的急剧影响。通过这种分析,本章将揭示妇女运动在促进中国正式政治机制和效果的实际规划和哲学思考的演化方面体现出的重要程度。在关于共产党的演变方面,柯临清(Gilmartin)指出,性别提供了重要的视角去"考察党作为一个组织的发展,党对其早期成员的意义,以及党的领导人获得权力以及使他们的权威合法化的过程。"[1]当我们在考察国民党的演变时,同样可以采用柯临清的这个精彩观点。现在妇女被承认为是一个合法、值得代表的选民群体,妇女活动家们比以前任何时候都具有更有效的影响正式政治的能力。实际上,妇女无论是参与政党还是立法领域的正式政治,这都成为民国时期随后所有政治改革的主要特征。在新文化运动时期,妇女参政活动家们展现了她们的集体政治身份影响政党政治的力量。相反,正如毕仰高(Loucien Bianco)指出的,中国农民甚至直到 1937 年还没有形成一个阶级或者爱国主义意识使他们自己能够马上参与政治。[2] 妇女活动家们在这个世纪开始的最初的数十年中形成了一个妇女集体政治身份。到新文化运动时期,她们已经赢得了男性对她们身份合法性的认同。这些男性包括知识分子、政治改革家以及城市精英。因为这种认可,妇女活动家们开始对政治产生影响。

---

[1] 柯临清(Gilmartin):《共产党创建时期的性别政治》(*The Politics of Gender in the Making of the Party*),第 33 页。

[2] 毕仰高(Lucien Bianco):《农民对共产党动员政治的回应,1937—1945 年》,(Peasant Responses to CCP Mobilization Politics,1937—1945),载赛奇(Tony Saich)、方德万(Hans van de Ven)编:《中国共产主义革命的新视角》(*New Perspectives on the Chinese Communist Revolution*),纽约:M. E. Sharpe 出版社,1995 年,第 176 页。

正如她们在 1912 年之前加入同盟会一样，中国妇女参政活动家们和女权活动家们正在更广泛地加入国共两党。1920 年代妇女们仍然面临着 1912 年所面临的挑战，那就是要确保任何政党机器不会将妇女权利作为可有可无之物，或者是用作实现其他政治目标的讨价还价的工具。实际上，正如本章将要指出，国共两党比十年之前的中国政治领导人们更坚定地致力于确立男女权利平等这项基本原则，但是它们非常关注和确保女权主义没有影响到它们的"主要的"政治运动。随着更广泛社会阶层的妇女加入妇女运动中来，因而两党需要考虑更广阔和复杂的政治观点和章程。妇女参政被认为主要是议会民主路线，国民党赞成中国最终实现议会式民主，而共产党将这种政治体制与资产阶级利益联系起来，最多只是将它作为实现无产阶级统治道路上的一个标志或阶段。然而，正如我们在下面讨论 1924—1925 年国民会议运动时所要看到，妇女参政的号召已经动员了许多城市妇女，国共两党都无法忽视她们。

这个时期的国民党是两大政党中最大也是最有组织的政党，它的主要政治纲领是统一南北方以及消灭这个国家军阀割据。对于新成立的共产党来说，尽管毫无疑问国家统一是重要的，但是唤醒中国工人阶级意识并动员他们参与政治运动是它的两个重要纲领。两党之间的界限在第一次国共合作期间（1924—1927 年）比较模糊。作为孙中山复兴国民党运动的一部分，国共两党开始实行合作。在 1920 年代初，共产国际向国民党提供经济援助和组织战略方面的建议。孙中山急切想整肃党纪，将国民党改造成一个可以重新统一和领导中国的主要政党。孙中山采纳共产国际顾问提出的建议，欢迎新成立的中国共产党加入国民党。共产国际认为两党之间的合作对实现"社会主义"革命的成功是必要的。孙中山欢迎共产党员是因为他希望利用他们的工农运动网络从工人和农民阶级那里为国家统一取得更广泛的支持，并防止阶级差异造成分裂。类似的，共产党也准备利用规模更大的国民党——尤其是共产国际资助的军事力量以及国民党与其各个城市妇女团体之间已经建立起来的良好关系。联合阵线的当前目标是实现国家统一,但是两党也将其视为加强他们相互联系的一个机会。

统一国家的运动于 1926 年从广东开始,孙中山以共产党和国民党联合组成的军事力量开始了他等待已久的北伐。在军事统帅蒋介石的领导下,北伐战争在 1928 年结束。中国进入南京国民政府统治时期,国民将开始再一次为民主做"准备"。孙中山在 1925 年的去世使得他未能见证国家统一的时刻。这也使他未能看到蒋介石在 1927 年企图消灭共产党和国民党左派的残暴。① 监禁、迫害、处决左派使得国共合作破裂。正如我们随后将会看到,共产党和国民党之间的分裂对妇女参政运动产生了急剧的影响。中国女权主义运动从两党的左中右各派获得支持。而统一阵线的破裂使得这样的合作面临巨大困难,但也不是完全不可能。尽管如此,在蒋介石镇压的黑暗日子中,包括那些妇女参政活动家们在内的政治上活跃的女性面临着人身危险,有的甚至为此付出了生命。

第一节　同志间的平等:修改党章

妇女参政活动家们有足够的历史理由怀疑男性主宰的国民党体制。在 1912 年,性别平等条款从新成立的国民党党章中删除,同盟会女性会员被那些和她们并肩战斗的男同志们背叛。然而到了 1920 年代早期,几乎所有主要的妇女参政团体都联合起来支持国民党。1912年和 1922 年之间的主要区别是因为新文化运动使得中国思想界发生急剧变化,女性与男性的权利平等不再被认为是有问题的了。这种变化在孙中山改组国民党的运动中表现得更为明显。到 1922 年底,孙中

---

① 关于这一时期非常吸引人的描述,伊罗生(Harold R. Issacs):《中国革命的悲剧》(The Tragedy of the Chinese Revolution),第 2 修改版,1938 年版本重印,斯坦福大学出版社,1961 年。

山的委员会完成了新党章的起草工作。1923 年 1 月 1 日,胡汉民公布了改组后的国民党宣言。[1] 参加第一次全国党代会的 165 名代表讨论通过了新党章。没有 1912 年那样的激烈辩论,这份文件确认了女性与男性在党组织内的平等地位,废除只有男性才可以成为党员的规定。党章的第十二条规定,"应该承认两性之间的法律、经济、教育和社会平等,促进妇女权利的发展"。它也承诺重组后的国民党将致力于举行全民普选,消除"建立在财产资格基础之上的阶级参政"。但是在一份重新表明教育对政治的重要性的文件中,党章仍包含这样一个条款,"建立竞争性考试以弥补选举体制的缺陷"[2]。这个告诫表明,前面一章中所讨论过的省立宪法中提出的教育要求反映了中国政治阶层中的一个被广泛接受的观点,这就是只有受过教育的国民才有资格被直接代表以及担任代表。

有重要意义的是,改组后的国民党在各部门建立一些常委会。这些常委会包括农民、工人和妇女,并在各省建有同样的机构。每一个机构负责调查国内外选民目前的情况,然后推荐给党。建立妇女部的目的是:"承认性别平等原则,帮助促进妇女权益。"[3]这些妇女部的建立证明人们广泛地接受一个观念,即女性有着不同于男性的特别的政治利益。这表明到了 1920 年代初期,女性已经成为具有合法政治权利的合法政治集体。这个重大突破的关键是左翼关于代表弱势群体重要性的观点所带来的意识形态上的变化。与农民、工人一样,妇女们根据她们的弱势地位形成了集体身份。在左翼思潮中,女性与男性权利平等从没有受到过质疑,实际上,作为一个团体,她们的独特政治需要是以承认男女权利平等为前提条件的。因而女性的政治需求就这样在党的体制结构内

---

[1] 第一届中国国民党代表大会于 1924 年 1 月 20—30 日召开。

[2]《中国国民党第一届代表大会宣言,1924 年 1 月 30 日》(Manifesto of the First National Congress of the Kuomintang—January 30,1924),重印于谢然泽(Milton J. T. Shieh):《国民党》(*The Kuomintang*),第 84—85 页。

[3] 谈社英编:《中国妇女运动通史》,第 144 页。

得以制度化。

中国共产党是由陈独秀和李大钊分别领导的上海和北京左翼团体于1921年7月在上海合并成立的。其章程从一开始就有关于党员性别平等的规定,它对妇女解放的号召对许多妇女极具吸引力。早期的中共领导人将参与以及实现现有妇女组织一体化作为赢得政治上活跃的妇女们支持的关键。相应的,一些著名的男性共产党员也积极地通过女界联合会现有的渠道发表文章,向女性发表演说,并直接地参与到建立女权运动同盟会的活动中。

共产党员加入国民党也使得一些共产党妇女最终主导了国民党的妇女委员会。中共领导人向警予(1895—1928年)在1924年4月(参考图5.1)被任命为国民党上海妇女委员会主任。她在建立委员会组织结构过程中发挥了关键的作用,她负责向妇女宣传国家大事以及发展与各种妇女团体的关系。[①] 国民党妇女委员会被期望能够协调现有妇女团体,以及鼓励还不是这些团体成员的妇女加入。梅爱莲(Andrea McElderry)这样概括了负责动员妇女的中共女党员的矛盾:"(统一战线中)的中共女党员试图确立她们在全国妇女运动中的主导地位,但却避免卷入全国妇女运动。"[②]

委员会还包括那些以后在中国共产党运动中非常著名的一些妇女活动家。杨之华(1900—1973年)和王一知(1901—1991年)在上海帮助向警予。何香凝(第二章已经讨论过的同盟会早期会员)领导广州的委员会。邓颖超和蔡畅(1900—1990年)在那里帮助她。柯临清(Christina Gilmartin)详细地描述了这些妇女在广州动员妇女参加共产党革命时所

[①] 关于向警予的最好的讨论,见柯临清(Gilmartin):《性别化中国革命》(*Engendering the Chinese Revolution*),第71—96页,安德烈娅·麦克尔德里(Andrea McElderry):《妇女革命家:向警予》(Woman Revolutionary:Xiang Jingyu),《中国季刊》(*China Quarterly*),第105卷(1986年3月),第95—122页。

[②] 同上,第113页。

員會體全會員委動運女婦部行執海上黨民國國中

图 5.1 《中国国民党上海执行部妇女运动委员会全体会员》，《妇女杂志》
1924 年 10 卷 8 号。

面临的困难。[1] 其中，蔡畅的家庭与中国的激进政治有着密切的联系。
她的母亲葛健豪是革命烈士秋瑾的挚友，并在 1919 年去法国旅行，继续
支持激进政治，在法国她越来越倾向支持共产主义事业。蔡畅的兄弟蔡
和森在 1920 年代初期和向警予同居具有事实婚姻关系，蔡和森是整个
1920 年代中共最活跃的马克思主义理论家。蔡畅自己也成为党内最顽
强的妇女活动家。她于 1920 年代在欧洲旅行，访问了法国和苏联，然后
返回中国在中共和国共统一战线中工作。[2]

　　杨之华的经历是 1920 年代统一战线艰难历程的缩影。她在父母的

---

[1] 柯临清(Christina K. Gilmartin)：《中国国民革命中的性别、政治文化和妇女动员》(Gender,
Political Culture and Women's Mobilization in the Chinese Nationalist Revolution, 1924—
1927)，载柯临清(Christina K. Gilmartin)、贺萧(Gail Hershatter)、罗丽莎(Lisa Rofel)、特蕾
妮·怀特(Tyrene White)编：《性别化中国：妇女、文化和国家》(Engendering China: Women,
Culture, and the State)，剑桥，麻省：哈佛大学出版社，1994 年，第 195—225 页。
[2] 蔡畅是 1934 年参加红军长征的仅有的几位妇女之一，见高魁祥、申建国编：《中华古今女杰
谱》，北京：中华社会出版社，1991 年，第 78—79 页。

撮合下嫁给了一个国民党员的儿子,在她公公的影响下,她进一步参与政治。然而,随着中共的成立,她的政治立场逐渐开始左倾。到 1922 年,她已经加入共产主义青年团。1924 年她成为中共党员。她在上海的一所大学学习时遇到了著名的中共党内知识分子瞿秋白。这给她带来了很多流言蜚语,后来她与丈夫离婚,和瞿秋白结婚。① 在她个人感情生活发生急剧变化的时候,她在妇女部从事政治工作。

这些妇女毫无疑问都积极致力于女权主义事业,然而她们同时也受到她们各自政党对所谓"资产阶级女权主义"模糊观点的影响。女性被认为是一个弱势群体,因而值得给予特殊的政治考虑。而她们当中的一些妇女追求在非共产党体制内的权力。因而这种性别政治在意识形态方面的意义是复杂而模糊的。在国际上,妇女参政运动是与非常广泛的政治力量联系在一起的——共产主义运动只是其中一种力量。但是对于大部分共产党员来说,他们仍旧对妇女参政活动家们持怀疑态度。中共开始将妇女参政看作是对阶级革命这项真正事业的背离。在中共党内,"资产阶级女权主义"的国际主义和共产党阶级斗争哲学原则的国际主义之间存在着明显的对立。那么共产党是如何理解这一对孪生的全球性运动之间联系的呢?

第二节 最初的斗争:妇女权利还是阶级权利

在 1920 年代的最初几年中,共产党代表统一战线和国民革命参与主流妇女运动,其中包括妇女参政运动。共产党开始了解积极而热情的妇女运动,这些信息对于他们动员妇女参加他们的运动极为重要。然而,最终与促进妇女参政事业发展相比,中共更热衷于动员

---

① 杨之华去苏联学习,于 1930 年返回上海,在妇女部和中央委员会工作。她在 1949 年以后继续为共产党工作,在妇联以及全国人大担任众多职务。袁韶莹、杨瑰珍编:《中国妇女名人辞典》,第 213—214 页;柯临清(Gilmartin):《性别化中国革命》(*Engendering the Chinese Revolution*),第 231—232 页。

妇女参加工会运动。共产党的创始人和马克思主义理论家李大钊对妇女参政运动持有同情立场。在1919年中共正式成立之前，李大钊已经将妇女参政运动的本质欢呼为不断壮大的民主精神所带来的自然结果。按照这种民主精神，人们能拥有平等机会全面发展自己，无论种族、性别、阶级或者背景。他问道："为什么女性会容忍自己被男人践踏？即使早在第一次世界大战之前，妇女参政运动就已经开始它自己的斗争历史。这项运动在美国的许多州已经在进行。"然而，他在文章的结尾指出，从国际上来看，妇女参政运动与中产阶级妇女有关，而与工人阶级没有关联。他最终提出，阶级问题因为以下原因必须要加以解决：

> 中产阶级妇女利益并不代表所有妇女的利益。中产阶级妇女利益的扩大并不能作为所有妇女解放的实现。我认为彻底解决妇女问题的途径是，一方面要巩固所有妇女的权利，废除父权制；另一方面，我们必须巩固世界上无产阶级妇女的权利，去粉碎资产阶级（包括男性与女性）的专制社会制度。[1]

事实上，中共领导人李大钊和陈独秀作为演说家和《妇女杂志》撰稿人在全国的女界联合会范围内早已非常著名。陈独秀在1921年1月30日，也即中共成立前的6个月，向广东女界联合会发表了一次题为《妇女与社会主义》的演讲。他在演讲中指出："只有在实现社会主义以后才能最终从根本上解决妇女问题。"陈解释说，这是因为社会主义将会确保包括妇女在内的每个人都被赋予经济上的独立性。一旦妇女拥有了经济独立性，那么她们将会拥有尊严，这正是目前她们所无法享有的。[2] 同时，接触中产阶级妇女对于宣传阶级斗争理论显然是非常迫切的，正如左翼作家沈雁冰（即茅盾）在1920年指出，"因为上层和底层妇女不能担负起

---

① 原文见《新青年》，第6卷第2号（1919年2月15日），第141—147页。
② 原文见陈独秀：《陈独秀先生在女界联合会演词》，《广东群报》，1921年1月31日、2月1日。

妇女运动的任务,所以中产阶级妇女——中产阶级家庭的太太和小姐们——是我们唯一的希望……不用担心,你们有下层的小姐妹,你们可以带领她们和你们一起战斗"①。

实际上即使是在 1920 年代初期,仍然没有任何男性和女性党员对妇女参政运动表示反对意见。中共非常谨慎地不在这些政治议题上疏远这些妇女参政团体。例如,中共 1922 年 7 月 23 日全国代表大会有关妇女运动的决议指出,妇女运动有着三项迫切任务。这些任务本身并不是完美的终极目标,但它们是实现妇女真正解放的必要阶段。真正的妇女解放只能在建立无产阶级专政之后才能实现,但同时共产党活跃分子应该帮助妇女赢得普遍的参政权利以及其他所有政治权利和自由,保护妇女和童工的利益,粉碎旧社会价值观的枷锁。② 当这些中共党员与这些现有的妇女团体一起进行这些工作的时候,这些党员们被要求教导妇女们认识到,这三大战线上的胜利只是走向实现共产主义领导下妇女全面解放道路上的一个必经阶段。按照这个观点,共产党对妇女运动的支持是一种意识形态原则的妥协,是为了实现更广泛和更现实的政治目标。但是它带来了亲共产党和亲国民党以及不结盟的女权主义之间的复杂联盟关系。

1923 年共产党全国代表大会也表达了类似的观点,认为"诸如妇女权利运动、参政运动以及废娼运动都是极其重要的"。而且他们警告说,"首先,我们绝不许蔑视这些年轻的太太和夫人,或者是妇女政治家们的运动;第二,阶级理论的色彩不能太突兀或者太集中,因为这可能引起惊慌。"③

---

① 沈雁冰(茅盾):《怎样方能使妇女运动有实力》,《妇女杂志》第 6 卷第 6 期(1920 年 6 月 5 日),第 5—8 页。沈雁冰也对省立宪法发表了评论。沈雁冰(茅盾):《告浙江要求省宪加入三条件的女子》,《妇女评论》,第 4 期(1921 年 8 月 24 日),第 2—3 页。
② 《中国共产第二次全国代表大会关于妇女运动的决议》,收于《中国妇女运动历史资料,1921—1927》,中华全国妇女联合会编,北京:春秋出版社,第 30 页。
③ 《中国共产党第三次全国代表大会关于妇女运动决议案》,《中国妇女运动历史资料,1921—1927》,中华全国妇女联合会编,北京:春秋出版社,第 68 页。

1926 年,在统一战线失败之前的几个月中,中共中央扩大执委会会议重申了与所有妇女团体保持良好关系的重要性以加强中共在政治上活跃的妇女中的影响:"我们必须(1)关注妇女的自身利益;(2)当运动发生时,要给各种其他妇女组织以恰当的尊重;(3)避免出现我们独占的情形,或出现其他不必要的冲突。"①

在这些简要的文件中解释中共与现有妇女团体之间联系的篇幅说明了早期共产党依赖这些妇女团体获得妇女支持的程度。实际上,尽管在中共创立初期,它公开接受合法的、可以立即实现的妇女参政目标,但是许多中共党员在私下对妇女参政运动持保留态度。

在同一时期,中共的文件表明党将维持一个阶级作为一个关注点。1925 年 1 月召开的中共第四次全国代表大会上,党的工作者们被建议不允许"一般的妇女运动"阻碍实现更广泛的政治目标:"我们必须清楚地表明,这种将男性和女性区别开来的争论是毫无意义的,因为它阻碍了将妇女运动深入地结合到国民革命和工人运动中去。"②在 1926 年 9 月召开的中共中央执行委员会第三次会议上,党的工作者们被告诫要谨慎不要过于密切结合一般妇女运动,因为这将有可能导致忽视大众的要求。党的主要关注点是工人、农民和学生。③ 妇女部在 1927 年 2 月向中央执行委员会报告说,普通的妇女运动"当然在现实的革命战斗的前线

---

① 《中国共产党第三次中央扩大执行委员会关于妇女运动决议案》,收于《中国妇女运动历史资料,1921—1927》,中华全国妇女联合会编,北京:春秋出版社,第 476 页。

② 《中国共产党第四次全国代表大会对于妇女运动的议决案》,收于中华全国妇女联合会编:《中国妇女运动历史资料,1921—1927》,北京:春秋出版社,第 281 页。古德曼(David S. G. Goodman)指出,同样的方法在抗日战争骑士的山西地区用来动员妇女。古德曼:《革命妇女和革命中的妇女:中国共产党和抗战中的妇女,1937—1945 年》(Revolutionary Women and Women in the Revolution: The Chinese Communist Party and Women in the War of Resistance to Japan,1937—1945),《中国季刊》(China Quarterly),第 164 期(2000 年),第 915—942 页。

③ 《中国共产党第三次全国代表大会关于妇女运动决议案》,第 475 页。

没有太多用处"①。

　　非常清楚的是,中共从事统一战线中的妇女运动的主要核心是要协调追求性别平等和阶级革命重要性之间的冲突。关于妇女集体性弱势地位观念也一再地被归结为协调阶级差异的概念。妇女运动能够维持它作为一个合法政治利益团体的身份和公信力,部分是因为力量不断壮大的左翼强调要让弱者发出声音的重要性。当妇女们宣传自己是处于不公正的弱势地位时,她们就可以与像共产党那样关注阶级差异的政党或团体保持了一种动态而复杂的关系。共产党意识形态要求其成员团结工厂女工,而不是中产阶级接受过教育的妇女。而现实是,在中国城市中的妇女活动家们有大量的来自中上阶层的妇女,这两者之间的冲突在中共活动家向警予的作品中表现得非常明显。

第三节　动员资产阶级妇女:向警予论妇女参政

　　向警予在共产党妇女革命先烈中的地位无人可比。她一直被誉为是一个为党的事业做出巨大牺牲,并付出生命的革命家。她出生在湖南,在当地女子学校就读、成长,后来赴法国留学。在那里,她和重要的共产党员蔡和森一起学习两年。在这期间,两人结合。向警予在 1921 年底返回中国以后加入中国共产党。在以后的三年中,她主要从事妇女动员工作。在 1925 年,因为一件偶然事件,她不再担任这个职务。不过这个事件加速了中央委员会内部的冲突。她要求中共送她去苏联学习。当 1927 年她从苏联回来以后,蒋介石对中共的清洗正处于高峰时期。汉口法租界警察在 1928 年将她交给了国民党当局。1928 年 5 月 1 日,她被处决。

　　她有关妇女参政的观点很明显地受到了欧洲共产党反对"资产阶级"运动的影响。当工人阶级"在这个体制中只能依旧忍受痛苦时",资

---

① 《中共中央妇女委员会工作报告（节录）》,收于中华全国妇女联合会编:《中国妇女运动历史资料,1921—1927》,北京:春秋出版社,第 697 页。

产阶级议会民主对妇女参政有什么真正好处？[1] 中国统一战线的客观前提是要和资产阶级一起形成一个统一体。在向警予的著述中，我们看到早期共产党与妇女参政运动关系的特征。她于1923年发表在共产党杂志《前锋》上题为《现阶段中国的妇女运动》一文中指出，妇女参政运动是在中国动员妇女的主要形式。然而她同时对这种支持性的评论持保留态度，提出参政运动反映的只是少数享有特权的妇女们的关注点，是那些依赖她们的父亲、丈夫和儿子生存的妇女追求"自由"的娱乐消遣。[2] 正如正统共产党员所期望的那样，向警予的热情表现在积极地组织上海女工的活动上，她发表的文章也直接针对中产阶级女权主义者，目的是让她们也加入到运动中来。凯瑟琳·基佩龙（Catherine Gipoulon）指出，向警予在1925年去苏联之前的两年中已经"坚持不懈地动员她们（资产阶级女权主义者）加入到工人运动中来……这种有意识地将这些'阶级敌人'加入到正义事业中来的做法，说明了一定程度上的思想开放，也表明对受过教育的资产阶级妇女没有偏见。"[3]不过，这种政治立场并不意味着向警予是一个伪装成女权主义者的中共党员。柯临清（Gilmartin）明确地指出，"她投入了巨大的精力在上海独立妇女团体当中表达自己的观点。为广泛的妇女运动建立基础，利用国民党的资源巩固她的运动。"[4]

　　向警予也试图通过展示她们自己运动的国际主义性质来唤起妇女们对全世界范围内反对资产阶级压迫斗争的觉醒。在《前锋》的12月刊中，在一份关于1923年5月在罗马召开的国际妇女权利大会的报告中，向警予阐述了所有反帝国主义力量国际化的重要性。她强调妇女参政

---

① 理查德·埃文斯（Richard Evans）：《同志与姐妹：欧洲的女权主义、社会主义和绥靖主义》（Comrades and Sisters：Feminism，Socialism and Pacifism in Europe，1870—1945），苏塞克斯：Wheatsheaf Books 出版社；纽约：St. Martins 出版社，第83页。

② （向）警予：《中国最近的妇女运动》，《前锋》，第1卷第1期（1923年7月1日），第58—63页。

③ 凯瑟琳·基佩龙（Catherine Gipoulon）：《融合女权主义和工人运动：向警予的个案》（Integrating the Feminist and Worker's Movement：The Case of Xiang Jingyu），《民国》（*Republican China*），第10卷（1994年11月），第29页。

④ 柯临清（Gilmartin）：《性别化中国革命》（*Engendering the Chinese Revolution*），第86页。

运动具有性别平等和世界和平的双重议题,它要求所有被压迫者团体能够团结起来。① 在同一期刊物中,她发表了一篇关于中国妇女运动的短文,描述她们在1923年的努力是悲惨不幸的,指出媒体总是无视她们运动的积极性。她们的声音像"空谷足音"。② 同年,她写道最近几年一些省的妇女参政运动只不过是"费了九牛二虎之力,尽管会有偶尔的胜利,最终它注定只是一场昙花一现的可怜运动"③。

在1923年的一篇回应浙江省女界联合会会长王碧华的文章中,向警予全面地驳斥了妇女参政运动,猛烈地批评称它为"想当官的运动"。王赞成妇女参与政治进程的重要性,将它作为确保女性获得和男性同等权利的关键。向警予对此做出回应,她强调指出,王所关注参政运动的阶级特性。她问道,女性获得了和男性平等的继承和财产权利又会怎样呢? 这只是值得那些家庭有财产可分配的妇女庆祝的理由。第二,她提出女性参与到现在的腐败政治中,将会腐蚀那些进入议会中的人。因为她们作为官员的生活将会使得她们致力促进妇女权利的努力不断萎缩。她说,这些妇女将会"白的进去、黑的出来。"她总结了关于参与政治将玷污妇女的观点:"在现实中,想当官的运动有点像泥菩萨过河。"第三,她提出,当前中国的政治局势是如此混乱,容易发生急剧变化,因此任何立法是否能够得以实施是非常值得怀疑的。难道这些不会沦落到仅仅是"白纸黑字"的名义上的改革吗? 她继续吸引读者们注意妇女活动家们在议会中的作用,怀疑王昌国在湖南省立议会中的效果。④ 因此,对向警予来说,妇女参与议会政治注定是没有结果的。甚至更糟的是将会对这

---

① (向)警予:《对于万国女权同盟大会的感想》,《前锋》,第1卷第2期(1923年12月1日),第48—50页。

② (向)警予:《中国妇女运动杂评》,《前锋》,第1卷第2期(1923年12月1日),第51—56页。

③ 向警予:《上海女权运动今后应注意的三件事》,《妇女周报》,第12期(1923年10月8日)收于《向警予文集》,长沙:湖南人民出版社,1980年,第111页。

④ 向警予:《评王碧华的女权运动谈》,《妇女周报》,第8期(1923年10月10日),收于《向警予文集》,长沙:湖南人民出版社,1980年,第103—106页。

些参与政治的妇女的个人生活带来负面影响。

她进一步阐述指出，"妇女运动的真正意义不在于两性之间的斗争。当妇女权利受到压迫时，社会将处于瘫痪。所以当妇女们自己采取行动的时候，谁会反对呢？但是如果妇女们只关注'女'权，而对'国'权不关注……那么她们自己会剥夺人格和国格"。她继续指出，女性在政治上应该活跃以免中国受到帝国主义侵略的奴役。如果中国被奴役了，那么妇女们是否有她们的权利就变得没有意义了。"因此，真正觉醒的中国妇女无论在政治改革运动中还是妇女解放运动中都将十分积极。"[1]

共产党试图与现有妇女运动整合对向警予来说是一种特别的挑战——她在阐述工人运动和妇女运动之间关系的重要性中发挥了关键作用。她于1923年在一份资产阶级的《妇女杂志》上发表了一篇关于妇女在国民革命中状况的长篇文章。在文章中，她集中探讨了马克思主义关于帝国主义和资本主义的理论以及工人对推翻这种结构的重要性问题。她在文章的最后三段谈到与妇女解放之间的关系这个问题时，她的观点显得有点勉强。她断言妇女解放和工人解放之间有着天然的联系。因为经济的原因，妇女和工人都处于奴隶的地位，这是她原先详细探讨过的。然而，单独依靠妇女运动将无法解决妇女问题，要实现这个目的就必须要进行一场经济体制的彻底革命。[2] 如果参政运动成功，那么它仅仅是意味着一小撮妇女进入北京和各省的"猪仔（指男性议员）议会"中，在那里和"猪仔"在一起管理这个国家的灾难和人民的苦难。[3]

尽管向警予鄙视那些"想当官"的妇女运动活动家们的努力，但是在

---

[1] （向）警予：《中国妇女运动杂评》，第51—52页。关于"人格"这个术语复杂性的精彩讨论，见顾德曼（Bryna Goodman）：《民国初期职业妇女与"人格"的模糊性》（The Vocational Woman and the Elusiveness of "Personhood" in Early Republican China），载顾德曼、文棣（Wendy Larson）编：《变动中的性别：晚清与近代中国的分工和文化变迁》（Gender in Motion：Divisions of Labor and Cultural Change in Late Imperial and Modern China），兰拉姆，MD：Rowman & Littlefield出版社，2005年，第265—286页。

[2] 向警予：《妇女的国民革命运动》，《妇女杂志》，第10卷1期（1924年1月1日），第28—32页。

[3] 同上，第29页。

她的领导下,上海妇女部发表宣言,这表明 1924 年妇女参政权利、国家政治统一、宪法改革与统一战线相互之间的联系程度。在这份宣言中,我们再次看到了类似向警予这样的女共产党员对宪法议会民主的深深怀疑。相反,她们提倡与大众的统一而不是与男性议会的统一:

《上海妇女运动委员会宣言》

几千年来专做男子附属品育儿机械家庭奴隶的我们——中国妇女——到了今日也渐渐儿发生人的自觉和女权的要求。于是西方各国已经演过的女权运动参政运动,又在东方舞台上重复演起来。不能不算我们女界前途的一线曙光。

但是,我们满腔热血壮壮烈烈要做的女权运动和参政运动,我们的理想标准究竟是怎样呢?

我们所要求的女权,是否只要达到和今日中国一般男子平等的地位算满足。

我们所要求的参政,是否即羼入像现在军阀饲养臭气熏天的猪仔议会和那一班猪仔比肩并列?

如果我们女权运动的理想标准是要得到与今日中国一些丧失了人性的男子(如北洋军阀及随附他们的官僚政客议员)同等的地位,那么半殖民地半封建政治之下的一般丧失人性的男子,他们一面做的是列强的奴隶,一面又做的是军阀的奴隶。他们除掉根据历史上传统的习惯可在女子面前耀武扬威以外,并够不上说什么权。我们虽然得了他们的地位,也不过仅仅摆脱他们的羁绊,而仍然不免要与他们同做列强和军阀的奴隶。至于军阀饲养臭气熏天的猪仔议会和那一班猪仔,早为全国民众所共弃,我们忍把光明磊落的参政运动,断送在这个溷厕里面吗?

然则我们的女权运动、参政运动的理想标准究竟是怎样呢?

彻底点说,中国的女权运动参政运动是一种进步的运动,是一种革新的运动,是带了 20 世纪人类解放色彩的运动。其理想标准不是仅仅在于得到和一般中国男子平等的地位，而是一面要求法律上经济上教育上社会上的男女平等，一面热烈参加一般民众打倒列强和北洋军阀的国民革命运动，以免除中华民族内外的压迫。参政运动在合作的意义上只有革新的一条路，只有如此我们方能筑稳女权运动参政运动的根基；只有如此，我们才能在权利义务相对待的原则上，由落伍者一跃而为前锋。

中国国民党前前后后有三十余年革命的历史，今年改组以后，越发确定了它的历史的使命。此种意义在国民党第一次全国代表大会的宣言上可以完全看出，它是国民革命的大本营，也是国民革命的总指挥。姐妹们如果觉悟到彻底的女权运动和参政运动有参加国民革命运动的必要，最好在它旗帜之下，各就所在地与一般觉悟的民众团结起来，随时随事努力奋斗！

国民党是全般民众利益的代表者。全般民众利益的代表者，绝对不能将占半数的妇女撇开，而且妇女有妇女本身的特殊利益，国民党很忠诚地愿代表妇女本身的特殊利益。所以改组以后，国民党的中央执行委员会，以及北京、上海、汉口各执行部通通设了妇女部，专做为妇女利益奋斗之工作。希望各界妇女同胞有觉悟分子和我们携手，领导全国妇女做本身的及全般的各种解放运动。以实现国民党政纲中下列的一条："于法律上、经济上、教育上，确认男女平等的原则，促进女权的发展。"

全国妇女同胞联合起来。[①]

上海妇女运动委员会的宣言表明了那些建立在共同弱势地位基础之上的统一战线政治支持者们的模糊性。与男性相比，女性处于弱势地位，因而与男性不同，但是她们并不像其他类似工人之类的群体那样具

---

① 《上海妇女运动委员会宣言》，收于谈社英编：《中国妇女运动通史》，第145—146页，南京：妇女共鸣社，1936年。

有可以辨认的弱势的统一标志。然而,妇女运动的实力和多样性使得她们不会从属于另外一个团体或者是忽视。妇女活动家们在中国是一股不容忽视的力量,通过诸如向警予这样的女性,她们保持在政党政治中的集体政治身份。向警予对妇女参政运动长期效果的轻视以及对城市中产阶级妇女运动的不耐心,影响了妇女运动在妇女参政方面的措辞,例如去掉了对议会主义的某些乐观态度。对向警予来说,妇女解放所需要的是革命性的政治改变而不是宪法改革。实际上在她的著述中,我们看到关于"参政"这个术语含义开始发生转变。对向警予来说,"参政"已经被最好地理解为"参与政治",而议会式民主对于她的所谓政治参与不是最重要的。尽管向警予对于议会参政主义感到不适应,但她仍在 1924年 11 月成功地指导建立了一个新的妇女团体,并要求允许妇女参加孙中山宣布的即将召开的国民会议。①

第四节　坚持妇女的集体身份:国民会议运动

从 1927 年回溯中国妇女运动的历史,杨贤江认为妇女在 1924—1925 年国民会议期间进行的运动是整个中国妇女运动的第三个重要阶段。按照杨的说法,第一阶段是妇女参与辛亥革命,第二阶段是参加五四运动。② 1924—1925 年的国民会议运动是由孙中山倡导的,他号召通过召开全国最高会议协调南北方政治利益,让双方回到谈判桌上来,在一个政府的领导下重新实现国家统一。这是孙中山在 1923 年改组国民党以后采取的第一项重要政治措施。相应的,孙中山与北方政府新任首脑段祺瑞进行沟通,期望通过这个国民会议来结束南北之间的分裂。统一战线中的妇女把这次会议看成是确保妇女在任何最根本的文件协议

---

① 许文堂:《向警予与中共中国早期妇女运动》,《近代中国妇女史研究》,第 2 期(1994 年 6 月),
　第 75 页。
② 杨贤江:《中国的妇女运动》,《新女性》,第 2 卷第 1 期(1927 年),第 13 页。

中的权利的一个机会，她们成立了一个名为女界国民会议促成会的庞大组织。① 女界国民会议促成会是国民会议促进会的妇女组织。后者仅仅是期望推动孙中山会议的召开，而前者有额外的议程，即确保妇女能全面参与会议，并能促成国民会议的召开。向警予和女界国民会议促成会一起动员所有主要妇女团体加入到国民会议运动中去。主要的妇女参政团体很自然地对国民会议热情高涨，她们将妇女参与这场运动成立新的机构作为确保未来国家宪法以及其他法律包含性别平等条款的关键。

最后，和这个时代采取的大多数政治战略一样，国民会议运动只是昙花一现。段祺瑞宣布在几个星期以后他将召开"善后会议"，并在三个月内召开国民会议。然而，孙中山和段祺瑞两人之间的分歧巨大，使得他们无法就与会人员名单达成共识。段祺瑞想包括更多的军人，而孙中山则倾向于更多的文官参与（当然是由国民党员和它们的同情者占主导）。段和孙在 1924 年 12 月至 1925 年 1 月的冬天继续就善后会议的参加者名单而斗争。最终，国民党退出与段祺瑞的会谈。善后会议于 1925 年 2 月 1 日在国民党没有认可的情况下召开，并特别地将妇女组织排斥在外。② 作为回应，孙中山决定召开"人民的"国民会议，并将段祺瑞和他的支持者们排除在外。会议在 1925 年 3 月召开了整整一个月。正如我们随后将会看到，会议宣布了一系列关于性别平等的声明。然而，孙中山不断恶化的健康给这个"人民"的国民会议带来了阴影，孙在会议中途因肝癌去世。因为南北方进入僵局，军事解决国家统一成为唯一可行的方案。随着国民会议运动领导人的逝世，女界国民会议促成会也逐渐停

---

① 《女界国民会议促成会之发起》，《申报》，1924 年 12 月 5 日。

② 段祺瑞的善后会议于 1925 年 2 月 13 日至 4 月 21 日召开。它颁布了一系列关于国民代表会议的法律，并成立了军事和金融委员会。李剑农这样描述这些规则："所有这些法律都在 4 月 24 号由段祺瑞执政府制定通过。但是这些法律只是纸面上的。目的只是为了安抚人民。国民党表示反对，军阀们则更无视这些法律。"李剑农（Li Chien-nung）：《中国政治史，1840—1928 年》(*The Political History of China*, 1840—1928)，Van Nostrand 出版社，1956 年，第 479 页。

止了它们的活动。

　　尽管是一个短暂的运动,女界国民会议促成会在它存在的5个多月中表现了这个时期统一战线妇女运动所呈现出的高超的政治能力和组织技巧。正如她们在各省所采取的快速行动那样,女界国民会议促成会的妇女们一看到这个推动她们事业发展的机会就迅速行动起来。当她们知道孙中山要召开国民会议以后,她们立即行动起来提出妇女参与的要求。随着11月底的到来以及与会者名单的传出,上海女界国民会议促成会直接游说孙中山,提出妇女的特别利益需要在会议上加以特别考虑。她们强调,她们的情况涉及动员所有人,而不仅仅是反对军阀和帝国主义的男性。最后她们提醒孙中山,国民党党章已经明确地阐述了性别平等和推动妇女权利的重要性。[1]

　　在随后的数个星期中,女界国民会议促成会的妇女们积极地发表文章并参与媒体活动。《申报》上的一篇文章强调了即将召开的国民会议包括那些妇女组织代表的必要性。妇女们不仅仅期望妇女能参与到国民会议中来,她们也期望来自妇女组织的特别代表确保有关女权主义的议题在会议上能得到慎重考虑。[2] 章锡琛写道,她们的共同逻辑是"国民会议是国民的会议。妇女也是国民。因此妇女应该参加国民会议。"[3]女子参政会支持这个运动,这些妇女们没有去等记者报道她们的运动,她们自己向报纸投稿。其中一篇文章追溯了妇女运动自1911年以来的发展历史,把国民会议运动和女界国民会议促成会妇女作为当代政治权利斗争的最高峰。[4] 这个团体后来为其成员提出了三点行动计划。第一是

---

[1]《上海国民党女党员致中山函》,《民国日报》,1924年11月29日。《民国日报》是报道国民会议运动的主要报纸,它在1924年11月28日到1925年5月28日有专栏。

[2]《女界国民会议促成会之发起》,《申报》,1924年12月5日。另见《女权运动会主张加入国民会议》,《民国日报》,1924年12月4日;《沪女界发起国民会议促成会》,《民国日报》,1924年12月5日。

[3] 章锡琛:《国民会议与女国民》,《妇女杂志》,第11卷第5期(1925年),第730页。

[4]《女子参政会之全国女界书》,《民国日报》,1924年12月18日。另见《女界主张加入国民会议之一封信》,《申报》,1924年11月30日。

向全国范围内的所有妇女团体发出关于这个运动的信息,第二向孙中山和段祺瑞递交抗议信,第三是要求尽快召开国民会议。[1]

作为这场运动的主要领导人,向警予在《妇女周报》发表了一篇宣传这场妇女运动的讨论文章。文章提出,国民会议中的妇女特别代表是非常重要的。这是因为对于妇女存在着一个历史性及制度性的偏见,妇女不太可能在任何其他部门被任命为代表。而且,她也指出,现存的妇女团体有责任去代表妇女的利益,确保这些利益能在国民会议上得到慎重讨论。与妇女有特别关系的议题包括保护母亲、政治权利平等、婚姻法、继承权、就业机会以及接受教育。向警予采用辛亥革命时期妇女们所采用的策略,最后提出妇女权利将会使整个中国受益。她说:"这不仅使妇女受益,而且使男性和国家也受益。"[2]另一个名叫陈文清(音译)作者将中国的改革看成是和妇女权利融合在一起的。她写道,一旦妇女参与正式政治,中国当前混乱的政治体制将开始得到改变。[3]

在 12 月初,妇女们开始一起协调各种妇女团体的活动。《申报》在1924 年 12 月 9 日报道说,有十多个妇女团体参加会议,探讨并提出推动妇女参加国民会议的策略。来自中国女子体育学校协会、上海大学平民女校以及上海大学女学生协会的代表参加了会议。工人协会的代表,例如华商烟草工人协会也参加了会议。[4] 和那些在过去 20 年中成立的每个妇女协会一样,刚成立的女界国民会议促成会也制定了章程。[5] 为了在更多的妇女中推动这项事业,她们发出电报提醒妇女们注意有关问

---

① 《女子参政协进会职员会记》,《申报》,1924 年 12 月 18 日。
② 向警予:《国民会议与妇女》,《妇女周报》,1924 年 12 月 14 日,收于《向警予文集》,长沙:湖南人民出版社,1980 年,第 161—164 页。
③ 陈文清(音译):《中国政治与女子参政》,《妇女周报》,1924 年 5 月 28 日。
④ 《女界筹备参与国民会议》,《申报》,1924 年 12 月 19 日。另见《女界国民会议促成会电》,《申报》,1924 年 12 月 14 日。
⑤ 《女界国民会议促成会章程》,《申报》,1924 年 12 月 21 日。会议章程重印于《女界国民会议促成会筹备会记》,《民国日报》,1924 年 12 月 21 日。

题,号召她们迅速动员起来:"在这个生死攸关问题上的时间不多了。"①
女界国民会议促成会决定在月底召开一次大会以显示她们的实力。②

会议于 1924 年 12 月 21 日在上海召开,它吸引了六百多位妇女参
加。著名的妇女参政活动家刘王立明(1897—1970 年)主持了这次会议。
妇女们将她们争取妇女权利的运动与国家危机联系在一起。其中一位
发言者解释说,妇女准备参与到国民会议中以帮助解决国家的这些问题
并解放妇女。这位发言者说,女性在婚姻选择上没有自由,在继承权利
上也没有享受和男性的平等权利,而且妇女教育没有得到普及。她告诉
那些与会者,为了和国家统一议题保持一致并实现这些女权运动目标,
妇女参加国民会议成为关键。③

在上海分会创立后不久,女界国民会议促成会分会在全国范围内成
立,包括北京、南京、杭州和广州。著名的中共党员邓颖超在天津成立分
会。在第一次的主要声明中,天津分会将与几个性别不相关的问题呈交
给国民会议讨论。这些议题包括取消不平等条约、为中国难民提供帮
助、反对腐败、进行税收改革以及改善士兵生活环境。④ 和上海分会一
样,天津分会也提出了一些要求,诸如赢得妇女在政治、经济、继承和婚
姻法、教育、就业和事业发展机会上的平等权利。然而,她们也要求政府
支持女工获得特别的教育机会,禁止卖淫、买卖妇女和女婴,废除对女性
贞洁的虚伪的双重标准。

在段祺瑞拒绝妇女团体参加善后会议之后,女界国民会议促成会迅
速采取了一系列行动。全国各地的妇女团体给段祺瑞和孙中山通电表

---

① 《女界国民会议促成会筹备处通电》,《申报》,1924 年 12 月 13 日;《女权运动会之通电》,《申
报》,1924 年 12 月 4 日。
② 《女界参与国民会议之进行》,《申报》,1924 年 12 月 11 日。
③ 《女界国民会议促成会成立记》,《申报》,1924 年 12 月 22 日。另见《女界国民会议促成会成
立记》,《民国日报》,1924 年 12 月 22 日。
④ 《天津妇女国民会议促成会成立》,《国民日报》,1924 年 12 月 31 日。另见《津妇女国民会议
促成会成立宣言及简章》,收于刘王立明:《中国妇女运动》(第一册),上海:商务印书馆,1934
年,第 37—39 页。

示抗议，许多抗议信也刊登在报纸上。上海团体的电报声称，段祺瑞的决定"完全剥夺了妇女们作为国民投票和参加选举的权利。而且它侮辱了女国民的尊严，与女国民的意愿冲突"①。河南分会向媒体发出电报，同时发表公开信声称，"如果我们中国的妇女要从层层压迫中解放自己，拥有'人民'和'国民'的地位，那么参与国民会议运动将是扩大我们影响的共同斗争"②。

章锡琛在一篇文章中指出，妇女参加全国性会议是至关重要的，因为国民会议的"国民"两字表明这是一次全国性的会议。既然妇女占中国人口的一半，那么她们应该能够表达她们的观点。然后她指出，在目前这个阶段大多数妇女并不认为她们自己是国民，因此有必要对妇女在政治参与方面给予教育。她最后的话语极具挑战性："召开一次真正的国民会议！做一回真正的女国民！"③

孙中山的对立的"真正的"，"人民的"国民会议，在一个月以后，即1925年3月1日召开，其中有妇女代表参加。妇女们在媒体上庆祝会议的召开，一位评论员在《妇女周报》上评论孙中山的国民会议，"我们妇女现在应该从黑暗的牢笼中解放我们自己。这次国民会议是一个真正难得的机会。"④上海分会派遣两个代表去北京参加当地的妇女分会。在媒体上，关于国民会议任命代表的报道充满了鼓舞和希望。⑤ 在长达一个多月的会议期间，来自全国各地的女界国民会议促成会就北京会议召开报告会。⑥ 同时，她们给国民会议发电报，提醒代表们关注男女平等的重

---

① 《沪女界国民会议促成会通电》，《大同报》，1925 年。收于中华全国妇女联合会编：《中国妇女运动历史资料，1921—1927》，北京：春秋出版社，第 434 页。

② 《河南女界促成国民会议之电报及宣言》，《民国日报》，1925 年 2 月 18 日。天津也发了相似内容的电报。《天津妇女会议促成会会员大会》，《民国日报》，1925 年 2 月 25 日。

③ 章锡琛：《国民会议与女国民——在上海女国民大会讲》，《妇女杂志》，第 11 卷第 5 期(1925年)，第 730—731 页。

④ 宋云昆(音译)：《国民会议与妇女宣传》，《妇女周报》，1925 年 2 月 16 日。

⑤ 《女界国民会议促成一周记事》，《妇女周报》，1925 年 2 月 16 日。

⑥ 见《女界国民会议促成会开会记》，《申报》，1925 年 5 月 11 日。

要性,提出这应该被列入正式的国民会议日程中。① 妇女们在上海还同时召开了妇女国民会议,在会上重申她们的基本主张。向警予也在大会上发表演讲,强调"妇女不仅应该享有与男性平等的参加投票和选举的权利,而且应该有妇女协会代表明确地参加国民会议"②。只有采用这种方法才能确保妇女的广泛权利。正如向警予告诫说,中国以前也有雄心壮志的妇女领导人,例如武则天,但这些妇女对改善广大妇女的状况没有任何帮助。只有来自妇女协会的代表才可以确保妇女权利能得到保障和提高。③

国民会议最终持续了一个月之久,有 13 名妇女代表提出有关于妇女问题的特别声明。④ 会议报告的第 8 条讨论了妇女问题,但是它所提出的方案很大程度上只是重申了 1920 年代初期女界联合会所关注的议题:

(1)女性在政治、经济、法律、教育和职业方面享有和男性同等的权利;(2)女性和男性应该享有平等的继承权利;(3)保护妇女和女孩;(4)废除阻碍男女同校的制度;(5)女性应该享有自由选择职业的权利;(6)实行男女工人每天八小时工作制,同工同酬;(7)严格处罚溺婴、虐待妻子和媳妇、贩卖妇女、缠足以及穿耳孔的恶俗;(8)彻底消除婚姻"买卖"制度,妇女在婚姻和离婚上享有绝对自由,应该促进妇女按照自己意愿选择和反对婚姻的自由。而且,应该同等对待那些有贞洁的妇女以及那些结婚一次以上的妇女,消除有关贞洁的虚伪的毫无人性的法律和仪式。⑤

① 《沪女界定期开女界国民大会》,《申报》,1925 年 3 月 12 日。
② 向警予:《女国民会议的三大意义》,《妇女周报》,1925 年 3 月 29 日,收于《向警予文集》,长沙:湖南人民出版社,1980 年,第 184 页。
③ 另见向警予:《应力争妇女团体参加国民会议》,《妇女周报》,1925 年 4 月 13 日,收于《向警予文集》,长沙:湖南人民出版社,1980 年,第 192—193 页。
④ 杨贤江:《中国的妇女运动》,《新女性》,第 2 卷第 1 期(1927 年),第 14 页。
⑤ 《国民会议促成会全国大会报告》,《民国日报》,1925 年 5 月 28 日。

这种对贞操双重标准的批判——在这里女性对性道德承担唯一的责任——表明人们对妇女政治角色的态度发生了重要变化。这种转变的全面影响在 1930 年代修订家庭和婚姻法的过程中表现得很明显。然而，在早期的女界联合会文件和这个当前的"人民"的国民议会声明之间有着另一种重要的区别，因为后者强调消除对女性有着漫长历史渊源的压迫的关键是经济权利，并阐述了阶级统一的重要性。第二段话是这样开始的，"很自然，妇女问题的背后是经济问题。财产制度是这些经济问题的根源。"第三段解释了妇女运动应该"广泛地融入到妇女大众中去"。它建议妇女活动家们需要统一当前的政治力量，"这种形式的统一包括妇女工人、中产阶级妇女甚至是上层妇女"[①]。重申妇女在经济地位上相对男性的弱势地位为促进妇女们的集体政治利益提供了重要依据。

尽管存在某些局限，但是文件还是成功地促进了妇女权利。但是当前主要的政治形势阻碍了以立法为中心的妇女活动获得成功。尽管孙中山在 1924 年至 1925 年冬天为实现政治谈判做了最大的努力，但是北方的政治局势仍旧不稳定。段祺瑞只不过是名义上的政府领导人，军阀们依旧控制着北方。国民会议运动未能产生一个合法的全国性政府，这意味着妇女运动随着国民会议运动的失败而告终。《民国日报》上开辟的关于国民会议运动的专栏变得越来越小。曾经担任过《妇女杂志》编辑的章锡琛建议妇女们从立法权运动转向推动国民思考妇女在社会中的变化上来。他对比了"塞弗拉极士姆"（参政主义）和"弗弥涅士姆"（女权主义）。他认为，前者主要关注消除男性与女性之间的不平等，后者则是期望改变男性和女性互相认可对方的根本方式。在章锡琛看来，参政主义是更广泛的"思想革命"的组成部分。这种观点认为，即使没有参政，妇女活动家们仍旧可以进行这样的革命。[②] 章锡琛战略性地看到，妇

---

① 《国民会议促成会全国大会报告》，《民国日报》，1925 年 5 月 28 日。

② 章锡琛：《最近妇女的运动的失败和今后应取的方针》，《妇女杂志》，第 11 卷第 7 期（1925 年），第 1124 页。

女们将她们的运动与国家政治局势密切地联系在一起的局限性。在另一篇文章中,他指出1925年的国民会议是一个冒牌货。它缺乏公信力的一个证据是,关于妇女参政的任何讨论表明国民会议只不过是个笑话。"毫无疑问,终有一天将会召开真正的国民会议。在真正的国民会议中,妇女肯定不会自己要求参加,因为那时不会存在那种将妇女排除在外的想法。"[1]

其他的评论者也表达了她们的看法,即参政仍旧是重要的目标。尤其是最近美国和英国的妇女们获得了这项权利。这些评论者对关于英国妇女政治家活动的报道仍感到很有兴趣。[2] 瑟卢在1924年写道,很遗憾国际妇女参政运动的胜利对中国只产生了有限的影响。然而,自1911年的参政运动以来,瑟卢声称妇女运动扩大了,它在妇女的教育以及就业甚至是在正式承认她们的政治权利方面已经取得了许多重大胜利。[3]然而,出人意料的事件促使了政治上活跃的妇女在反帝道路上进一步前行。妇女参政运动在以后的数年中仍将处于次要地位。

第五节 五卅运动:反对帝国主义与妇女参政运动

到1925年的年中,随着国民会议运动的逐渐结束,另外一个事件使得中国妇女活动家们变得进一步左倾。1925年5月15日,一名日本棉纺厂的罢工工人在上海被枪杀。5月30日,上海工人举行大规模示威,抗议日本帝国主义杀害中国工人。在抗议中,英国警察开枪扫射,杀死了11名学生和工人。全国范围内的政治活动家们和爱国者们在反帝怒

---

[1] 章锡琛:《最近妇女的运动的失败和今后应取的方针》,《妇女杂志》,第11卷第7期(1925年),第731页。

[2] 哲生:《法国妇女对于参政的冷淡》,《妇女杂志》,第11卷第1期(1925年),第177—184页;幼雄:《英国的妇女政治家》,《妇女杂志》,第11卷第5期(1925年),第801—804页。

[3] 瑟卢:《最近十年内妇女界的回顾》,《妇女杂志》,第10卷第1期(1924年),第16—22页。

潮中举行抗议集会，最后演变成五卅运动。[①]

妇女运动开始把她们的精力转移到支持这个运动上来。在国民会议运动中活跃的妇女运动网络扩大了，因为女学生和女工人开始加入进来了。柯临清（Gilmartin）写道，五卅事件直接导致了女学生活动积极分子数目的急剧增加，而女共产党员人数则增加了十倍。[②] 女性在运动的各个层面上都很活跃，她们参加罢工、举行集会以及分发传单。这样，妇女参政运动被国民党的反帝斗争和共产党争取工人权利活动边缘化。女界国民会议促成会的网络转变成五卅运动的网络。柯临清（Gilmartin）指出，"五卅运动发生的时机对于加速妇女权利组织（指女界国民会议促成会）转变成一个大众妇女运动组织过程中的作用是非常意外的"[③]。为了完成这种转型，向警予在 1925 年 6 月 5 日建立了一个新的组织——上海各界妇女联合会。这个联合会完全是以女界国民会议促成会为基础建立的，但是她的宣言却没有包括性别平等或者妇女权利方面的规定。在向警予的领导下，上海各界妇女联合会要求外国人停止侮辱和剥削中国工人，工人们有不受干涉自由组织的权利。她们也要求废除不平等条约。[④] 这样，各界妇女联合会利用了妇女运动为共产主义运动服务，实现了共产党的目标。

历史唯物主义的马克思主义观点在那个时候广泛传播的标志是杨贤江撰写的一篇文章。他认为，中国妇女运动的进步起源于贵族和资产阶级妇女以及她们对性别平等和妇女参政的追求。然后它进入另一个阶段，在那里妇女反思帝国主义经济的影响，仅仅羡慕个体在家庭环境

[①] 关于进一步讨论，见裴宜理（Elizabeth J. Perry）：《上海罢工：中国劳工政治》（*Shanghai on Strike：The Politics of Chinese Labor*），斯坦福大学出版社，1993 年。

[②] 柯临清（Gilmartin）：《性别化中国革命》（*Engendering the Chinese Revolution*），第 132—133 页。

[③] 同上书，第 137 页。

[④]《上海各界妇女联合会成立》，《申报》，1925 年 6 月 6 日。另见《各界妇女联合会宣言》，收于谈社英编，《中国妇女运动通史》，南京：妇女共鸣社，1936 年，第 157—158 页。

中的幸福。杨所提出的第三个阶段是小资产阶级对经济和家庭改革的要求,这些仍旧围绕着性别平等和妇女参政而展开。第四个阶段是在工厂女工中发展起来的无产阶级妇女运动。[1] 在他看来,五卅运动和上海各界妇女联合会的活动是迈向第四阶段的一个环节。

但并不是所有参与五卅运动的妇女都认为妇女权利章程没有充分体现她们的利益。与上海各界妇女联合会类似的广东团体倾向于称呼自己为广东妇女解放协会。自从1925年5月成立开始,它明确地坚持对妇女权利的承诺。它的五月宣言将协会对教育、工资、职业、政治和婚姻性别平等的号召放在工人运动和反帝运动的大环境中。[2] 但是它仍推动妇女国民会议运动的进行。在推广"国货运动"(鼓励国人购买国货而不是洋货)中,妇女解放协会在一次会议上也要求全国的妇女发电报支持参加国民会议的妇女代表。[3]

然而,国民会议运动不能够弥合共产党员和国民党之间越来越大的分歧。在反思国共两党最后决裂的问题时,谈社英写道,"共产党和国民党无法合作。"[4]共产党给全国妇女运动以及动员妇女参加所有主要政治运动带来的影响是它淡化了性别平等,但强调了经济和阶级压迫。妇女参政运动依赖于全国性的稳定政治结构,这削弱了妇女们对参加这项运动所施加的持续的压力。然而,同时对那些可辨认的弱势群体政治选民群体的更广泛的热情使得妇女运动对中国的政治辩论继续产生影响。

第六节 绞杀革命:统一战线的瓦解

当北伐战争取得胜利的时候,蒋介石开始对共产党在国民党内的影

---

[1] 杨贤江:《中国的妇女运动》,《新女性》,第2卷第1期(1927年),第13—14页。

[2]《广东妇女界解放协会宣言及纲领》,广东省档案馆,1925年。收于中华全国妇女联合会编:《中国妇女运动历史资料,1921—1927》,北京:春秋出版社,第95—97页。

[3]《女子参政协会特别会议》,《申报》,1925年6月6日。关于国货运动,见格特(Gerth):《中国制造》(China Made)。

[4] 谈社英编:《中国妇女运动通史》,第159页。

响警惕起来。到了 1926 年底，统一战线中的左翼和国民党内的大财团之间的关系越来越紧张。当北伐军到达长江流域的时候，蒋介石决定向东夺取上海，然后再北伐。工人们期望从军阀孙传芳的统治下获得解放，他们在 1927 年 2 月举行大罢工。但是蒋介石背叛工会对他的信任。当孙传芳的部队围捕和杀害工人的时候，蒋的部队只是集结在上海城外。在蒋介石控制了上海以后，对左翼"麻烦制造者"的清洗也结束了。直到这个时候，这些工人们还认为他们也是国民党的一部分。在随后的数月中，许多包括向警予在内的著名共产党员被杀或者逃亡。对"激进"妇女的屠杀也在全国范围内进行。莱斯利·科林斯（Leslie Collins）指出："在 1927 年有超过 1000 多名妇女领导人被国民党右翼杀害；她们中的许多人并不是共产党员，而只是活跃的妇女运动参与者而已。"科林斯（Collins）指出，那些妇女在砍头前被割掉乳房的事情也曾有报道。[①] 对妇女政治领导人身体性器官的羞辱性破坏，对于这个时期的很多人来说这些妇女已经失去了她们的贞洁。

张挹兰（1893—1927 年）的生平充分地说明了这一点。国民党在 1923 年的重组涉及党组织的复兴，参加北京党部的妇女中有张挹兰。作为众多政治化的湖南妇女中的一员，她父亲在 1910 年将她许配给龙家，但是在 1915 年她的孩子夭折以后，她就离开了她的丈夫。她于 1919 年去了北京，在北京女子师范大学学习，在 1922 年她考入北京大学。正是在这个时候她和丈夫正式离婚。从 1925 年开始她加入到中山主义实践社，全身心投入到孙中山领导的国民党三民主义统一中国的事业中。她负责编辑激进的《妇女之友》，她在 1927 年成为国民党北京市党部妇女部秘书。这种与国民党妇女组织的联系将她和激进的左翼政治联系在一起，使她成为受攻击的目标。在北伐即将结束之际，军阀张作霖将逮

[①] L. E. 考林斯（L. E. Collins）：《新女性：对女权主义运动从 1900 年至今的心理历史分析》（The New Women: A Psychohistorical Study of the Chinese Feminist Movement from 1900 to the Present），耶鲁大学博士论文，1976 年，第 620 页。

捕张挹兰作为他支持蒋介石消灭激进分子运动的一部分。她于 1927 年 4 月 28 日和其他 20 位包括中共创始人李大钊在内的"革命者"一起被绞死。[1]

国民党控制地区的妇女运动在 1927 年没有完全销声匿迹,尽管国民党内的共产党员被残忍地杀害。但是柯临清(Gilmartin)已经指出,"1927 年之后,女权主义失去了她们的政治后盾,因为在 1920 年代没有一个政党愿意全面地再次攻击对妇女的父权制控制。"[2]然而,尽管来自党的最高领导人的支持在减少,妇女运动仍在继续进行。在蒋介石的军队进入上海以后,几乎在国民党控制这个城市的同时,22 名妇女与上海的国民党第二路军讨论在新的政治秩序中动员妇女的重要性。凭借官方的支持,她们于 1927 年 5 月 28 日建立妇女运动委员会。尽管重申三民主义的原则、国民党对性别平等的宪法承诺、妇女对从事爱国运动的责任,妇女运动委员会在捍卫工人权利的问题上保持了沉默。相反,她们提倡提高妇女的教育和知识,鼓励女性经济独立,消除卖淫和纳妾恶习。[3] 而且,她们宣言的中产阶级色彩非常明显。正如我们在下一章将会看到,在陈逸云的领导下,这个团体在随后的 20 年中孕育出了民国时期最著名的女政治家。因为这个委员会附属的机构——第二路军司令部被解散,所以尽管这个妇女运动委员会只存在了很短的时间,但是一旦任何形式的政府成立,妇女们就可直接地游说并提出进行妇女运动的迫切性。陈逸云的同事不太可能不知道她们曾经的盟友,例如张挹兰或者向警予被残忍地杀害。然而,在 1927 年随着北伐即将结束,在蒋介石领导的全面夺取政权的斗争中,同志间背叛的事情非常普遍。

到 1927 年 6 月,国民党已经形成了一套更统一的方法将妇女运动

---

[1] 见袁韶莹、杨瑰珍编:《中国妇女名人辞典》,第 332—333 页;尚海等编:《民国史大辞典》,北京:中国广播电视出版社,1991 年,第 880 页;《妇女辞典》编写组:《妇女辞典》,北京:求实出版社,1990 年,第 98 页。

[2] 柯临清(Gilmartin):《性别化中国革命》(*Engendering the Chinese Revolution*),第 211 页。

[3] 谈社英编:《中国妇女运动通史》,第 171—173 页列出了 22 名参加讨论的妇女的名单。

纳入到其党的体系中。在随后的几个月中，包括南京、北京和上海在内的城市建立了特别市妇女协会。像河南和安徽这样的省份也将同样的委员会纳入到各自的国民党体系中。这些团体对国民党的效忠明确地体现在她们的宣言中。上海特别市妇女协会的宣言这样写道，"本会由(国民)党直接领导。"①在这些协会中，妇女和共产党保持了距离，她们在国民党的总体框架中维持中产阶级的立场。尽管在 1928 年秋天北京特别市妇女协会建立的时候，妇女、工人和农民被包括在她们的行动计划中。改善女工与农民的生活条件和教育被列为关注要点。另外还包括未加具体说明的女学生的"卫生"和"着装"问题。这主要是因为她们所处的社会地位的原因，使得她们对女学生所面临的问题有更多了解。妇女参政也被给予明确的承认。协会期望确保女性政治家得到培养，以实现女性与男性在政治上的平等。② 福州市妇女协会在群众集会结束时高呼："打倒看不起妇女的敌人！婚姻和离婚自由！国民党万岁！国民政府万岁！妇女运动成功万岁！"③很显然，在国统区的妇女们将她们的事业与国民党和国民政府的命运直接而公开地联系在一起。

第七节　从新文化到白色恐怖

在 1925 年和 1928 年之间，对妇女参政方面的讨论比较有限。妇女媒体上偶尔出现的文章使得这个问题的讨论没有间断。但是直到北伐战争结束为止都没有出现重大妇女参政活动家们所动员的运动。陈江滔在 1927 年写的一篇文章中追溯了有关妇女政治权利的立法过程。他指出，作为一个政治群体妇女当时被当作和疯子一样被剥夺投票权。陈也总结了反对妇女参政的主要观点。尽管因为新文化运动的原因，很大

---

① 谈社英编：《中国妇女运动通史》，第 174 页。
② 同上书，第 192—193 页。
③ 同上书，第 206 页。

一部分城市受教育阶层对妇女的态度发生了急剧转变,但是反对妇女参政的言论在过去几年中并没有太大的变化。陈江滔列举了一些反对妇女参政的主要理由:妇女在体质上太弱,因而无法和男性在这个领域竞争;女性会忽视家庭,从而影响孩子;女性容易情绪不稳定。不过,他在文章的结尾处对妇女所要求的全面政治权利做了简明而成熟的总结。这表明了复杂的民主体制中的活动家们越来越了解这个政治体制。陈指出,中国妇女不仅要求享有投票和参加选举的权利,而且也要求批评政府政策的权利,参与罢免官员和全民公决,在政府中担任职务,以及参加陪审团的权利。而且,妇女应该享有言论和思想自由,在法律面前保持个人独立,继承财产,在一夫一妻婚姻制度下离婚和结婚的合法权利。[1] 类似的,谦弟在 1929 年撰写的另外一篇题为《妇女和社会》的小文章体现了这个时代的女权主义思想:

> 从现在开始,我们妇女的斗争应该有两个目标:(1) 推翻以男性为中心的社会,建立一个由两性共同拥有的社会。(2) 女性成为社会的国民,不是男人的妻子和情人,也不是父母的女儿,或者是孩子的母亲……在建立两性社会的艰苦时期,我们应该提出如下三个口号:女人不是男人的财产! 女人不是社会的装饰品! 女性是社会的主人![2]

新文化运动时期在迈向更自由和更个人主义的社会过程中取得的进展随着国民党实现国家统一戛然而止。为了在国家层面上实现性别平等,被恐吓住的和数量上急剧减少的妇女活动家们必须与一个提倡儒家和谐与家庭价值、怀疑直率而激进妇女的政府打交道。正如我们将在下一章看到,对于女权主义活动家们来说,要在刚刚取得统一的中华民国继续她们的活动,就必须采取一条谨慎的路线。1927 年的"白色恐怖"

---

[1] 陈江滔:《今后我国妇女应有之政法权》,《妇女杂志》,第 13 卷第 10 期(1927 年),第 1—3 页。
[2] 谦弟:《女性与社会》,上海:光明书局,1929 年,第 6—7 页。

迫使妇女活动家们谨慎地选择她们的政治立场。对于那些仍旧在城市的妇女活动家们来说，国民政府仍旧是她们关注的中心。另外一些则和共产党一起转移到农村，并在农村妇女中开展工作，实施和宣传共产党的政策。只有很少一部分以城市为中心的妇女杂志提出农村妇女运动议题。① 还有一些则倾向于避开共产党和国民党，通过以人权拯救国家和民主权利的提倡者身份占据同样危险的中间立场。在 1930 年代和1940 年代与共产党和国民党妇女合作的过程中，这个团体成为追求妇女参政和性别平等运动的最有效的推动者。

正如我们将在下一章中看到的，国民党在 1928 年底重新制定所有文件以规导刚刚统一的中国。妇女参政活动家们依旧完全关注为妇女们争取法律和宪法权益，将她们的注意力转移到参与国民党授权的立法进程中。她们的主要任务是要那些政治领导人诚实地履行他们对给予妇女权利的公开承诺，因为历史已经教导过她们，保持警惕性是必须的，关注细节也是关键。

---

① 例如，杨东莼：《评中国十九年来的妇女运动》，《妇女杂志》，第 17 卷第 1 期（1931 年），第 7—16 页。

第六章　南京国民政府时期的女权主义者
(1927—1936 年)

　　1928 年 10 月北伐战争即将结束,国民革命军通过镇压以及与军阀和他们的傀儡政客们合作,一路攻打到北京。国民党建立了一个单一国民政府,从而实现了中国在一个政府下的统一。尽管左翼妇女被排斥在城市运动之外,但是妇女权利活动家们仍然在这种新的政府结构中看到了进行根本性的、长远的法律和宪法改革的希望。然而,国民党并没有立即建立全面的民主选举体制,尽管早在 1920 年代初期在各省就曾经进行过选举。相反,他们宣布实施进入训政时期。孙中山在 1924 年设计了一个训政体制,即《国民政府国家建设纲领》。[①] 这个文件认为,国民党应该引导人民的政治和公民意识,这样才能在全国范围内实现宪政民主。孙中山认为,1911 年辛亥革命失败的一个原因是人民对民主还没有做好准备。一些人认为不应该给予妇女参政权,因为妇女还没有准备好。但是在国民党领导人看来,无论男性还是女性,他们的民主责任感都还不够。因此,训政时期被认为将会促进人民大众发展他们必备能

[①] 这份文件的正式日期是 1924 年 4 月 12 日。关于南京国民政府时期最经典的讨论,参考易劳逸(Lloyd E. Eastman):《流产的革命:1927—1939 年国民党统治下的中国》(*The Abortive Revolution :China under Nationalist Rule,1927—1937*),剑桥,麻省:哈佛大学出版社,1974 年。

力。但是，当国家实现了统一之后，要求召开会议修改国家宪法的提案几乎立即提出，因为民主派希望实现从军事或政党统治向全面民主体制的过渡。

然而，训政时期成为了蒋介石主导下的国民党控制国家的一个工具。在这个时期，蒋消灭共产党的运动从没有停止过。他对不同政见很谨慎，极其警惕不让共产党威胁到他对国家的控制。[1] 冯兆基指出，国民政府在这一时期越来越专制的特点使得许多同情者开始疏远它，并且导致几个小民主政治团体的形成，尽管当时禁止在国民党之外成立政党。[2] 与此同时，共产党遭受到国民党沉重的打击，首先是在赣闽边区，后来在陕甘边区恢复元气。最终，日本人对中国的不断入侵拯救了共产党，使之免受国民党军队的进攻。实际上，1937 年日本的侵略破坏了国民党对整个国家的来之不易的控制。

即使这样，在 1930 年代国民政府在建立国家机器方面仍旧取得了成就。尽管中国的新政府是在"敌对的环境"中运作的，但是有关税收、教育、卫生、外交以及军事发展方面的体制性结构在这一时期形成。[3] 而且，我们可以发现中国政治文化在这一时期的重要转变，例如，在宪法文本以及在实际投票过程中不再提出对文化的要求，在国民党统治区的村长选举过程中也是如此。[4] 类似的，共产党内的妇女们也目睹了挑战乡

---

[1] 伊罗生对训政时期做了这样的描述："由孙中山构想出来的一种慈爱父权主义，但是这种学说成为他继承者实行最专制的独裁统治的理由。"哈罗德·伊萨克（Harold R. Issacs）：《中国革命的悲剧》，第 57 页。

[2] 冯兆基（Edmund Fung）：《近年来关于民国时期小党派和团体的研究》(Recent Scholarship on the Minor Parties and Groups in Republican China)，《近代中国》(Modern China)，第 20 卷第 4 期（1994 年 10 月），第 484—485 页。

[3] 参考朱莉（Julia Strauss）关于制度建设的评价。朱丽：《弱政体、强制度：民国时期的国家建构，1927—1940》(Strong Institutions in Weak Polities : State Building in Republican China , 1927—1940)，牛津：Clarendon Press 出版社，1998 年，第 8 页。

[4] 见甘博 1929 年 6 月 5 日颁布的《县组织法》的讨论。甘博（Sidney Gamble）：《华北农村：1933 年之前的社会、政治和经济活动》(North China Villages : Social , Political and Economic Activities before 1933)，伯克利：加州大学伯克利出版社，1963 年，第 41—42 页、第 151—152 页、第 167—168 页、第 267 页。然而，他也提供证据表明其中至少有一个村对（转下页）

村和家庭结构现有权利分配制度的重大社会改革,在共产党控制的区域中也没有对投票者提出文化上的要求。从 1920 年代中期到 1930 年代初期,对政治代议的态度有一个很清晰的转型。这种转变可能是因为越来越多的对世界上其他地方实行的全面普选权性质以及左翼政治哲学的认识和了解。然而,正如前面一章所探讨,因为 1920 年代初期和中期各省选举体制和结构而带来的民主政治参与比较成功,这也使得对代议制政治的态度发生显著转变。① 因为那些已经取得的胜利,中国政治精英们对选举民主体制有了更多的自信。

　　1930 年代的政治结构也使得妇女运动获益。正式的国民政府国家机构的建立在政策层面上使得国民党统治区的妇女权利活动家们享有更广泛的干预权。在农村地区,1929 年颁布的《县组织法案》已经给予 20 岁以上的所有成年人在村长选举中的全面普选权,尽管妇女参与这种选举仍旧非常有限。② 在城市中,妇女的声音越来越多地来自"第三种势力",这些组织通常是爱国团体,但是与几个主要党派没有结盟关系。③因而,本章认为 1930 年代在中国是一个女权主义者真正活跃和动员的时期。尽管在这十年中,官方在新生活运动中宣传传统中国价值观,但是国统区的妇女活动家们则确保妇女权利能继续得到代表。立足城市的妇女团体也坚持相信,在全国范围内为妇女政治权利赢得宪法和法律平等的重要性。在 1936 年颁布的声称在全国范围内实施的宪法中,妇女们最终成功地赢得了宪法对女性与男性平等政治权利的正式承认。但是她们成功的道路是在最近确立的法律和制度结构中实现的,这种结

(接上页)参加村长选举有要求"一定文化程度",见第 298 页。关于共产党统治区域的讨论,见特古・洛特威(Trygve Lötveit):《中国共产主义,1931—1934 年:公民政府的经验》(*Chinese Communism*,*1931—1934*:*Experience in Civil Government*),隆德:斯堪的纳维亚亚洲研究所,专著第 16 卷,1973 年,第 16—18 页。

① 见冯客(Dikötter):《开放时代》(*The Age of Openness*)。

② 甘博:《华北农村》(*North China Villages*),第 167 页、267 页。

③ 见杨凯里(Jan Kiely):《中国第三势力期刊,1928—1949 年》(Third Force Periodicals in China,1928—1949),《民国》(*Republican China*),第 21 卷第 1 期(1995 年),第 129—168 页。

构是为训政时期而专门设计的，而不是为了期待已久的民主中国所设计的。她们进行这种运动的想法是一旦训政时期结束，这种理论上对妇女权利的承认将会给普通妇女在以后任何民主选举中带来益处。她们也非常清楚地看到了实现她们第二层目标的范围，即改变婚姻和继承法律以及就业结构，这在训政时期比较容易实现。

第一节　训政时期的政府结构

妇女团体想施加影响的政治和社会体制弊病丛生。按照最初的设计，训政时期将实施六年，并预定在 1935 年实现民主宪政。但是蒋介石并不愿意放弃他的权力，加上他集中精力剿灭共产党以抵抗日本人的不断入侵，这使得六年训政结束时，孙中山提出的时间表并没有得到实施。全国范围内成立的许多民主和立宪团体对蒋介石施加压力要求他结束训政，这些压力也来自国民政府内部的一些部门。但是，1937 年日本的入侵最终为蒋介石提供了国家"危机"的借口，以确保他推迟举行民主选举。

孙中山在他所设计的国家政治体制演化计划中，指出中国将会经历三个阶段：军事统一、政治训政以及宪政政府。因而，"无论在任何一个特定时期中国政治现实如何，国民党的历史是与宪政统治的目标紧密联系在一起的。"[1]那些赞成更广泛妇女权利纲领的妇女参政活动家们和她们的姐妹们认为，孙中山设计的民主道路是唯一的道路。她们相信她们应该沿着他所设计的道路，即宪政统治是不可避免的，修改宪法是一个值得追求的目标。

同时，孙中山为训政时期设计了一个五权分立的政府结构，蒋介石领导的国民党和政府在 1928 年如期实行了这个制度。在这个结构中，处在最顶端的是国民党中央执行委员会。五个控制机构成为院，按照政

---

[1] 罗辛格(Lawrence K. Rosinger)：《中国战时政治，1937—1944 年》(*China's Wartime Politics，1937—1944*)，普林斯顿：普林斯顿大学出版社，1945 年，第 56 页。

府职能分开。行政院负责监督各部(例如外交部、内务部、农业部、林业部),它也是理论上的政府最高行政机构。立法院作为议会,所有国家立法需要在此通过。司法院管理司法事务。考试院为政府机构选择合适的人选。监察院行使审计政府账目以及监督政府行政的职能,就像中国古代的监察院一样。训政时期的计划是从各省层面开始全国性的民主制度,一旦实现宪政,就开始实行宪法。与此同时,各省自治在 1920 年代仍在实施,例如湖南和广东。这表明自治运动到了 1928 年训政政府建立时仍在进行。[1]

中国的女权主义者和民主人士都期待着训政时期将为全面地制定所有国家法律提供一个空间。对于妇女参政活动家们来说,很显然这是一个重要的机会。她们确保能在法律和政治改革的所有方面表达出自己的声音。随着国民政府训政时期的到来,制定国家法律的严肃工作已经开始了,这些法律和规章制度将消除那些为了维护正在不断消失的世界秩序而制定的传统痕迹。[2] 它们将确保政治平等,同时也会保证社会和经济平等。[3] 同时,妇女活动家们也继续努力争取参政权利,因为这是确保她们掌握以及修改法律的关键所在。被男性简单地给予女性的继承权利、婚姻平等以及其他保护性措施并不是女权活动家们所追求的那种有保证的长期的女性独立。她们正确地认识到,那些不太开明的政府很容易将这些条款取消,除非这些妇女活动家们自己参与到立法进程中来。因而,在这些妇女参政活动家们看来,妇女最根本性的权利保障、自

---

[1] 钱端升讨论了文本的问题和模糊性以及国民党对议案的实施,见钱端升(Ch'ien Tuan-Sheng):《中国的政府与政治》(Goverment and Politics of China),第 133—137 页。

[2] 1927 年 6 月,国民政府建立一个机构专门负责修改国家法律。这项工作至 1928 年 10 月完成,但是立法院还没有成立,所以新的法律被搁置在一边。民法最终在 1929 年和 1931 年被零星地通过。见伯尼丝·李(Bernice J. Lee):《中国妇女在从传统法向中华民国民法转变过程中在民法方面地位的变化》(The Change in the Legal Status of Chinese Women in Civil Matters from Traditional Law to the Republican Civil Code),悉尼大学博士论文,1975 年,第 25—40 页。

[3] 见钱剑秋:《法律上男女平等的原则》,《妇女杂志》,第 14 卷第 4 期(1928 年),第 9—10 页。

我决定以及独立取决于妇女们的投票和参政。

第二节　寻找新方向：国民政府时期妇女运动

　　学术界对于南京国民政府时期妇女参政运动家们向政府不断施加压力，要求扩大妇女正式政治权利的活动了解得并不多。伊丽莎白·克罗尔（Elisabeth Croll）在其开创性的著作《中国的妇女和社会主义》中指出了国民政府时期女权主义在争取政治权利活动方面的缺乏。她说："政治工作带有点共产主义的影响，但是被强烈地镇压。"她继续指出，在有关这一时期妇女政治活动家表述中，政治被"刻意回避了"，因为它被认为是"对妇女不合适的权利"[①]。克罗尔（Croll）认为，原先活跃的妇女们在1930年代中期和初期声称，她们已经实现男女平等目标，她们在政治方面的工作已经完成。"在新宪法文本取得进展的基础上（确定平等原则），主要的女权主义者宣告了妇女的解放。"据称，这些"主要的女权主义者"质疑"进一步组织妇女以追求实现这些共同理想"的必要性。[②]王政在最近指出，国民党在1930年代将"女权主义当作颠覆性的意识形态……这对于通过宣传儒家准则来维护社会稳定的统治阶层来说没有任何用处"[③]。然而，正如本章将要表明，国统区女权主义运动的政治理想并没有沉寂，相反是为运动寻找新方向，而且国统区的政治结构使得这些女权主义活动得以继续。

　　对于国统区的妇女们来说，关于追求妇女权利的激进主义必须和她们曾经的同事，也就是那些左翼妇女活动家们，认真地区分开来。她们有时公开地表示反共产党。伊迪丝·派伊（Edith Pye）是妇女和平与自由国际联盟的代表。她在国共统一战线破裂以后不久访问了中国。她

---

① 伊丽莎白·克罗尔（Elisabeth Croll）：《中国的女权主义和社会主义》（*Feminism and Socialism in China*），伦敦：Routledge & Kegan Paul 出版社，1978年，第155页。
② 同上书，第156页。
③ 王政：《中国启蒙时期的女性》（*Women in the Chinese Enlightenment*），第24页。

指出,1928 年国际妇女节群众大会,还张贴了"处决共产党"的标语,它和号召"同工同酬"、"平等教育"以及"妇女参加国民革命"等标语张贴在一起。[①]妇女和平与自由国际联盟由那些反对第一次世界大战的国际妇女参政联盟的主要左翼活动家们于 1915 年成立。尽管联盟认为这些标语有问题,但是对于中国女权主义者来说,明确地反对共产党是她们在国统区内宣传运动目标的一个重要前提条件。

为了在争取妇女权利方面取得进展,而不招致怀疑她们有同情共产党的嫌疑,妇女活动家们也将她们的活动与"建立和加强国民政府"的话语紧密地结合在一起。因而,在 1927 年以后的十年中,女权主义与民族主义之间关系的进一步演化表明了中国女权主义运动长期以来具有的敏锐和灵活性。"国家统一或反对帝国主义"不再像几年以前那样被认为是具有"民族主义"的含义。经过残酷清洗共产党,国民党统治地位开始确立,妇女们的爱国主义追求包含新的意义,那就是将爱国主义表达为对国民党的忠诚。她们坚定地表示了对国民政府进步及其结构的支持。许多妇女活动家们坚称对政府的支持,开始撰写诸如"在国民党的领导下,妇女们已经取得了政治权利上的彻底平等"之类的文章,然后在文章中描述这些进步是如何取得的。她们以此避免来自官方的批评。[②]《新女性》的一位评论员庆祝国民党在其党章中提出男女平等,然后号召政府确保同样条款能写入全国法律。[③]而其他一些人则认为,妇女参政

① E. M. 派伊(E. M. Pye):《中国的妇女运动》(The Women's Movement in China),《亚细亚评论》(Asiatic Review),第 25 期(1929 年),第 204—219 页,引自克罗尔(Croll):《中国的女权主义和社会主义》,第 154 页。

② 滔:《今日妇女在政治上的地位》,《妇女共鸣》,第 4 期(1929 年),第 13 页。该杂志没有出版年份,但是指出了它每月出版两期。按照这种频率,同时也根据该杂志的第一期出版于 1929年 3 月 25 日,我估算出这期杂志的出版年份。从 1932 年 1 月份开始,这期杂志每月出版一期。见《妇女辞典》编写组:《妇女辞典》,北京:求实出版社,1990 年,第 86 页。

③ 李峙山:《"三月八日"与中国妇女的要求》,《新女性》,第 3 卷 3 期(1928 年),第 253—254 页。参考周钰:《男女平等的先决条件》,《妇女杂志》,第 15 卷第 11 期(1929 年),第 17 页以及(谈)社英:《如何促起妇女主义政治之兴味》,《妇女共鸣》,第 7 期(1929 年),第 12—14 页。

有助于解决政府某些问题。[①]

正如本章指出，妇女活动家们对提高妇女权利和地位的要求本身并没有导致国民政府当局对她们的负面性关注。作为一个团体，国民党认同妇女们的合法政治身份，并在这一时期在其政府结构中加以制度化。同时，左翼并没有垄断性别改革的议题。国际妇女节仍旧被庆祝，大量的有关女权主义理想的报道在这几年中出现。[②] 在某种程度上，妇女们持续的影响力来自妇女们在新文化运动中建立起来的集体政治身份力量。到 1927 年，女性与男性的平等已经被中国的主要政治力量所广泛接受。这一原则如何改变人际关系和家庭政治将在刚刚实现统一的

图 6.1　印度和中国的妇女合作浇灌民族解放运动的花园，《妇女生活》，第一卷第一期(大约 1936 年)。

中国得到考验。然而，新成立的国民政府自身渴望获得国际认可和尊敬，这是确保妇女权利问题不会因为随着共产党被消灭而被彻底地消除掉的一个因素。国民政府追求一个作为进步和现代国家的国际声誉以巩固它的社会控制，适度的妇女权利议题对它们是有益的，而不是有害的。妇女活动家们也明白政府渴望能够在国际政治舞台上被接受，对政府这种心态的了解为妇女更多地参与争取妇女参政权的游说活动提供了空间。参考图 6.1 关于在民族解放运动

---

① 叶志静：《中国妇女的参政运动》，《民国日报》，1931 年 1 月 30 日。
② 见《觉悟三八节特刊》，《民国日报》，1931 年 3 月 8 日；《中国妇女与国际妇女节》，《民国日报》，1931 年 3 月 9 日。

中中国和印度妇女们的团结。

　　有关国际妇女参政运动胜利的报道继续强调妇女参政在中国是不可避免的趋势。[1]　一位评论家说,妇女参政是关键,因为这将有助于提高政府效率,解决政府问题,同时也扩大妇女权利。[2]　其他则说中国只是落后于国际趋势。1929年发表的一篇文章声称,"实际上,妇女参政运动的高潮已经过去! 世界上大多数国家已经赢得了参政权! 然而,中国妇女参政运动的现状则让我们感到非常羞愧"[3]。刘王立明指出,中国妇女们热切欢迎从国外席卷过来的妇女参政浪潮。[4]　在这些年中,中国妇女代表们仍旧出席国际妇女参政运动会议。1929年,罗秀英作为中国代表参加了在柏林举行的国际妇女参政联盟第22次代表大会。[5]　而妇女媒体中关于英国选举中女性投票人超过男性的报道提醒读者们参政主义者的最终民主目标。[6]

第三节　证明价值:国民会议中的妇女

　　根据训政时期是国家为宪政和民主统治做准备的设想,国民党中央执行委员会在1930年11月宣布国民会议将在1931年5月召开。会议的主要任务是要批准和讨论训政时期宪法,组织一个11人的委员会起

① 方炎武:《十年来的妇女参政权》,《新女性》,第4卷(1929年10月),第1271—1277页;1929年11月,第1385—1394页。
② 徐亚生:《论我国女子的参政问题》,《妇女杂志》,第15卷第9期(1929年),第2—3页。这些活动家们继续要求妇女们能够提高她们的政治知识,保持团结。见邹恺:《妇女参政在中国不发达的原因》,《妇女共鸣》,第10期(1929年),第5—8页。其他的则追溯自1911年以后选举权运动的历史,为她们的运动提供合法的解释。见浮萍:《中国妇女参政运动之我见》,《妇女共鸣》,第20期(1930年),第23—26页;蒋晓光:《中国妇女运动之史志观察》,第30期(1930年),第23—26页。
③ 钟廷秀:《世界各国妇女参政运动概述》,《妇女杂志》,第15卷第8期(1929年),第13页。
④ 刘王立明:《中国妇女运动》,第21页。关于更多的国际间的比较,见《女子参政权调查》,《民国日报》,1931年6月15日。
⑤ 自然:《万国女子参政会开会记略》,《妇女共鸣》,第10期(1929年),第40页。
⑥《英国女子选举权发达》,《妇女共鸣》,第6期(1929年),第40页。

草宪法。① 即将召开国民会议的消息给予妇女们以极大的热情,她们投入巨大的精力确保对妇女参政运动持同情立场的妇女代表能参加会议。国民会议确定的规则为这个新统一的国家提供了意识形态的基础工作。在这方面,妇女活动家们热切地确保男女平等从一开始就毫无疑问。

经过国民会议慎重起草颁布的《训政约法》确实在国家层面给予了妇女们在政治权利上的平等。第六条"国民权利"指出,"中华民国所有国民在法律面前平等,无论性别、种族、宗教或者阶层"。② 但是《训政约法》并没有给予妇女投票权,因为训政时期政府的根本特点是为国民党专政时期确立规章制度,同时国家为实施民主制度做好准备。

然而,妇女活动家们从一开始就试图加入到制定训政时期约法的进程中去。妇女团体将这个约法看作是确保在国家层面男女平等的关键,正如以前的省立宪法那样。这次国民会议被认为是国民的会议,由各省市那些有资格的投票人选举产生的 520 名代表组成。总共有五类代表:农会、工会、工商团体、教育组织,大学和专业团体以及国民党。国民会议的选举法并没有规定应该包括妇女团体的代表,但是妇女在上述五个团体中都可以担任代表。③ 尽管在新文化运动时期,妇女的集体政治身份已经在国民党的政治结构中(通过妇女部)得到确认,但是在国民政府训政时期,这种集体政治身份并没有在同等的组织结构中得到确认。正如《民国日报》上的一篇文章指出,一个普遍的观点是,因为妇女平等在国民党的结构中已经得到确立,所以没有必要在国民会议中为妇女单独列出一个类别。但是,这个观点遭到反驳,因为妇女们是因为相对于男

---

① 委员会从 1931 年 3 月 9 日至 4 月 22 日召开会议,在举行六次会议以后,委员会完成草案,然后交由中央各部委审批,准备呈交给准备在稍后几天召开的大会通过。

② 关于 1928 年《训政时期约法》以及 1931 年 6 月 1 日颁布的《中华民国训政时期约法》的译文,见潘为东(Pan Wei-tung):《中国宪法》(*The Chinese Constitution*),第 239—240 页、第 247—256 页。

③ 国民党占主导地位,因为它不仅有自己的特殊类别,而且它还有效地控制了其他四个类别。钱端升:《中国的政府和政治》,第 137 页。

性的劣势地位而统一起来的一个特殊阶层。这个观点进一步提出,在这种差异的基础上,妇女们应该被给予妇女代表特殊类别,从而能够就妇女问题进行特别讨论。仅仅在国民党党内、工商或者教育团体内有妇女代表是不够的,因为这些代表被授权就妇女运动所关注问题进行游说。[1]

这些妇女活动家们开始发起活动为妇女团体在国民会议中确立第六种类别而努力。徐亚生发表在非常有影响的《妇女杂志》上的一篇文章就训政时期政府为什么不能忽视妇女提出了理论解释。她的答案反映了那个时代比较保守的思想,但是也表明了强烈的女权主义论点并没有沉寂。她一方面提出妇女要担负主要家庭责任,另一方面她也提出了妇女有权利在新的政府政策中实现性别政治的革命性改变。例如,她指出,家庭是中国社会的堡垒,而妇女是家庭的支柱。因此,如果政府想要确保整个社会在政治上取得进步,那么它需要确保家庭和国家之间没有脱节。要防止任何可能的脱节,妇女应该参与到政治讨论中来。她也谈到了古代的"女主内、男主外"的隔离原则,强调家庭价值观和国家价值观两者之间的一致性。而且,在呼吁孩子早期教育时培养母性特点时,她指出,如果妇女们自己还没有政治知识方面的充分准备的话,那么她们怎么能很好地教育子女呢?与那些对传统价值观的呼吁相反,她同时也声称妇女是人民中的一个独立阶层,她们的集体身份是由男性的压迫而形成的。她说,在这个基础上,训政政府的责任是要教育所有革命中的国民,要求一个人的幸福不能建立在另一个人的痛苦之上。因此,对于作为一个团体的妇女,政府有责任消除建立在性别基础上的不平等。[2]在这篇文章中,中国的女权主义已经运用性别差异而不是性别平等来安抚保守派,同时仍然要求在重要的政治会议中实现激烈的政治变革。

随着国民会议临近结束,妇女们加大她们运动的力度争取她们的代

---

[1]《国民会议与妇女代表问题》,《民国日报》,1931 年 3 月 22 日。

[2] 徐亚生:《训政与妇女》,《妇女杂志》,第 16 卷 5 期(1930 年),第 11—14 页。另见瑟卢:《对于女子参政运动的舆论和我见》,《妇女杂志》,第 8 卷第 11 期(1922 年),第 3 页。

表地位。1931 年春,全国妇女团体向政府提交请愿书要求分配名额给妇女。① 因为这个问题,一个名为妇女参加国民会议协进会的新团体在全国各个主要城市成立。其中最大的分会在南京和广州。广州分会在1931 年 2 月 24 日成立。它采取的最初行动是组织了一次有 3000 多名妇女参加的群众大会向省党部进发,以展现她们在争取国民会议妇女代表名额问题上所获得的广泛支持。领导这个团体的邓惠芳和伍智梅是两位长期的妇女参政活动家。广东省党部认真地接受了她们的请愿书,并发电报给南京中央党部转达妇女们所提出的要求。②

首都南京的妇女们则处在相对有利的地位,因为她们能够游说国民党中央党部和南京市党部。和她们在广州的姐妹们一样,南京的妇女们开始行动起来,她们要求国民政府当局在国民会议中为妇女设立特殊类别。她们在国际妇女节举行的一次会议上选举出 15 位妇女代表以表明她们已经做好了参政的准备。几天后,中央政府回复说法律已经制定,不能修改。

妇女活动家们被此举激怒,但是她们没有退缩,相反她们进一步采取行动。整个城市和国家的妇女团体被动员起来在这个问题上形成了统一战线。③ 例如,《妇女杂志》发表相关文章,动员妇女参加国民会议。例如,金仲华撰写的题为《从家庭到政治》的文章。她在文章中指出,大多数五四时代以前的妇女不了解社会是如何运作的,因此不能参与到政治生活中去。然而在过去的十年中,妇女接受了广泛的教育,这使得她们为更广泛地参与政治做好了准备,并具备这种能力。她的主要观点

---

① 参加这个运动的团体来自各个省市,例如南京、广东、天津、上海、开封以及四川。报纸也报道了对妇女名额的要求。见《妇女团体参与民会》,《民国日报》,1931 年 2 月 10 日;《妇女要求参加民会问题》,《民国日报》,1931 年 4 月 12 日;《女子参政会开会》,《民国日报》1931 年 4 月 28 日;《妇女界请额》,《民国日报》,1931 年 5 月 7 日。

② 谈社英:《中国妇女运动通史》,第 253 页。另见谈社英:《妇女四十年》,第 31—36 页。

③ 这些团体包括妇女救济会、妇女共鸣社和女青年会。见谈社英编:《中国妇女运动通史》,第253 页。

是,从一个主要局限在家庭范围内的阶段开始,妇女们作为一个整体已经经历了与社会互动的阶段,现在她们已经准备好进入第三个阶段,即妇女参与国家政治这一阶段。[①]

南京的妇女们就这个问题召开了会议,确定了几位主要妇女人士,她们将在国民政府中提出"妇女代表名额"要求。最终,她们的游说取得了结果,国民政府给予她们十个名额参加国民会议,尽管她们没有投票权而只是观察员地位。因为至少妇女可以在国民会议上发言,所以她们取得了部分胜利。但是到这一阶段为止,似乎仍不可能通过获得妇女特别代表名额来实现全面参与政治的权利。相应的,南京妇女向各省支持团体发电报要求选举代表。来自各城市主要妇女组织的 20 名妇女于 4 月 25 日在南京参加会议,包括开封的妇女协进会、天津市妇女文化促进会和上海妇女协会。在妇女权利方面,南方省份一直具有推动妇女参政的传统。广东和上海各自从两个团体派出代表,这些团体包括广州妇女救济会、广州女权运动大同盟、上海妇女协会以及设在上海的中华女子参政会。另外,女青年励志会也派出代表参加了会议。[②]

在 4 月份召开的会议上,正式选举产生了十名妇女观察员。她们是陈逸云、唐国帧、谈社英、莫祥之、喻维华、谭汉侠、马志英、李峙山、谢纬鹏以及钱燕书。因为越来越不稳定的政治局势要求在正式代表不能参加的情况下有必要的候补代表进行替补,所以另外五名妇女被任命为候补代表。这五名代表是曹孟君、李应萤(四川)、杨美真、毛云琴以及陈英梅。这些代表来自全国各省的各个社会阶层。

这些来自全国各种妇女团体的"观察员们"不是参加这次会议的唯一妇女代表。在对男女都开放的代表类别中,还有六名妇女是委任代

[①] 金仲华:《从家庭到政治》,《妇女杂志》,第 17 卷第 5 期(1931 年),第 2—13 页。他在 1930 年代初期描述了国际妇女参政权运动的进展以及关于参政权的主要观点。《妇女问题》,上海:商务印书馆,1933 年。

[②] 见谈社英编:《中国妇女运动通史》,第 254 页。

表。这些包括上面已经提到的广东妇女参政活动家邓惠芳以及伍智梅。另外四位是刘纯一（陕西）、李峙山（河北）、史志英（浙江）、杨道仪（广州）。广东的三位代表，邓惠芳、伍智梅以及杨道仪，最终未能参加会议。但是另外两个作为候补代表参加了会议，她们是广州的唐允恭以及河南的丁汉三。全国的妇女发电报祝贺这些代表表示鼓励，并祝她们成功。①

正如下面一些妇女的生平表明，尽管这是国民政府的初步决议，但并不是所有妇女代表都是国民党的盲目忠实信徒。在 1927 年以后，虽然积极地投身女权主义斗争的妇女活动家们的政治立场和背景的多样性已经降低，但是比一般想象的要更多样些。到 1931 年，谈社英（1891—1978 年）作为一个政治活动家、出版家以及妇女政治问题评论家已经具有多年的妇女运动经验。她在 1912 年加入国民党，在 1920 年代加入到左倾的女权同盟会。在动荡的 1927 年和 1928 年，谈很明确地站在国民党一边。她在 1934 年参加新生活运动，于 1944 年入选国民大会代表。② 刘纯一也是一位坚定的国民党党员。相反，另外一些妇女代表则与共产党有着紧密的联系。李峙山是国民党员，但是他在早期曾经在邓颖超创办的《妇女之星》杂志中与邓有着密切的联系。其他代表既不是国民党，也不是共产党员，但在以后逐渐左倾。例如，女青年曹孟君（1917 年生）在 1937 年加入共产党。在此之前，她曾积极参加国统区妇女运动。③ 很

---

① 《女界函祝：民会主席刘女士》，《民国日报》，1931 年 5 月 12 日。

② 1928 年，谈社英帮助建立妇女共鸣社，负责编辑刊物《妇女共鸣》。这份刊物被认为是国民党的喉舌。谈于 1949 年随国民党到了台湾。她撰写了一份最早的关于民国时期中国妇女运动的概论性专著。这本书题为《中国妇女运动通史》，于 1936 年发表。见《妇女辞典》编写组：《妇女辞典》，北京：求实出版社，1990 年，第 86 页。

③ 刘纯一于 1916 年至 1921 年在日本学习，回国后她出任西安女子师范学校校长。她在上海和天津的妇女杂志和期刊上积极地发表文章。她在 1927 年成为上海市国民党党部妇女部主任，在这个位置上她被选为代表。见《妇女辞典》编写组：《妇女辞典》，北京：求实出版社，1990 年，第 98 页、107 页；H. G. W. 伍德黑德（H. G. W. Woodhead）：《中国年鉴，1939 年》（China Yearbook, 1939），上海：字林西报，1939 年，第 190 页。李峙山出生在河北省盐山，1918 年毕业于省立女子师范学院。她于 1923 年加入国民党，后来到天津，在那里她担任一所女校校长，同时出任《女星》和《妇女日报》编辑。1929 年，她离开天津去南京担任国民党中央党部训练部主任。见《名人录》，第 145 页。

明显,国共之间或者女权主义运动左右翼同情者之间的分歧不完全是天衣无缝的。然而,国民会议是国民政府的议程,妇女代表要遵守已经确立的规则。

对于在特殊类别中任命女性代表并不是没有批评声音。一位评论人士指出,"在未来,我们必须要看实际能力,而不是她们是男性或者女性……如果我们仅仅要求政府不顾女性的素质而任命女官员从而实现性别平等,那么这对于妇女解放的潜在危害是不可估量的。"[1]

在1931年4月和5月,国民会议因而通过了《训政时期约法》给予全国妇女平等权利的第一部宪法颁布。约法首次给予女性与男性同等政治权利。当然,这些权利是有限的,在民主选举产生民主政府之前,国家还处在准备阶段,而且这个宪法只是在训政时期有效。从这个意义上来说,这基本上只是文本上的胜利,因为没有实际的选举机制来给予妇女们投票权。

尽管存在着这些局限性,妇女活动家们仍然享有尽可能多的妇女权益。正如刘王立明写道,尽管宪法承认男女平等,但是妇女在政治参与中比以前有了更高的警惕性。[2] 报纸上的文章指出,妇女参加国民会议证明了一点,关键是妇女们越来越多地,能够更广泛地加入政府。另一篇文章则表达了关注,尽管妇女们成功地获得了在国民会议中的席位,但是进行大量的工作才能使大多数中国妇女参与到政治中来。[3] 一份由金陵女子大学学生编辑出版的《世界妇女的先导》表明了维持这种决心的必要性。她们写道,尽管在中国男性反对女性参政,但是"我们不应该害怕,因为当国外妇女要求参政权利的时候,她们也同样经历了这个阶段"。这篇文章然后描述了美国参政活动家安妮·霍华德·萧(Annie

---

① 滔:《今日妇女在政治上的地位》,第14页。
② 刘王立明:《中国妇女运动》,第24页。
③ 林曦:《国民会议后:女子参政的准备》,《民国日报》,1931年5月25日。

Howard Shaw)在美国妇女赢得投票权道路上的斗争。[①]

　　然而，当性别平等在训政约法中得到承认以后，与她们追求正式政治平等权利相比，妇女活动家们将注意力更广泛地转向妇女的法律地位。她们将获得政治影响作为赢得在法律各个方面平等的关键。金石音写道，"如果没有政治上的平等，那么也就不会有法律上的平等。"她继续指出，法律最重要的功能是保护国民的自由，而旧中国的法律是压制妇女的自由，保护男性的自由。[②] 另外一篇文章认为，赢得民法中的男女平等是"消灭妇女遭受普遍压迫的唯一道路。如果我们能够制定、规定全面性别平等的民法，那么我们就可以一劳永逸地消除千百年来不平等的法律所带来的痛苦。这是一项伟大的使命"[③]。因而，对于这些妇女们来说，赢得参政权一直被认为是争取妇女全面法律权利的重要战略。

第四节　赢得继承权与重新思考婚姻

　　在修改婚姻和继承法的同时，妇女在宪法中的政治权利平等的重要意义变得非常明显。妇女们在赢得了训政政府对妇女政治参与的认可之后，开始寻求改变那些直接影响她们家庭地位的法律。对于中国女权主义者来说，主要问题是要确保在继承权和废除纳妾方面的性别平等。这两个问题是中国妇女参政活动家们从运动一开始就努力追求的目标。她们与合法的全国性政府之间有一个清楚的议题，即实现中国法律制度的现代化。这为她们合法化激进社会改革提供了机会。陈美凤（Lisa Tran)指出，在1930年代的头几年中，妇女杂志"在争取妇女权利的斗争中扮演了关键角色，为公众表达不满提供了平台。每当立法院通过违背

---

① 金陵女子大学生：《世界妇女的先导》，上海，1934年，第1页。
② 金石音：《参政运动是妇女解放的先锋》，《妇女共鸣》，第11期（1929年)，第10页。
③ 毅韬：《新民法与妇女的关系》，《妇女共鸣》，第3—6页。见笑影：《我对于妇女承继财产的意见》，《妇女共鸣》，第3期（1929年)，第6—8页。

性别平等的法律时,就对它进行批评"[1]。

自 1931 年相关家庭法律实施以后,女性相对于男性的法律地位取得了长足的进展。[2] 男女在离婚方面平等也首次提出。伯尼丝·李(Bernice Lee)在谈到《亲属法》时说:"男女平等的原则贯穿整个文本,也可能是这本书发行时最突出的特点……它急剧改变了妻子的地位。以前,妻子是完全受丈夫主宰的,很少有她自己的权利。但是现在的《亲属法》确立了男女之间的平等。"[3]

法律也保证了选择婚姻伴侣的自由,同时传统的父母有权强迫安排子女婚姻的法律被宣布废除。所有这些都很好地维护了妇女在家庭中的地位。然而,法律对纳妾这个在 1930 年代依然普遍存在的社会问题上的立场依旧模糊。

1931 年 5 月颁布的宪法拒绝承认纳妾是一种婚姻形式,因而在技术层面上纳妾不能被认为是重婚,所以在这一问题上未能满足中国的女权主义者们提出的要求。如果纳妾被认为是重婚,那么现存的反对重婚的法律将会宣判纳妾为非法。伯尼丝·李(Bernice Lee)写道,尽管《亲属法》并不承认纳妾的制度,但是规定"夫妻任何一方都可以向法庭申请离婚,如果其中一方犯重婚或者通奸罪",只要受害的一方以前没有原谅过这种关系或者知情不超过六个月。"因此,只要妻子不反对,纳妾在现实中将继续存在。"[4]但是这对于中国妇女权利活动家们来说,是不可以接受的。她们试图将纳妾确定为非法行为,她们的理由是纳妾是一种通奸行为,因此违反了刑法。同时她们也要求纳妾

---

① 陈美凤(Lisa Tran):《现代中国法律中的妾》(Concubines under Modern Chinese Law)加州洛杉矶大学,博士论文,2005 年,第 71 页。我感谢陈美凤(Lisa Tran)和白凯(Kathryn Bernhardt)将论文提供给我。

②《亲属法》于 1930 年 12 月 6 日颁布,并于 1931 年 5 月 5 日正式实施。关于这项法令所要实现的变化,见谈社英编:《中国妇女运动通史》,第 256 页。

③ 李(Lee):《中国妇女法律地位的变化》(*Change in the Legal Status of Chinese Women*),第 43 页。

④ 同上书,第51页。

的男性受到法律惩罚。如此，妇女才能够解决长期以来的通奸法律中存在的男女不平等问题。

总体上来说，自从 20 世纪初以来，社会对婚姻的态度开始发生关键性转变。这些使得有可能进行婚姻法方面的改革，为改变对纳妾的态度提供了基础。陈美凤（Lisa Tran）指出了在民国时期人们对夫妻忠诚含义的理解发生了变化。在整个清代，妇女们被赋予维护贞洁的责任，女性的贞洁体现在女性遵守一夫一妻制上。直到民国时期，男性仍然不具有忠诚的概念，他们与妓女享受娱乐式的性，在婚后随意纳妾。陈指出，但是夫妻忠诚在整个民国时期成为一个"性别中立"的术语。① 按照这个新术语，婚姻忠诚被认为是男性和女性都要遵守一夫一妻制。这样，男性的道德也与性贞洁联系在一起，这在清代是从来没有过的。

陈美凤（Lisa Tran）已经敏锐地指出，通奸法使得中国女权主义者们面临着一次复杂的政治斗争。1928 年，如果一个妇女与男性通奸，这个妇女将会被判处最高长达两年的监禁。然而，如果她丈夫与人通奸，对方未婚，那么她丈夫不会受到惩处。如果女方是已婚的，那么他将会受到和女方同样的惩罚。这部法律实际上保证了男性能够继续享受性自由，可以继续纳妾，同时通过控制妇女一生的性行为来延续和保护家庭的血脉。南京国民政府时期的中国女权主义者指出，这部法律公然违背国民党自己确定的男女平等原则，她们在这个原则的基础上游说修改这部法律。陈的研究分析了妇女们如何通过群众大会、电报和请愿直接游说政府，以及在杂志上发表有争论性文章来动员妇女

---

① 陈美凤（Tran）：《现代中国法律中的妾》(Concubines under Modern Chinese Law)，第 68 页。关于对家庭态度的广泛变化的讨论，见葛淑娴（Susan Glosser）：《中国人的家庭和国家观，1915—1953 年》(Chinese Visions of Family and State，1915—1953)，伯克利：加州大学伯克利出版社，2003 年。

参加这场运动。①

在妇女们多次抗议政府"压制中国女权主义",呼吁宪法性别平等条款以后,汪精卫向妇女们保证将会修改通奸法。② 实际上,在 1935 年底,刑法已经确立了男女在通奸处罚方面的平等。③ 这意味着男子纳妾将会被指控为通奸。对于妇女团体来说,这是项重大胜利,但是对纳妾的影响还没有讨论。然而,正如陈已经非常有说服力地指出,她们的胜利是妇女活动家们不断施加压力所取得的直接结果,因为她们一直在国民党自己的党章和训政约法中引用性别平等原则。

国民政府训政时期继承法的通过同样也是革命性的。妇女活动家们已经指出,经济平等对于妇女解放来说是关键。而继承权利上的平等对确保女性和男性在经济上的平等是至关重要的。④ 正如华若璧(Rubie Watson)指出,在清代法律中,女儿没有从父母那里继承财产的权利,除了极其特殊的情况之外。妻子只能支配结婚时所带来的嫁妆。⑤ 在国民政府的继承法中,儿子和女儿被赋予了继承父母财产的同等权利,夫妻双方在支配对方婚姻财产方面被赋予了更广泛的权利。这些法律详细而复杂,使得男性能够确保父系继承方式能够继续。但是法律并没有承

---

① 关于通奸法演变的全面探讨,见陈美凤(Tran):《现代中国法律中的妾》(Concubines under Modern Chinese Law),第三章。也参考黄宗智(Philip C. C. Huang):《法律中妇女的选择:清代和民国时期的婚姻、离婚和非法性行为》(Women's Choices under the Law: Marriage, Divorce and Illicit Sex in the Qing and Republic),《近代中国》(Modern China),第 27 卷第 1 期(2001 年 1 月),第 3—58 页。

② 见 C. Y. W. Meng:《争取中国的"性平等"》(Fight for 'Sex Equality' in China),《密勒氏评论报》(China Weekly Review),1934 年 11 月 24 日,第 432 页。

③ 陈美凤(Tran):《现代中国法律中的妾》(Concubines under Modern Chinese Law),第 142 页。

④ 见林灏:《中国妇女之解放运动》,《女子月刊》,第 1 卷第 8 期(1933 年),第 14—17 页;陈荫萱:《男女平等与夫妻财产制的问题》,《女子月刊》,第 1 卷第 6 期(1933 年),第 33—40 页。

⑤ 华若璧(Rubie S. Watson):《民国时期妇女的财产:权利与 practice》(Women's Property in Republican China: Rights and Practice),《民国》(Republican China),第 10 卷第 1A 期(1994 年),第 2 页。

认妻子在她丈夫财产方面的主要利益。[1] 这些法律改革的急剧特征表明，虽然中国的政治阶层在思想和道德层面上接受男性与女性平等，但在现实中仍然有所保留。

新修订的法律显著地改善了妇女们的法律地位。然而，正如白凯（Kathryn Bernhardt）在她关于妇女和财产权利的比较研究中指出，"法律和习俗在事实上产生冲突，结果是女儿并没有获得法律所规定的全面平等。对于国民党立法者的良好意愿来说，这种不可避免的结果是因为将个人财产权强加在一个家庭财产继承传统继续存在的社会中。"[2]不过，女性也利用这些新法律，白凯提供了许多妇女就家庭财产起诉其他家庭成员的案例。[3]

公开而喧嚣的法律改革斗争确立了婚姻和财产法律中的性别平等原则。它明确地表明国统区妇女权利活动家们在这个时期绝不是沉默或被压制的。在新的政权中，她们根据刚刚获得的全面而平等的国民地位，机智地提出了自己的改革主张。女性与男性的平等成为1930年代一个强有力的法律问题。十年之前，中国改革派知识分子认为男女平等是一个强大的道德舆论，但是在南京国民政府十年统治时期，这个原则给予妇女权利活动家们以严肃而实际的政治影响。

第五节　新生活运动中作为贤妻良母的女国民

令人感到奇怪的是，这些激进的法律改革的成功是发生在一个妇女在国家中地位越来越保守的社会和政治秩序中。蒋介石需要在他的

---

[1] 关于妻子们继承权利的各种可能性结合的细致描述，见李（Lee）：《中国妇女法律地位的变化》（*Change in the Legal Status of Chinese Women*），第 218 页。

[2] 白凯（Bernhardt）：《中国的妇女和财产》（*Women and Property in China*），第 133 页。华若璧指出，这些法律的实际效果是有限的，大多数中国农村并不知道这些法律，即使在城市里面，这些法律也很少得到实施。华若璧（Watson）：《民国时期妇女的财产》（*Women's Property in Republican China*），第 2 页。

[3] 白凯（Bernhardt）：《中国的妇女和财产》（*Women and Property in China*），第 138—160 页。

统治区域改造妇女运动以适应他的政权建设需要。这部分是为了打破在国共统一战线时期形成的妇女运动与共产党之间的紧密联系。在1930 年代的中国,蒋介石需要一种战略进行社会性别道德革命,并利用这些变化为他的国民政府服务。训政时期是一个政治和社会稳定成为其话语重点的时期,新文化运动时期那种追求打破偶像式的变化的诉求被搁置在一边。但是“新”和“革命”对于宣传稳定仍旧是重要的概念,因而蒋介石开始了他的道德工程,即新生活运动。从 1934 年 2月开始,新生活运动是儒家和基督教价值观的奇怪结合。它同时对民众参加卫生运动进行革命动员,宣传男女之间的婚姻忠诚。[①] 它的直接目的是要大众具有一种传统国家道德观,而又不去破坏“新”和“现代”。最终,这项保守的运动期望能够促进社会道德,它宣传古老的“贤妻良母”教条,提醒妇女们作为母亲的价值观,这包括无私的养育者以及国家的教育者。

以蒋介石夫人宋美龄为首的全国新生活运动委员会成立。国家的道德健康被理解为是在以蒋为父亲,宋为母亲,最高统治者夫妇共同掌握权力,一起领导儒家和基督教相结合的家庭。正如我们在下一章将要看到,宋美龄领导了一个包括那些在中国战时议会中任职的女国民党员小组。她们中的张维桢(1911 年出生)是一位教育家以及南京国民政府教育部委员。她作为辽北职业团体的代表参加了在 1947 年召开的国民代表大会。[②] 新生活运动在妇女中间宣传关于健康和卫生、照顾老年人和残疾人以及照顾婴儿卫生方面的知识。这场广泛的道德教育运动也包括鼓励妇女们购买国货、不再卖淫以及学习读书和写字。[③] 对于妇女活动家们来说,新生活运动并不是一场完全负面的运动,因为它提倡忠

---

① 德里克(Arif Dirlik):《新生活运动的意识形态基础》(The Ideological Foundations of the New Life Movement:对反革命的研究),《亚洲研究学报》(Journal of Asian Studies),第 34 卷第 4期(1975 年 8 月),第 945—980 页。

②《中国名人录》(Who's Who in China),第 17 页。

③ 谈社英编:《中国妇女运动通史》,第 280—281 页。

诚，而女权主义运动追求在婚姻、离婚、通奸以及教育方面的平等权利，因此两者是相吻合的。它在教育和卫生方面的运动也符合争取妇女地位和生活条件而进行的更广泛的斗争。它也使得在非共产党统治区的妇女运动活跃分子聚集在一起，推动了她们作为一个以性别为基础的政治团体继续参与新生活运动。而且，妇女活动家们参加了国民党领导的新生活运动，从而确认了她们在保守派统治阶层中的地位，她们因此获得了某些信任。这确保了在国民会议和新生活会议之后有可能进行关键性的宪法修改。

然而，不幸的是，一些省的领导人以新生活运动的名义宣传道德和品德，对他们管辖范围下的妇女滥用惩罚。山东省政府主席韩复榘将军以涉嫌违反新生活运动关于着装要求的名义，擅自逮捕"摩登女性"。剪短发、涂脂抹粉、穿短袖和短裤都成为应该被处罚判刑的行为。① 一直到1936年，新生活运动都要求妇女养成儒家式的谦逊。报纸上经常有关于妇女被认为在服装上超越"可接受"范围而被惩罚的报道。《中国周刊》在1936年8月22日有这样一份报道：

> 长沙……正处在关于妇女着装讨论的漩涡。长沙市警察局局长周汉是一位坚定的道德家，同时也是新生活运动推广委员会主任。在他最近发起的反对烫卷发、穿高跟鞋和短袖的运动中，他下令没收理发店里所有的理发工具。甚至有传言说，他下令长沙市的警察将街上所有留卷发妇女的头发剃光。长沙市妇女协会对此提出了强烈的抗议，反对这项"改革"浪潮，指出着装变化是物质文明进步的自然结果。也正因为如此，在所有西方现代国家中，妇女们的衣着也越来越艺术和时髦。然而，妇女们的抗议被断然拒绝。②

---

① Z. Y. Yu：《韩复榘将军反对"摩登女郎"的运动》（General Han Fu-chu's Drive against 'Modern Girls'），《密勒氏评论报》（*China Weekly Review*），1936年10月31日，第322页。
② 《长沙妇女反对反动军警头目》（Changsha Women Up in Arms Against Reactionary Police Head），《密勒氏评论报》（*China Weekly Review*），1936年8月22日，第432页。

这种保守的反应对于那些在新文化运动时期已经变得激进了的中上社会阶层妇女产生了影响。

不令人感到奇怪的是,伴随着官方对"恰当的女性美德"的提倡,在那些诸如上海之类的、能够避免新生活运动的风头"国际性"城市中,男性对女性的美和性的渴望从未减弱。英文媒体只是在数个月之后报道了长沙的这次镇压。在一篇关于上层社交的令人惊奇的题为《女子公会》的文章中,作者指出了上海男性对"女性"的迷恋。文章说:"整个上海疯狂追逐女性。男人从本能上喜欢漂亮女性。但是上海男性表现出来的这种爱更多的是对女性美和肉欲的追求。"整个社会对有吸引力女子的需求永无止境,男人们想和她们跳舞、唱歌、演戏、发生性关系,请美女参加社交活动装点门面。"上海对女性的喜爱使它成为那些雄心勃勃的女孩子追名逐利的自由的猎场。"文章的结尾处对此提出疑问:"当女性在男性统治世界中就业机会如此稀少的情况下,为什么我们要用放大镜来看道德问题,大加斥责道德破产呢?它既是自然的,也是有道理的。作为一种谋生的手段,她们可以向疯狂追求女性的社会出卖自己的禀赋——容貌和美丽。"①这种对新生活运动矛盾性的反应将妇女权利活动家们置于令人怨恨的位置,因为这个运动争取扩大妇女的公共活动空间,同时又反对"不道德的和剥削性的"卖淫。

贺萧(Gail Hershatter)对性产业干预的研究表明,众多妇女活动家们与新生活运动一起,试图消除她们一直认为是社会祸害的卖淫业。她们的一个关注点是卖淫对整个国家政治"卫生"可能带来的影响。湖南籍国民党员唐国桢是新生活运动委员会委员以及妇女参政运动长期起来的参与者(后来在中国战时议会中代表妇女)。她指出,卖淫对社会造

---

① T. S. Young,《女子指南》(The Girl Guides),《密勒氏评论报》(*China Weekly Review*),1936 年 11 月 7 日,第 343 页。

成的危害远远超过抢劫，因为它使得男性不再集中精力服务社会。[1] 贺萧则解释说，1930 年代许多评论人士将卖淫人数与危机中的国家联系起来，因为经济和政治的不稳定导致了卖淫业的猖獗。[2]

在这个新的而具有约束力的环境中，国统区妇女团体在 1933 年和 1934 年之间重新组合，减少了她们对妇女参政权利运动的明确追求。谈社英将这几年称为妇女会时期。因为各种各样的妇女参政和慈善团体一起形成了在国民党直接领导下的，以地方为基础的妇女协会，清洗了以前的女界联合会时期遗留下来的共产党影响。[3] 在 1933 年 6 月，继江苏、湖南和上海之后，南京妇女会成立。在 1934 年，国民政府号召在妇女会名下重组所有妇女团体，并审查会员。总的来说，在 19 个省市中，有 8500 名妇女登记成为会员。人数最多的省份是浙江、江苏和广东。[4] 这些协会的宣言没有明确地说明要为妇女参政权利而斗争。她们所关注的是在国民党的领导下，妇女中形成"独立"和"勤奋"的性格，以及学习"知识"。

在国民党统治时期的中国，一个典型的时代主题是黄嘉德编撰的名为《新女性》的手册。在 1936 年的手册中，黄解释了妇女应该如何在家庭中表达自由。他建议类似学校之类的公开活动，应该实行两性分离。在他认为，男女同校教育将会导致勾引、婚前性行为、怀孕以及道德堕落。而且参加公众生活将很简单地使妇女沦为逛剧院、上舞厅和游商场等轻浮举止。[5] 很明显，国民党统治区妇女权利活动家们在从事她们的游说过程中面临着一系列非常复杂的问题。一方面，她们在法律改革方面取得了显著的成就，这确认了女性与男性平等的观念；另一方面，她们

---

① 唐国桢：《如何解决娼妓问题》，《妇女共鸣》，第 1 卷第 3 期，第 3—4 页，引自贺萧《危险的愉悦：20 世纪上海的娼妓问题与现代性》，第 260 页。

② 贺萧（Hershatter）：《危险的愉悦》，第 264—265 页。

③ 谈社英：《中国妇女运动通史》，第 221 页。

④ 同上书，第 234—235 页。

⑤ 黄嘉德：《新女型》，上海：上海良友图社，1936 年，第 3、59 页。

一直面临着批评和指责,即现代性腐蚀了妇女道德的根本核心——性贞洁。

第六节　参政权辩论:共产党区域的妇女参政

正如国民党统治区妇女活动家们与新生活运动进行抗争,共产党统治区的妇女们也面临着不同的挑战。共产党一直致力于利用"资产阶级"妇女的力量和网络,以此进一步实现她们所酝酿的阶级斗争的最终目标。然而,她们从统一战线中被排斥出来,随后来到偏远的江西以及延安地区。这使得她们越来越远离以城市为中心的妇女运动。在这些共产党根据地,她们主要致力于为妇女推行宪法和法律改革。但这并不意味着在共产党所控制的区域中,关于扩大妇女代表性的问题被忽视。共产党在它所控制的乡村中引入了众多的选举机制,这表明了它致力于在一个长期被剥夺参政权的群体中实现民主参与。

早在 1931 年,当共产党仍旧困守在江西和福建交界的江西苏区时,共产党表达了对男性和女性在政治中平等的承诺。1931 年 11 月 7 日,在瑞金镇召开的工农兵全国代表大会为共产党统治区实现妇女参政开创了先河。《中华苏维埃共和国选举法大纲》中的条款宣称:"在苏维埃政府控制的区域,所有工人、农民、士兵和劳动人民以及他们的家庭无论性别、民族和宗教,都是平等的,都是全中华苏维埃的公民。"它继续明确地表达了对妇女解放的支持:"为了全面地确保实现妇女解放的目标,苏维埃承认在婚姻选择方面的自由,它将实施各种计划来保护妇女……使得妇女能够全面地参与到社会经济和政治领域中去。"[1]

在共产党控制区域内,1933 年实施的选举法给予了妇女在投票权上与男性平等的地位。但这并不是全面的参政权,因为一些团体仍旧无权

---

[1]《中华苏维埃共和国选举法大纲》,引自中华全国妇女联合会编:《中国妇女运动史:新民主主义时期》,北京:春秋出版社,1989 年,第 297—298 页。

投票，例如地主、富农、资本家、和尚、道士、警察和国民党政府官吏。贫农、中农与工人以及自雇农都享有投票权。具有重要意义的是，在这些选举中对于投票人的文化没有要求。这样，一直以来将教育和获得政治权力联系在一起的做法在中国这个偏远的地区被打破。苏维埃的选举实践对应了在这个国家自 1920 年代中期以后发生的对于民主代议制度态度的重大转变，它不再将文化作为投票的前提条件。

苏维埃选举制度的另外一个显著的特点是没有秘密投票。相反，所有的人在选举会议上同时举手投票。[1] 这个制度并没有显得要破坏妇女参与政治的前景。实际上，这些选举对妇女们产生了重大的影响。到 1934 年 1 月为止，大多数地区取得了影响深刻的选举结果，因为其中超过 25% 的代表是妇女。[2] 江开安（Kay Ann Johnson）指出，因为大量的男子参军的原因，妇女代表在一些代表大会中的比例已经高达 64%。[3]

婚姻法在根据地的颁布使得离婚以及离婚后的财产分配平等变得合理。在规定一夫多妻和一妻多夫违法方面，他们比国民政府制定的民法走得更远一些。一妻多夫指的是，在过去数十年中比较少见的，在穷人中发生的一个妇女拥有多个丈夫的现象。[4] 他们也给予妇女在离婚以后抚养 16 岁以下孩子的权利，规定丈夫有责任支付她们的抚养费。对离婚自由的例外是军婚。按照规定，妻子必须在离婚之前取得丈夫的同意。[5] 尽管蒂亚丽（Delia Davia）指出，"在最初的几年中，法律不太可能

---

① 洛特威（Lötveit）：《中国共产主义》(Chinese Communism)，第 16—18 页。

② 同上书，第 27 页。

③ 江开安（Kay Ann Johnson）：《中国的妇女、家庭和农民革命》(Women, the Family and Peasant Revolution in China)，芝加哥：芝加哥大学出版社，1983 年，第 53 页。

④ 苏成捷（Matthew H. Sommer）：《从事性工作：一妻多夫作为清代中国的生存策略》，载顾德曼（Bryna Goodman）、文棣（Wendy Larson）编：《变动中的性别：晚清与近代中国的分工和文化变迁》(Gender in Motion: Divisions of Labor and Cultural Change in Late Imperial and Modern China)，兰纳姆，马里兰：Rowman & Littlefield 出版社，2005 年，第 29—54 页。

⑤ 中华全国妇女联合会编：《中国妇女运动史：新民主主义时期》，北京：春秋出版社，1989 年，第 300—301 页。

严格地得到执行"①,但是江开安(Kay Ann Johnson)则分析了共产党政策制定者围绕这个政策所引起问题的讨论。她指出,这种法律的影响是显著的,而且在男性中引起了很大担忧。② 在江西苏维埃地区,土地改革法令也将男女平等考虑进去。1931 年 11 月颁布的《中华苏维埃共和国土地法》规定,所有苏维埃公民,无论性别都有权分配土地。随后,尽管这项法令曾经短暂地停止实施,但是已婚妇女、女儿和寡妇还是分到了和她们的丈夫、兄弟和父亲同样数量的土地。

共产党在江西苏维埃地区实行的这些细致的社会政策是短暂的。1934 年 1 月,蒋介石对共产党发起全面进攻,最终迫使共产党放弃江西,并在 10 月开始其划时代的长征。③ 经过 12 个月的艰苦跋涉,共产党在北方重新会合。延安时期是共产党政策得到巩固的一个时期。正如我们将在下一章中将会看到,妇女对社会等级的根本性的激烈挑战开始变得温和。尽管共产党在江西有激烈的举措支持妇女权利,但是保守的趋势在延安开始出现。柯临清(Christina Gilmartin)指出,运动一开始就出现父权制倾向。她说:"尽管他们热情地倡导妇女解放……早期的男性共产党员们认为他们才应该是权力拥有者……男性应该掌握权力,担任理论家和政策制定者,而女性应该留在不太重要的岗位上。这些对他们来说是最自然不过了。"④

而且,这个限制妇女全面参与政治的趋势在共产党延安时期开始变

---

① 蒂亚丽(Delia Davin):《解放区的妇女》(Women in the Liberated Areas),载玛丽琳·杨(Marilyn B. Young)编:《中国妇女:社会变迁和女权主义研究》(Women in China : Studies in Social Change and Feminism),安娜堡:密西根大学中国研究中心,1973 年,第 75 页。

② 江开安(Kay Ann Johnson):《中国的妇女、家庭和农民革命》(Women, the Family and Peasant Revolution in China),第 56—57 页。

③ 更详细的内容,见萧虹(Lily Lee):《长征中的妇女》(Women of the Long March),悉尼:Allen & Unwin 出版社,1999 年。

④ 柯临清(Christina K. Gilmartin):《共产党身体政治中的性别》(Gender in the Formation of a Communist Body Politic),《近代中国》(Modern China),第 19 卷第 3 期(1993 年 7 月),第 317 页。

得根深蒂固。妇女的政治参与越来越和那些"妇女工作"结合起来。妇女工作被理解成是女共产党员的职责，她们的主要任务是动员中国广大妇女，使她们对政治感兴趣，参与党的活动，执行党的政策。女共产党员们发现她们被分配去从事一些妇女和儿童工作。[1] 实际上，妇女在"妇女工作"以外参与党的活动方面已经受到严格限制。党内的性别隔离开始出现，取代"女主内、男主外"的传统观念。在共产党运动中活跃的妇女们觉得她们被降级从事妇女工作，她们被剥夺了参与其他党务活动的机会。

在随后数年中，这个问题继续困扰着共产党关于妇女参政政策。在1939 年写给《中国妇女》的一封读者来信中，一位作者描述了共产党根据地干部们的讨论。其中一个讨论者说："让我们打破只有妇女从事妇女工作的思维。我们要把妇女工作交给男人去做。"另外一位抱怨说："一旦从事妇女工作，那么这将是你以后一直要从事的工作，这真的是很无聊。"还有一位说："我无法像女人们一样做事情，那么她们怎么可以让我做妇女的工作呢？"在和这些评论发表在一起的编者按中，编辑告诉读者这种思想表明评论者看不起妇女，在字里行间缺乏对妇女们的尊重。[2]

与此同时，为争取政治合法性的竞争在国民党统治区正在加剧。蒋介石政府提出了新的宪法，并承诺马上进行全国大选。

第七节 《二五宪法》，国家的胜利?

根据训政时期约法，民主统治将在 1935 年实行。与当初召开训政全国大会相比，国民政府对进行选举召开国民大会的热情很小。1932 年

---

[1] 见江开安（Kay Ann Johnson）:《中国的妇女、家庭和农民革命》(Women, the Family and Peasant Revolution in China)，第 51—54 页关于江西苏区的讨论。

[2]《妇女应当做妇女工作》,《中国妇女》，第 1 卷第 2 期（1939 年 7 月 1 日），第 19 页。关于"妇女的工作"的问题的进一步讨论，见李木兰（Louise Edwards）:《以"妇女"的工作约束"妇女"的政治工作》，第 109—130 页。

12 月,第四次国民党全国代表大会通过决议,准备在 1935 年 3 月召开国民大会以颁布永久性的全国宪法。不过,国民大会没有如期举行。然而,期待民主选举,制定新的全国性宪法的工作仍在进行中。1934 年 3 月 1 日,在公众评论和批评基础上修改过的文件被公之于众,并于 1934 年 10 月 16 日呈交给国民政府,供其转交给国民党。① 国民党要求作出修改,最终在 1935 年 12 月召开的第五次国民党全国代表大会上决定在 1936 年 5 月 5 日颁布宪法。然而,国民政府仍旧不愿意分享权力,因此这个并不是按照规定选举产生的国民大会批准宪法草案。直到全国性选举产生一个民选机构,并赋予它正式宣布宪法的权力为止,因此,此项文件不能称为法律。这部宪法后来被称为《二五宪法》,它成为中华民国 1946—1947 年宪法的正式基础。②

《二五宪法》确保训政时期约法中妇女的总体性平等将被转换成享有实质性的政治权力。在这项文件中,男性与女性之间的平等和民族、阶级和宗教一起得以保证。1936 年宪法的第 28 条和第 29 条规定:

> 28. 国民大会代表应该通过全面、平等和直接的选举以及无记名投票产生;
>
> 29. 年龄 20 岁以上的中华民国公民,按照法律有权选举代表。年龄达到 25 岁的公民,按照法律有权被选举为代表。③

宪法通过以后,妇女团体进行了热烈庆祝。经过 25 年的斗争,妇女终于赢得了与男性平等参与国家政治的权利。

经过一再延期以后,国民政府宣布国民大会将在 1937 年 11 月 12 日

---

① 关于《宪法修改草案——1934 年 10 月 16 日》的文本,见潘为东(Pan Wei-tung):《中国宪法》(Chinese Constitution),第 263—286 页。也见梅汝璈:《中国宪政政府的前夜》(On the Eve of Constitutional Government in China),《天下月刊》(T'ien Hsia Monthly),第 2 卷第 5 期(1936 年 5 月),第 443—453 页。

② 董霖(W. L. Tung):《现代中国的政治机构》(The Political Institutions),第 137—138 页。

③ 罗辛格(Lawrence K. Rosinger):《中国战时政治》(China's Wartime Politics),第 70—85 页。

召开,并开始选举代表的工作。① 全国各地民主团体开始以这个日期作为他们的目标。妇女参政活动家们成为最热情的参与者之一。在 1936 年秋天,她们在全国范围内为妇女代表发起竞选活动。不过 10 月 3 日的一份报告指出,"中国的女权主义运动作为一个全国性的运动遭受重创……选举妇女代表参加将在 11 月 12 日召开的国民大会将会失败。"妇女运动希望选举产生的妇女代表人数占 1200 个席位中的三分之一,但是"有敏锐的观察家们倾向于预测,在最后的选举中拥有足够的票数参加国民大会的妇女代表不会超过四位"。事实证明,"敏锐的观察家"所做的无情的预测证明是相当合理的。经过半轮选举产生总共五位妇女代表,占代表总人数的 0.5%。② 其中包括国民党员吕云章、王孝英以及张懋华。③

然而,这些数目极少的妇女代表们第一次在国民大会中取得席位,并没有以政府期待的形式享有她们刚刚获得的立法权力。1937 年日本的入侵使得争取全面选举权的民主运动陷入困境,因为国家的生存遭到了威胁。国内对宪法民主的关注被搁置。举行全面选举产生国民大会代表现在被认为是不可能的了。国民政府决定召开国民参政会,即非正

---

① 罗辛格(Lawrence K. Rosinger):《中国战时政治》(*China's Wartime Politics*),第 56 页。

② 中华全国妇女联合会编:《中国妇女运动史:新民主主义时期》,北京:春秋出版社,1989 年,第 589 页。

③ 吕云章(1891—1974 年),山东人,曾在北平法政大学和女子师范大学学习。她于 1925 年加入国民党,是国民党妇女喉舌刊物《妇女之友》的编辑,成为国民党妇女部的重要成员。吕云章发表了大量的关于妇女解放方面的文章,其中包括两本专著《妇女问题论文集》和《世界妇女运动史》。1949 年以后,她去了台湾。见《妇女辞典》编写组:《妇女辞典》,北京:求实出版社,1990 年,第 98 页。关于吕云章分析妇女运动面临的问题,见李木兰:《民国时期对现代女性的规训》(*Policing the Modern Woman*),第 115—147 页。王孝英来自福建省。她在新的省立女子师范学校学习,后来到北平女子师范大学学习。她是福建、广东和上海等地众多学校的校长。她自 1921 年以后参加妇女参政运动,当时她帮助成立北京妇女参政会。在北京,她开始参加国民党政治活动,并嫁给了李大钊。在内战时期,她继续参加政治,在 1946 年的立宪国民大会中任职,并在 1947 年成为立法院立法委员。见《妇女辞典》编写组:《妇女辞典》,北京:求实出版社,1990 年,第 105—106 页。赵懋华(1898 年—?),四川人,年轻时赴德国留学,并在柏林获得博士学位。回国后,她曾经在教育部和国防计划委员会工作。见伍德黑德(Woodhead):《中国年鉴 1939 年》,第 163 页。

式的中国战时议会。正如我们在下一章将会看到的,尽管国民政府很明显地不愿意进行选举,但是妇女活动家们对于参与政治的热情仍然高涨,这有可能是受她们最近在宪法起草方面取得胜利的鼓舞。

　　抗击日本侵略的漫长而残酷的斗争标志着国民党主宰中国政局的结束。蒋介石对共产党依旧厌恶,但是来自外部的敌人迫使他重新考虑国民党和共产党之间的关系。城市民众对蒋介石"攘外必先安内"的反对迫切需要得到改变。相应的,国共两党之间的第二次统一战线正式形成,并一直持续到 1945 年第二次世界大战结束,之后两个宿敌之间又开始了内战。在抗战时期,中国妇女运动在爱国旗帜下动员起来,新文化运动时期形成的共产党和国民党妇女之间旧的联系重新恢复活力。

第七章 性别差异的实现：名额、战争与选举 (1936—1948 年) [①]

　　1936 年 5 月 5 日颁布的《二五宪法》承认女性与男性之间的平等权利，但是这种成功也意味着活跃的中国女权主义政治的结束。在 1936 年之后的十年中，中国妇女权利活动家们成功地发起了一场运动，通过这场运动她们在国家立法机关中为妇女们赢得了最低的席位名额。这个为发起名额运动而成立起来的团体名为妇女国民大会代表竞选会，它在所有重要城市都建有分会。[②] 这个运动是妇女参政历史的一个重要组成部分，因为它表明了妇女活动家们开始战略性地以性别差异作为前提条件为妇女权利进行游说和动员。本章将探讨中国妇女为争取这样的特别名额所进行的游说活动。它进一步指出，与传统的观点相反，独立的女权主义运动在抗战时期就积极地从事为妇女争取政治权利的活动。她们的努力最终在 1946—1947 年颁布的国家宪法中为妇女们赢得了至少 10%的名额。

---

① 本章的最初版本见李木兰（Louise Edwards）：《从性别平等到性别差异：女权主义追求妇女参政名额运动》（From Gender Equality to Gender Difference：Feminist Campaigns for Quotas for Women in Politics），《二十世纪中国》（*Twentieth Century China*），第 24 卷第 2 期（1999 年 4 月号），第 69—105 页。

② 谈社英编：《中国妇女运动通史》，第 285 页。关于妇女游说团宣言，见第 288—289 页。

中国妇女活动家们认为维护妇女权利需要议会保持不断的警惕性。只有妇女确实坐在议会中，享有全面投票权，民国宪政制度才能够真正代表她们的利益。她们相信给予妇女最低名额是确保妇女能够赢得席位的关键。重要的是《二五宪法》在给予保障性名额方面已有先例，它在海外华人、蒙古人和藏人三个少数群体代表选举中给予他们最低名额。①女权主义者将妇女列入少数群体名单之中作为她们的目标。随着男女平等得以保证以及对妇女集体政治身份的广泛接受，那种认为男性和女性有着本质性的不同政治利益的观点开始产生实际影响。

第一节　什么是"名额运动"

在中国政治史上，名额运动在很大程度上和妇女参政运动一样被忽略了。对于以往学者们对名额运动不感兴趣这个问题，有几种不同解释。其中一个关键原因是名额运动处在国民党和共产党这两大政党的妇女政策和纲领之间，而这两大政党则具有更多的吸引力。许多参加名额运动的妇女与这两大党派没有任何联系。相反，她们占据两者之间的中间地带，在某些情况下，她们加入到规模更小一些的像中国民主政团同盟这样的民主团体中，但并不完全都是这样。②活跃在两大政党中的女权主义者确实参与名额运动，其中一些还起着领导作用。毫无疑问，来自国民党阵营妇女活动家们对运动的支持和领导对于运动的胜利作

---

① 见第 27.2 和 27.3 款。1936 年 5 月 14 日《国民大会代表选举法》列出各个类别代表的具体人数。见吴经熊、黄公觉：《中国制宪史》，上海：商务印书馆，1937 年，收于《民国丛书》第 27 卷，第 1006—1047 页，上海：上海书店，1989 年，第 1006—1047 页。

② 更多的关于民主反对派的讨论，见冯兆基：《追求中国民主》(In Search of Chinese Democracy)和马紫梅(Mary G. Mazur)：《1940 年代的活跃知识分子：统一战线和民主同盟中的吴晗》(Intellectual Activism in China during the 1940s: Wu Han in the United Front and the Democratic League)，《中国季刊》(China Quarterly)，第 133 期(1993 年 3 月)，第 27—55 页。它是由介于共产党和国民党中间的民主党派组成的联盟。1947 年国民党宣布民盟为非法并解散。

出了更大的贡献。尽管如此,两大政党都没有直接地支持名额运动。名额运动在艰难的十年时期的活力来自持不同政治立场女权主义者之间结成的联盟。

学者们对于争取名额运动总体上缺乏研究兴趣,这也是因为人们通常认为在战争年代根本没有和政治参与相关的妇女活动。戴瑶玛(Norma Diamond)指出,到1938年春"大陆国民党统治区内的独立妇女运动已经结束",因为这个年份标志着妇女活动家们在宋美龄召集的会议上一致加入抵御日本侵略的战争中。[1] 这种观点非常流行。周碧娥、卡尔·克拉克(Cal Clark)和珍尼特·克拉克(Janet Clark)在她们主编的《台湾政治中的妇女》一书中指出,给予妇女名额"在1912—1936年之间对于许多妇女以及她们的男性支持者们来说需要进行持续的,有时甚至是严肃的斗争"[2]。实际上争取妇女代表最低名额的斗争是在1936年以后发生的。正如上一章已经清楚地表明,中国女权主义者在此之前一直特别致力于确立宪法中的性别平等以及与之相关的选举立法,同时提出对妇女集体政治利益的诉求。

学术界的基本总体的观点是国民党的镇压、战争的危急状态,加上妇女活动家们自身对此缺乏兴趣之类因素的结合,最终导致了政治在抗战年代从女权主义者的议程中抹去。本章将表明,并不是中国所有的重要女权主义活动家们都认为她们的工作在1936年之前就已经完成。相反,她们在刚刚赢得的男女平等的基础上沿着新的道路指引她们的政治运动。这些妇女并不将实现男女在宪法中的平等作为是她们努力的最终目标,相反她们认为这是新的起点。而且,国民党需要在抗日战争时

---

[1] 戴瑶玛(Norma Diamond):《国民党统治下的妇女:关于女性秘密的不同观点》(Women Under Kuomintang Rule:Variations on the Feminine Mystique),《近代中国》(*Modern China*),第1卷第1期(1975年1月),第9页。

[2] 周碧娥、卡尔·克拉克(Cal Clark)、珍尼特·克拉克(Cal Clark):《台湾政治中的妇女》(*Women in Taiwan Politics*),博尔德国,科罗拉多:Lynne Rienner出版社,1990年,第81页。

期向国际社会展现其民主的一面,这也为言论自由提供了有限的空间。妇女活动家们以此推动女权主义参政运动的发展。

这种充满活力的追求"实现平等之后的胜利"的女权主义运动在世界范围内的妇女参政运动史中是比较独特的。正如理查德·埃文斯(Richard Evans)指出,一旦赢得参政权,女权主义运动便走向衰落。他说:"当然这是一个很明显的观点,女权主义运动几乎注定要在赢得参政权以后就开始衰落……一旦取得胜利,许多女权主义活动家们就觉得没有更多的事情可做了。"[1]然而对于中国女权主义者来说,确保妇女参政权的斗争不仅仅是维护她们在刚刚赢得的权利平等的基础上所获得的那些空洞的理论上的权利。埃文斯提出,不像她们的西方女权主义者那样在赢得参政权以后就开始陷入毁灭性的内部争吵中。中国的妇女参政活动家们是刚刚获得的妇女参选权的主要受益人,她们被激励起来确保在现实中能够赢得议会席位。名额运动在中国女权主义运动可能很容易破裂以及瓦解的时候统一了中国的女权主义活动家。

第二节 "独特的中国式"的后选举权运动

妇女活动家们在赢得性别平等之后发起独特的中国式名额运动,这可能有这几种原因。首先,在过去的30年中,妇女运动在广阔的中国政治舞台上已经成功地建立了合法的政治利益集团。新的中国政治意识形态现在承认妇女和青年、农民以及少数民族一样,是一个需要给予特别政治关注的群体。而且妇女活动家们自己也表现出维护妇女政治集体身份的积极性。但是这种政治身份并没有必然地使得所有女权主义活动家达成统一的意见,除了一个根本原则之外,即她们都承认女性相对于男性的弱势地位。共产党、国民党、民主派以及无政府主义者都赞

---

[1] 理查德·埃文斯(Richard J. Evans):《女权主义者》(*The Feminists*),伦敦:Croom Helm 出版社,1977 年,第 212 页。

同这个原则。因为妇女们的集体政治身份在广阔的中国政治舞台上展现出的力量，那种在欧洲发生的中产阶级女权主义者和工人阶级女权主义者之间的裂痕并没有发生在中国，从而影响参政运动和名额运动的进程。① （参考图7.1共产党妇女运动图片）

第二，中国妇女运动在后选举权时代继续活跃也是因为那些构成这个团体领导层的妇女所共同具有的特点，尽管新文化运动时期这个群体的成员组成结构复杂。几乎所有抗战时期最主要的女权主义活动家们都是那些比当时大多数中国人受过更好教育的中产阶级妇女。但重要的是她们个人都致力于积极地参与正式政治。她们认识到，如果能够确保妇女在议会席位中的最低名额，那么这将对所有政党的预选程序产生

图7.1 《全世界妇女团结起来》，《妇女周报》1940 年 1 卷 10—11 号。

---

① 理查德·埃文斯(Richard J. Evans)：《同志与姐妹：欧洲的女权主义、社会主义和绥靖主义》(*Comrades and Sisters*)，第 66—92 页。

影响。对这个现实的认识毫无疑问鼓励了处在不同政治立场的女权主义活动家们之间的合作。所有的妇女活动家们个人直接地站出来争取，因为她们在政治上天生地具有雄心壮志。在中国战时议会——国民参政会中提出给予妇女特别名额这项原则时，这种多党派之间的统一是重要的，因为妇女在参政会中人数极少——总数通常在 10 至 15 人之间。①

国民参政会的存在是鼓励女权主义者在取得参政权胜利之后保持团结的第三个重要因素。国民参政会是国民政府在 1938 年成立用来在抗日战争期间供政府咨询的机构，并控制整个社会对全面和自由民主选举越来越强烈的要求。它在 1938 年至 1947 年之间总共召开 13 次会议。它的第一次会议于 1938 年 7 月 6 日至 15 日在汉口召开，最后一次于 1947 年 5 月 20 日至 6 月 2 日在南京召开。国民参政会每 3 个月召开 10 天会议，但是每次不是被推迟就是被取消。② 但是它将各种政治利益纳入同一个机构中，并为妇女们提供了平台。在这个平台上无论她们属于何种正式的政治组织，她们都能够就女权主义议题进行共同游说。这种机构在反对日本侵略的第二次国共合作框架中存在，它为推动女权主义合作提供了关键的政治空间。重要的是这个议会并不是民选议会。在 1938 年成立时，国民参政会包括被任命的 100 位社会名流以及来自未沦陷地区的 100 位代表。经过复杂的提名和批准过程，这也是确保避免民选，国民党完全控制了谁可以加入国民参政会。但这并不是说共产党员被完全排斥在国民参政会之外。邓颖超和周恩来在不同时候都曾经参加过国民参政会。按照规定，来自各省市的代表"应该从那些在公立或

---

① 关于中国国民参政会，见 Lawrence Nae-lih Shyu：《国民参政会与中国战时问题，1937—1945 年》(The People's Political Council and China's Wartime Problems，1937—1945)，哥伦比亚大学博士论文，1972 年；冯兆基：《追寻中国民主》(In Search of Chinese Democracy)，第 144—182 页。

② 关于各次会议召开的时间和地点，见《国民参政会史料》，台北："国民参政会"在台历届参政员联谊会，1962 年，第 635 页。钱端升在 1942 年指出："如果国民参政会要有效地行使职能，它应该出现在要召开更多次会议。"钱端升：《中国战时政府》(War-Time Government in China)，《美国政治学评论》(American Political Science Review)，第 5 期(1942 年 10 月)，第 858 页。

私立机构中服务三年以上者当中选出"。因为没有选举，这些代表"是在各省市政府和国民党在各个相应的地方党部举行的联席会议上委任的"①。而在此之前的十年中，妇女们已经使她们自己和她们的活动家群体成为合法的"组织"，这样她们在参政会中可以得到充分的代表。

这个战时机构为妇女委员们展现她们的政治能力，向政治上活跃的各种男性提出名额问题，及呼吁改善妇女教育和卫生条件都提供了重要场所。这些都是以动员妇女支持抗战的名义进行的。这些权益也是在没有立即举行实际性选举的压力下获得的——因为当日本对中国仍有军事威胁的时候，这些会议没有召开过。最重要的是，参加国民参政会使得女权主义活动家们能够直接影响《二五宪法》的修改，这直接导致了将保证妇女代表最低名额的条款写入1946—1947年宪法中。

尽管国民参政会是参政活动家们用来推动她们在独特的中国式的后选举权时代进行合作的最有效机制，但是它所召开的众多会议的实际效果是有限的。钱端升指出，"总体上来说，国民参政会从第一届到第四届变得越来越不重要和令人失望。"②顾佐（Gerry Groot）描述说，参政会"不是议会，但它是一个有效的并具有包容性的综合体"③。尽管政府忽视国民参政会对实现宪政民主的不断呼吁，但是它使得人民开始朝着改革《二五宪法》的方向迈进。正如冯兆基指出，"民主话语在抗战时期并没有销声匿迹"④。

最后，抵御日本侵略的战争为妇女活动家们实现女权主义运动的统一提供了一个爱国主义的平台。反对日本侵略而结成的第二次国共统一战线使得持各种不同政治立场的妇女活动家们能够在重新充满活力

---

① 曹文彦（W. Y. Tsao）：《近代中国宪政结构》（*The Constitutional Structure of Modern China*），第108页。
② 钱端升：《中国的政府和政治》（*Government and Politics of China*），第281页。
③ 顾佐：《管理转型：中国共产党、统一战线工作、社团主义和霸权》（*Managing Transitions : The Chinese Communist Party, United Front Work, Corporatism and Hegemony*），伦敦：Routledge出版社，2004年，第6页。
④ 冯兆基：《追寻中国民主》（*In Search of Chinese Democracy*），第228页。

的民族主义旗帜下（现在特别是以反日思潮为名）促进女权主义宪法改革，在爱国主义的话语中改革国家政治。1938 年 5 月庐山会议达成了这项广泛的政治共识。在会上，包括共产党、无党派以及国民党在内的中国妇女运动领导人都表示同意通过新生活运动的妇女指导委员会统一协调抗战时期的妇女活动。① 尽管戴瑙玛（Norma Diamond）将这次会议当作是独立妇女运动的终结，然而下面所描述的名额运动表明，这次会议并不是彻底的沉默或者是所有女权主义力量被纳入到国民党的政治框架中。实际上，妇女们所处的政治派系在名额运动中是各色各样的，正是这种多样性给予名额运动以力量。当所有其他团体不再抱有幻想或沉默的时候，国民党阵营中的女权主义活动家们依然在战斗。

第三节　两党政治结构内外的女权主义活动家们

国民参政会妇女代表的政治历史表明了国民参政会存在着的不同声音，这使得女权主义在这个时期仍旧能够在这个中国唯一的政治机构中表达出自己的政治诉求。尽管并不是所有的声音都能在参政会上得到平等的表达，因为左翼的声音是沉默的，不过所有的诉求都能在某种程度上得以表达。这些妇女参政员包括不结盟的爱国者、共产党员以及国民党员。所有这些委员在过去的数十年中一直积极参加女权主义运动。不过，来自无党派的妇女在国民参政会中通常遭到斥责、攻击和开除。

例如，长期以来活跃的妇女参政活动家刘王立明是基督教妇女禁酒联合会的主席，因为她不断批评国民党以及被认为支持共产党，她于

---

① 中华全国妇女联合会编：《中国妇女运动史：新民主主义时期》，北京：春秋出版社，1989 年，第 428 页。麦金农指出，这次会议主要由包括邓颖超在内的共产党员参加，由宋庆龄领导。见麦金农（Stephen MacKinnon）：《抗战爆发时期的难民》（Refugee Flight at the Outset of the Anti-Japanese War），载戴安娜（Diana Lary）、麦金农编：《战争的伤痕：战争对近代中国的影响》（Scars of War：The Impact of Warfare on Modern China），温哥华：英属哥伦比亚大学，2001 年，第 131 页。

1943 年 9 月被开除出国民参政会。她在 1944 年加入中国民主政团同盟，被选入中央委员会。她于 1945 年成立中国妇女联谊会，从而确立了她的"左翼女权主义民主分子"地位。这个协会旨在当国民党继续不愿意推动民主的情况下在妇女当中推动民主。① 刘王立明的一位密友及中国民主政团同盟会会员——史良（1900—1985 年）曾经为那些在国民参政会中争取名额的妇女活动家们当过律师。她致力于宪政民主，也因此被任命为宪政主义促进委员会委员。正如下面的论述表明，她赢得了这个委员会对妇女们作出的关键性让步。史良曾经是在 1935 年 12 月成立的拥有一千多名成员的上海妇女界救国会的几位领导人之一。救国会在推动宪政以及确保妇女政治地位的立法中起着领导作用。史良批评国民党在面临日本侵略时仍旧压制共产党。因此，她行走在这样一条危险而狭窄的道路上。她在纪念一二·九运动一周年集会游行抗议中受伤，后被国民党投入监狱，她作为大无畏爱国者的声誉得到进一步提高。因为她们的爱国行为，她和她的狱友们被尊称为"七君子"②。史良致力于建立民主宪政政府的努力是显而易见的，她在 1939—1940 年之间组织了一系列关于妇女和宪法的会议。作为中国民主政团同盟领导人，她在 1949 年新中国成立以后依然发挥着同样的作用。③

---

① 诗人闻一多在 1946 年 7 月遇刺身亡，刘王立明领导成立了中国人权保障委员会。国民党于 1947 年初宣布该组织非法。

② 中共上海市委党史资料政绩委员会编：《一二·九以后上海救国会史料选集》，上海：上海社会科学院，1987 年，第 312—313 页。也见小科布尔（Parks M. Coble）：《面对日本：中国政治与日本帝国主义，1931—1937 年》（*Facing Japan：Chinese Politics and Japanese Imperialism，1931—1937*），剑桥，麻省：哈佛大学出版社，1991 年，第 335—342 页，以及他的《作为一个政党的救国会》（The National Salvation Association as a Political Party），载金若杰（Roger B. Jeans）主编：《未走之路：二十世纪中国反对党的斗争》（*Roads Not Taken：The Struggle of Opposition Parties in Twentieth-Century China*），博尔德，科罗拉多：Westview 出版社，1992 年，第 135—147 页。

③ 史良没有在海外留学过。她于 1923 年毕业于上海法政大学。她在当律师的同时，积极参加政治活动。她于 1927 年曾被作为激进分子判处监禁，在蔡元培的帮助下获释。《史良同志生平》，《妇女组织与活动》，第 5 卷(1985 年)，第 42—43 页。见《史良同志遗体告别仪式在北京举行》，《人民日报》，1985 年 9 月 12 日。

另一位委员吴贻芳博士是中国第一所女子大学校长,她也是一位与国民党有着密切联系的著名妇女权益活动家。她的政治立场在现实中则非常模糊。吴贻芳在争取名额运动中的作用是显著的,因为她是国民参政会主席团中的唯一的一位女性成员(她是在周恩来退出之后在 1941 年被任命)。作为 1929 年和 1933 年基督教全国委员会主席以及太平洋关系研究所的中国代表,以及 1933 年芝加哥国际妇女大会中国代表,吴贻芳享有很高的国际知名度。在《美亚》杂志中,她被描述为"温和民主派",而且人们也注意到她从不公开批评国民党政府。① 尽管她在与国民党合作方面不存在问题,但是她在 1949 年共产党革命胜利之后仍旧留在中国大陆,并在教育界担任几个重要职务,也是全国人大代表及中华全国妇联执委会委员。

在国民参政会中为妇女争取最低席位名额的,忠诚于国民党的女权主义者还包括伍智梅(1897 年—?)博士。她是广东籍的妇女参政运动活动家。她在 1932 年是国民党广东党部监察委员会和执行委员会委员。她在 1938 年出任国民党广东省党部执委。② 刘蘅静是国民党党员,她在推动妇女在国民参政会获得最低席位名额问题上起着积极的作用。当第二次统一战线中的冲突使得国民党和其他政治力量之间的合作变得不可能的时候,刘能够继续在国民参政会中提出妇女名额问题。福建参政活动家和教育家王孝英(1901 年—?)尽管不是国民参政会委员,但她

① 见《中国和印度在旧金山》(China and India at San Francisco),《美亚》(Amerasia),第 4 卷第 9 期(1945 年 5 月),第 136 页。曹文彦(W. Y. Tsao)这样写道:"这里我们非常高兴地指出,五人主席团成员之一是金陵女子学院校长吴贻芳博士。她入选主席团进一步证明了在今天的中国,妇女们表现出她们完全有能力参与社会和政治事务。在第一届委员会中有 9 位妇女代表,在第二届则增加到了 15 位。她们每一个都可以声称自己和委员会的其他男性成员一样做得好。"曹文彦(W. Y. Tsao):《近代中国宪政结构》(The Constitutional Structure of Modern China),卡尔顿,澳大利亚:墨尔本大学出版社,1947 年,第 111 页。吴贻芳 30 多岁时从密西根大学博士毕业,成为南京金陵女子学院校长。见李木兰(Louise Edwards),《吴贻芳》,载 Lee Lily 编:《中国妇女传记辞典:20 世纪,1912—2000 年》,Armonk,纽约:M. E. Sharpe 出版社,2003 年,第 561—564 页。
② 《伍智梅小姐》,《中国名人录》(Who's Who in China),第 225 页。

在妇女救国会中仍旧非常活跃，通过史良这个组织，她成为争取名额运动的主要支持者，并在 1946 年被选为国民大会代表。

参加第一阶段争取妇女名额运动，同时也是共产党员的两位妇女是罗琼（1911 年—？）和王汝琪（1912 年—？）。罗来自江苏省，毕业于苏州女子师范学院，她于 1935 年在上海开始积极参加妇女运动。她在那里帮助成立家庭妇女联谊会以及妇女问题研究会，和史良一起领导妇女救国会，号召结束共产党和国民党之间的敌对。在 1930 年代，她在妇女刊物上发表大量文章，就给予妇女参政名额问题提出了很有说服力的主张。她于 1938 年加入共产党，很明确地站在共产党阵营。从这个时候开始，她代表共产党在全国范围内从事妇女工作。1949 年以后，她在中华全国妇联工作，并担任全国人大代表。[1] 王汝琪毕业于上海复旦大学法律系。和罗琼一样，中国与日本之间的紧张关系以及国共两党之间难以弥合的分裂激励了她参与政治。1935 年她领导妇女救国会宣传部，担任该组织所办刊物《战时妇女周刊》的编辑。在随后的两年中，她撰写了很多关于男女平等以及与妇女政治参与重要性有关的宪政方面的文章。她于 1938 年加入共产党，1940 年去延安，在那里她成为妇女委员会委员。她于 1948 年出任中华全国妇联秘书。她于 1949 年在北京负责中华全国妇联宣传部。从那个时候开始，王汝琪在国家党政机关中出任要职。[2]

那些活跃的争取妇女代表席位最低名额的女权主义分子来自广泛的中国政治阶层。她们之间的合作是取得运动成功的关键，这种合作的前景以相互利益是否一致为前提。无论她们各自的政治主张有何不同，她们都一致同意妇女作为一个独特的政治群体需要特别的代表名额，并致力于推动妇女参与政治。然而，名额运动的最终实现取决于民主宪政

---

[1]《妇女辞典》编写组：《妇女辞典》，北京：求实出版社，1990 年，第 113 页。

[2] 高魁祥、申建国编：《中华古今女杰谱》，北京：中华社会出版社，1991 年，第 181—182 页。

制度。国民党政府坚持不愿意放弃控制,这意味着所承诺的国民大会将不断地被推迟举行,而且不断加剧的日本侵略使得中国国内政治局势日益不稳定。

第四节　战争对于女性差异问题的影响

开始抵御日本在 1937 年发动的侵略战争为推迟全国性选举提供了借口,尽管这种选举将会使中国实现民主政治,但是它确实为中国的女权主义活动家们提供了不同于和平时期的机会。战争对性别角色的矛盾性的定位为这些机会的出现提供了空间。一方面,战争带来的对男性气质的崇拜有效地使得整个社会更具有男性气质。然而在另一方面,战争又放大了性别分工的社会概念。这就是说,尽管妇女们在战争时期采用了通常是和与男性相关的习俗、服装和工作,但是她们的女性特征仍然由她们主要角色来刻画,那就是作为非战斗人员以及男人们战争的"支持者"。正如彭妮·萨默菲尔德(Penny Summerfield)指出,战争通常使得"性别关系两极化,而不是减少男性与女性特征的区别"[1]。在中国议会中为妇女们争取最低名额的运动不仅仅没有被这种两极化阻碍,相反从这种分化中获益。提出"男女有别"成为女权主义活动家们在这个运动中所积极利用的一个论据。

在欧洲国家,妇女参政权并没有因为第一次世界大战的爆发而获得,战争对她们运动的影响很难估计。一些学者,例如阿瑟·马威克(Arthur Marwick)提出,战争所带来的机会的增加改善了女性在社会中的总体地位。[2] 另外一些学者,例如理查德·埃文斯(Richard Evans)已

---

[1] 彭妮·萨默菲尔德(Penny Summerfield):《二十世纪的性别与战争》(Gender and War in the Twentieth Century),《国际历史评论》(*International History Review*),第 19 卷第 1 期(1997 年 2 月),第 4 页。

[2] 阿瑟·马威克(Arthur Marwick):《洪流:英国社会与第一次世界大战》(*The Deluge：British Society and the First World War*),1965年,伦敦:Macmillan 出版社,1975年重印,第95—105页。

经指出，战争在妇女参政问题上既没有破坏作用也没有中性作用。他认为，妇女地位的改善是战争对总体政治形势产生影响后所带来的结果。[1] 对于中国妇女来说，反对日本侵略的战争是在她们胜利获得参政权，并正在发起争取最低名额运动的时候才开始的，而这个时候战争所可能带来的负面效果已经降低。

在漫长的战争岁月，中国的女权主义活动家们提升了她们作为爱国者的声誉，因而减少了她们被认为是追逐私利的激进分子的可能性。中国女权主义者成为狂热的爱国者，正如在第一次世界大战期间克丽斯特贝尔·潘克赫斯特(Christabel Pankhurst)领导下的英国参政运动军事组织那样。在意大利、德国和美国，女权主义和绥靖主义之间的联系使得人们对女权主义运动的爱国主义产生怀疑，从而延缓了参政运动的发展，但是这种问题对中国女权主义活动家们来说不存在。[2] 所有中国的著名女权活动家们为了实现和平，坚定地支持抗战，正如她们在1920年代支持国民革命战争，以及在1911年之前是支持反清革命那样。因此，抗击日本入侵的战争为那些在中国政治舞台上活跃的妇女们提供了另一个机会以展现她们的爱国主义。

反对日本的战争对于女权主义者争取最低名额的斗争也非常重要，因为它吸收了新的年轻妇女参加女权主义运动。受到爱国主义和反对日本侵略思想的鼓舞，许多年轻女性第一次参加到政治活动中来。这些妇女加入的主要团体是妇女救国会。成立这些团体是为了迫使国共两党在抗战中统一起来。这些团体在1935年底和1936年初在南京和上海等主要城市成立分会。上海的分会有1000名会员，包括学生、家庭主妇、律师、医生、护士以及教育工作者。[3]

---

[1] 埃文斯(Evans)：《女权主义者》(*The Feminists*)，第222—226页。

[2] 同上书，第196页。

[3] 中华全国妇女联合会编：《中国妇女运动史：新民主主义时期》，北京：春秋出版社，1989年，第355页。

在这种爱国主义的名义下,妇女救国会的成员来自广泛政治阶层。无论她们持何种政治立场,都有机会共同进步。例如,上海的团体在1935年12月成立,包括国民党员王孝英和无党派人士史良。妇女救国会的主要刊物《妇女生活》成为不断探讨妇女在议会中名额问题的几个主要刊物之一。(参考图7.2杂志目录上的配图。)《妇女生活》在很大程度上将它的使命界定为宣扬爱国主义。它试图提高妇女们对国际和国内政治事件的了解,但是杂志同时也发表小说、科学、健康和卫生方面的文章。从1936年开始这个刊物在上海每月发行两期,直到1937年后期随着日军的入侵才转移到重庆。不过,这份刊物热衷于帝国主义和阶级方面问题的讨论招致国民政府的不快,并导致在1941年被查禁。正如下面的讨论指出,《妇女生活》中的文章为我们理解中国女权主义者如何解释争取名额运动的合理性提供了重要资料。

图7.2 《妇女游行》,目录页插图,《妇女生活》1936年1卷1号。

战争也抵制了新生活运动中重新将妇女限制在家庭中的那种保守趋势,为妇女们在国统区参加公共政治活动提供了空间。动员妇女们参与战争的主要官方组织是在宋美龄所领导的新生活运动中成立的妇女指导委员会。抗战的爆发避免了新生活运动进一步缩小中产阶级妇女的空间,因为新生活运动所提倡的家庭生活在战争时期受到威胁。为了动员妇女参与战争,需要给予她们更多的自由,而不是更少的自由。正如宋美龄在1937年号召妇女支援抗战的演说中指出:

今天,为了维护国家统一和免遭侵略,我们每一个中国人必须各尽所能投入战斗。我们妇女同胞正如我们的男同胞一样是国民。我们的地位、我们的能力和我们的作用有可能不相同，但是我们每个人必须尽其所能作出贡献，将我们的祖国从失败和奴役中拯救出来。①

尽管中国的妇女们取得国民平等只有一年之久，但是现在她们要承担起职责。她们的职责与男性的那些职责不同，尽管如此，仍然是宝贵的和充满爱国精神的。正是战争带来的空间使得妇女能够在民族主义的话语中为争取最低名额进行游说，并以此推动她们的运动发展。

史良在 1940 年 10 月向妇女指导委员会提交的报告中勾勒了妇女们被激励参加战争而从事的一些活动的特点：

在过去的三年中，总共有 113 个中国妇女组织已经在国内外建立起来……大约 20000 名妇女已经在沦陷区参加游击队和自卫队。在前线已经成立了五个妇女服务团，她们在那里从事巡逻和救护工作。将近 1500 名妇女负责失散儿童的工作，照顾和教育 20000 名流浪人员以及寄居在国统区 48 个家庭中的孤儿。②

在妇女们发起名额运动的时候，以支援抗战名义从事慈善工作的机会在这一时期也显著增加。这些主要的女权主义活动家在抚养孤儿和照顾难民方面起的作用，证明了妇女具有的特别的、与男性能力有本质不同的能力。更重要的是，这些"天生的"女性技能现在是与爱国主义紧密联系在一起的。而早在战争之前，刘王立明等妇女活动家们已经非常积极地为无家可归的女孩建立救难所。在抗战期间，她为孤儿和难民继续进行同样的活动。她在抗战时期的这些活动为她赢得了额外的爱国声誉。

---

① 《蒋夫人领导中国妇女支援抗战将士》(Madame Chiang Leads Women of China in Support of Defenders)，《密勒氏评论报》(*China Weekly Review*)，1937 年 8 月 7 日，第 371 页。

② 《中国女律师提供妇女活动统计数据》(Chinese Woman Lawyer Gives Statistics of Women's Activities)，《战时中国》(*China at War*)，第 5 卷第 3 期(1940 年 10 月)，第 70 页。

总的来说,无论是导致战争的事件还是战争到来之本身都为女权主义活动家们提供了要求最低名额的充分理由,这完全是因为战争强调了女性与男性的不同。在男女两性共同参与的反对日本的爱国主义战争环境中出现的性别角色放大了这些性别差异,推动了争取最低名额运动的发展。在为争取妇女们在全国立法机构中获得最低名额的运动中,坚持女性与男性的"平等的差异"成为她们重要的实际策略。而早些年,妇女们提出女性不同于男性,因而需要为妇女们确立一个集体政治身份。

第五节　为代表名额而辩论

尽管国民参政会成为赢得最低名额的主要阵地,但是中国妇女活动家们在日本入侵以及国民参政会成立之前就为争取妇女代表名额进行过讨论。这完全是因为在中国这个相对比较迟实现参政权性别平等的国家中,中国女权主义者见证了国际妇女参政运动对妇女参与政治的影响。世界范围内建立在平等参政权基础上的选举向善于观察的中国女权主义者展示了妇女参政可能带来的影响。很明显,因为世界范围内被选举或者甚至是被各自党派任命的妇女代表数是最少的,所以给予妇女最低名额对于将写在纸面上的平等变成现实中的平等来说是必须的。女权主义活动家们开始她们的运动,向妇女们说明为争取最低名额而进行游说的必要性。毕竟,妇女们已经能够作为平等国民就这个问题进行投票。《妇女生活》关于这方面问题的一篇文章提供了这个时期中国女权主义活动家们的政治理想的概况。在 1936—1937 年《妇女生活》杂志刚创办的最初两年中,它关注当时所发生的推动最低名额运动发展的事件。在这之后,杂志转向关注国民参政会。作为一个极其重要的无党派杂志,它展现了中国女权主义活动家为妇女争取特别名额运动所运用的基本理论和逻辑。

首先,中国女权主义者看到了鼓励妇女在实际上已经成为与男性平等的国民这样一个变化的环境中，对她们运动进行重新定位的重要性，而不是任其衰落。1936 年 8 月，秦僅在一篇文章中强调了重新规划女权主义政治斗争的重要性。在一个"妇女们的大学"栏目中，文章的小标题表明了它期望让读者了解她们新近获得权利的基本情况，例如"什么是国民大会？""妇女的选举问题"和"新宪法赋予妇女的权利"。文章提醒妇女们不应该为取得性别平等原则已经写入宪法这样的胜利而得意洋洋。

> 宪法明确地指出，人民的权利和责任在法律面前是平等的，男女之间没有差别。你有可能会问："对于妇女活动家们来说，游说关于名额的问题没有丁点儿厌烦吗？"我会说这绝没有一丁点厌烦！事实上，我们必须支持妇女对国民政府提出将妇女特别名额写入到选举法中的要求。我相信在妇女运动中没有人会反对这种选举制度。这是因为每个人都知道中国只是一个在纸面上平等而在现实中不平等的国家。除非我们有一项法律保证妇女的名额，那么我可以预见妇女选举将会遇到的问题……没有保障性的名额，有多少妇女会实际上走入国民大会的大厅中呢？[1]

秦僅继续指出，除非宪法保证妇女在国民大会中的名额，那么它将无法保护妇女作为平等国民所享有的权利。实际上，她说当前中国妇女只有履行国民权的责任，而很少享有权利。只有规定名额保证妇女代表在大会中的席位才能改进这个问题。[2]

举行国民大会选举的公告早在 1937 年就已经公布，只是会议被一再推迟，但是这种昙花一现式的告示进一步推动《妇女生活》去发表那些关于妇女和参政方面的文章。1937 年 6 月，一篇题为《我们要参加国民大会的制宪》的文章出现在《妇女生活》的第一页。该文的作者律师王汝

---

[1] 秦僅：《国民大会之妇选问题》，《妇女生活》，第 3 卷 3 期（1936 年 8 月），第 5 页。
[2] 同上，第 6 页。

琪在秦僅十个月以前发表的文章所提出的概念的基础上指出,确保 1936
年 5 月 5 日宪法草案的法律条文有实质性的结果是最主要的:

> 如果没有真诚的而有意识的计划去实施男女享有同等权利参
> 加投票和选举的法律,那么整个国家的妇女都将会被排除在参与国
> 民大会制定宪法的进程之外。如果是这样的话,那么所谓的国民大
> 会将只不过是那些少数男性的集会,将会把占中国一半人口的妇女
> 排斥在外,就像与她们无关紧要一样。而且,如果只是将一个或者
> 两个妇女纳入国民大会,那么这只不过是一种点缀而已。我们中国
> 妇女要的是真正的平等,而不是写在纸面上的平等。如果我们不能
> 实现事实上的平等,那么法律平等将是错误和空洞的。更坦白地
> 说,这只不过是数千年来用来欺骗妇女的诡计而已。①

王汝琪继续解释为什么她认为现在的男女平等政策不足以保护妇女。
她指出,妇女在社会中相对于男性处于弱势地位。如果妇女们的声音要
在国家政治中表达出来,那就必须要给予妇女一些保护:"在现实中,国
民大会的选举只能使极少数妇女能入选,因为妇女的教育、社会地位以
及就业机会等都远逊于男性。如果我们说国民大会'允许每一个人有权
利表达自己的声音',那么占中国人口一半的妇女也应该能发出自己的
声音。"②

　　王所表达的要求尽管是谦和的,但态度是十分明确的。在得知政府
正试图采用将选举代表和委任代表结合在一起的做法之后,她要求政府
使用它的行政权力根据一定的比例确保妇女们的席位:

> 我们承认政治不能改变现存的选举法律,因为选举已经在进行
> 之中。然而,我们应该要求在委任代表类别中——这个类别的名额
> 刚刚增加到 240 名,给予妇女代表一定的名额。而且,我们要求这

---

①② 王汝琪:《我们要参加国民大会的制宪》,《妇女生活》,第 4 卷 10 期(1937 年 6 月 1 日),第
2 页。

个名额数目要尽可能大，这样妇女才能够在现实中被给予选举平等而不仅仅是停留在纸面上。①

王汝琪代表妇女们提出，这种名额配置将会使得国家强大，从而使政府受益。她说，政府将会对她们的要求作出反应，因为他们想确立和实现女性与男性的平等地位，鼓励妇女们全面参加国家复兴大业。她也强烈呼吁《妇女生活》的读者们表达自己的意愿，以确保政府能够完全了解对妇女代表名额要求的广泛社会基础。她在文章中用斜体表示这个问题的重要性："同时，我们坚信为了真正地保护妇女的权利，他们会对整个中国所有妇女提出的合理和合法的要求作出反应。"②

类似的，她在结论中提出了激发妇女们的力量以呈现出一股统一而强大力量的重要性："我们希望政府当局能够真诚地解决我们合理合法的诉求，但是我们更多地希望全中国的妇女同志们不要再耽误了，要立即团结起来，站出来一致表现出我们的决心和力量。只有当我们运用我们所有的力量和决心来支持我们的要求，我们的目标才能实现。"③

在王汝琪第一篇文章发表几个星期之后，《妇女生活》推出了"妇女与国民大会"特刊。王的文章是本期杂志的第一篇，另外还有五篇分别由罗琼、寄洪、文央、莫淹以及沈兹九所撰写。在这些文章中，我们看到王汝琪进一步阐述了她的观点。④ 她强调了建立一个具有明确行动计划的强大而统一的妇女组织的重要性。她也提出，妇女们需要抛开自己对妇女的偏见，以更成功地为妇女在国民大会中赢得最低名额进行斗争。她号召妇女活动家们以所有尽可能的方式宣传她们的运动，包括公开演

---

①②③ 王汝琪：《我们要参加国民大会的制宪》，《妇女生活》，第 4 卷 10 期（1937 年 6 月 1 日），第 2 页。

④ 特刊文章，《妇女生活》，第 4 卷第 11 期（1937 年 6 月 16 日）。没有直接引用的文章包括文央：《谈民主政治》，《妇女生活》，第 4 卷第 11 期（1937 年 6 月 16 日），第 6—7 页；莫淹：《今日中国的妇女问题与民主主义》，《妇女生活》，第 4 卷第 11 期（1937 年 6 月 16 日），第 8—9 页；兹九：《我们为什么主张要参加国民大会》，《妇女生活》，第 4 卷第 11 期（1937 年 6 月 16 日），第 10 页。

讲、在报纸及杂志上发表文章。她说，非常迫切需要让中国的男性和女性都知道这不是一场男性与女性处在完全敌对立场的斗争，而是应该把它当作是一场包括为妇女获得政治权力的合法斗争在内的，不可避免的国民权利运动和国家运动。在文章的结尾处，王重中了几个基本论点，其中包括当局应该给予妇女以保障性名额，应该在政府自己委任的代表中挑选更高比例的妇女代表，被选择的妇女代表能反映中国妇女的愿望和要求。在提出第三点要求时，她自己也清楚地知道当局会任命那些在政治上会阻碍妇女权利运动进步的妇女代表。她最后号召要采取实质性的行动：

> 我们应该怎么做呢？总体来说，我们应该尽快采取如下措施：(1)唤醒所有妇女的意识，并将她们组织起来；(2)团结全国所有妇女组织成立一个妇女参加制宪的全国性团体，并在各地成立分会；以及(3)确保每个地区的团体能游说她们自己的代表和地方参议会来表达她们的要求。①

她在提出行动号召中所表现出的紧迫感是因为她错误地认为国民大会将在11月份召开，而代表选举将在8月中旬完成。但是日本的侵略，加上政府并没有决心建立宪政民主体制使得她的这些号召不可能实现。

罗琼在题为《参政运动在妇女解放中的位子》一文中做了国际比较，然后提出在参政中女性与男性的平等还不足以实现在社会和经济方面的彻底平等。他指出，尽管世界上大多数国家在第一次世界大战以后承认男女应该享有平等的投票权，但这本身并没有帮助她们实现她们的目标。她说，这造成的结果是妇女们在世界各国议会中的席位仍旧很少。因此，国际经验已经表明，尽管选举法已经保证了男女平等，但是妇女们不能突破障碍以足够多的人数平等地参与政治，哪怕是以最温和的方

---

① 王汝琪：《我们要参加国民大会的制宪》，《妇女生活》，第4卷第11期(1937年6月1日)，第2页。

式。对于中国有利的地方在于它能从这些历史经验中汲取教训。她然后解释为什么妇女们在中国的选举中难以被选上。在她看来,这是因为这个国家中绝大多数的妇女都很贫穷,她们生活在农村。通常她们没有受过教育或者没有能力去组织她们自己,她们也不会去投票。所以对于那些雄心勃勃的妇女政治家们来说,这些重要的选民来源被削弱了。她继续强调指出,妇女们相对于男性在社会各个部门中的不利地位将会阻碍她们在省市参议会代表各个部门的特别名额中获得足够的代表名额。在她看来,妇女的政治机会和利益从整体上完全不同于男性。

罗然后指出,妇女们获得更多的代表名额在它本身不仅仅是一个目标。妇女活动家们追求的最终目标是要修订法律,确保妇女在教育、就业机会、婚姻权利和自由方面的权利。然而,这些权利只有在妇女们能够在立法机构对这些问题发言时才会被认真地考虑。她认为,妇女们应该只是将参与政治运动作为在规模更大的斗争中实现男女平等而运用的一个工具。对于妇女们来说,进入国民大会仅仅是获得了一个平台,在这个平台上她们提出并讨论与妇女相关的问题,确保妇女利益能在立法过程中的每个环节中得到考虑。罗说,这些妇女一旦拥有这些席位,她们将起到模范作用,唤醒其他妇女们开始行动起来。①

寄洪的文章指出,应该把妇女们当作一个有着特殊选举要求的群体,因此妇女们应该被给予保障性的最低名额,享受与少数民族和海外华人同等的待遇。她也提出立法者应该就妇女在社会中的特别地位提供特别的宪法保障,尤其是表明政府致力于促进教育和就业机会平等、扩大幼托所、妇女医院以及学前教育等方面的条款。她指出,1936年的宪法草案只是包含了其中一个方面,即特别承认妇女们拥有和男性不同的社会地位——第6条关于"国民经济生活"中指出,"根据年龄和体质,

---

① 罗琼:《参政运动在妇女解放运动中的地位》,《妇女生活》,第4卷第11期(1937年6月16日),第3—4页。

妇女和儿童应该给予特别的保护"[1]。

关于在国民政府机构中向妇女们提供最低席位名额的理由已经清楚而强有力地提出。但是在利用这种热情形成一个妇女政治团体方面仍然面临着挑战,这和1930年代中期国民会议召开之前几个月的情形相似。1937年7月1日至3日,国大妇女代表竞选会在南京召开妇女政治候选人会议。这个团体最初是在了解到国民大会将在11月12日召开,代表选举工作正在进行之后成立的。最终,国民大会被推迟,妇女代表选举中断。然而,这个支持更多妇女代表的统一的全国性行动产生了许多"妇女领导人"。罗琼抱怨在此之前没有足够的这样的妇女领导人。

王汝琪曾经编写过一篇关于《妇女生活》杂志所记载事件的简短日志。根据这部日志的记载,大约有50至60名妇女(包括记者和政府代表)出席了第一次会议。她们的首要任务是选举中央委员会。在这个充满热情但又非常混乱的程序中选举出来的妇女代表包括进步的国民党党员陈逸云和唐国帧。代表们在下午拜谒中山陵,并在那里拍照留影,这张照片和王汝琪的报道一起在《妇女生活》上发表。会议在第二天上午讨论通过将要呈交给中央政府的决议。这项决议包括:(1)恳请政府将妇女们作为政府委任代表;(2)恳请政府发电报给全国各党政机关,要求在初选中将妇女代表作为正式代表,以及(3)恳请政府在特别选举类别中任命更多的妇女代表。[2]

赞成这三点决议的国民党党员包括广东的伍智梅、北平的吕云章以及上海的钱剑秋。[3] 正如我们在前面一章看到,伍和吕自五四运动以来一直从事妇女权益活动。伍、吕,以及钱提出的请求被与会者们亲自交

---

[1] 寄洪:《新宪法应确定妇女的权利》,《妇女生活》,第4卷第11期(1937年6月16日),第5—6页。

[2] 王汝琪:《我们怎样参加国民大会的制宪》,第1页。

[3] 钱剑秋后来去台湾,并在那里出版了关于妇女运动的文章。见钱剑秋:《妇女运动》,《中华民国开国五十年史论集》(第二册),台北:"国防",1962年。

给国民政府。王汝琪指出，这些到国民政府部门的妇女们感觉和《红楼梦》中刘姥姥进大观园一样。会议的最后一个上午是讨论妇女在国民大会中的妇女名额问题。最后提出的解决方法是向政府请求保证在即将到来的省市代表选举中至少每十名代表中有两位妇女代表。下午的会议同样成功地通过了在一些更广泛问题上的决议，包括妇女的教育、就业、卫生以及要求政府建立全国性妇女机构。①

正当全国上下被动员起来抗击日本侵略之际，整个政治局势无法避免发生了变化。蒋介石在 1945 年 3 月 1 日在他的《立宪政府就职典礼演说》中指出："你可以回想起来政府在 1936 年决定在 1937 年 11 月 12 日召开国民大会实行宪政，结束国民党训政。但是由于日本在 1937 年 7 月 7 日突然发动侵略战争，这项计划被搁置。"②

因为举行国民大会选举现在被认为是不可能了，国民政府决定召开国民参政会。因而，参加国民参政会给予妇女活动家们以第一次参与国家政治生活的机会。妇女代表全国选举协会取得了所要的结果，也即建立了一个被认可的有政治抱负的女性团体。当国民参政会成立的时候，它已经任命了妇女代表。来自全国选举协会的唐国桢、陈逸云以及刘蘅静在随后几年中或者被委任，或者被选举进入国民参政会。在抗击日本侵略的岁月中，为妇女争取最低席位名额的运动开始在国民参政会进行。

第六节　在政治中历练的妇女们

妇女们在 1947 年能够成功赢得选举名额在某种程度上应该归因于她们成功地参与国民参政会。在会上，不仅妇女特别名额问题被一再提及，而且妇女们的能力表现也为她们赢得了尊敬。尽管国民参政会有它

---

① 王汝琪：《参加全国妇女代表大会三日记》，《妇女生活》，第 5 卷第 1 期（1937 年 7 月），第 13—15 页。

② 《中国手册》（China Handbook，1937—1945），纽约：Macmillan 出版社，1947 年，第 71 页。

的弱点,但是妇女们在这个论坛中获得了参与政治进程的宝贵经验。在1938年7月召开的国民参政会第一届委员会第一次会议中有10名妇女,到1941年第三届第一次会议时已经有14名妇女,而到了1945年第四届委员会第一次会议时已经至少有13名妇女代表。[①]

对于妇女们来说最有意义的是国民参政会选举的双重类别,这包括从社会名流中任命以及从省市参议会中选举妇女代表,确保妇女能够作为名人被任命为代表,而不需要来自省党政层面的支持。在这里,不断地呼吁政府建立全国性妇女组织以及建立妇女们自己的组织的重要性就变得非常明显。如果不任命由国家授权的妇女组织领导人,那么就会很少有妇女能够创造出一个"社会名流"类别。而且,在省市选举中,女性能赢过男性的可能性同样微乎其微。

尽管如此,在四届国民参政会的历程中,在省一级选举产生的妇女代表人数仍旧在增加。许多当初以社会名流的名义进入国民参政会的代表在以后的省参议会中成为省代表,或者相反。在第一届委员会中,十位妇女中只有两位是地方代表——代表云南的罗衡以及代表广东的伍智梅博士。在第二届委员会中,所有女性都是委任的"社会名流"。在第三届委员会中,14名妇女代表中的4人由她们所在省党部和政府机构选举产生,其中包括由江苏省委任的张维桢(密西根大学硕士毕业生和泛太平洋妇女协会副主席)、安徽的刘王立明、云南的张邦珍以及来自广东的国民党员胡木兰。在最后一届委员会中,14名妇女代表中有4位也是地方代表,其中包括湖南的唐国帧、广东的刘宪英、江苏的张维桢以及云南的张邦珍。另外还有包括邓颖超在内的7名共产党代表。延安和国民参政会代表之间的交流显示了共产党根据地妇女在宪法改革运动

[①] 关于在最早的三次委员会中的妇女名单,见吕芳上:《抗战时期中国的妇女运动作》,收于李又宁、张玉法编:《中国妇女史论文集》,台北:商务印书馆,1981年,第410页、442页。我自己对第四届委员会妇女的统计包括如下名单:吴贻芳、唐国帧、张维桢、张邦珍、陶玄、伍智梅、刘蘅静、刘宪英、陈逸云、吕云章、邓颖超、谢冰心、罗衡量和胡木兰。

的参与。① 作家和教育家冰心和包括宋美龄在内的卫斯理学院校友有密切的联系，她在"特别社会名人"类别中被委任为代表。尽管大多数这些妇女的利益和政治倾向各异，但是她们都致力于改善妇女在中国社会中的地位。

在第一届委员会中，关于妇女代表特别名额的问题在宪政促进委员会中被提及，委员会建议修改《二五宪法》。妇女代表、律师史良代表妇女们提出两点。第一，应该修改保证在法律面前人人平等的条款："在经济、国家、文化、政治以及社会事务所有方面，男女享有平等权利。"第二，在关于国民大会组成的条款中保证席位按照一定比例分给妇女。委员会建议在宪法颁布的最初 30 年中应该确定妇女代表的特别名额。② 委员会在文件解释中指出，尽管在大众选举方面有着性别平等的总体规定，但是如果没有这种支持，那么对妇女们来说将很难被选举上。然而，也有认为妇女们不应该无期限地受到特别保护，所以选择了 30 年的期限，因为人们预测到这个时候中国能够真正地实现男女平等。这 30 年的期限中将会有五届国民大会（每届为期六年）。③ 史良是 28 人委员会中的唯一妇女，很明显她对辩论所作的贡献在确立妇女代表最低名额条款方面起到了重要作用。

加上以后的几年中因为其他妇女所作的贡献，史良在委员会中所取得的成功得以巩固。在这些人中，在国民参政会中地位最高的是吴贻芳博士，她是国民参政会五人主席团成员之一。她在 1941 年公开表达了国民参政会女参政员们的关注——很明显妇女难以在省市党政机构中获得政治支持。吴在 3 月 19 日对美国的广播中解释了中国在迈向民主政府进程中取得的进步。她在结尾时总结了妇女在国民参政会中所起

---

① 《延安妇女界宪政促进会告边区妹妹书》，《中国妇女》，第 1 卷第 9 期（1940 年 3 月 8 日），第 11—12 页。
② 《国民参政会史料，第 1 届第 5 次大会》，第 167—168 页。对于给予海外华人、少数民族和职业群体名额没有类似的时间限制。
③ 同上，第 177 页。

的作用。她也解释了妇女作为省市代表而不是社会名流代表,想要获得席位所面临的困难:

> 女委员们并不满足当前的男女平等现状。似乎我们陷入理想和现实之间的困境之中了。在理论和法律上来说,妇女们拥有和男性同样的权利,妇女们没有必要提出要给予她们特别的考虑。然而看看妇女委员在这个委员会中的地位:省市参政会选举出的 90 位代表中没有一位妇女代表。即使这样,与男性领导人相比,经验丰富的妇女领导人也很少,我们不会相信,在所有这些委员会中会没有一个妇女与男性候选人竞争。①

吴贻芳致力于通过名额制度能够增加妇女在国家代表机构的人数,这种名额制度给予妇女以特别的考虑,从而极大地推动了名额运动发展。

另一位国民参政会委员、国民党员刘蘅静在几届国民参政会上提出为妇女确立最低名额的议案。在 1940 年 4 月召开的一届五次会议上,在"与内政相关事务"的探讨中,刘提出动议要求政府给妇女划出名额以解决她们在区和市参加国民大会选举中的选举率较低的问题。动议最后获得通过,被提交国民政府予以考虑。② 1944 年,刘再次就妇女宪法权利问题上发言,她提出动议,要求宪政实施协进会再增加两名妇女委员。③ 这项动议也得到通过,并呈交国民政府。1945 年,在提交政府的关于国民参政会改革的各种议案中,刘再次动议国民参政会应该给予妇女一定比例的名额。④ 对于妇女活动家们来说,不断提醒政府和国民参政会给予妇女特别名额依旧是最重要的事情,这对她们的成功至关重要。

---

① 吴贻芳:《国民参政会》(The People's Political Council),《战时中国》(China at War),第 6 卷第 5 期(1994 年 5 月),第 86 页。

②《国民参政会史料,第 1 届第 5 次大会》,第 195 页。

③《国民参政会史料,第 3 届第 3 次大会》,第 438 页。

④《国民参政会史料,第 4 届第 1 次大会》,第 477 页。

　　国民参政会中的妇女参政员认真履行她们作为妇女代表的角色，在讨论中提出了代表名额之外的改善妇女地位和福利的一些问题。其中最重要的是妇女的就业、教育、公共卫生以及福利问题。① 妇女参政员们对这些全国性问题的支持毫无疑问说明了妇女实际参与国家政治的作用。实际上，罗琼在前面已经提到的 1937 年对妇女参政的挑战——妇女一旦进入政治领域，她们就有责任在国民参政会上部分实现妇女在生活的所有方面享有性别平等权利。1944 年发表的一篇文章赞扬国民参政会，指出只有妇女参政员才会在国民参政会中提出讨论妇幼福利问题。这篇文章指出，仅仅这一点，就应该增加妇女代表的名额。②

　　伍智梅在一届一次会议上提出了一项很长的动议，她在动议中提出政府支持成立全国妇女组织协调抗战时期妇女的活动。人们注意到只有很小一部分妇女能通过妇女组织被动员起来，也同样因为这些组织数目较小，它们主要关注于城市中那些受过教育的妇女。她的六点建议是在"全民总动员"的框架中提出的，涵盖了广泛的问题，在代表妇女提出要求方面比和平时期有可能更广泛。她说，政府应该鼓励妇女进入生产领域，这不仅仅是因为这能够帮助她们改善自己的经济地位，也是因为这可以使国家变得强大。在类似的情况下，她强调了在战争时期提高妇女教育水平的重要性。在她看来，只有通过提高妇女文化水平，她们才能为战场上的士兵提供重要的通讯服务。最后，她要求政府利用它自己的权力确保改善妇女整体生活质量，包括缠足、童婚、妇女买卖，以及纳妾等应该更严格地加以制止，妇女、农民和工人的条件应该得到显著改善。③

　　妇女就业的条款和协议是国民参政会中不断辩论的焦点，在国民参政会中，最受关注的是妇女邮政工人争取就业机会平等的议案。史

---

① 关于共产党对国民参政会妇女提案的报道，见王明：《中国妇女与宪政运动》，《中国妇女》，第 1 卷第 7 期（1939 年 12 月 20 日），第 2—3 页。
② 《三届女参政员的名额》，《妇女月刊》，1941 年。
③ 《国民参政会史料，第 1 届第 1 次大会》，第 32—33 页。

良在1940年提出动议，要求政府在尽可能多的公共服务部门岗位上聘用妇女，她的动议很快通过并送交中央政府。[1] 妇女们也开始反对以婚姻为理由的工作歧视。在1941年之前，女邮政工人被禁止在婚后继续工作。不过，国民参政会女参政员成功地与邮政部进行沟通，确保实现在邮政部门工作的已婚女性与男性的平等地位。[2] 公共卫生是妇女参政员经常提及的另外一个议题。例如，吴贻芳提出需要建立更多、更好的公立医院。唐国帧就向战争难民提供援助的重要性问题做了发言。刘蘅静则提出，有必要建立更多的托儿所以使得妇女能够更好地参与为抗战服务。[3] 国民参政会中妇女参政员的不同政治背景，包括共产党、民盟、国民党以及无党派人士都能协调一致为一系列广泛的妇女问题进行辩护，更好地推动了为妇女在政治机构中争取最低名额的运动。

在国民参政会之外，妇女们也不断参与政治，向政府施加压力要求实现性别平等以及进行宪法改革。史良于1940年在重庆召开关于妇女与立宪问题的一系列会议，有两百多名妇女参加。她还组织了一次国际妇女节大会，总共有5000多名妇女参加。（参考图7.3妇女演说者的线条素描）。在大会召开之前的会议上，与会者决议"向国民政府提出请愿，要求新宪

图7.3　《妇女讲演者》，《妇女生活》，1937年4卷1号。

---

[1]《国民参政会史料，第1届第5次大会》，第195—196页。
[2]《女邮政工人可以结婚》(Women Postal Workers Can Marry)，《战时中国》(China at War)，第8卷第4期（1942年4月），第51—52页。
[3]《国民参政会史料第3届第1次大会》，第333—334页。

法包括给予妇女们国民的、政治和经济领域中平等地位的条款。妇女应该被给予在国民大会中以及县、市和省参议会中30％的席位"①。1940年1月17日，延安共产党根据地的妇女们成立延安妇女宪政促进会，以增加更多机会了解如何赢得更多权利，在共产党领导区域巩固那些妇女文件中已经取得的胜利。此外，她们给包括何香凝和宋庆龄在内的知名人士发鼓励和支持信，她们也直接发电报给蒋介石进行游说。②

国民党政府也认识到不可能剥夺中国女权主义者在宪政中的利益，国民党在1940年3月召集了另一个对立的妇女立宪组织。这个组织的名称是国民大会妇女竞选会，由坚定的国民党员沈慧莲（1890—1974年）领导。沈是一名医生，来自广东，她有着很长的国民党资历。她在1910年加入孙中山的同盟会。一直到她去世为止，她都积极投身于国民党的事业。她在1937年担任妇女部的领导职务，并在1949年到台湾之后一直担任这个职务。③ 民主进步人士史良和李德全（1896—1972年）等来自妇女救国会，她们拒绝接受沈慧莲建立的妇女选举游说组织，认为它只不过是蒋介石专政统治的傀儡工具。④

这些竞争性女权主义团体的出现可能是1939年至1940年之间国民党和共产党之间关系恶化的一个结果。第二次国共统一战线从一开始就存在着矛盾，苏联与日本之间关系的升温从根本上削弱了共产国际在中国反对日本法西斯主义侵略战争中的声誉。共产党和国民党之间

---

① 《国际妇女日》（International Women's Day），《战时中国》（China at War），第4卷第4期（1940年5月），第7页。
② 《延安妇女界宪政促进会告边区姊妹书》，第11—12页；《延安妇女界宪政促进会致蒋议长电》，第1卷第9期，《中国妇女》，1940年3月8日，第2页；《延安妇女界宪政促进会致宋庆龄、何香凝先生函》，《中国妇女》，第1卷第9期（1940年3月8日），第13—14页；《延安妇女界宪政促进会致宋美龄先生函》，《中国妇女》，第1卷第9期（1940年3月8日），第14—15页。
③ 尚海等编：《民国史大辞典》，北京：中国广播电视出版社，1991年，第808页。
④ 中华全国妇女联合会编：《中国妇女运动史：新民主主义时期》，北京：春秋出版社，1989年，第437—440页。

的军事摩擦在增加。这些变化也很快对中国妇女运动产生负面影响。1940 年 11 月，随着国民政府颁布《非法妇女运动活动防止办法》，非国民党员妇女活动再次陷入困境。[①] 包括《妇女生活》和《妇女之路》在内的进步左翼妇女杂志被查封，正直而活跃的妇女活动家被捕或拘禁，这使得其他人躲避起来或者减少活动。[②] 因而，支撑中国女权主义运动的统一体受到了威胁。从 1941 年开始，国民参政会中的国民党妇女参政员在很大程度上占据了妇女代表的名额。国民政府当局越来越保守的趋势意味着那些被认为是隶属于合法组织的妇女们担负着整个国家妇女运动的重任。国民参政会上的非国民党籍妇女参政员丧失了她们的斗争锋芒。

尽管如此，1946 年至 1947 年之间颁布的国家宪法包括了给予妇女代表名额的条款。[③] 运动能够在国民党授权的宪法中取得胜利，这在部分上可以归因于恰当的政治联系。这场运动以胜利而告结，但不幸的是，这部宪法中的民主存在着缺陷。在这部宪法颁布之前，必须要解决的是国共两党之间日益恶化的军事冲突。

第七节 内战与妇女议员

抗战随着美国在 1945 年 8 月对广岛和长崎的原子弹轰炸而突然结束。无论是国民党还是共产党都没有做好应对共同敌人消失所带来的局面。争夺原先由日本占领地区开始了，国家陷入了被抗战所暂停的内战。为了试图稳定局势，建立宪政政府，而不是以军事手段解决冲突，双方召开了由美国马歇尔将军主持的调停会议。所谓的国民参

---

① 中共的妇女杂志《中国妇女》发表了关于中国妇女参政运动历史的文章，文章比早期的共产党活跃分子表现出对运动更多的同情。见亚苏：《中国妇女在近代史上参政运动的研讨(序)》，《中国妇女》，第 1 卷第 9 期(1940 年 3 月 8 日)，第 18—26 页，及第 10、11 期(1940 年 4 月 25 日)，第 3 页、44—46 页。

② 计荣编：《中国妇女运动史》，第 121—122 页。

③ 见郭卫编：《中华民国宪法史料》，收于沈云龙编：《近代中国史料丛刊》，第 88 卷，1947 年重印。台北：文海出版社，1973 年，第 154、165、173 页。本书参考的是 1973 年版本。

政会在 1946 年 1 月 10 日至 31 日召开，会议代表包括国共两党、民盟以及青年党。会议取得的显著成就包括合并国民党和共产党军队。这些都是宪政政府的基本特征，它被期望能引导中国在 20 世纪的后半叶成为民主国家。其中有项决议提出"应该确保妇女在政治、社会、教育和经济领域中的平等地位"①。到这个阶段，男女平等原则已经毫无争议了。

然而，各方在某些条款方面则难以达成协议，例如，下放中央权力给地方，其中包括放权给选举产生的地方政府，以及规定行政院向立法院负责。蒋介石本人对这两项规定都感到极其厌烦，因为蒋本人更倾向于中央集权制。最后当国民参政会规定只有在多党派过渡政府建立以后才召开国民参政会。蒋介石在 7 月 4 日宣布在 1946 年 11 月 12 日召开国民大会。整个过程采取 1936 年的选举模式，这种模式在过去的十年中在各个地方已经零星地进行过。

同时军事形势也在恶化。因为国共双方开始争夺更多的领土，内战在同年 4 月重新爆发。国民党自信能取得胜利，因为很明显它有更强大的军事和经济实力。在取得一系列胜利之后，蒋介石坚信他没有必要和共产党达成妥协。

蒋介石不断强调召开国民大会的重要性，但是他不愿意和共产党在 1946 年 1 月以后成立联合政府，拒绝举行全新的大选，这使得人们认为这只不过是一场民主闹剧。在一些评论人士看来，蒋号召举行国民大会是他的"诡计"。② 共产党回应说蒋"玩弄'还政于民'以及'召开国大'的

---

① 曹文彦：《近代中国的宪政结构》(*The Constitutional Structure of Modern China*)，第 257 页。1946 年宪法要求妇女投票人在她们自己的投票人登记卡上标明自己的性别。在女政治家后面标出"妇女"两字的做法今天在中华人民共和国仍旧采用。郭卫编：《中华民国宪法史料》，第 173 页。

② 见《中国和印度在旧金山》(*China and India at San Francisco*)，第 132 页；《中国民主同盟宣言》(*Declaration of the Democratic League of China*)，《美亚》(*Amerasia*)，1945 年 3 月 25 日，第 86—87 页。

阴谋以维持他的法西斯统治"①。

在 1946 年 11 月至 12 月之间正式召开了各方妥协的国民大会，期间讨论了《二五宪法》修改问题。② 谈社英说，由宋美龄领导的总共有 28 名妇女代表参加会议修改宪法。对于参加修宪工作的妇女活动家们来说，1946 年的辩论使得妇女在包括国民大会和立法院这两个主要代表机构中赢得了最低席位名额。谈描述这种胜利时说，这"将会超越欧美发达国家蓬勃发展的妇女权益运动"③。宪法第 134 款指出，"在各种选举中，被选举出的妇女代表人数应该固定，相关措施由法律制定。"1947 年的选举法保证 168 个国民大会席位给予中华民国妇女组织的代表。④ 关于立法院，选举法指出，从那些省市代表选举出的立法议员中，妇女对男性的比例至少应该达到每十位代表中有一位妇女代表。⑤ 钱端升描述说："在每一个选民团体中，如果名额低于 10 个的话，那么其中必须有一位妇女代表。在每超过 10 个以后，必须有一个额外的妇女代表名额。"⑥如果这个比例是通过正常选举程序实现的，那么不会采取进一步行动。然而，如果十个国民大会代表中没有一位是女性，那么妇女代表的投票将会另外清点，然后将一个保留席位分给获得最多票数的妇女代表。在政府各个部门中，妇女对男性比例各异。在监察院，每 5 位代表中有一位必须是妇女，而在国民大会中每 24 位代表中有一位是妇女。⑦

---

① 《中共对蒋发言的反应》（Chinese Communist Reaction to Chiang's Speech），《美亚》（Amerasia），1945 年 4 月 6 日，第 105 页。
② 1946 年的这部宪法对于投票人的教育水平和识字没有要求，只有罪犯才被剥夺投票权。郭卫编：《中华民国宪法史料》，第 176 页。
③ 谈社英：《妇女四十年》，第 69 页。
④ 《国民大会代表选举罢免法》，收于郭卫编：《中华民国宪法史料》，第 171 页。其他特别团体也被给予保障性名额：海外华人 65 席、职业团体 450 席、蒙古族 57 席以及藏族 40 席。
⑤ 《立法院立法委员选举罢免法》，收于郭卫编：《中华民国宪法史料》，第 180 页。
⑥ 钱端升：《中国的政府和政治》（Government and Politics of China），第 343 页。
⑦ 林文琪：《妇女参政开步走》，《妇女杂志》，第 11 期（1991 年），第 120 页。

陈之迈指出，在国民大会代表中有着"很大比例的妇女代表"①。正如上面指出，占整个代表总人数的 0.5％。国民大会代表选举补充规定要求额外增加 35 个妇女代表，其中 20 名由妇女团体任命，另外 15 个由各省市选出。②

重庆的十个妇女团体一起选出了 20 个妇女代表。③ 在这个时期活跃的妇女团体的模糊政治立场也反映了共产党和国民党之间的不稳定关系。许多妇女代表同情共产党，但是仍公开和规模更小的民主派第三种势力在一起。但是蒋介石无视这些选举，而且也并不是所有妇女团体选出的妇女最终都成为妇女代表。其中一个妇女组织是于1945 年 7 月在重庆成立的中国统一会。它的宗旨是促进和平民主，提供饥荒救济和难民援助。这个团体反对内战，试图动员国统区妇女推动和平决议的实现。李德全和刘清扬（1894—1977 年）领导这个团体。她们两人的积极活动的群众基础来自在两大政党之间游移的中间派。这个团体也包括了其他一些著名妇女活动家，包括史良和谭惕吾。

刘清扬，回族，她在 1920 年代和 1930 年代既是国民党员，也是共产党员。但是在日本入侵中国以后，她投身于妇女爱国运动，置身于两大政党之外。④ 李德全是第三代基督教徒，是基督教女青年会秘书，曾经担任过一届中国基督教妇女戒酒联盟主席。尽管她反对蒋介石的许多做

① 陈之迈（Chen Chih-mai）：《战后中国政府》（The Post-War Government of China），《政治学学报》（Journal of Politics），第 9 期（1947 年），第 506 页。
② 中华全国妇女联合会编：《中国妇女运动史：新民主主义时期》，北京：春秋出版社，1989 年，第 589 页。被选入立法院的妇女代表包括王孝英、伍智梅、吕云章、唐国桢、周敏、陈逸云。监察院妇女包括邓惠芳和崔振华。谈社英：《妇女四十年》，第 72 页。
③ 这是个团体包括中国妇女联谊会、中国妇女文化社、民主宪政促进会和现代妇女社。《妇女辞典》编写组：《妇女辞典》，北京：求实出版社，1990 年，第 99、100、141 页。
④ 刘清扬出生于天津，积极参加了辛亥革命和五四运动。她于 1921 年加入共产党，她也在国共第一次合作期间加入国民党。1927 年她被开除出国民党，她也离开了共产党。一直到1937 年日本入侵开始，她都避免任何政治结盟，此后她积极参加各种爱国妇女团体。1944年她加入民主同盟，成为妇女部主任。她在 1949 年后仍旧留在中国大陆，并于 1961 年加入中国共产党。中国民主政团同盟《妇女辞典》编写组：《妇女辞典》，北京：求实出版社，1990年，第99 页。

法,但是她与国民党仍然保持着密切联系,是宋美龄领导的女界联合会的四十位成员之一。①

十个妇女团体联盟选出一些著名女活动家,包括何香凝、谭惕吾、秦德君、钟夏光、郑英、国瑜。② 上海的妇女团体也经历了同样的过程,最终完成一份 350 位代表的名单。许广平(1898—1968 年)是著名的受人尊敬的作家鲁迅的伴侣。她获得了最多的选票。在天津新文化运动中,许作为一个学生非常活跃,尽管她本人来自南方的广东省。她和邓颖超以及周恩来一起组织了妇女爱国组织,出版妇女杂志。③ 谭惕吾出生在湖南长沙,她左倾但不结盟的政治立场反映了 1930 年代和 1940 年代许多妇女活动家的立场。她在北京大学学习法律时就已经加入到了妇女活动家的行列之中。她在 1941 年帮助成立了民盟。民盟抵制国民大会选举。但是因为个人代表并没有被禁止参加选举,所以谭还是以个人名义参加了选举。她是国民政府时期的立法委员,但是在 1949 年以后仍然担任许多官方职务,尽管她从来没有加入共产党。④

---

① 李德全于 1924 年嫁给基督教将军、北方军阀冯玉祥。冯玉祥同情工会活动,通过支持国民党试图推动宪政。在 1920 年代他控制北京时期,共产党得以在学生和工人中发展网络。随着北方右翼军阀吴佩孚和张作霖控制北方,李德全和冯玉祥被迫于 1924 年去苏联寻求政治避难。在他们回到中国后,李德全积极参加各种爱国组织,并于 1946 年和丈夫冯玉祥一起去美国。她于 1958 年加入中国共产党。《妇女辞典》编写组:《妇女辞典》,北京:求实出版社,1990 年,第 100 页。见斯诺(Snow):《近代中国的妇女》,第 85 页。

② 见《国大女代表竞选动态》和《关于国大及国大女代表》,收于《新华日报》的《妇女之路》,第 129 号,引自中华全国妇女联合会编:《中国妇女运动史:新民主主义时期》,北京:春秋出版社,1989 年,第 590 页。《妇女之路》是由中共南方局妇女委员会编辑的报纸。它于 1940 年代 5 月开始发行,发行 149 期之后被国民党查封。

③ 许广平于 1926 年毕业于北平女子师范学院,后去广州,在那里的省立师范学校教书。她致力于在她的学生中积极开展政治活动,以笔名景宋在《新女性》上发表文章。她指出,很少有学生关心国民党或者国民政府,因为这些机构对教育的态度是狭隘和自私的。景宋:《新广东的新女性》,《新女性》,第 1 卷 12 期(1926 年),第 887 页。1949 年以后,她仍在中国大陆,在中华人民共和国政府和妇联中工作,并于 1960 年加入共产党。袁韶莹、杨瑰珍编:《中国妇女名人辞典》,第 152 页。

④ 《妇女辞典》编写组:《妇女辞典》,北京:求实出版社,1990 年,第 106 页。

　　相反，秦德君很明确地站在共产党这一边。秦生于四川，在五四运动时期在成都读书时就已经非常活跃。她在 1923 年加入共产党，并参加第一次国共合作时期的妇女组织。她在蒋介石 1927 年镇压共产党的时候去了日本，并在那里待了三年。回到中国以后，她与共产党的联系减少，成为同情左翼的妇女活动家。她于 1937 年在重庆加入妇女联谊会。在抗战即将结束时，秦德君恢复了与共产党的联系，参加地下联络活动。在 1949 年以后的数十年中，她在中华人民共和国政府中一直很活跃。①

　　赢得了参与政治的权利，甚至是获得议会的特别名额，妇女们需要动员她们的妇女选民参加投票。刘蘅静在 1947 年出版的一本书中强调了妇女在担负新的国家政治职责中的重要性：

> 　　既然国家承认我们是国民，已经将国民的责任放在我们肩上，那么我们就有权利参与和管理政治。但是，如果我们不了解政治，如果我们不关注政治，那么混乱就不可避免。这也将导致社会的混乱，使国家陷入危险。它不仅会伤害我们，而且也会祸及我们的子孙后代。②

刘指出，为了确保她们新的国民权利和责任不会被践踏或者未能充分使用，妇女们自己需要准备好掌握充分的政治知识。但是，1940 年代的军事决裂经济动荡以及日本投降后国民政府官员的极度贪腐都削弱了对政治发展前景的任何乐观看法。③

---

① 《妇女辞典》编写组：《妇女辞典》，北京：求实出版社，1990 年，第 109—110 页。

② 刘蘅静：《妇女问题文集》（第一册），南京：妇女月刊社，1947 年，第 63 页。

③ 更多的关于社会政治趋势的讨论，见周锡瑞（Joseph W. Esherick）《战争与革命：1940 年代的中国社会》（War and Revolution：Chinese Society during the 1940s），《二十世纪中国》（*Twentieth Century China*），第 27 卷第 1 期（2001 年 11 月），第 37 页。胡素珊（Suzanne Pepper）：《中国的内战：1945—1949 年的政治斗争》（*Civil War in China：The Political Struggle*, *1945—1949*），伯克利：加州大学伯克利出版社，1978 年。

第八节　共产党控制区域的妇女参政

在内战时期,共产党和国民党之间对民众信任的争夺也延伸到选举政治上。双方都热衷于向国内外民众展示他们致力于推动民主运动。双方都进行选举,但是无论是在共产党根据地还是国统区,这些选举机构都没有彻底的权威。党派、军队、官僚以及共产党边区的群众组织对政策和计划发挥着显著的影响。

共产党在遥远的陕甘宁边区举行了普选。陕甘宁边区在 1937 年 5 月 12 日颁布的选举法允许每一个年龄 16 岁以上者"无论性别、宗教、民族、经济或者文化"都享有投票或者参加选举的权利。[①] 选举采用无记名投票的方式进行,为了解决大量的不识字的选民需要有文化的人帮助他们投票的问题,他们采用在每个坐着的候选人背后碗里放豆的做法。投票者走过,然后在他们所选择的候选人的碗里放豆。具有重要意义的是,共产党确保这些选举运动能够使得这些投票起到教育民众关于新民主、土地改革,甚至是妇女解放的作用。[②] 马克·塞尔登指出,共产党在第二次统一战线期间致力于缩小它自己与国民党在选举程序方面的差距。共产党在选举方面采用"严格而准确的法律",这是国民党官僚体制所倾向于采用的自由民主方式,它没有提到那些在 1931 年限制江西苏维埃普选权的所谓"阶级斗争或者其他马克思主义类别"[③]。而且,共产

[①]《陕甘宁边区选举法,1937 年 5 月 12 日》(The Election Laws of the Shen-Kan-Ning Border Region, May 12, 1937),转引自马克·赛尔登(Mark Selden):《革命中国的延安道路》(*The Yenan Way in Revolutionary China*),剑桥,麻省:哈佛大学出版,1971 年,第 128 页。

[②] 古德曼指出,文盲率高成为共产党根据地的一个问题,因为很少有干部能从事行政管理。见古德曼(David Goodman):《革命中国的社会和政治变迁:抗战时期的太行山根据地,1937—1945 年》(*Social and Political Change in Revolutionary China : The Taihang Base Area in the War of Resistance to Japan, 1937—1945*),兰纳姆,马里兰:Rowman & Littlefield 出版社,2000 年,第 115 页。

[③] 赛尔登(Selden):《延安道路》(*The Yenan Way*),第 128 页。

党采用三三制的办法保证这种制度限制他们自己在委员会中最多只占三分之一的席位，将剩下的三分之二给"左翼进步人士"和"中间派"①。这项政策使得他们赢得了地方精英和国民党员的支持，不过，后者不代表国民党，而是代表他们个人加入。

在共产党管辖的区域，妇女具有参政权，无论是在抗战还是内战期间，她们都被鼓励作为投票人和候选人全面参政。1939 年延安的杂志《中国妇女》写道，中国的妇女已经离开家庭进入政治领域。妇女代表已经成功地占到了国民参政会代表总人数的 5％，陕甘宁边区政府参议员的 25％。② 妇女在国民党统治区参议会和共产党控制区域参议会中的比例对比很明显。在 1940 年晋察冀边区选举中，85％有投票资格的妇女参加投票，被选举出的代表中有 20％是妇女。类似的情况也发生在山西北部，在那里将近有两千名妇女被选为代表，有一些妇女甚至担任了村长一职。③ 在 1941 年陕甘宁边区的选举中，妇女占乡委员会委员的 8％，在两个区这一比例甚至高达 20％。塞尔登（Selden）继续指出，这个选举运动的重要组成部分是与妇女权利问题是一致的。④ 古德曼（David Goodman）的研究表明，在山西"太行山区各个地方政府都有规定，确保每次选举中至少产生一名妇女代表"⑤。到 1941 年底，在太行山区实施的这项政策所产生的结果是明显的。古德曼的数据表明 21％的村代表以及超过 9％的村长是妇女。⑥ 在长弓村，韩丁的研究发现，妇女在 1948 年的村选举中表现出色。在一次选举中，妇女赢得了三个不同的职位，而男性则竞争到 7 个职位。在另外一次选举中，男性和女性则在竞争同

---

① 古德曼（Goodman）：《革命中国的社会和政治变迁》（*Social and Political Change*），第 61 页。
② 《发刊词》，《中国妇女》，第 1 卷第 1 期（1939 年 6 月 1 日），第 3 页。
③ 克劳尔（Croll）：《中国的女权主义和社会主义》（*Feminism and Socialism in China*），第 208 页。
④ 赛尔登（Selden）：《延安道路》（*The Yenan Way*），第 165 页。
⑤ 古德曼（Goodman）：《社会与政治变迁》（*Social and Political Change*），第 61 页。
⑥ 同上书，第 93 页。十里店村给予 18 岁以上成年男子参政权。见伊莎白·柯鲁克和大卫·柯鲁克（Isobel and David Crook）：《十里店：中国一个村庄的革命》（*Revolution in a Chinese Village：Ten Mile Inn*），1959 年；伦敦：Routledge & Kegan Paul 出版社，1979 年重印，第 94 页。

样的职位。① 邓颖超指出,到 1949 年为止,30％的被选举出的村代表是妇女。在共产党政府中,20％的区级干部以及 10％的县级干部是妇女。②

共产党在这次运动中发现,动员农村妇女参政的另一个主要问题是性别隔离以及乡村社会总体上仍旧倾向于妇女留在家里。不识字也被证明是阻碍妇女广泛参与政治的主要障碍,因此共产党开始建立夜校。他们也用诗歌和戏剧来鼓励妇女积极参政。然而,对这种性别角色上的转移也存在着反对声音,其中大部分来自男性和老年妇女。性贞洁是这种焦虑的主要原因,因为参与公共政治将必然使得妇女进入公共场合。韩丁说,长弓村的妇女们如果参加妇女协会组织的活动会挨打,然后被骂是不守妇道。如果妇女参加外面的公开活动,人们认为这将会导致"通奸"和"轻佻诱惑"③。柯鲁克夫妇(Isobel Crook 和 David Crook)解释说,在太行山十里店的中农男子总是"以他们女人的贞洁为自豪",并且"对他们妻子的名声很在乎",以至于他们不让她们去参加被称为"婊子会议"的妇女协会召开的会议。④ 柯鲁克夫妇指出,这对当地从事妇女工作的党员们提出了问题,因为用一个当地干部的话来描述:"我们觉得好动的妇女不正经,正经的妇女不好动。所以尽管我们知道应该招募一些妇女加入我们的分会,但是我们找不到看起来合适的妇女。"⑤受过教育的城市妇女通常因为她们接受过正式的比较好的教育,这使得她们能够获得些尊敬,但是农村妇女没有这样的机会。如果她们参加公共政治活动,她们将面临着不道德的指责。同时,如果她们坚守通常人们所认

① 韩丁(William Hinton):《翻身:中国一个村庄的革命纪实》(*Fanshen: A Documentary of Revolution in a Chinese Village*),1966 年;纽约:Monthly Review Press,1967 年重印,第 330、431 页。
② 邓颖超,引自蒂亚丽(Davin):《解放区的妇女》("Women in the Liberated Areas"),第 86 页。
③ 韩丁(Hinton):《翻身》(*Fanshen*),第 157—158 页。
④ 伊泽贝尔·柯鲁克和戴维·柯鲁克(Isobel and David Crook):《十里店》,第 106—107 页。
⑤ 同上书,第 108 页。

为的妇女美德，即要求远离政治活动，那么她们同样也被认为是在政治上存在问题。

很少证据表明，在国统区被选入国民大会的妇女能深刻了解农村妇女面临的这些困难。这些农村妇女构成了这些城市妇女声称的她们所代表人口的绝大部分。而且，正如韩丁指出，对于农村妇女来说，真实的而能立即享有的权利来自于在根据地进行的急剧的土地改革。对于这些妇女来说，参与正式政治或者选举政治不比从压迫她们的丈夫和婆婆那里获得经济上的独立那样实际和有用。然而，尽管城市和农村妇女存在着分歧，但是后者在共产党领导下参加土地革命。这在某种程度上是由城市妇女们进行的长达数十年的争取女性在各个方面与男性平等的运动中实现的。

同时，在党的理论层面上，国际马克思主义对于议会体制下的妇女参政表示不信任。共产党员杜君慧(1904—1981年)在1936年出版的一本书中重申了传统马克思主义理论对妇女参政运动的怀疑。它指出，妇女参政运动的前提条件是性别平等。然后，该书介绍了世界范围内主要国家在妇女参政运动中取得的胜利。杜指出，大多数国家只是在第一次世界大战之后修改法律，同时进一步指出只有苏联已经确保了广泛而深入的妇女投票权利。这其中的原因是在其他一些国家中，没有经济收入的人没有参与政治的基础。[1] 杜认为，只有社会主义国家才能为广泛地行使参政权利提供条件。与他的观点相符，1939年的一份共产党妇女杂志把妇女运动描述为要求"增加拥有参政权的妇女人数"[2]。1935年的一篇文章提出，原先的妇女运动要妇女能被承认为"人"，指出尽管妇女已经摆脱封建约束，似乎已经成为"人"，但是现实总是证明了这是一种假象。妇女们仍旧是受男性控制的经济制度中的奴隶。就业是限制而

---

① 杜君慧：《妇女问题讲话》，上海：新知书店，1936年，第118—119页。
② 王明：《论妇女解放问题》，《中国妇女》，第1卷1期(1939年6月1日)，第4页。

不是解放了她们,因为她们被锁定在私有财产制度下。"只有私有财产被剥夺,阶级压迫停止,妇女才能成为人。只有那个时候妇女们才会真正获得作为人所应该享有的权益和权力。"①

阶级和性别压迫之间的矛盾在共产党文化中很明显地一直延续到 1940 年代。但是矫正这种党的父权制基础的企图很快被粉碎。作家和共产党员丁玲(1904—1986 年)在 1942 年撰写的《三八节有感》一文中表达了对党在妇女解放问题上的严重关注。② 古德曼在其关于共产党根据地妇女的论文中指出,"1942 年初共产党就放弃了任何通过承诺实现妇女解放和性别平等来赢得妇女支持的做法"。在太行山区高级干部会议上的讲话中,彭德怀"警告不断增强的妇女政治意识总体上是允许的,但是干部们应该坚决确保这要放在经济动员后面。这既是战争的需要,也是考虑到男性农民可能产生的抵触情绪。"③在整个 1940 年代初期,家庭和谐运动缓和了共产党婚姻和土地改革政策急剧挑战所带来的锋芒,同时有助于消除普遍存在的打骂妻子和媳妇现象。④

1943 年共产党中央委员会抨击了那些争取更明确的男女平等政策的女共产党员。中央委员会在 2 月声称:"女干部不应该认为经济工作

---

① 张蓬洲:《妇女社会地位之史的考察》,《女声》,第 3 卷第 20 期(1935 年),第 4—10 页。

② 丁玲:《三八节有感》(Thoughts on March 8),载白露(Tani E. Barlow)、加里·比奥哲(Gary J. Bjorge)主编:《我也是一个女人:丁玲选集》(*I Myself Am a Woman : Selected Writings of Ding Ling*),波士顿:Beacon Press 出版社,1989 年,第 316—321 页。

③ 古德曼(David S. G. Goodman):《革命妇女和革命中的妇女:中国共产党和抗战时期的妇女,1937—1945 年》(Revolutionary Women and Women in the Revolution:The Chinese Communist Party and Women in the War of Resistance to Japan,1937—1945),《中国季刊》(*China Quarterly*),第 164 期(2000 年 12 月),第 919 页。他也指出了 1941 年黎城六卦运动对妇女也有强烈的吸引力,在根据地妇女问题还没有被充分解决。见《抵抗、革命、宗教和叛乱:黎城六卦运动,1939—1942 年》(Resistance and Revolution,Religion, and Rebellion:The Sixth Trigram Movement in Licheng, 1939—1942),载冯崇义、古德曼(David S. G. Goodman)主编:《战时华北:革命的社会生态,1937—1945 年》(*North China at War : The Social Ecology of Revolution, 1937—1945*),兰纳姆,马里兰:Rowman & Littlefield 出版社,2000 年,第 148 页。

④ 江开安(Johnson):《中国的妇女、家庭和农民革命》(*Women, the Family and Peasant Revolution*),第 67 页。

是不重要的。"这样和女性解放应该从参加劳动开始这个观念保持一致。然而，共产党精英们忽略了一个事实，即中国农村妇女，尤其是中国南方，在父权制家庭结构下一直以来都在从事农业劳动，但她们依然没有实现解放。党内妇女想获得的是权力而不是工作。同月，邓颖超提出妇女要更广泛地参与到政治管理中。她说："妇女参政权不应该从战争中脱离开来，它不应该孤立在少数几个受过教育的妇女中。相反，妇女参政权应该扩大到妇女群众中。首先我们必须取消就业机会上的限制，给予妇女从事政治管理的权利。"①

然而，共产党控制区域的妇女运动在很大程度上淹没在更广泛的党的政策中。蔡畅，这位曾经的城市活动家，批评她之后的妇女活动家们过于关注女性解放，说"我们的口号不再是'婚姻自由'和'性别平等'，而是'拯救孩子'、'家庭兴旺'以及'健康长寿'"。②

第九节　空洞的胜利

国统区 1947 年的选举产生了蒋介石国民大会。任何年龄 20 岁以上者，无论性别都可以投票，23 岁以上者可以参加竞选。然而，整个选举过程缺乏可信度，因为在国民大会的 3045 名代表中，许多人是在非常令人怀疑的过程中选举产生的。在努力平衡代表的社会知名度与对政府的忠诚度以后，国民政府命令委任代表以及迫使其他代表辞职。各个地区和职业的利益都需要得到代言。共产党和民盟坚持国民参政会的规定应该得到遵守，声称国民大会是个冒牌货。结果，按照蒋介石的计划，他们被排除在国民大会之外，国民党员控制了国民大会。由这届国民大会通过的 1946—1947 年宪法对于那些民主活动家们来说并不是一个欢

① 邓颖超：《略谈妇女与参政》，《妇女新运》，第 5 卷第 3 期(1943 年)，收于中华全国妇女联合会编：《蔡畅、邓颖超、康克清妇女解放问题文选，1938—1987》，北京：人民出版社，1988 年，第 80—81 页。
② 《蔡畅》，引自蒂亚丽(Davin)：《解放区的妇女》("Women in the Liberated Areas")，第 76 页。

欣鼓舞的消息。这些人长期以来为中国实现民主宪政而斗争。[①] 最终，召开这样的国民大会是对这种精神的公然违背，在国民参政会上达成的协议被撕毁。这种背叛使得内战继续，生灵涂炭，宪政对于中国来说仍旧渺茫。

对于那些在议会中为妇女们追求平等和保护性名额的妇女活动家们来说，这部宪法的颁布也没有满足她们的要求。尽管妇女已经赢得了投票权和选举权，甚至在议会中的最低名额也被保证，但是中国的民主制度仍旧是脆弱的。尽管如此，数量上史无前例的妇女参与到了国家政治中来。国民大会中有 201 名妇女代表，立法院有 65 名妇女委员，监察院有 19 名妇女委员。[②]

在媒体中对于妇女的保守声音占了上风。1947 年国际妇女节，国民党刊物《新妇女》以宋美龄图像作为封面，向读者解释："新式妇女应该代表所有妇女，为她们代言。她们应该让妇女作为一个整体受益，而不应该充当女政客。服务也不应该限于妇女领域，而是人类所需要的方面……我们应该有和男性合作的精神。"[③]和共产党一样，国民党妇女也被劝说为"更高"的利益服务，而不仅仅是妇女所关注的问题。

国民党妇女媒体为宪法的胜利庆祝。一份报道指出，她们的宪法是"这是世界上最进步的宪法。"[④]另一份报道祝贺它的读者说："宪法已经实施，人民选举出的政府已经建立……现在已经是民主宪政的时代了。"作者继续解释说，这意味着公开的选举、司法的独立以及对人民权利的保护。[⑤] 但是，在随后的数十年中的"民主宪政时代"所有这些特征都没

[①] 该宪法由制宪国民大会于 1946 年 12 月 25 日通过，由国民政府于 1947 年 1 月 1 日颁布，自 1947 年 12 月 25 日开始实施。

[②] 薛立敏：《台湾地区妇女参政问题之研究》，台北：天一出版社，1977 年，第 28 页。转引自钱剑秋：《妇女运动》，第 1143 页。

[③]《新时代、新使命、新妇女》，《新妇女》，1947 年 3 月，第 4 页。

[④] (李)罗啸如：《妇女与行宪》，《新妇女》，第 13 期(1948 年 4 月)，第 4 页。

[⑤] 李雪荔：《民主、独裁、法治、人治》，《新妇女》，第 15 期(1948 年 6 月)，第 4 页。

有得到肯定性的保证。

宪法保护了中国妇女们在过去数十年中为之奋斗的权利。但是，无论在文本上如何"进步"，宪法并不是解救中国困境的万能药。这部宪法统治的是中国台湾这个小岛。即使在那里，蒋介石的专政限制了它的全面实施，这种局面一直到 1987 年戡乱建国时期结束为止。妇女们的宪法权益使得中国那些有志向的妇女政治家们以及爱国政治活动家们获得和男性平等的政治权利。然而，随着 1949 年以后军事动乱的缓和，很明显这种平等以及对妇女政治家们的保护性名额是在一个漏洞百出的民主制度中实行的。

在战争年代，中国的女权主义活动家们灵活地推动了参政运动的发展——首先是在抵御日本侵略的战争中，后来是国共内战期间。她们运用妇女是弱势群体这样一个集体身份话语，并在这个基础上获得了实质性的政治利益，指出妇女的政治权利与男性平等，但同时也不等同于男性政治权利。然而，这种意识只是在中产阶级城市女性中非常强烈。中国的农民依然远离这样的理想和现实。性别分离以及对妇女的性道德仍然主宰着乡村社会。共产党介入这个真空，在农村地区追求平等。随着他们在 1949 年战胜国民党，他们在中华人民共和国各级政府中给予妇女最低 20％的名额。而且，共产党建立了社会和政治结构，使得妇女公共政治行动合法化，减少了政治上活跃的妇女所面临的道德风险。在中华人民共和国的政治架构中，女性与男性的差异、政治需要以及利益方面都被承认并给予正式的代表。

第八章　结语

在 20 世纪上半叶，中国妇女参政运动从几个激进妇女团体演化成一场在中国所有主要政党中都有广泛基础的运动。在 1908 年，中国政治精英中只有很小一部人是妇女，但是到了 1948 年她们已经出现在政党和社会公共生活中的各个方面。在这些年中，妇女在国家政治机构中担任职务，变得有影响力，成为促进妇女在公共领域权利的坚定支持者。妇女权利游说家们在这 40 年中培养了她们的能力，使得领导主要政党和政府机构的男性无法忽略女性。这种追求获得政治权利的运动游移在两种论点之间：一种认为"女性是与男性平等的人"，另一种则大胆地宣称妇女与男性之间存在差异。到 1949 年内战结束时，中国妇女运动的强大及多样性足以使得她们能够跨越战争所带来的分裂，并在中国大陆和台湾以不同的形式继续发展。

在她们所进行的无数次运动过程中，中国妇女参政活动家们揭示了一个数十年来活跃在中国主要思想家和活动家中的女权主义、阶级、民族主义以及现代性之间的复杂互动关系。正如本书揭示，女权主义对于中国的重新塑造以及中国社会的转型绝不是一个可有可无的次要问题。相反，中国妇女平等政治权运动通过显示它的性别特点，挑战了对于权利、社会秩序和道德的根本理念。她们挑战了那种认为女性需要依赖男性才能行使合法政治权利的根深蒂固的观念。它在数十年中为中国的政治生活提供了新的政治模式。这种模式不仅重申了长久以来的文化观念，即只有那些有道德的人才可以是统治者，同时在代表利益集团的基础上，也将性别作为正在出现的代议制政治的一个合法层面。

第一节　性别、权利、道德与教育

在 1911 年，中国的政治精英们都认为有经济地位以及受过教育的人（也因而是有道德的人）应该合法地代表无知的大众。在他们看来，妇女不能成为合法政治权力掌握者是很自然的，因为她们既没有财产，也没有接受过正式教育。然而，正是统治阶层对教育的推崇，以及他们认为的教育与建立和维护社会秩序和"文明"之间的联系，打破了那种将妇女排除在正式政治权力之外的那种简单做法。按照这种世界观，如果国家处于动荡，那么它需要更多而不是更少的教育。世纪之交的中国显然处于国家最衰弱的时刻。因而，从 19 世纪后期开始，改革家们相信妇女们需要教育以便为国家复兴更好地作出贡献。从这一点上看，因为新近获得的接受教育的权利，妇女们被排除在"教育等于道德等于获得权利"这样的逻辑纽带之外的现象不可避免地被削弱了。女性的身体不再意味着无知和弱小，因为她们接受了越来越多的教育，和男性一起在学校锻炼，一起工作和发展自己的事业。知识分子阶层享有的在教育方面的特权使得一种观点无法成立，即两性之间的生物差异能够解释在获得政治权益上的差异，也即只有男性才能享有政治权利。一旦妇女可以接受学校教育，并在学业上表现良好，那么这种以生理为理由的观点就会受到削弱。

道德的性别化观点在 20 世纪上半叶受到妇女参政运动的挑战。数个世纪所依赖的关于男性道德与政治权利之间的联系一直体现在儒家"合法统治"的观念中，现在这种观点也受到了挑战。帝国秩序中的中国政治历史是围绕着通过考试和教育表现道德而演化的。一直到 20 世纪的最初十年结束为止,儒家教育培养出的领导人的道德和智慧,只属于男性。妇女们无法通过儒家典籍教育和政治能力来展示她们的道德。相反,妇女的道德被认为是贞洁和贤惠。像贞节牌坊之类的建筑以及地方志中对那些意志坚定而沉稳的与非家族男性成员隔离的贤惠妇女的大量描述也创造了可被妇女接受的道德故事。干预政治被认为是对妇女道德观的破坏,而这种道德观的基础是期望对女性身体的约束和控制。因此,妇女参政活动家们不断和公开地对正式政治权利的诉求挑战了长期以来的性别化的政治道德准则。

新文化运动对女性贞洁的传统社会规定提出了挑战。典型的代表是鲁迅在其著名的《我之节烈观》一文中的讨论,这种讨论所提出的观点得到了广泛的认可。① 与之对应的,动摇和挑战人们普遍接受的那种政治品德是男性特征的这种自然规则,却没有得到普遍认可。中国参政活动家指出,妇女们具有必备的统治国家能力,从而挑战了关于男性气质和政治道德之间有必然联系的想当然的观点。她们不断地在报纸上发表文章,挑战男性统治的能力,将中国当前的混乱政治局面与男性的无能联系在一起。她们强调指出,道德和智慧并不是所有占据中国政治领导阶层男性所特有的。这样她们参与到了中国政治舞台上正在持续进行的民主化进程中。她们指出,个体对权利的追求并没有表明他们具有可以证明的能力去行使有道德和智慧的统治。这也并不意味着他们可以享有持续的不可挑战的权利。这些妇女参政活动家们挑战长期以来所认为的某些人可以"自然"获得权利以及发挥政治影响的观点,为实行中国政治代议制提出了新的可能性。而且,她们提出在新的一夫一妻制中的男性在性道德层面也负有责任。政治道德是男性专有的,正如性道

---

① 鲁迅:《我之节烈观》(My Views on Chastity),杨宪益和戴乃迭译,载《鲁迅选集》(*Lu Xun : Selected Works*),第 2 卷,第 13—25 页,1918 年;北京:外文出版社,1980 年。

德也不是女性所独有的一样。

然而,妇女参政运动本身需要协调性和政治道德具有的性别特点所提出的挑战。有抱负的政治家们需要道德,妇女参政活动家们实际上也是有抱负的政治家。对于男性来说,教育提供了道德标记,而对女性来说这种标记曾经被性别化了。女政治家们会变得极其纯洁以展示她们的高尚道德吗？这种极其女性化的贞洁会转换成政治权利吗？对于大多数妇女活动家们来说,这两方面答案都是否定的。实际上,在关于小妾在参政运动中所起作用的讨论中,我们可以看到公众对于性道德观念的转变。一个团体担心小妾会将整个运动变成是声名狼藉的、下层阶级的以及没有道德的运动。另外一些妇女参政活动家们,她们也是最终取得胜利的团体,将小妾当作新发现的一个被称为"妇女"这个集体的一部分,因此值得代表和发出政治声音。因而,这些妇女活动家们将性道德和政治分离开来。

在她们对国家政治健康的批评中,妇女参政活动家们同时将政治道德和男性分离开来。从民国初开始,政治领域被认为是传播污染的地方,就像污秽的猪圈,而不是汇集智慧和道德的地方。妇女参政者们不断公开高调表达对那些代表自己利益、掌握权力的男性的不信任,这不断提醒人民另一种可能的政治"替代物"。随着妇女们不断高调地宣称她们并不信任这样的团体能够足以代表她们的利益,新成立的民国并没有沦落到清末那样,那种披着道德智慧的外衣但同时实行父权式的精英阶层领导(包括共和制、君主制和专政制度)。几乎所有文章都指出,成千上万的妇女现在无法表达自己的政治声音,很自然的是,其他那些没有参政权的社会群体也会按照同样的思路去思考这些问题。将权利集中在一个很小的社会阶层的做法很快变得行不通了。政治权利和男性道德最终失去了它们之间不可挑战的联系。

第二节　建立代议制政治,构建妇女集体身份

同时,通过将"妇女"构建为一个与其他群体不相同,但是自身内部

具有相同政治利益的政治类别,妇女参政活动家们提出代议制以及特别利益观点。这些利益要求妇女们要有自己特定的代表,而不是由男性来代表她们。有意义的是,这些观点没有同时创建出一个关于"男性利益"的意识,因为"女性利益"的同一性是根据她们所认为的妇女们统一的弱势地位所连接起来的。对妇女弱势地位的发掘和重述对于建立一个要求代表妇女的政治类别来说是至关重要的。妇女杂志以及报纸上发表的源源不断的读者来信对于建构这个新的政治类别也很关键。这表明了中国妇女在享有阶级、居住地、教育以及机会等方面利益上存在着的巨大差异。不过,这并没有妨碍中国的有抱负的妇女政治活动家们去追求确立一个新的在代议政治中有合法诉求的政治类别。

不过,公众并没有认识到妇女的弱势地位,妇女的代议制政治最初依赖于对天赋人权的平等主义的诉求。但是它在接受方面存在着问题,因为它对男性在日常生活中对女性所享有的权威造成巨大而真实的威胁。然而,作为一种集体类别,"妇女"被定义为具有政治利益,她们共同的弱势地位表现为她们的共同特点。这使得男性对于他们地位感受到的威胁较少,因为女性作为一个政治群体是弱小的这样一个观念是非常抽象和理论化的。这种新政治类别的集体性,公开地以女性相对于男性的弱势为前提,重申了男性主宰女性的观点,这同时也给予女性以机会获得政治权利,从而削弱男性的主宰地位。通过不断阐述女性的相对弱势,从而具体化了男性特权,这对于女性获得参政权是至关重要的,因为它使得更多的人接受妇女特别利益的代表。毕竟,对于男性特权来说,一个如此悲惨的弱势群体,对他们的个人威胁要少很多。

然而,通过在女性弱势话语体系中形成一个妇女政治类别的概念,女性确实能够更有效地为争取她们的权利而行动起来。在20世纪的最初几十年,妇女们越来越看到她们的这些权利与男性特权并列在一起,她们斗争的目标也越来越明确,即她们必须要从男性手中争取权力,而不是从满族统治者、封建王朝、外国势力或者是其他妇女那里,她们意识到父权制才是她们真正的斗争目标。她们宣传女性与男性的不同，而不仅仅是简单的女性与男性的平等权利。她们认识到其他斗争不是她们的目标，事实上她们应该集中在妇女相对于男性弱势地位的所有权利上，也就是说她们认识到反对清王朝统治的斗争不会自然而然地获得女性的权利，她们知道清王朝统治结束后，男性依然反对女性提出的对平等权利的诉求。就其本身而言，对于越来越多的妇女来说这变得越来越明显。她们意识到，有时她们只是为妇女权利事业而斗争，而有时她们是为其他事业斗争，例如救国、共产主义等等。这些斗争能使妇女获益，或使得整个中国获益，但是她们认识到关键是她们需要从事女权主义运动斗争。这意味着妇女越来越清楚地知道她们应该在什么时候、在哪个环节上进行什么样的斗争。如果这是一场追求平等继承权利的女权主义运动，那么她们斗争的目标就是消除这种男性特权。如果这是一场动员女工人罢工的运动，那么挑战阶级特权是斗争的焦点。重要的是，新近构想出来的政治集体也使得妇女能够跨越党派界限为她们的女权主义事业而奋斗，即使是在党派之间关系极其紧张的情况下也是如此。

第三节　国际对比的耻辱以及妇女参政作为现代性象征

在 19 世纪末 20 世纪初，妇女参政运动的全球性特征也为中国妇女向男性提出了共享政治权利的理由。国际妇女参政活动家们将妇女平等获得民主政治权利作为现代性的象征。① 中国的妇女活动家们在媒体上有效地宣传了这个原则。在 20 世纪最初 30 年中，随着世界范围内越来越多国家默认各自国家的参政活动家们的诉求，中国发现在世界舞台上处在为数越来越少的国家行列。如果中国的男性掌权者想获得国际

---

① 我非常感谢艾伦·卡罗·杜波伊斯（Ellen Carol DuBois）、迪克·切尼（Dick Cherny）以及参加美国历史学会年会太平洋地区妇女参政运动小组会议的与会者们对于"现代性象征"这个术语提出的建议。这次会议于 1999 年在夏威夷召开，小组会议论文后来专刊发表，见《太平洋历史评论》(*Pacific Historical Review*)，第 69 卷第 4 期（2000 年）。

社会的尊敬,那么他们需要采用诸如美国、英国和德国这样的现代强国的规章、制度、风俗以及习惯。如果不是以追求国际社会对其大国地位的承认为前提,那么20世纪中国的民族主义将无任何意义。如果它不承认女性与男性平等政治权利,那么中国的伟大文明将会有沦落到野蛮、传统以及落后文明之列的危险。

拉米雷斯(Ramirez)、索亚(Soysal)以及沙纳翰(Shanahan)指出,1930年代跨越国界的影响最终决定了国民权的模式,这包括女性与男性在选举上的平等,这意味着世界范围内不同国家妇女运动的影响不是实现妇女参政的重要因素,因为国际准则发生了变化,政府向外看,意识到它们必须跟上国际潮流。它们面对来自国际间的压力,对于妇女群体是否施加压力,这并不重要。[①] 然而,为了将一个世界性的主流的公民权概念能纳入到妇女参政权运动中,妇女参政活动家们必须要花数十年的时间在国际国内大环境中争取妇女平等权利的斗争。受国际妇女参政运动的影响并与它们结合为一体,对于最终能够很自然地接受这种跨越国家的公民权准则是至关重要的。按照这些准则,妇女的政治权利被承认为是与男性平等的。她们引用跨国比较,确立一个关于妇女参政权是不可避免的现代化趋势这样一个观念,还设立"羞耻榜",在这个榜上没有妇女参政权的国家被认为是一个地位较低的国家。所有这些都促进了1930年代以后跨越国界的标准发挥它们的影响。国际妇女参政运动确立了全球性的现代性竞争,即妇女参政程度的排名,这在以前是不曾出现过的。在中国,比较清楚的是全国性妇女参政运动有效地利用了国家间的比较,通过不断地与其他国家相比,提醒现在国家所处的耻辱状态。中国妇女呼吁激发中国男性的荣誉感以及她们渴望从外国男性那里得

[①] 佛朗西斯科・O. 拉米雷斯(Francisco O. Ramirez)、雅瑟敏・索萨勒(Yasemin Soysal)、苏姗妮・沙纳翰(Suzanne Shanahan):《政治公民权变化中的逻辑:妇女参政权在各国的取得,1890—1990年》(The Changing Logic of Political Citizenship: Cross-national Acquisition of Women's Suffrage Rights, 1890—1990),《美国社会学评论》(American Sociological Review),第62卷第5期(1997年10月),第735—745页。

到国际认可的心情，正如他们真诚地寻找解决中国内外交困的现代方法那样。

类似的，李·安·巴纳扎克（Lee Ann Banaszak）在《为什么运动会成功或失败》中对妇女参政进行了研究，她强调了政治机会的重要性。妇女参政活动进行斗争的政治环境成为理解她们相对于其他国家不同胜利程度的关键因素。① 妇女们自己利用技能和资源的有效性依赖于她们所处的政治环境。实际上，中国妇女参政运动的特点表明中国妇女活动家们认识到国家领导层对中国在国际政治舞台上的弱势地位非常关切，所以她们从这个国家政治精神的脆弱之处出发促使男性做出变革，她们自己也对中国在全世界范围内声誉如此之低感到不满。因此，国际妇女参政运动向中国妇女们提供了重要的支持，在这个支撑点上她们发起争取男女平等的运动。

中国妇女参政活动家们通过她们五十年的努力挑战了最根本性中国政治权力理念。她们认为，男性单独获得政治权力是理所当然的这个观点是值得怀疑的。她们为中国妇女创造了一个集体政治身份，声称妇女权利应该得到代表。在数十年中，中国的女政治家们对于她们所从事活动的目标越来越有智慧——她们看到政治能够同时实现众多的目标。按照这种逻辑，中国的妇女参政家们构建了跨越政治分界的女权主义桥梁，坚持无论何种政治立场，都要维护妇女权利的概念。然而，在发起女权主义的斗争中，她们呈现给中国政治以一个新的图像，呈现了作为普通人的群体是如何成立一个政治游说群体来代表她们的特别利益。在这个过程中，不断演变的妇女团体和几代妇女活动家们不断地为一个事业而进行游说。在这些方面，中国妇女参政活动家们不仅实现了中国性别政治的急剧革命，也改变了整个中国的政治版图。

---

① 李·安·巴纳扎克（Lee Ann Banaszak）：《为什么运动会成功或失败：集会、文化和妇女参政权的斗争》（*Why Movements Succeed or Fail：Opportunity，Culture and the Struggle for Woman Suffrage*），普林斯顿：普林斯顿大学出版社，1996 年。

参考书目

作者不详的资料：

《爱国党开会纪实》,《正宗爱国报》,1912 年 10 月 1 日。

《北京电:有南生来京》,《申报》,1912 年 7 月 12 日。

《北京电:袁总统》,《申报》,1912 年 8 月 10 日。

《北京官场闻有女子军》,《申报》,1912 年 1 月 25 日。

《北京女权运动会招待报学界》,《申报》,1922 年 8 月 16 日。

《北京女子参政协会请愿文》,载《中国妇女运动通史》,谈社英编,第 115—117 页:南京:妇女共鸣社,1936 年。

《北洋女师范学堂学业纪程》,《大公报》,1908 年 2 月 10 日。

《本刊宣言》,《女子参政协进会会刊》,1922 年 12 月 10 日,封面内页。

《参议院议决女子参政权》,《盛京时报》,1912 年 4 月 2 日。

《参议院剪发问题之大争论》,《申报》,1912 年 11 月 3 日。

《参议院议事旨要》,《正宗爱国报》,1912 年 11 月 8 日。

《参政之女子》,《民立报》,1912 年 8 月 9 日。

《长沙电:女界力争维持女权》,《申报》,1924 年 12 月 16 日。

《长沙电:女界因宪法会议议员》,《申报》1924 年 11 月 11 日。

《长沙电:宪会上》,《申报》,1924 年 11 月 17 日。

《长沙电:宪法会议十日开会》,《申报》1924 年 11 月 12 日。

《长沙女界联合会成立宣言》,引自《湖南女子之五权运动》,《民国日报》,1921 年 1 月 27 日。

"Changsha Women up in Arms against Reactionary Police Head." *China Weekly Review* (22 August 1936):432.

"China and India at San Francisco." *Amerasia* 4，no. 9(May 1945)：131 - 142.

"China to Vote on Monarchy." *Suffragist* 3，no. 42(16 October 1915)：2.

"Chinese Communist Reaction to Chiang's Speech." *Amerasia*(6 April 1945)：104 - 109.

"Chinese Woman Lawyer Gives Statistics of Women's Activities." *China at War* 5，no. 3(October 1940)：70.

《川省制宪中之女权运动》，《申报》，1923 年 2 月 4 日。

《大总统对于新女界之期望》，《申报》，1912 年 2 月 10 日。

《大总统敬礼女侠》，《民立报》，1912 年 1 月 19 日。

《大总统慎重女子参政问题》，《大公报》，1912 年 4 月 6 日。

"Declaration of the Democratic League of China." *Amerasia*(23 March 1945)：86 - 87.

《邓惠芳女士之谈话》，《广东群报》，1921 年 3 月 31 日。

《东京留学生界的侦探》，《中国日报》，1907 年 3 月 13 日。

《多妻制度之国民性》，《申报》，1921 年 5 月 9 日。

《二十五日之湖广馆》，《申报》，1912 年 8 月 31 日。

《否决女子参政案之舌战》，《广东群报》，1921 年 4 月 12 日。

《妇女请愿书》，收于《广东妇女运动历史资料》(第三卷)，广东省妇女运动历史资料编纂委员会编，广东：广东省档案馆，1991 年。

《妇女界请额》，《民国日报》，1931 年 5 月 7 日。

《妇女团体参与民会》，《民国日报》，1931 年 2 月 10 日。

《妇女要求参加民会问题》，《民国日报》，1931 年 4 月 12 日。

《妇女要求参政权》，《晨报》，1920 年 1 月 6 日。

《妇女应当做妇女工作》，《中国妇女》，第 1 卷第 2 期(1939 年 7 月 1 日)，第 19 页。

《各界妇女联合会宣言》，收于谈社英编：《中国妇女运动通史》，第 157—158 页。南京：妇女共鸣社，1936 年。

《共爱会同仁劝留学启》，《江苏》，第 6 期(1903 年)，第 159 页。

《广东妇女界解放协会宣言及纲领》，广东省档案馆，1925 年。收于中华全国妇女联合会编：《中国妇女运动历史资料，1921—1927》，北京：春秋出版社，95—97 页。

《中国女界二次国民会》，《申报》，1920 年 1 月 5 日。

《广东女界联合会章程》，收于谈社英编：《中国妇女运动通史》，第 97—104 页，南京：妇女共鸣社，1936 年。

《广东女子参政之大运动》，《申报》，1921 年 4 月 4 日。

《广东女子国民大会》，《申报》，1920 年 1 月 1 日。

《广东之女权潮》，《申报》，1921 年 3 月 31 日。

《广东之女子参政运动四幅》,《妇女杂志》,第 7 卷第 7 期(1921 年)。

《广州妇女参政大活动》,《劳动与妇女》,第 8 期(1921 年 4 月 3 日),收于广东省妇女运动历史资料编选委员会:《广东妇女运动历史资料》,第 127—129 页。

《广州女子争选权续文》,《民国日报》,1921 年 4 月 3 日。

《贵州妇女爱国会之代表函》,《大公报》,1912 年 9 月 2 日。

《国民党干事选举会之怪局》,《申报》,1912 年 9 月 16 日。

《国民会议促成会全国大会报告》,《民国日报》,1925 年 5 月 28 日。

《国民会议与妇女代表问题》,《民国日报》,1931 年 3 月 22 日。

《河南女界促成国民会议之电报及宣言》,《民国日报》,1925 年 2 月 18 日。

《湖南女界联合会意见书》,《大公报》,1921 年 5 月 6—7 日。

《湖南省宪法——民国十一年一月一日》,收于缪全吉编《中国制宪史资料汇编》,第 821 页,台北:"国史馆",1989 年。

《沪女界定期开女界国民大会》,《申报》,1925 年 3 月 12 日。

《沪女界发起国民会议促成会》,《民国日报》,1924 年 12 月 5 日。

《沪女界国民会议促成会通电》,《大同报》,1925 年,收于中华全国妇女联合会编:《中国妇女运动历史资料,1921—1927》,北京:春秋出版社,第 434 页。

《黄碧魂告全国妇女》,《广东群报》,1921 年 4 月 7 日。

《欢迎女参政会长》,《民立报》,1912 年 9 月 10 日。

《欢迎女政治家》,《申报》,1912 年 9 月 5 日。

《毁党造党之意见》,《民立报》,1912 年 8 月 7 日。

"In Heathen Lands." *Suffragist* 6, no. 47(14 December 1918):10.

"International Women's Day." *China at War* 4, no. 4(May 1940):5-7.

《记广东女子国民大会》,《民国日报》,1920 年 1 月 1 日。

《记上海妇女会开成立大会》,《申报》,1921 年 1 月 1 日。

《津妇女国民会议促成会成立宣言及简章》,收于刘王立明:《中国妇女运动》(一册),第 37—39 页,上海:商务印书馆,1934 年。

《觉悟三八节特刊》,《民国日报》,1931 年 3 月 8 日。

《李大钊君讲演女权运动》,收于中华全国妇女联合会编:《中国妇女运动历史资料,1921—1927》,北京:春秋出版社,143—145 页。

《临时政府公报》,第 9 期(1912 年 2 月 6 日),第 6—8 页。

《六党合并开会记》,《申报》,1912 年 9 月 29 日。

《留日女学会杂志发刊词》,收于谈社英编《中国妇女运动通史》,第 21 期,南京:妇女共鸣社,1936 年。

《刘少璧女士等致陈省长书》,《广东群报》,1921 年 4 月 8 日。

《伦敦电》,《申报》,1912 年 7 月 15 日。

《论女子宜注重道德》,《申报》,1912 年 9 月 5 日。

"Madame Chiang Leads Women of China in Support of Defenders." *China Weekly Review*(7 August 1937)：371.

"Manifesto of the First National Congress of the Kuomintang：January 30, 1924." In *The Kuomintang：Historical Selected Documents，1894 - 1969*，edited by Milton J. T. Shieh，84 - 85. New York：St. John's University Press，1970.

《闽省学生北伐军出发》,《申报》,1912 年 1 月 29 日。

"Miss Wu Chih-mei." In *Who's Who in China*. 4th ed.，3：225. 1950. Reprint, Hong Kong：Chinese Materials Centre，1982.

《南京电》,《申报》,1912 年 9 月 10 日。

《南京社会党电》,《申报》,1912 年 3 月 8 日。

《男女并尊论》,《中国新女界杂志》,第 4 期,第 1—6 页。

《女参政团演说热》,《民立报》,1912 年 4 月 12 日。

《女参政之成立》,《民立报》,1912 年 9 月 23 日。

《女敢死队》,《天铎报》,1911 年 12 月 14 日。

《女敢死队入京》,《民立报》1912 年 1 月 15 日。

《女鬼》,《中国日报》,1904 年 4 月,第 19—20 页。

《女国民大会》,《广东群报》,1921 年 7 月 2 日。

《女会员大展威风》,《申报》,1912 年 8 月 20 日。

《女界备参与国民会议》,《申报》,1924 年 12 月 19 日。

《女界参与国民会议之进行》,《申报》,1924 年 12 月 11 日。

《女界参政之要求》,《民立报》,1912 年 3 月 3 日。

《女界代表张(按:唐)群英》,《申报》,1912 年 2 月 29 日。

《女界代表张(按:唐)群英等上参议院书》,《妇女时报》,第 5 期(1912 年),第 21—22 页。

《女界邓惠芳》,《申报》,1921 年 4 月 5 日。

《女界国民会议促成会成立记》,《申报》,1924 年 12 月 22 日。

《女界国民会议促成会成立记》,《民国日报》,1924 年 12 月 22 日。

《女界国民会议促成会筹备会记》,《民国日报》,1924 年 12 月 21 日。

《女界国民会议促成会筹备处通电》,《申报》,1924 年 12 月 13 日。

《女界国民会议促成会电》,《申报》,1924 年 12 月 14 日。

《女界国民会议促成会开会记》,《申报》,1925 年 5 月 11 日。

《女界国民会议促成会一周记事》,《妇女周报》,1925 年 2 月 16 日。

《女界国民会议促成会章程》,《申报》,1924 年 12 月 21 日。

《女界国民会议促成会之发起》,《申报》,1924 年 12 月 5 日。

《女界函祝:民会主席刘女士》,《民国日报》,1931 年 5 月 12 日。

《女界欢迎孙黄陈记略》,《正宗爱国报》,1912 年 9 月 18 日。

《女界欢迎熊朱两先生纪事》,《大公报》,1921 年 6 月 1 日。

《女界联合会消息》,《申报》,1920 年 1 月 18 日。

《女界联合会之议案》,《广东群报》,1921 年 4 月 25 日。

《女界联合会之战利品》,《广东群报》,1921 年 4 月 29 日。

《女界三团体会议》,《申报》,1921 年 3 月 12 日。

《女界运动选举大活动》,《广东群报》,1921 年 3 月 30 日。

《女界之两事》,《申报》,1921 年 4 月 1 日。

《女界主张加入国民会议之一封信》,《申报》,1924 年 11 月 30 日。

《女权大活动》,《民立报》,1912 年 9 月 5 日。

《女权运动会向国会请愿》,《申报》,1922 年 9 月 8 日。

《女权运动会之通电》,《申报》,1924 年 12 月 4 日。

《女权运动会主张加入国民会议》,《民国日报》,1924 年 12 月 4 日。

《女权运动同盟会消息》,《申报》,1923 年 2 月 4 日。

《女士打骂参议院》,《正宗爱国报》,1912 年 12 月 11 日。

《〈女星〉旬刊发刊词》,《女星》,第 1 期(1923 年 4 月 25 日),第 1 页。

《女子参政案竟遭否决》,《民国日报》,1921 年 4 月 8 日。

《女子参政会》,《民立报》,1912 年 9 月 27 日。

《女子参政会长》,《申报》,1912 年 9 月 10 日。

《女子参政会开会》,《民国日报》,1931 年 4 月 28 日。

《女子参政会来北京》,《正宗爱国报》1912 年 4 月 14 日。

《女子参政会上孙前总统书》,《盛京时报》,1912 年 4 月 3 日。

《女子参政会上孙中山书》,《时报》,1912 年 3 月 23 日。

《女子参政会之全国女界书》,《民国日报》,1924 年 12 月 18 日。

《女子参政论》,《大公报》,1912 年 3 月 27、28 日。

《女子参政论》,《盛京时报》,1912 年 3 月 24、26 日。

《女子参政权调查》,《民国日报》,1931 年 6 月 15 日。

《女子参政权又历一劫》,《申报》,1912 年 11 月 13 日。

《女子参政权之我见》,《申报》,1912 年 4 月 6 日。

《女子参政同盟会》,《申报》,1912 年 9 月 11 日。

《女子参政同盟会》,《时报》,1912 年 3 月 31 日。

《女子参政同盟会成立之声》,《女子白话报》,第 2 期(1912 年),第 35—40 页。

《女子参政同盟会电》,《民立报》,1912 年 8 月 31 日。

《女子参政同盟会简章》,《天铎报》,1911 年 12 月 3 日。

《女子参政同盟会简章草案》,《女子白话报》,第 3 期(1912 年),第 37—38 页。

《女子参政协会特别会议》,《申报》,1925 年 6 月 6 日。

《女子参政协进会大会记》,《申报》,1922 年 12 月 26 日。

《女子参政协进会职员会记》，《申报》，1924 年 12 月 18 日。

《女子参政运动之余波》，《民国日报》，1921 年 4 月 11 日。

《女子参政之思潮》，《民立报》，1912 年 8 月 10 日。

《女子大闹参议院记》，《盛京时报》，1912 年 3 月 31 日。

《女子大闹同盟会》，《民立报》，1912 年 8 月 18。

《女子后援会北伐军救济队简章》，《民立报》，1912 年 2 月 4 日。

《女子后援会简章》，《时报》，1911 年 12 月 7 日。

《女子将有完全参政权》，《申报》，1912 年 1 月 8 日。

《女子精武练习队》，《天铎报》，1912 年 1 月 27 日。

《女子精武练习队成立》，《天铎报》，1912 年 1 月 14 日。

《女子联合会问省会》，《申报》，1921 年 3 月 30 日。

《女子同盟会之组织》，《申报》，1912 年 2 月 22 日。

《女子团之进行》，《民立报》，1912 年 8 月 30 日。

《女子选举权》，《申报》，1912 年 11 月 8 日。

《女子选举运动之胜利》，《广东群报》，1921 年 2 月 20 日。

《女子要求参政权》，《民立报》，1912 年 3 月 23 日。

《女子要求参政权之暴动》，《大公报》，1912 年 3 月 30 日。

《女子要求参政之声援》，《民国日报》，1920 年 1 月 28 日。

《女子要求选举权风潮》，《民国日报》，1921 年 4 月 4 日。

《女子应当承受遗产的理由和对于反对派审查员的忠告》，《大公报》，1921 年 5 月 21 日。

《女子以武力要求参政权》，《申报》，1912 年 3 月 24 日。

《女子争选举权》，《申报》，1921 年 4 月 1 日。

"People's Assembly to Be Held on Nov. 12 as Scheduled." *China Weekly Review* (3 October 1936): 161.

《人民集会将于 12 月 12 日如期举行》，《中国每周评论》，1936 年 10 月 3 日，第 161 页。

《请大家快快请女子进学校去》，《申报》，1921 年 5 月 7 日。

《全体女界审查会纪实》，《大公报》，1921 年 5 月 17 日。

《全浙女界联合会宣言》，收于《中国妇女运动通史》，谈社英编，第 105—106 页，南京：妇女共鸣社，1936 年。

《日本留学女学生共爱会章程》，《江苏》，第 2 期(1903 年)，第 155—157 页。

《三届女参政院的名额》，《妇女月刊》，1941 年。

《山东女权同盟会成立》，《申报》，1922 年 12 月 26 日。

《上海妇女会今日开特别会》，《申报》，1921 年 3 月 11 日。

《上海妇女会开会记》，《申报》，1921 年 4 月 28 日。

《上海妇女运动委员会宣言》,收于谈社英编:《中国妇女运动通史》,第 145—146 页,南京:妇女共鸣社,1936 年。

《上海各界妇女联合会成立》,《申报》,1925 年 6 月 6 日。

《上海国民党女党员致中山函》,《民国日报》,1924 年 11 月 29 日。

《社会党女党员林宗素》,《民立报》,1912 年 1 月 8 日。

《社会党之进行》,《天铎报》,1911 年 12 月 1 日。

《省会对于女子参政案之形势》,《广东群报》,1921 年 3 月 31 日。

《沈女士南征之讨论》,《民国日报》,1913 年 8 月 15 日。

《沈佩贞大闹亚东新闻社》,《申报》,1912 年 12 月 19 日。

《沈佩贞女士电》,《申报》,1912 年 3 月 25 日。

《神州女界参政同盟会纪实》,《申报》,1912 年 3 月 2 日。

《神州女界共和协济社开会纪实》,《时报》,1912 年 3 月 22 日。

《史良同志生平》,《妇女组织与活动》,第 5 卷(1985 年),第 42—43 页。

《史良同志遗体告别仪式在北京举行》,《人民日报》,1985 年 9 月 12 日。

《时评三》,《申报》,1912 年 9 月 6 日。

《四川省宪法草案》,收于缪全吉编:《中国制宪史资料汇编》,第 856—857 页,台北:"国史馆",1989 年。

《孙先生在广东女子师范第二小演说》,《民立报》,1912 年 5 月 13 日。

《孙中山先生入京后之第一大会》,《民立报》,1912 年 8 月 31 日。

《唐群英大闹长沙报》,《民立报》,1913 年 2 月 28 日—3 月 2 日。

《唐群英等五人》,《申报》,1912 年 12 月 11 日。

《提倡妇女参政权》,《盛京时报》,1912 年 4 月 4 日。

《天津妇女国民会议促成会成立》,《国民日报》,1924 年 12 月 31 日。

《天津妇女会议促成会会员大会》,《民国日报》,1925 年 2 月 25 日。

《同盟会》,《申报》,1912 年 8 月 23 日。

《同盟会改组》,《申报》,1912 年 8 月 26。

《同盟会合并改组记闻》,《申报》,1912 年 8 月 16 日。

《同盟会女会员之愤激》,《大公报》,1912 年 8 月 16 日。

《同盟女子精武练习队简章》,《民立报》,1912 年 2 月 13 日。

《万国女子参政同盟会会长到沪》,《民立报》,1912 年 9 月 2 日。

"Womanhood Glorified." *Suffragist* 7, no. 30(2 August 1919):2.

"Women Postal Workers Can Marry." *China at War* 8, no. 4(April 1942):51-52.

《武汉女界趣谈录》,《申报》,1912 年 10 月 14 日。

《宪法讨论中之一函》,《大公报》,1921 年 5 月 5 日。

《小说》,《申报》,1912 年 9 月 3 日。

《新时代，新使命，新妇女》，《新妇女》，1947 年 3 月，第 4 页。

《选举权可与编发习惯相决战》，《申报》，1912 年 11 月 4 日。

《学界宜速设法以保全女学之命运》，《中国日报》，1907 年 10 月 10 日。

《续记粤女界之参政运动》，《申报》，1921 年 4 月 5 日。

《延安妇女界宪政促进会告边区妹妹书》，《中国妇女》，第 1 卷 9 期（1940 年 3 月 8 日），第 12—13 页。

《延安妇女界宪政促进会告边区妹妹书》，《中国妇女》，第 1 卷 9 期（1940 年 3 月 8 日）。

《延安妇女界宪政促进会之蒋议长电》，《中国妇女》，第 1 卷 9 期（1940 年 3 月 8 日），第 2 页。

《延安妇女界宪政促进会至宋美龄先生函》，《中国妇女》，第 1 卷 9 期（1940 年 3 月 8 日），第 14—15 页。

《延安妇女界宪政促进会之宋庆龄、何香凝先生函》，《中国妇女》，第 1 卷第 9 期（1940 年 3 月 8 日），第 13—14 页。

《扬州通信》，《申报》，1912 年 1 月 31 日。

《要求参政之怪剧》，《申报》，1912 年 12 月 1 日、4 日。

《要求女子参政权之武力》，《时报》，1912 年 3 月 23 日。

《要求女子参政权之撰文》，《申报》，1913 年 5 月 24 日。

《遗产制度和男女平等》，《申报》，1921 年 3 月 5 日。

《英国国会第一女议员》，《申报》，1920 年 2 月 1 日。

《英国男女之政权》，《申报》，1912 年 4 月 21 日。

《英国女子选举权发达》，《妇女共鸣》，第 6 期（1929 年），第 40 页。

《有女子唐群英》，《民立报》，1912 年 3 月 31 日。

《粤女代议士重争参政》，《申报》，1912 年 10 月 10 日。

《粤女界二次大会记》，《民立报》，1920 年 1 月 15 日。

《粤女界联合会之进行》，《民国日报》，1920 年 1 月 27 日。

《粤女界之排妾会议》，《民国日报》，1920 年 1 月 31 日。

《粤女子参政运动成功》，《大公报》，1921 年 5 月 20 日。

《粤省女代议师力争女子参政权》，《申报》，1912 年 9 月 28 日。

《粤议会否决女子参政权态度》，《申报》，1912 年 11 月 17 日。

《再询省议员殴伤女代表案》，《劳动与妇女》，第 11 期（1921 年 4 月 24 日），第 4 页。

《浙江女子争参与制宪权》，《申报》，1921 年 8 月 22 日。

《浙江省宪法实行法》，收于缪全吉编：《中国制宪史资料汇编》，台北："国史馆"，1989 年，第 724 页。

《治安警察条例》，《政府公报》，第 653 期（1914 年 3 月 3 日）。

《支那女子之爱国心》,《湖北学生界》,第 3 期(1903 年 3 月),第 65—67 页。

《中共中央妇女委员会工作报告(节录)》,收于《中国妇女运动历史资料,1921—1927》,中华全国妇女联合会编,北京:春秋出版社,第 697 页。

《中国妇女与国际妇女节》,《民国日报》,1931 年 3 月 9 日。

《中国妇人会章程》,《中国新女界杂志》,第 3 期(1907 年),第 107—114 页。

《中国共产第二次全国代表大会关于妇女运动的决议》,收于中华全国妇女联合会编:《中国妇女运动历史资料,1921—1927》,北京:春秋出版社,29—31 页。

《中国共产党第三次全国代表大会关于妇女运动决议案》,收于中华全国妇女联合会编:《中国妇女运动历史资料,1921—1927》,北京:春秋出版社,第 66—68 页。

《中国共产党第三次中央扩大执行委员会关于妇女运动决议案》,收于中华全国妇女联合会编:《中国妇女运动历史资料,1921—1927》,北京:春秋出版社,第 475—478 页。

《中国共产党第四全国代表大会对于妇女运动的议决案》,收于中华全国妇女联合会编:《中国妇女运动历史资料,1921—1927》,北京:春秋出版社,第 281 页。

《中国共产党妇女部关于中国妇女运动的报告(节录)》,收于中华全国妇女联合会编:《中国妇女运动历史资料,1921—1927》,北京:春秋出版社,第 168—86 页。

《中国国民党会议》,《申报》,1912 年 9 月 9 日。

《中国留日女学生会章程》,《中国新女界杂志》,第 2 期(1907 年),第 76—81 页。

《中国女界二次国民会》,《申报》,1920 年 1 月 5 日。

《中国女权运动的先驱——唐群英》,《人物》,第 4 期(1992 年),第 82—90 页。

《中国新女界杂志发刊词》,《中国新女界杂志》,第 1 期(1907 年),第 2 页。

《中华民国女界代表要求参政权讲演书》,《盛京时报》,1912 年 3 月 12 日。

《中华女子国民军发起人》,《民立报》,1912 年 1 月 11 日。

《中华女子国民军全队》,《民立报》,1912 年 1 月 10 日。

《自由谈》,《申报》,1912 年 9 月 4 日。

《自由谈》,《申报》,1912 年 12 月 26 日。

《昨日之省议会事迹》,《广东群报》,1921 年 2 月 20 日。

有作者署名的资料:

Au Chi Kin. "Wu Zhiying. " In *BDQP*, 236 - 238.

——"Yan Bin. " In *BDQP*, 258 - 261.

——"Zhang Zhujun. " In *BDQP*, 310 - 313.

Backus Rankin, Mary. "The Emergence of Women at the End of the Ch'ing: The Case of Chiu Chin. " In *Women in Chinese Society*, edited by Margery Wolf and Roxane Witke, 39 - 66. Stanford, CA: Stanford University Press, 1975.

Bailey, Paul J. *Gender and Education in China : Gender discourses and women's schooling in the early twentieth century*. London: Routledge, 2007.

Banaszak, Lee Ann. *Why Movements Succeed or Fail: Opportunity, Culture and the Struggle for Woman Suffrage*. Princeton, NJ: Princeton University Press, 1996.

Barlow, Tani. *The Question of Women in Chinese Feminism*. Durham, NC: Duke University Press, 2004.

——"Theorizing Woman: Funü, Guojia, Jiating (Chinese women, Chinese state, Chinese family)." In *Feminism and History*, edited by Joan Wallach Scott, 48–75. Oxford: Oxford University Press, 1996.

Beahan, Charlotte, L. "Feminism and Nationalism in the Chinese Women's Press, 1902–1911." *Modern China* 1, no. 4(October 1975):379–416.

——"The Women's Movement and Nationalism in Late Ch'ing China." PhD diss., Columbia University, 1976.

北京市妇女联合会主编：《北京女杰》，北京：北京出版社，1985 年。

Bernhardt, Kathryn. *Women and Property in China, 960–1949*. Stanford, CA: Stanford University Press, 1999.

Bianco, Lucien. "Peasant Responses to CCP Mobilization Politics, 1937–1945." In *New Perspectives on the Chinese Communist Revolution*, edited by Tony Saich and Hans van de Ven, 175–191. Armonk, NY: M. E. Sharpe, 1995.

Blackburn, Susan. "Winning the Vote for Women in Indonesia." *Australian Feminist Studies*, no. 14(1999):207–218.

——"Women's Suffrage and Democracy in Indonesia." In *Women's Suffrage in Asia: Gender, Nationalism and Democracy*, edited by Louise Edwards and Mina Roces, 79–105. London: RoutledgeCurzon, 2004.

Bock, Gisela, and Susan James, eds. *Beyond Equality and Difference: Citizenship, Feminist Politics and Female Subjectivity*. London: Routledge, 1992.

Borthwick, Sally. "Changing Concepts of the Role of Women from the Late Qing to the May Fourth Period." In *Ideal and Reality: Social and Political Change in Modern China, 1860–1949*, edited by David Pong and Edmund S. K. Fung, 63–91. Lanham, MD: University Press of America, 1985.

蔡元培：《各团体请废止治安警察条例》，《晨报》，1922 年 10 月 15 日。

Catt, Carrie Chapman. "The New China: She Sits in the Gallery and Looks Down on China's Ten Women Legislators, Who Had Been Called a Myth." *Woman's Journal*(5 October 1912):314–315.

Chen Chih-mai. "The Post-War Government of China." *Journal of Politics* 9 (1947):503–521.

陈独秀:《陈独秀先生在女界联合会演词》,《广东群报》,1921 年 1 月 31 日、2 月 1 日。

——《妇女问题与社会主义》,《广东群报》,1921 年 1 月 30 日,收于中华全国妇女联合会妇女运动历史研究室编:《五四时期妇女问题文选》,第 99—105 页,香港:三联;北京:生活・读书・新知,1981 年。

——"The Woman Question and Socialism." *Chinese Studies in History* 31, no. 2(Winter 1997‑1998):90‑93.

陈唤兴:《女子参政之讨论—陈唤兴女士来函》,《民立报》,1912 年 3 月 26 日。

陈江滔:《今后我国妇女应有之政法权》,《妇女杂志》,第 13 卷(1927 年第 10 期),第 1—3 页。

陈为清(Chen Wenqing 音译):《中国政治与女子参政》,《妇女周报》,1924 年 5 月 28 日。

Chen Xiefen. "Crisis in the Women's World." Translated by Jennifer Carpenter. In *Writing Women in Modern China : An Anthology of Women's Literature from the Early Twentieth Century*, edited by Amy D. Dooling and Kristina M. Torgeson, 83‑86. New York: Columbia University Press, 1998.

陈撷芬:《独立篇》,《女学报》,第 1 期(1903),第 43 页。

——《女界可危》,《中国日报》,第 26 期,1904 年 4 月 27 日。

陈彦安:《劝女子留学说》,《江苏》,第 3 期(1903 年),第 155—156 页。

陈荫萱:《男女平等与夫妻财产制的问题》,《女子月刊》,第 1 卷第 6 期(1933 年),第 33—40 页。

Cheng, Eileen J. "Gendered Spectacles: Lu Xun on Gazing at Women and Other Pleasures." *Modern Chinese Literature and Culture* 16, no. 1(Spring 2004):1‑36.

Cheng Weikun. "Going Public Through Education: Female Reformers and Girls' Schools in Late Qing Beijing." *Late Imperial China* 21, no. 1(June 2000):107‑144.

程希洛:《不主张女子参政》,《大公报》,1921 年 5 月 16 日。

Chiang Yung-ching. "Hu Han-min's Ideas on Women's Rights and His Achievements." *Chinese Studies in History*(Summer 1977):34‑72.

Ch'ien Tuan-sheng. *The Government and Politics of China*, 1912‑1949. 1950. Reprint, Stanford, CA: Stanford University Press, 1970.

——"War-Time Government in China." *American Political Science Review*, no. 5(October 1942):850‑872.

China Handbook, 1937‑1945. New York: Macmillan, 1947.

Chou Bih-er, Cal Clark, and Janet Clark. *Women in Taiwan Politics*. Boulder, CO: Lynne Rienner, 1990.

Chow Kai Wing. "Chen Xiefen." In BDQP, 21‑23.

Chow Tse-tsung. *The May Fourth Movement : Intellectual Revolution in Modern China*. Stanford, CA: Stanford University Press, 1960.

春秀:《选举浅说》,《正宗爱国报》,1912 年 12 月 6 日至 7 日。

初我(丁初我):《女子家庭革命说》,《女子世界》,第 4 期(1904 年),第 2 页。

Chuzo Ichiko. "Political and Institutional Reform, 1901 – 1911." In *The Cambridge History of China*. Vol. 11, edited by Denis Twitchett and John K. Fairbank, 375 – 415. Cambridge, UK: Cambridge University Press, 1980.

雌剑:《女国民》,《中国新女界杂志》,第 5 期(1907 年),第 121 页。

Coble, Parks M. *Facing Japan : Chinese Politics and Japanese Imperialism, 1931 – 1937*. Cambridge, MA: Harvard University Asia Center, 1991.

——"The National Salvation Association as a Political Party." In *Roads Not Taken : The Struggle of Opposition Parties in Twentieth-Century China*, edited by Roger B. Jeans, 135 – 147. Boulder, CO: Westview, 1992.

Collins, L. E. "The New Women: A Psychohistorical Study of the Chinese Feminist Movement from 1900 to the Present." PhD diss., Yale University, 1976.

Cott, Nancy F. "Early Twentieth-Century Feminism in Political Context: A Comparative Look at Germany and the United States." In *Suffrage and Beyond : International Feminist Perspectives*, edited by Caroline Daley and Melanie Nolan, 234 – 251. Auckland: Auckland University Press, 1994.

Croll, Elisabeth. *Changing Identities of Chinese Women : Rhetoric, Experience and Self-Perception in Twentieth Century China*. London: Zed Books, 1995.

——*Feminism and Socialism in China*. London: Routledge & Kegan Paul, 1978.

Crook, Isobel, and David Crook. *Revolution in a Chinese Village : Ten Mile Inn*. 1959. Reprint, London: Routledge & Kegan Paul, 1979.

Davin, Delia. "Women in the Liberated Areas." In *Women in China : Studies in Social Change and Feminism*, edited by Marilyn B. Young, 73 – 91. Ann Arbor: Center for Chinese Studies, University of Michigan, 1973.

邓颖超:《略谈妇女与参政》,《妇女新运》,第 5 卷 3 期(1943 年),收于中华全国妇女联合会编:《蔡畅、邓颖超、康克清妇女解放问题文选,1938—1987》,第 80—81 页,北京:人民出版社,1988 年。

第一女子师范第八班全体同学公启:《致省宪审查员程希洛书》,《大公报》,1921 年 5 月 28 日。

第一女师第七班:《致程希洛书》(复程希洛),《大公报》,1921 年 5 月 18 日。

Diamond, Norma. "Women Under Kuomintang Rule: Variations on the Feminine Mystique." *Modern China* 1, no. 1(January 1975):3 – 45.

Dikötter, Frank. *The Age of Openness : China Before Mao.* Hong Kong: Hong Kong University Press, 2008.

丁初我(见初我)。

Ding Ling. "Thoughts on March 8." In *I Myself Am a Woman : Selected Writings of Ding Ling*, edited by Tani E. Barlow with Gary J. Bjorge, 316 - 321. Boston: Beacon Press, 1989.

Dirlik, Arif. "The Ideological Foundations of the New Life Movement: A Study in Counterrevolution," *Journal of Asian Studies* 34, no. 4(August 1975): 945 - 980.

Dong, Madeleine Yue. "Unofficial History and Gender Boundary Crossing in the Early Republic: Shen Peizhen and Xiaofengxian. " In *Gender in Motion : Divisions of Labor and Cultural Change in Late Imperial and Modern China*, edited by Bryna Goodman and Wendy Larson, 169 - 189. Lanham, MD: Rowman & Littlefield, 2005.

Dooling, Amy D., and Kristina M. Torgeson, eds. *Writing Women in Modern China : An Anthology of Women's Literature from the Early Twentieth Century.* New York: Columbia University Press, 1998.

Dorr, Rheta Childe. "April 26th Hearing before the Senate Suffrage Committee. " *Suffragist*(28 April 1917): 9.

DuBois, Ellen Carol. *Feminism and Suffrage : The Emergence of an Independent Women's Movement in America*, 1848 - 1869 . 1978. Reprint, Ithaca, NY: Cornell University Press, 1980.

——"Woman Suffrage Around the World: Three Phases of Suffragist Internationalism. " In *Suffrage and Beyond : International Feminist Perspectives*, edited by Caroline Daley and Melanie Nolan, 252 - 276. Auckland: Auckland University Press, 1994.

——and Robert Cherny, eds. *Woman Suffrage : The View from the Pacific.* Special issue, *Pacific Historical Review* 69, no. 4(November 2000).

独鹤:《戏拟某女士致八大胡同妓界书》,《申报》,1912 年 11 月 22 日。

杜君慧:《妇女问题讲话》,上海:新知书店,1936 年。

钝根:《辫子与选举权之关系》,《申报》,1912 年 10 月 31 日。

——《驳驳女子参政权》,《申报》,1912 年 3 月 18 日。

——《理想电报》,《申报》,1912 年 10 月 16 日。

——《劝沈佩贞女士改名说》,《申报》,1912 年 11 月 24 日。

杜清持:《男女都是一样》,《女子世界》,第 6 期(1904 年),第 13 页。

杜有秋:《男女平权足以救国》,《民立报》,1912 年 6 月 10 日。

Eastman, Lloyd E. *The Abortive Revolution : China under Nationalist Rule*,

1927－1937. Cambridge, MA: Harvard University Press, 1974.

Edwards, Louise. "Chin Sung-ts'en's *A Tocsin for Women*: The Dexterous Merger of Radicalism and Conservatism in Feminism of the Early Twentieth Century." 近代中国妇女史研究(June 1994):117—140。

——"Chinese Women's Campaigns for Suffrage: Nationalism, Confucianism and Political Agency." In *Women's Suffrage in Asia: Gender, Nationalism, Democracy*, edited by Louise Edwards and Mina Roces, 59－78. London: Routledge Curzon, 2004.

——"Constraining Women's Political Work with 'Women's Work': The Chinese Communist Party and Women's Participation in Politics." In *Chinese Women: Living and Working*, edited by Anne E. McLaren, 109－130. London: Routledge Curzon, 2004.

——"Co-opting the Chinese Women's Suffrage Movement for the Fifth Modernisation—Democracy." *Asian Studies Review* 26, no. 1 (September 2002): 285－307.

——"Dressing for Power: Scholars' Robes, School Uniforms and Military Attire in China." In *The Politics of Dress in Asia and the Americas*, edited by Mina Roces and Louise Edwards. Eastbourne, UK: Sussex Academic, 2007.

——"From Gender Equality to Gender Difference: Feminist Campaigns for Quotas for Women in Politics." *Twentieth Century China* 24, no. 2 (April 1999): 69－105.

——"Lin Zongsu." In BDTC, 347－350.

——"Liu Wang Liming." In BDTC, 374－377.

——*Men and Women in Qing China: Gender in the Red Chamber Dream*. Leiden: E. J. Brill, 1988; Honolulu: University of Hawaii Press, 2001.

——"Moving from the Vote into Citizenship: Crafting Chinese Women's Political Citizenship." *Berliner China-Hefte* 29(2005):5－17.

——"Narratives of Race and Nation in China: Women's Suffrage in the Early Twentieth Century." *Women's Studies International Forum* 25, no. 6 (November-December 2002):619－630.

——"Opposition to Women's Suffrage in China: Confronting Modernity in Governance." In *Women in Republican China*, edited by Mechthild Leutner and Nicola Spakowski, 107－128. Münster, Germany: LIT, 2004.

——"Policing the Modern Woman in Republican China." *Modern China* 26, no. 2(April 2000):115－147.

——"Tang Qunying." In BDTC, 504－509.

——"Women in the People's Republic of China: New Challenges to the Grand Gender Narrative." In *Women in Asia : Tradition, Modernity and Globalisation*, edited by Louise Edwards and Mina Roces, 59 - 82. Sydney and Ann Arbor: Allen & Unwin and University of Michigan Press, 2000.

——"Women Warriors and Amazons of the mid Qing Texts *Jinghua yuan* and *Honglou meng*." *Modern Asian Studies* 29, no. 2(1995), 225 - 255.

——"Women's Suffrage in China: Challenging Scholarly Conventions." *Pacific Historical Review* 69, no. 4(November 2000):617 - 639.

——"Wu Yifang." In BDTC, 561 - 564.

——"Zhang Mojun." In BDTC, 685 - 688.

——《战争对现代中国妇女参政运动的影响:"危机女性"的问题》,收于王政、陈雁编:《百年中国女权思潮研究》,第 220—226 页,上海:复旦大学,2005 年。

——And Mina Roces, eds., *Women's Suffrage in Asia : Gender, Nationalism and Democracy*(London: RoutledgeCurzon, 2004).

Elvin, Mark. "Female Virtue and the State." *Past and Present*, no. 104 (August 1984):110 - 152.

Esherick, Joseph W. *Reform and Revolution in China : The 1911 Revolution in Hunan and Hubei*. Berkeley: University of California Press, 1976.

——"War and Revolution: Chinese Society during the 1940s." *Twentieth Century China* 27, no. 1(November 2001):1 - 37.

Evans, Richard J. *Comrades and Sisters : Feminism, Socialism and Pacificism in Europe, 1870 - 1945*. Sussex: Wheatsheaf Books; New York: St. Martin's Press, 1987.

——*The Feminists*. London: Croom Helm, 1977.

Fairbank, John King. *The Great Chinese Revolution, 1800 - 1985*. New York: Harper & Row, 1986.

方君笋:《兴女学以复女权说》,《江苏》,第 3 期(1903 年),第 157 页。

方炎武:《十年来的妇女参政权》,《新女性》,第 4 卷(1929 年 10 月),第 1271—1277 页;1929 年 11 月,第 1385—1394 页。

冯飞:《女性论》,上海:中华书局,1923 年。

Fincher, John. *Chinese Democracy : The Self-Government Movement in Local, Provincial and National Politics, 1905 - 1914*. London: Croom Helm; Canberra: ANU Press, 1981.

Finnane, Antonia. "What Should Chinese Women Wear? A National Problem." *Modern China* 22, no. 2(April 1996):99 - 131.

Fitzgerald, John. *Awakening China : Politics, Culture, and Class in the*

Nationalist Revolution. Stanford, CA: Stanford University Press, 1996.

——"The Origins of the Illiberal Party Newspaper: Print Journalism in China's Nationalist Revolution." *Republican China* 21, no. 2(April 1996):1 – 22.

Fletcher, Ian, Nym Mayhall, and Philippa Levine, eds. *Women's Suffrage in the British Empire*. London: Routledge, 2000.

佛哉:《女国民》,《女子世界》,第 6 期(1907 年 7 月),收于夏晓虹编:《〈女子世界〉文选》,第 334—335 页,贵阳:贵阳教育出版社,2003 年。

Fung, Edmund S. K. *The Military Dimension of the Chinese Revolution: The New Army and Its Role in the Revolution of 1911*. Canberra: Australian National University Press, 1980.

——"Recent Scholarship on the Minor Parties and Groups in Republican China." *Modern China* 20, no. 4(October 1994):478 – 508.

——*In Search of Chinese Democracy: Civil Opposition in Nationalist China, 1929 – 1949*. Cambridge, UK: Cambridge University Press, 2000.

妇女词典编写组编:《妇女词典》,北京:求是出版社,1990 年。

浮萍:《中国妇女参政运动之我见》,《妇女共鸣》,第 20 期(1930 年),第 23—26 页。

Gamble, Sidney. *North China Villages: Social, Political and Economic Activities before 1933*. Berkeley: University of California Press, 1963.

高魁祥、申建国编:《中华古今女界谱》,北京:中华社会出版社,1991 年。

Gerth, Karl. *China Made: Consuming Culture and the Creation of a Nation*. Cambridge, MA: Harvard University Asia Center, 2003.

Gilmartin, Christina K. *Engendering the Chinese Revolution: Radical Women, Communist Politics and Mass Movements in the 1920s*. Berkeley: University of California Press, 1995.

——"Gender in the Formation of a Communist Body Politic." *Modern China* 19, no. 3(July 1993):299 – 329.

——"Gender, Political Culture, and Women's Mobilization in the Chinese Nationalist Revolution, 1924 – 1927." In *Engendering China: Women, Culture and the State*. Edited by Christina K. Gilmartin, Gail Hershatter, Lisa Rofel, and Tyrene White, 195 – 225. Cambridge, MA: Harvard University Press, 1994.

——"The Politics of Gender in the Making of the Party." In *New Perspectives on the Chinese Communist Revolution*, edited by Tony Saich and Hans van de Ven, 33 – 55. Armonk, NY: M. E. Sharpe, 1995.

Gipoulon, Catherine. "The Emergence of Women in Politics in China, 1898 – 1927." *Chinese Studies in History*(Winter 1989 – 1990):46 – 67.

——"Integrating the Feminist and Worker's Movement: The Case of Xiang Jingyu. " *Republican China* 10(November 1994):29 - 41.

Glosser, Susan. *Chinese Visions of Family and State, 1915 - 1953*. Berkeley: University of California Press, 2003.

Goodman, Bryna. "The Vocational Woman and the Elusiveness of 'Personhood' in Early Republican China. " In *Gender in Motion: Divisions of Labor and Cultural Change in Late Imperial and Modern China*, edited by Bryna Goodman and Wendy Larson, 265 - 286. Lanham, MD: Rowman & Littlefield, 2005.

Goodman, David S. G. "Resistance and Revolution, Religion, and Rebellion: The Sixth Trigram Movement in Licheng, 1939 - 1942. " In *North China at War: The Social Ecology of Revolution, 1937 - 1945*, edited by Feng Chongyi and David S. G. Goodman, 131 - 154. Lanham, MD: Rowman & Littlefield, 2000.

——"Revolutionary Women and Women in the Revolution: The Chinese Communist Party and Women in the War of Resistance to Japan, 1937 - 1945. " *China Quarterly*, no. 164(December 2000):915 - 942.

——*Social and Political Change in Revolutionary China: The Taihang Base Area in the War of Resistance to Japan, 1937 - 1945*. Lanham, MD: Rowman & Littlefield, 2000.

Grimshaw, Patricia. "Gender, Citizenship and Race in the Women's Christian Temperance Union of Australia, 1890 to the 1930s. " *Australian Feminist Studies* 13, no. 28(1998):199 - 214.

——"Settler Anxieties, Indigenous Peoples and Women's Suffrage in the Colonies of Australia, New Zealand and Hawai'i, 1888 - 1902. " *Pacific Historical Review* 69, no. 4(November 2000):553 - 572.

——"A White Woman's Suffrage. " In *A Woman's Constitution? Gender and History in the Australian Commonwealth*, edited by Helen Irving, 77 - 97. Sydney: Hale & Iremonger, 1998.

——*Women's Suffrage in New Zealand*. 1972. Reprint, Auckland: Auckland University Press and Oxford University Press, 1987.

Groot, Gerry. *Managing Transitions: The Chinese Communist Party, United Front Work, Corporatism and Hegemony*. London: Routledge, 2004.

广东省妇女运动历史资料编纂委员会编:《广东妇女运动历史资料》(第三卷),广东:广东省档案馆,1991 年。

《国民参政会史料》,台北:"国民参政会"在台历届参政员联谊会,1962 年。

郭卫编:《中华民国宪法史料》,收于沈云龙编:《近代中国史料丛刊》第 88 卷,1947 年重印,台北:文海出版社,1973 年。

孤慎：《女子参政问题》，《时报》，1912 年 3 月 24 日。

哈斯京：《美国妇女之选举权》，《妇女时报》，第 7 期(1912 年)，第 1—8 页。

Hahner. J. E. *Emancipating the Female Sex：The Struggle for Women's Rights in Brazil*. Durham, NC：Duke University Press, 1990.

韩小萍、祝伟坡：《辛亥革命与妇女运动》，《河北师范大学学报(哲学社会科学版)》，第 4 期(1992 年)，第 58—61、66 页。

何香凝：《警告我同胞姐妹》，《江苏》，第 4 期(1903 年)，第 144—145 页。

Hershatter, Gail. *Dangerous Pleasures：Prostitution and Modernity in Twentieth-Century Shanghai*. Berkeley：University of California Press, 1999.

——*The Workers of Tianjin，1900‐1949*. Stanford, CA：Stanford University Press, 1986.

何震：见(震述)。

Hinton, William. *Fanshen：A Documentary of Revolution in a Chinese Village*. 1966. Reprint, New York：Monthly Review Press, 1967.

Ho, Clara Wing-chung, ed.（BDQP）*Biographical Dictionary of Chinese Women：The Qing Period，1644‐1911*. Armonk, NY：M. E. Sharpe, 1998.

Holton, Sandra Stanley. "The Making of Suffrage History." In *Votes for Women*, edited by June Purvis and Sandra Stanley Holton, 13‐33. London：Routledge, 2000.

Honig, Emily. *Sisters and Strangers：Women in the Shanghai Cotton Mills，1919‐1949*. Stanford, CA：Stanford University Press, 1986.

Howell, Jude. "Women's Political Participation in China." *Parliamentary Affairs* 55(2002)：43‐56.

黄碧魂：《我对于女子参政的感想》，《劳动与妇女》，第 11 期(1921 年 4 月 24 日)，第 2 页。

黄嘉德：《新女型》，上海：上海良友图社，1936 年。

Huang, Philip C. C. "Women's Choices under the Law：Marriage, Divorce and Illicit Sex in the Qing and Republic." *Modern China* 27, no. 1(January 2001)：3‐58.

胡彬(夏)：《论中国之衰弱女子不得辞其罪》，《江苏》，第 3 期(1903 年)，第 156—157 页。

胡彬夏：《祝共爱会之前途》，《江苏》，第 6 期(1903 年)，第 162—163 页。

Hu Chi-hsi. "The Sexual Revolution in the Kiangsi Soviet." *China Quarterly*, no. 59(1974)：477‐490.

Hu Ying. "Writing Qiu Jin's Life：Wu Zhiying and Her Family Learning." *Late Imperial China* 25, no. 4(December 2004)：119‐160.

Issacs, Harold R. *The Tragedy of the Chinese Revolution*. 2nd rev. ed. 1938.

Reprint，Stanford，CA：Stanford University Press，1961.

Jayawardena，Kumari. *Feminism and Nationalism in the Third World*. London：Zed，1985.

江纫兰：《说女子参政之理由》，《妇女时报》，第 8 期(1912 年)，第 1—5 页。

蒋石洲：《学灯：评女子参政运动》，《时事新报》，1922 年 8 月 15 日。

蒋晓光：《中国妇女运动之史志观察》第 30 期(1930 年)，第 23—26 页。

蒋兆骧：《驳陈希洛君的不主张女子参政》，《大公报》，1921 年 5 月 19 日，第 18—19 页。

蒋作宾：《谨祝神州女报》，第 2 期(1912 年)，第 1—3 页。

寄洪：《新宪法应确定妇女的权利》，《妇女生活》，第 4 卷 11 期(1937 年 6 月 16 日)，第 5—6 页。

计荣编：《中国妇女运动史》，长沙：湖南出版社，1992 年。

纪欣：《女人与政治：90 年代妇女参政运动》，台北：女书文化事业有限公司，2000 年。

金石音：《参政运动是妇女解放的先锋》，《妇女共鸣》，第 11 期(1929 年)，第 10 页。

金松岑：《女界钟》，上海：大同书局，1903 年。

——《女界钟》，陈雁编，1903 年，上海：古籍出版社重印，2003 年再版。

金一(金松岑)：《女子世界发刊词》，收于夏晓虹编：《〈女子世界〉文选》，第 55—56 页，贵阳：贵阳教育出版社，2003 年。

金仲华：《从家庭到政治》，《妇女杂志》，第 17 卷第 5 期(1931 年)，第 2—13 页。

——《妇女问题》，上海：商务印书馆，1933 年。

景宋(许广平)：《新广东的新女性》，《新女性》第一卷，12 期(1926 年)，第 885—889 页。

警予(见向警予)。

金陵女子大学生：《世界妇女的先导》，上海：1934 年。

九思：《论自重》，《女子世界》，第 6 期(1904)，第 9—11 页。

Johnson，Kay Ann. *Women，the Family and Peasant Revolution in China*. Chicago：University of Chicago Press，1983.

Judd，Ellen R. *The Chinese Women's Movement：Between State and Market*. Stanford，CA：Stanford University Press，2002.

Judge，Joan. "Citizens or Mothers of Citizens? Gender and the Meaning of Modern Chinese Citizenship." In *Changing Meanings of Citizenship in Modern China*，edited by Merle Goldman and Elizabeth J. Perry，23 - 43. Cambridge，MA：Harvard University Press，2002.

——"The Factional Function of Print：Liang Qichao，*Shibao* and the Fissures in the Late Qing Reform Movement." *Late Imperial China* 16, no. 1 (June 1995): 120 - 140.

——"Talent, Virtue, and the Nation: Chinese Nationalisms and Female Subjectivities in the Early Twentieth Century." *American Historical Review* 106, no. 3(2001):765 - 803.

开云:《参议院之黑暗》,《女子白话报》,第 3 期(1912 年),第 25—29 页。

Kent, Susan Kingsley. *Sex and Suffrage in Britain, 1860 - 1914*. Princeton, NJ: Princeton University Press, 1987.

Kiely, Jan. "Third Force Periodicals in China, 1928 - 1949." *Republican China* 21, no. 1(1995):129 - 168.

Ko, Dorothy. *Teachers of the Inner Chambers: Women and Culture in China, 1573 - 1722*. Stanford, CA: Stanford University Press, 1994.

空海:《对于女子参政权之怀疑》,《民立报》,1912 年 2 月 28 日。

——《复杨季威女士函》,《民立报》,1912 年 3 月 5 日。

Lam Hok-chung. "Zhang Hanying." In *BDQP*, 289 - 293.

劳泽人:《中国妇女运动的将来》,《妇女杂志》,第 7 卷第 9 期(1921 年),第 7—10 页。

Larson, Wendy. *Women and Writing in Modern China*. Stanford, CA: Stanford University Press, 1998.

Lee, Bernice J. "The Change in the Legal Status of Chinese Women in Civil Matters from Traditional Law to the Republican Civil Code." PhD diss., University of Sydney, 1975.

Lee, Lily. *Women of the Long March*. Sydney: Allen & Unwin, 1999.

——, ed. *Biographical Dictionary of Chinese Women: The Twentieth Century, 1912 - 2000*. Armonk, NY: M. E. Sharpe, 2003.

——, ed. *Biographical Dictionary of Chinese Women: Antiquity to the Sui Dynasty*. Armonk, NY: M. E. Sharpe, 2007.

Lee Kam Keung. "Fang Junying." In *BDQP*, 34 - 37.

Li Chien-nung. *The Political History of China, 1840 - 1928*. Princeton, NJ: Van Nostrand, 1956.

李大钊:《李大钊君讲演女权运动》,《汇声日报》,1923 年 2 月 5 日,收于中华全国妇女联合会编:《中国妇女运动历史资料,1921—1927》,北京:人民出版社,1986 年。

——"The Postwar Woman Question." Translated by H. R. Lan and V. Fong, *Chinese Studies in History* 31, no. 2(Winter 1997 - 1998):17 - 23. First published as "Zhanhou zhi furen wenti." *Xin qingnian* 6, no. 2(15 February 1919):141 - 147.

——《战后之妇人问题》,《新青年》,第6卷第2期(1919年2月15日),第141—147页。

李汉军:《妇女之过去与将来》,上海:商务印书馆,1921年。

李六如:《妇女解放三大问题》,《大公报》,1921年5月14—17日。

(李)罗啸如:《妇女与行宪》,《新妇女》,第13期(1948年4月),第4页。

立三:《心直口快》,《申报》,1912年10月18日。

Li Xiaojiang. "Economic Reform and the Awakening of Women's Consciousness." Translated by S. Katherine Campbell. In *Engendering China: Women, Culture and the State*, edited by Christina K. Gilmartin, Gail Hershatter, Lisa Rofel, and Tyrene White, 360 - 384. Cambridge, MA: Harvard University Press, 1994.

李雪荔:《民主、独裁、法治、人治》,《新妇女》,第15期(1948年6月),第4页。

Li Yu-ning. "Hsu Tsung-han: Tradition and Revolution." *Republican China* 10, no. 1a(November 1984):13 - 27.

李又宁:《女界钟与中华女性的现代化》,中央研究院近代史研究所编:《近世家族与政治比较历史论文集》,台北:近代历史研究所,1992年。

——"Sun Yat-sen and Women's Transformation." *Chinese Studies in History* (Summer 1988):58 - 78.

——李又宁:《中国新女界杂志的创刊及内涵》,收于李又宁、张玉法编:《中国妇女史论文集》,第179—241页。台北:商务印书馆,1981年。

李净业:《女子参政之讨论——致江南张纫兰同志书》,《民立报》,1912年3月24日。

李峙山:《"三月八日"与中国妇女的要求》,《新女性》,第3卷3期(1928年),第253—258页。

力子:《女子解放》,《民国日报》,1919年4月9日。

Li Ziyun. "Women's Consciousness and Women's Writing." In *Engendering China: Women, Culture and the State*, edited by Christina K. Gilmartin, Gail Hershatter, Lisa Rofel, and Tyrene White, 299 - 317. Cambridge, MA: Harvard University Press, 1994.

炼石:《本报对于女子国民捐之演说》(第一、二部分),《中国新女界杂志》,第1期(1907年);第2期(1907年),第21—26页。

——《本报五大主义演说》,《中国新女界杂志》,第3期(1907年),第15—26页。

——《女权评议》,《中国新女界杂志》,第1期(1907年),第1—6页。

——《中国新女界杂志发刊词》,《中国新女界杂志》,第1期(1907年),第1—3页。

梁启超:《人权与女权》,《晨报副刊》,1922年11月16日。

林灏：《中国妇女之解放运动》，《女子月刊》，第 1 卷第 8 期（1933 年），第 14—17 页。

林维红：《同盟会时代女革命志士的活动》，收于李又宁、张玉法编：《中国妇女史论文集》，第 129—178 页，台北：商务印书馆，1981 年。

林文琪：《妇女参政开步走》，《妇女杂志》，第 11 期（1991 年）。

林曦：《国民会议后：女子参政的准备》，《民国日报》，1931 年 5 月 25 日。

林宗素：《林女士序》，收于金松岑：《女界钟》，第 1—3 页，上海：大同书局，1903 年。

——《女子参政同志会会员林宗素宣言》，《天铎报》，1912 年 1 月 23—24 日。

——《女子参政同志会宣言书》，《妇女时报》，第 5 期（1912 年），第 17—19 页。

刘光华：《我的母亲刘王立明》，《人物》，第 6 期（1981 年），第 143—149 页。

刘衡静：《妇女问题文集》（一册），南京：妇女月刊社，1947 年。

刘巨才：《中国近代妇女运动史》，北京：中国妇女出版社，1989 年。

刘千俊：《我对于省宪法的意见》，《大公报》，1921 年 5 月 22 日。

刘王立明：《中国妇女运动》第一册，上海：商务印书馆，1934 年。

Lötveit, Trygve. *Chinese Communism, 1931 - 1934: Experience in Civil Government.* Lund: Scandinavian Institute of Asian Studies, Monograph no. 16, 1973.

Louie, Kam. *Theorising Chinese Masculinity: Society and Gender in China.* Cambridge, UK: Cambridge University Press, 2002.

栾雪飞：《何香凝与中国共产党》，《东北师大学报哲社版》，第 4 期（1992 年），第 6—21 页。

吕芳上：《抗战时期中国的妇女运动作》，收于李又宁、张玉法编：《中国妇女史论文集》，第 378—412 页，台北：商务印书馆，1981 年。

吕美颐、郑永福：《中国妇女运动 1840—1921》，郑州：河南人民出版社，1991 年。

罗家伦：《妇女解放》，《新潮》，第 2 卷第 1 期（1919 年），第 1—10 页。

罗琼：《参政运动在妇女解放运动中的地位》，《妇女生活》，第 4 卷第 11 期（1937 年 6 月 16 日），第 3—4 页。

罗燕斌（见燕斌）。

陆守贞：《论女子应有选举权》，《妇女时报》，第 5 期（1911 年），第 13—14 页。

Lu Xun. "My Views on Chastity." Translated by Yang Xianyi and Gladys Yang. In *Lu Xun: Selected Works.* Vol. 2, 13 - 25. 1918. Reprint, Beijing: Foreign Languages Press, 1980.

鲁迅：《我之节烈观》，杨宪益、戴乃迭译，收于《鲁迅选集》第二卷，第 13—25 页，北京：外国语出版社，1980 年再版。

马更存：《中国近代妇女史》，青岛：青岛出版社，1995 年。

Mackie, Vera. *Creating Socialist Women in Japan : Gender, Labour and Activism, 1900 - 1937*. Cambridge, UK: Cambridge University Press, 1997.

MacKinnon, Stephen. "Refugee Flight at the Outset of the Anti-Japanese War." In *Scars of War : The Impact of Warfare on Modern China*, edited by Diana Lary and Stephen MacKinnon, 118 - 135. Vancouver: University of British Columbia Press, 2001.

Mann, Susan. *Precious Records : Women in China's Long Eighteenth Century*. Stanford, CA: Stanford University Press, 1997.

——"Widows in the Kinship, Class and Community Structures of Qing Dynasty China." *Journal of Asian Studies* 46, no. 1(1987):37 - 55.

茅盾 （见沈雁冰）。

Martin, Dorothea A. L., ed. "Qiu Jin: A Female Knight-Errant, a True Woman Warrior." Special issue, *Chinese Studies in History* 34, no. 2(Winter 2000 - 2001).

Marwick, Arthur. *The Deluge : British Society and the First World War*. 1965. Reprint, London: Macmillan, 1975.

Matsukawa, Yukiko, and Kaoru Tachi. "Women's Suffrage and Gender Politics in Japan." In *Suffrage and Beyond : International Feminist Perspectives*, edited by Caroline Daley and Melanie Nolan, 171 - 183. Auckland: Auckland University Press, 1994.

Mazur, Mary G. "Intellectual Activism in China during the 1940s: Wu Han in the United Front and the Democratic League." *China Quarterly*, no. 133 (March 1993):27 - 55.

McElderry, Andrea. "Woman Revolutionary: Xiang Jingyu." *China Quarterly*, no. 105(March 1986):95 - 122.

Mei Ju-ao. "On the Eve of Constituional Government in China." *T'ien Hsia Monthly* 2, no. 5(May 1936):443 - 453.

Meng, C. Y. W. "Fight for 'Sex Equality' in China." *China Weekly Review*(24 November 1934):432.

梦幻:《论女子要求参政权之怪象》,《大公报》,1912 年 3 月 30 日。

——《文评二》,《大公报》,1912 年 4 月 1 日。

缪全吉编:《中国制宪史资料汇编》,台北:"国史馆",1989 年。

Mill, J. S. *On the Subjection of Women*(1869). Rpt. in Ann P. Robson and John M. Robson(eds), *Sexual equality : Writing by John Stuart Mill, Harriet Taylor Mill and Helen Taylor*, pp. 305 - 400. Toronto: Toronto University Press, 1994.

Min Jia-yin, et al., eds. *The Chalice and the Blade in Chinese Culture : Gender Relations and Social Models*. Beijing: China Social Sciences Publishing House, 1995.

闵家胤等编:《阳刚与阴柔的变奏两性关系和社会模式》,北京:社会科学出版社,1995 年。

明养:《外人眼光之中国妇女革新运动》,《妇女杂志》,第 13 卷第 12 期(1927 年),第 7—11 页。

Mittler, Barbara. *A Newspaper for China ? Power, Identity, and Change in Shanghai's News Media, 1872 - 1912*. Cambridge, MA: Havard University Asia Center, 2004.

Molony, Barbara. "Citizenship and Suffrage in Interwar Japan." In *Women's Suffrage in Asia : Gender, Nationalism and Democracy*, edited by Louise Edwards and Mina Roces, 127 - 151. London: Routledge Curzon, 2004.

莫湮:《今日中国的妇女问题与民主主义》,《妇女生活》,第 4 卷第 11 期(1937 年 6 月 16 日),第 8—9 页。

Nathan, Andrew J. *Chinese Democracy*. New York: Knopf, 1985.

——*Peking Politics, 1918 - 1923*. Berkeley: University of California Press, 1976.

讷斋:《十可》,《申报》,1912 年 3 月 26 日。

Nivard, Jacqueline. "Women and the Women's Press: The Case of *The Ladies' Journal* (Funü zazhi), 1915 - 1931." *Republican China* 10(1984):37 - 55.

Oldfield, Audrey. *Woman Suffrage in Australia : A Gift or a Struggle ?* Cambridge and Melbourne: Cambridge University Press, 1992.

Ono Kazuko. *Chinese Women in a Century of Revolution, 1850 - 1950*, edited by Joshua A. Fogel. Stanford, CA: Stanford University Press, 1989.

欧佩芬:《敬告争选举权之女同胞》,《民立报》,1912 年 6 月 7—8 日。

Paisley, Fiona. "Cultivating Modernity: Culture and Internationalism in Australian Feminism's Pacific Age." *Journal of Women's History* 14, no. 3(Autumn 2002):105 - 132.

Pan Wei-tung. *The Chinese Constitution : A Study of Forty Years of Constitution-making in China*. Washington, DC: Institute of Chinese Culture, 1945.

Pao Tao, Chia-lin. "Ch'iu Chin's Revolutionary Career." *Chinese Studies in History* (Summer 1992):10 - 24.

Pateman, Carole. "Three Questions about Womanhood Suffrage." In *Suffrage and Beyond : International Feminist Perspectives*, edited by Caroline Daley and Melanie Nolan, 331 - 348. Auckland: Auckland University Press, 1994.

Pearson, Gail. "Tradition, Law and the Female Suffrage Movement in India." In *Women's Suffrage in Asia：Gender, Nationalism and Democracy*, edited by Louise Edwards and Mina Roces, 195‑219. London：RoutledgeCurzon, 2004.

佩公：《男女平等的必要》，《中国新女界杂志》，第 2 期（1907 年），第 35—44 页。

Pepper, Suzanne. *Civil War in China：The Political Struggle, 1945‑1949*. Berkeley：University of California Press, 1978.

Perry, Elizabeth J. *Shanghai on Strike：The Politics of Chinese Labor*. Stanford, CA：Stanford University Press, 1993.

平谷：《妇女参政问题》，《妇女杂志》，第 8 卷第 11 期（1922 年），第 6—16 页。

平子：《女子的预备》，《大公报》，1921 年 5 月 5 日。

——《我对于女子参政的希望》，《大公报》，1921 年 6 月 3 日。

Purvis, June, and Sandra Stanley Holton. "Introduction：The Campaigns for Votes for Women." In *Votes for Women*, edited by June Purvis and Sandra Stanley Holton, 1‑12. London：Routledge, 2000.

Pye, E. M. "The Women's Movement in China." *Asiatic Review* 25（1929）：204‑219, cited in Croll, *Feminism and Socialism in China*, London：Routledge & Kegan Paul, 1978.

谦弟：《女性与社会》，上海：光明书局，1929 年。

钱剑秋：《法律上男女平等的原则》，《妇女杂志》，第 14 卷第 4 期（1928 年），第 9—10 页。

——《妇女运动》，收于《中华民国开国五十年史论集》（第二册），台北："国防"，1962 年。

Qian Nanxiu. "Revitalizing the Xianyuan（Worthy Ladies）Tradition：Women in the 1989 Reforms." *Modern China* 29, no. 4（October 2003）：399‑454.

清梦：《对于女子参政之研究》，《妇女时报》，第 8 期（1912 年），第 7—8 页。

秦僅：《国民大会之妇选问题》，《妇女生活》，第 3 卷第 3 期（1936 年 8 月），第 4—6 页。

秋瑾：《敬告姨妹们》（节选），收于郭延礼编：《秋瑾文选》，第 10—13 页，北京：人民文学出版社，1982 年。

——《勉女权歌》，《中国女报》，第 2 期（1907 年），第 48 页。

——《秋瑾集》，上海：上海古籍出版社，1960、1979 年（再版）。

——《中国女报发刊词》，收于郭延礼编：《秋瑾诗文选》，第 3—5 页，北京：人民文学出版社，1982 年。

秋瑾著，郭延礼选注：《秋瑾诗文选》，北京：人民文学出版社，1982 年。

Ramirez, Francisco O., Yasemin Soysal, and Suzanne Shanahan. "The Changing Logic of Political Citizenship：Cross-national Acquisition of Women's Suffrage

Rights，1890 to 1990. " *American Sociological Review* 62，no. 5（October 1997）：735 - 745.

Rendall，Jane. "Citizenship, Culture and Civilisation: The Language of British Suffragists，1866 - 1874. " In *Suffrage and Beyond : International Feminist Perspectives*，edited by Caroline Daley and Melanie Nolan，117 - 150. Auckland: Auckland University Press，1994.

Roces，Mina. "Is the Suffragist an American Colonial Construct? Defining 'the Filipino Woman' in Colonial Philippines. " In *Women's Suffrage in Asia : Gender*，*Nationalism and Democracy*，edited by Louise Edwards and Mina Roces，24 - 59. London: RoutledgeCurzon，2004.

Rosen，Stanley. "Women and Political Participation in China. " *Pacific Affairs* 68，no. 3（1995）：315 - 341.

Rosinger，Lawrence K. *China's Wartime Politics*，*1937 - 1944*. Princeton, NJ: Princeton University Press，1945.

Sapiro，Virginia. "When Are Interests Interesting? The Problem of Political Representation of Women. " *American Political Science Review* 75，no. 3（1981）：701 - 716.

Schwarcz，Vera. *The Chinese Englightenment : Intellectuals and the Legacy of the May Fourth Movement of 1919*. Berkeley: University of California Press，1986.

瑟卢：《对于女子参政运动的舆论和我见》，《妇女杂志》，第 8 卷（1922 年第 11 期），第 2—5 页。

——《最近十年内妇女界的回顾》，《妇女杂志》，第 10 卷第 1 期（1924 年），第 16—22 页。

Selden，Mark. *The Yenan Way in Revolutionary China*. Cambridge，MA: Harvard University Press，1971.

尚海等主编：《民国史大辞典》，北京：中国广播电视出版社，1991 年。

上海社会科学院编：《辛亥革命在上海石料选集》，上海：人民出版社，1981 年。

尚明轩：《何香凝传》，北京：北京出版社，1994 年。

沈佩贞：《创办女子尚武会序言》，《天铎报》，1911 年 12 月 2 日。

沈雁冰（茅盾）：《告浙江要求省宪加入三条件的女子》，《妇女评论》，第 4 期（1921 年 8 月 24 日），第 2—3 页。

——"How Do We Make the Women's Movement Truly Powerful?" Translated by H. R. Lan and V. Fong. *Chinese Studies in History* 31，no. 2（Winter 1997 - 1998）：84 - 87.

——《怎样方能使妇女运动有实力》，《妇女杂志》，第 6 卷第 6 期（1920 年 6 月 5 日），第 5—8 页。

沈智：《辛亥革命时期的女知识分子》，上海：社会科学院学术季刊，第 4 期（1991年），第 57—66 页。

Sheridan, James. *China in Disintegration : The Republican Era in Chinese History, 1912 - 1949*. New York: Free Press, 1975.

Shieh, Milton J. T., ed. *The Kuomintang : Historical Selected Documents, 1894 - 1969*. New York: St. John's University Press, 1970.

Shin, Linda P. "Wu T'ing-fang: A Member of a Colonial Elite as Coastal Reformer." In *Reform in Nineteenth Century China*, edited by Paul A. Cohen and John E. Schrecker, 265 - 271. Cambridge, MA: East Asia Research Center, Harvard University Press, 1976.

石淑卿：《我们运动的理由和出版的目的》，《女子参政协进会会刊》，第 1 期（1922 年 12 月 10 日），第 2—4 页。

Shyu, Lawrence Nae-lih. "The People's Political Council and China's Wartime Problems, 1937 - 1945." PhD diss., Columbia University, 1972.

Snow, Helen Foster. *Women in Modern China*. The Hague: Mouton, 1967.

Sommer, Matthew H. "Making Sex Work: Polyandry as a Survival Strategy in Qing Dynasty China." In *Gender in Motion : Divisions of Labor and Cultural Change in Late Imperial and Modern China*, edited by Bryna Goodman and Wendy Larson, 29 - 54. Lanham, MD: Rowman & Littlefield, 2005.

Song Qingling. "Chinese Women's Fight for Freedom." In *Chinese Women through Chinese Eyes*, edited by Li Yu-ning, 87 - 101. Armonk, NY: M. E. Sharpe, 1992.

Spence, Jonathan. *The Gate of Heavenly Peace*. London: Faber & Faber, 1982.

——*The Search for Modern China*. New York: Norton, 1999.

Spencer, Herbert. *Social Statistics, or the Conditions Essential to Human Happiness Specified ; and the first of them developed*. New York: D. Appleton & Co., 1865.

Strand, David. "Citizens in the Audience and at the Podium." In *Changing Meanings of Citizenship in Modern China*, edited by Merle Goldman and Elizabeth J. Perry, 44 - 69. Cambridge, MA: Harvard University Press, 2002.

Strauss, Julia C. *Strong Institutions in Weak Polities : State Building in Republican China, 1927 - 1940*. Oxford: Clarendon Press, 1998.

Summerfield, Penny. "Gender and War in the Twentieth Century." *International History Review* 19, no. 1(February 1997):3 - 15.

孙中山：《复南京参政同盟会女同志函》，收于中国社会科学院编：《孙中山全集》，第 438 页，北京：中华数据，1982 年。

——《孙中山先生覆本会书》，《神州女报》，第 2 期（1912 年），第 1—2 页。

——《在国民党成立大会上的演说》，《民族报》，1912 年 8 月 26 日，收于中国社会科学院编：《孙中山全集》，第 409 页，北京：中华书局，1982 年。

谈社英：《妇女四十年》，台北，1978 年。

——谈社英编：《中国妇女运动通史》，南京：妇女共鸣社，1936 年。

（谈）社英：《如何促起妇女主义政治之兴味》，《妇女共鸣》，第 7 期（1929 年），第 12—14 页。

滔：《今日妇女在政治上的地位》，《妇女共鸣》，第 4 期（1929 年），第 13—14 页。

唐国桢：《如何解决娼妓问题》，《妇女共鸣》，第 1 卷第 3 期，第 3—4 页，引自贺萧《危险的愉悦：20 世纪上海的娼妓问题与现代性》，第 260 页，伯克利：加州大学出版社，1999 年。

唐群英，燕斌等：《请公捐女界》，《中国新女界杂志》，第 3 期（1907 年），第 101—106 页。

唐汝瑾：《试述辛亥革命时期的妇女运动》，《上海师范大学学报（哲社版）》，第 3 期（1988 年），第 39—40 页。

Teng Ssu-yu and J. K. Fairbank. *China's Response to the West : A Documentary Survey*, 1839 - 1923. Cambridge, MA: Harvard University Press, 1961.

Theiss, Janet M. *Disgraceful Matters : The Politics of Chastity in Eighteenth-Century China*. Berkeley: University of California Press, 2004.

Thompson, Roger. *China's Local Councils in the Age of Constitutional Reform*, 1898 - 1911. Cambridge, MA: Harvard University Press, 1995.

Tien Ju-k'ang. *Male Anxiety and Female Chastity : A Comparative Study of Chinese Ethical Values in Ming-Ch'ing Times*. Leiden: E. J. Brill, 1988.

Tong, J. "The Gender Gap in Political Culture and Participation in China." *Communist and Post-Communist Studies* 36(2003):131 - 150.

Tran, Lisa. "Concubines under Modern Chinese Law." PhD diss., University of California, Los Angeles, 2005.

Tsao, W. Y. *The Constitutional Structure of Modern China*. Carlton, Australia: Melbourne University Press, 1947.

Tsu Jing. *Failure, Nationalism and Literature : The Making of Modern Chinese Identity*, 1895 - 1937. Stanford, CA: Stanford University Press, 2005.

Tung, W. L. *The Political Institutions of Modern China*. The Hague: Martinus Nijhoff, 1964.

Tyrell, Ian. *Woman's World Woman's Empire : The Women's Christian Temperance Union in International Perspective*, 1880 - 1930. Chapel Hill:

University of North Carolina Press，1991.

Waltner，Anne．"Widows and Remarriage in Ming and Early Qing China."
Historical Reflections 8，no.3(1981):129 - 146.

王家俭:《民初的女子参政运动》,收于李又宁、张玉法编:《中国妇女史论文集》,
第 577—608 页,台北:商务印书馆,1981 年。

王立明(见刘王立明)。

王明:《论妇女解放问题》,《中国妇女》,第 1 卷第 1 期(1939 年 6 月 1 日),第
4 页。

——《中国妇女与宪政运动》,《中国妇女》,第 1 卷第 7 期(1939 年 12 月 20 日),
第 2—3 页。

王汝琪:《参加全国妇女代表大会三日记》,《妇女生活》,第 5 卷第 1 期(1937 年 7
月),第 13—15 页。

——《我们要参加国民大会的制宪》,《妇女生活》,第 4 卷第 10 期(1937 年 6 月 1
日),第 1—2 页。

——《我们怎样参加国民大会的制宪》,《妇女生活》,第 4 卷第 11 期(1937 年 6
月 16 日),第 2 页。

王树槐:《康有为对女性及婚姻的态度》,《近代中国妇女史研究》,第 2 期(1994
年 6 月),第 27—49 页。

王行娟、须秀玉编:《中国妇女参政的行动》,北京:海豚出版社,1995 年。

Wang Zheng. *Women in the Chinese Enlightenment : Oral and Textual
Histories*. Berkeley：University of California Press，1999.

万璞:《反对女子参政论的解释》,《女子参政协进会会刊》,第 1 卷(1922 年 12
月 10 日),第 4—6 页。

Watson，Rubie S. "Women's Property in Republican China：Rights and
Practice." *Republican China* 10，no.1a(1994):1 - 12.

文央:《谈民主政治》,《妇女生活》,第 4 卷第 11 期(1937 年 6 月 16 日),第 6—
7 页。

Who's Who in China. Vol.3(4th ed.).1950. Reprint，Hong Kong，Chinese
Materials Centre，1982.

Witke，Roxanne. "Woman as Politician in China of the 1920s." In *Women in
China : Studies in Social Change and Feminism*，edited by Marilyn Young，33 - 45.
Ann Arbor：Center for Chinese Studies，University of Michigan，1973.

Woodhead，H. G. W. *China Yearbook 1939* . Shanghai：North China Daily
News and Herald，1939.

吴经熊、黄公觉:《中国制宪史》,上海:商务印书馆,1937 年,收于《民国丛书》第
27 卷,第 1006—1047 页,上海:上海书店,1989 年。

吴木兰：《同盟女子精武练习队宣言书》，《天铎报》，1912 年 1 月 2 日。

吴淑珍：《中国妇女参政运动的历史考察》，《中山大学学报（社科版）》，第 2 期（1990 年），第 77—84 页。

Wu Yifang. "The People's Political Council." *China at War* 6, no. 5（May 1941）:86.

吴玉秀：《女子应有参政权的我见》，《大公报》，1921 年 5 月 25—27 日。

吴芝瑛：《吴芝瑛赴女子北伐队军书》，《民立报》，1912 年 1 月 17 日。

息影卢：《闻沈女士演说感言》，《申报》，1912 年 10 月 23 日。

希祖：《社评》，《妇女周报》，1924 年 10 月 29 日。

夏晓虹编：《〈女子世界〉文选》，贵阳：贵州教育出版社，2003 年。

向警予：《近后中国妇女的国民革命》，《妇女杂志》，第 10 卷第 1 期（1924 年 1 月 1 日），第 28—32 页。

——《国民会议与妇女》，《妇女周报》，1924 年 12 月 14 日，收于《向警予文集》，第 161—164 页，长沙：湖南人民出版社，1980 年。

——《女国民会议的三大意义》，《妇女周报》（1925 年 3 月 29 日），收于《向警予文集》，第 182—185 页，长沙：湖南人民出版社，1980 年。

——《评王碧华的女权运动谈》，《妇女周报》，第 8 期（1923 年 10 月 10 日），收于《向警予文集》，第 103—106 页，长沙：湖南人民出版社，1980 年。

——《上海女权运动会今后应注意的三件事》，《妇女周报》第 12 期（1923 年 10 月 8 日。收于《向警予文集》，长沙：湖南人民出版社，1980 年，111—113 页。

——《向警予文集》，长沙：湖南人民出版社，1980 年。

——《应力争妇女团体参加国民会议》，《妇女周报》，1925 年 4 月 13 日，收于《向警予文集》，长沙：湖南人民出版社，1980 年，第 192—193 页。

——（向）警予：《对于万国女权同盟大会的感想》，《前锋》，第 1 卷第 2 期（1923 年 12 月 1 日），第 48—50 页。

——《中国妇女运动杂评》，《前锋》，第 1 卷第 2 期（1923 年 12 月 1 日），第 51—56 页。

——《中国最近的妇女运动》，《前锋》，第 1 卷第 1 期（1923 年 7 月 1 日），第 58—63 页。

笑影：《我对于妇女承继财产的意见》，《妇女共鸣》，1929 年第 3 期，第 6—8 页。

谢长法：《清末的留日女学生及活动与影响》，《近代中国妇女史研究》，第 4 期（1996 年 8 月），第 63—86 页。

行龙：《辛亥革命前夕的妇女运动》，《山西大学学报（哲社版）》，1988 年第 3 期，第 68—71 页。

熊月之：《中国近代民主思想史》，上海：人民出版社，1996 年。

薛立敏：《台湾地区妇女参政问题之研究》，台北：天一出版社，1977 年。

徐辉琪:《唐群英与"女子参政同盟会"——兼论民初妇女参政活动》,《贵州社会科学》1981 年第 4 期,第 30—37 页。

徐矛:《中华民国政治制度史》,上海:上海人民出版社,1992 年。

徐天啸:《神州女子新史》,1913 年,台北:稻香出版社,1993 年再版。

许文堂:《向警予与中共中国早期妇女运动》,《近代中国妇女史研究》,第 2 期(1994 年 6 月),第 65—80 页。

徐亚生:《论我国女子的参政问题》,《妇女杂志》,第 15 卷第 9 期(1929 年),第 2—7 页。

——《训政与妇女》,《妇女杂志》,第 16 卷第 5 期(1930 年),第 11—14 页。

亚特:《论铸造国民之母》,《女子世界》,1904 年第 7 期,第 1—7 页。

亚苏:《中国妇女在近代史上参政运动的研讨(序)》,《中国妇女》,第 1 卷第 9 期(1940 年 3 月 8 日),第 18—26 页,及第 10、11 期(1940 年 4 月 25 日),第 3、44—46 页。

燕斌(罗燕斌):《中国留日女学生会成立通告书》,《中国新女界杂志》1907 年第 2 期,第 75—76 页。

杨东莼:《评中国十九年来的妇女运动》,《妇女杂志》,第 17 卷(1931 年第 1 期),第 7—16 页。

杨季威:《杨季威女士来函》,《民立报》,1921 年 3 月 5 日。

杨贤江:《中国的妇女运动》,《新女性》,第 2 卷第 1 期(1927 年),第 13—16 页。

晏始:《对于女子参政的希望》,《妇女杂志》,第 8 卷第 7 期(1922 年),第 10—11 页。

——《最近的女权运动》,《妇女杂志》,第 8 卷第 10 期(1922 年),第 61—63 页。

姚蕙:《女子参政之讨论——姚蕙女士来函》,《民立报》,1912 年 3 月 20 日。

Ye Weili. "'Nü Liuxuesheng': The Story of American-Educated Chinese Women, 1880s – 1920s." *Modern China* 20, no. 3(July 1994):315 – 346.

叶志静:《中国妇女的参政运动》,《民国日报》。1931 年 1 月 30 日。

易楚珩:《和程希洛先生不主张女子参政的商量》,《大公报》,1921 年 5 月 30—31 日,6 月 1—2 日。

忆琴:《论中国女子之前途》,《江苏》,第 4 期(1903 年),第 141—143 页,第 5 期(1903 年),第 129—131 页。

毅韬:《新民法与妇女的关系》,《妇女共鸣》,第 3 期(1949 年),第 3—6 页。

Young, Ernest P. *The Presidency of Yuan Shi-k'ai: Liberalism and Dictatorship in Early Republic China*. Ann Arbor: University of Michigan Press, 1977.

Young, T. S. "The Girl Guides." *China Weekly Review*(7 November 1936):343.

幼彤：《德国之妇女参政权》，《妇女杂志》，第 8 卷第 7 期（1922 年），第 33—40 页。

幼雄：《英国的妇女政治家》，《妇女杂志》，第 11 卷第 5 期（1925 年），第 801—804 页。

Yu, George T. *Party Politics in Republican China : The Kuomintang, 1912 - 1924*. Berkeley: University of California Press, 1966.

Yu, Z. Y. "General Han Fu-chu's Drive against 'Modern Girls.'" *China Weekly Review* (31 October 1936): 322.

袁韶莹、杨瑰珍编：《中国妇女名人辞典》，长春：北方妇女儿童出版社，1989 年。

Zarrow, Peter. "Citizenship in China and the West." In *Imagining the People : Chinese Intellectuals and the Concept of Citizenship, 1890 - 1920*, edited by Joshua A. Fogel and Peter G. Zarrow, 3 - 38. Armonk, NY: M. E. Sharpe, 1997.

——"He Zhen and Anarcho-Feminism in China." *Journal of Asian Studies* 47, no. 4 (November 1988): 796 - 813.

泽民：《世界女子参政运动考》，《妇女杂志》，第 5 卷第 12 期（1919 年），第 1—18 页。

张汉英：《女子参政之讨论——覆张纫兰来函》，《民立报》，1912 年 3 月 21 日。

张佩芬：《妇女问题》，1922 年，上海：商务印书馆，1927 年重印。

张朋园：《梁启超的两性观》，《近代中国妇女史研究》，第 2 期（1994 年 6 月），第 51—64 页。

张蓬洲：《妇女社会地位之史的考察》，《女声》，第 3 卷第 20 期（1935 年），第 4—10 页。

张纫兰：《张纫兰女士来函》，《民立报》，1912 年 3 月 9 日。

张晓芬：《女子参政之讨论——张晓芬女士来函》，《民立报》，1912 年 3 月 18 日。

章锡琛：《国民会议与女国民》，《妇女杂志》，第 11 卷第 5 期（1925 年），第 730—731 页。

——《最近妇女的运动的失败和今后应取的方针》，《妇女杂志》，第 11 卷第 7 期（1925 年），第 1120—1124 页。

——《国民会议与女国民——在上海女国民大会讲》，《妇女杂志》，第 11 卷第 5 期（1925 年），第 730—731 页。

Zhang Yufa. "Women—A New Social Force." *Chinese Studies in History* (Winter 1977 - 1978): 29 - 55.

赵连城：《同盟会在港粤的活动和广东妇女参加革命的会议》，收于中国人民政治协商会议广东委员会文史资料研究问题会编：《广东辛亥革命史料》，第 85—106 页，广州：广东人民出版社，1981 年。

Zhao Suisheng. *Power by Design : Constitution-making in Nationalist China*.

Honolulu：University of Hawaii Press，1996.

赵之：《女子无才便是德驳》，《中国新女界杂志》，第 3 期（1907 年），第 27—29 页。

赵宗颇：《论辛亥革命期间的妇女爱国活动》，《上海师范大学学报（哲社版）》，第 4 期（1990 年），第 60—65 页。

浙江省辛亥革命史研究会编：《辛亥革命浙江史料选集》，杭州：浙江人民出版社，1981 年。

震述(何震)：《妇人解放问题》，《天义》，1907 年第 8、9、10 合刊，第 1—6 页。

——《女子复仇论》，《天义》，第 4 期（1907 年），第 1—6 页。

哲生：《法国妇女对于参政的冷淡》，《妇女杂志》，第 11 卷第 1 期（1925 年），第 177—184 页。

中共上海市委党史资料政绩委员会编：《一二・九以后上海救国会史料选集》，上海：上海社会科学院，1987 年。

中华全国妇女联合会编：《中国妇女运动历史资料 1921—1927》，北京：人民出版社，1986 年。

——《中国妇女运动史：新民主主义时期》，北京：春秋出版社，1989 年。

钟廷秀：《世界各国妇女参政运动概述》，《妇女杂志》，第 15 卷第 8 期（1929 年），第 13—19 页。

周桓：《女子参政谈》，《女子参政协进会会刊》，第 1 期（1922 年 12 月 10 日），第 6—14 页。

周亚平：《论辛亥革命时期的妇女参政运动》，《历史档案》，1993 年第 2 期，第 118—123、125 页。

——《中国妇女参政的历史轨迹》，《吉首大学学报（社科版）》，1992 年第 2 期，第 74—78 页。

周钰：《男女平等的先决条件》，《妇女杂志》，第 15 卷第 11 期（1929 年），第 17—19 页。

朱纶：《女子参政讨论——朱纶女士来函》，《民立报》，1912 年 3 月 16 日。

兹九：《我们为什么主张要参加国民大会》，《妇女生活》，第 4 卷第 11 期（1937 年 6 月 16 日），第 10 页。

自然：《万国女子参政会开会记略》，《妇女共鸣》，1929 年第 10 期，第 40 页。

邹栻：《妇女参政在中国不发达的原因》，《妇女共鸣》，第 10 期（1929 年），第 5—8 页。

译后记

　　翻译学术著作是一项极具挑战性的工作,因为它不仅需要译者具有娴熟驾驭两种语言文字的能力,而且需要掌握相关学科和领域的主流研究方向,同时要极具耐心和毅力。也正因为如此,我一直将学术翻译作为提高语言水平、拓宽知识结构、扩展研究范围以及沉淀磨练意志的一个学习和锻炼的过程。毋庸置疑,当我经过漫长的翻译和反复的修改,最后完成这项工作时,我内心充满了那种劳作之后丰收的喜悦心情。

　　本书作者香港大学中国史教授李木兰教授(Louise Edwards)是蜚声国际学术界的中国晚清与近代妇女与性别研究权威。她的第一部专著《清代中国的男女:〈红楼梦〉中的性别》(*Men and Women in Qing China: Gender in the Red Chamber Dream*)由 Brill 出版社于 1994 年出版,2011 年由夏威夷大学出版社再版。本书是作者的第二部专著,历时 15 年之久完成。本书探讨了在从 19 世纪末到 20 世纪中叶这段长达半个世纪之久的风云变幻的大革命和大动荡年代中的中国妇女参政运动,它沿着精英妇女活动家们从提出"男女平等"到"男女有别"策略的演化脉络,考察这些妇女活动家们在不同历史时期对参政权的不懈追求,进而挑战男性主宰的政治权利、社会秩序和伦理道德基本理念,从而构建妇女的集体政治身份。作者独特的视角、清晰的脉络、缜密的架构、严谨的分析以及扎实的史料使我获益匪浅。在书中，清末那些出身优越，却抛弃个人幸福和功名利禄投身革命洪流的杰出女性为心中的理想和信念而奋斗。每当翻译和修改至此，总让生活在当下这个浮躁而喧嚣年代"为稻粱谋"的我感受到心灵的震撼，感叹自己的平庸和卑微。

在本书翻译过程中，李木兰教授不厌其烦地回复我提出的众多的语句理解、文字表达以及背景知识方面的问题，并拨冗亲自校对书稿，从而在最大程度上保证了我对文本理解的正确性。张赟博士为本书准备了注释和参考书目中的中文书目部分，加快了我的工作进度。本书中文版的责任编辑戴宁宁女士对我不断推迟交稿日期则表现出了让我感到非常愧疚的宽容、理解和信任。我对她们表示我由衷的谢意！因翻译时间、语言水平和知识结构所限，书中难免有误，敬请各位读者理解见谅。

方小平

2012 年于悉尼

"海外中国研究丛书"书目